"十二五"职业教育国家规划教材
经全国职业教育教材审定委员会审定

城市轨道交通车站机电设备

第2版

主　编　朱济龙　唐春林
副主编　秦　亮　詹思阳
参　编　廖海峰　陈　超　胡　鹏
　　　　张　生　姚汝龙　陈兴劼
　　　　刘　杰
主　审　冯晓宁

机械工业出版社
CHINA MACHINE PRESS

本书是“十二五”职业教育国家规划教材，是根据《教育部关于“十二五”职业教育教材建设的若干意见》及教育部新颁布的《高等职业学校专业教学标准（试行）》，同时参考《城市轨道交通技术规范》，在第1版的基础上修订而成的。

本书主要介绍了城市轨道交通环控系统、机电设备监控系统、自动扶梯、低压配电及照明系统、站台屏蔽门系统、乘客信息和导向标识系统、自动灭火系统、火灾报警系统、给水排水系统、出入口控制系统、车站行车技术设备、通信系统与设备。

本书可作为高等职业教育城市轨道交通专业教材，也可供从事城市轨道交通站务、乘务、机电维修等技术或管理的人员参考。

为方便教学，本书配有电子课件，凡选用本书作为授课教材的教师均可登录 www.cmpedu.com 免费注册并下载电子课件。编辑咨询电话 010－88379865。

图书在版编目（CIP）数据

城市轨道交通车站机电设备/朱济龙，唐春林主编．—2版．—北京：机械工业出版社，2015.12（2024.1重印）
“十二五”职业教育国家规划教材
ISBN 978-7-111-52148-8

Ⅰ．①城…　Ⅱ．①朱…②唐…　Ⅲ．①城市铁路－车站设备－机电设备－高等职业教育－教材　Ⅳ．①U239.5

中国版本图书馆 CIP 数据核字（2015）第270781号

机械工业出版社（北京市百万庄大街22号　邮政编码100037）
策划编辑：曹新宇　责任编辑：曹新宇　崔利平
责任校对：张　征　封面设计：陈　沛
责任印制：郜　敏
三河市国英印务有限公司印刷
2024年1月第2版第13次印刷
184mm×260mm・16.75印张・415千字
标准书号：ISBN 978-7-111-52148-8
定价：49.80元

第2版前言

本书是按照教育部《关于开展“十二五”职业教育国家规划教材选题立项工作的通知》，经过出版社初评、申报，由教育部专家组评审确定的“十二五”职业教育国家规划教材，是根据《教育部关于“十二五”职业教育教材建设的若干意见》及教育部新颁布的《高等职业学校专业教学标准（试行）》，同时参考《城市轨道交通技术规范》，在第1版的基础上修订而成的。

在本书的编写过程中，编者注意将理论和实践相结合，突破了以往教材的编写模式，按照目标教学方法进行教材设计；强调以学生为中心，循序渐进，突出职业教育的特点，培养学生的动手能力和参与能力；在操作过程中学习，在学习过程中锻炼和提升自我能力。本书每章都设置了“问题导入”“学习目标”“教学建议”“理论知识”“应用与实践”“实践操作”“评价跟进”等模块。

本书是以满足城市轨道交通实际工作岗位职业能力需求为基本出发点编写的，依据城市轨道交通车站站务人员工作任务进行阐述。一方面面向学生传授设备的结构、工作原理等基本理论知识，另一方面通过设备的正常操作、故障处理、检查巡视、定期检修等实际内容，训练培养学生的岗位技能，将岗位的工作任务融入课堂的教学当中，培养学生的职业素养，以满足城市轨道交通行业对高素质、高技能型人才的迫切需求。

本书由朱济龙、唐春林任主编，秦亮、詹思阳任副主编，廖海峰、陈超、胡鹏、张生、姚汝龙、陈兴劭、刘杰参加编写。全书由冯晓宁主审。本书经全国职业教育教材审定委员会审定，教育部专家在评审过程中对本书提出了很多宝贵的建议，在此对他们表示衷心的感谢！

由于编者水平有限，书中不妥之处在所难免，恳请读者批评指正。

编　者

第1版前言

“城市轨道交通车站机电设备”是城市轨道交通运输专业的一门主要专业课程。本书共分12章，介绍了城市轨道交通车站机电设备或系统的结构组成、使用、维修等方面的技能知识。

车站既是城市轨道交通系统对外提供客运服务的窗口，又是系统内部最主要的生产基地；它是城市轨道交通客运服务的起始点，也是客运服务的终止点。同时，城市轨道交通车站是供乘客上下车和换乘、候车的场所，包括供乘客使用、运营管理、安装技术设备和提供生活辅助设施及服务的场所四大部分。无论是车站运营管理还是车站设备配备都应以满足乘客出行需求为基本条件，需要相应的基建设备和服务设备配套，以满足车站向乘客提供满意服务的要求，包括基础设施、服务设施和后勤保障设施等，如环境控制与保护系统、售检票系统、自动扶梯、车站动力供应系统和应急救援系统等。

在本书的编写过程中，编者注意理论和实际动手能力相结合，突破了以往教科书的编写模式，按照目标教学方法进行教材设计，强调以学生为中心，循序渐进，突出职业教育特点，培养学生动手和参与能力，在操作及学习过程中锻炼和提升自我能力。故而在每个单元设置了“问题导入”“学习目标”“教学建议”“理论知识”“实践操作”“评价跟进”等模块。

本书是以满足城市轨道交通实际工作岗位职业能力需求为基本出发点编写的职业性教材，依据城市轨道交通车站站务人员工作任务进行阐述：一方面向学生传授设备的结构、工作原理等基本理论知识，另一方面通过设备的正常操作、故障处理、检查巡视、定期检修等实际内容，训练培养学生与员工的岗位技能，将岗位的工作任务融入课堂的教学当中，培养学生与员工的职业素养，以满足城市轨道交通行业对高素质、高技能型人才的迫切需求。

本书由朱济龙任主编，秦亮、詹思阳任副主编，冯晓宁主审，其他参与编写的还有廖海峰、陈超、胡鹏、张生、姚汝龙。

由于编者水平有限，错误在所难免，恳请各位读者指正。

编　者

目 录

CONTENTS

第1章 环控系统

问题导入

城市轨道交通的特点是人员密集、流动性大，因此对城市轨道交通的车站通风空调及防排烟系统（简称环控系统）的要求要高于一般的民用系统。环控系统须满足两个方面的要求：一是日常运营给乘客和设备提供舒适及适宜的环境；二是事故及灾害情况下进行通风、排烟、排毒、排热，起到生命保障及辅助灭火的作用。环控系统应确保上述两个方面的整体安全，不宜片面强调某一方面；但环控系统不是灭火系统。

学习目标

1. 能掌握车站通风系统的通风方式、系统组成及各组成部分的具体工作情况。
2. 能说出车站环控系统的运行管理组织架构及工作内容。

教学建议

1. 教学场地：在普通教室、能连接互联网的多媒体教室及城市轨道交通系统的各种模型实训室中进行，课后可实地参观。

2. 设备要求：各种城市轨道交通车站的环控系统仿真模型1套，或能播放视频投影的设备及相关课件、视频。

3. 课时要求：共6课时，其中课堂讲授4课时，模拟操作2课时。

【理论知识】

一、环控系统概述

1. 环控系统的主要功能

城市轨道交通环控系统，也称为通风空调系统，是采用人工的方法，创造和维持满足一定要求的空气环境。它包括空气的温度、湿度、流动速度和质量。

位于地面及地上的轨道交通线路，其环控问题比较容易解决，而位于地下的轨道交通线路，除了其车站出入口等极少部位与外界相连通外，其他部位基本上与外界隔绝，只有用人工气候环境才能满足乘客的要求。因此，城市轨道交通环控系统主要针对地下线的环控问题。

1）当轨道交通车站和线路位于地下时，因环境封闭、湿度大而具有如下的环境特点：

① 地下线运营中会释放许多热量，例如列车运行时的散热量，乘客人体的散热量和散湿量，以及照明散热量和建筑结构壁面散湿量，还有广告灯箱、自动扶梯等设备的散热量、散湿量等。若不及时排除这些余热、余湿，车站和区间温度将会持续上升，乘客的乘车环境将得不到保证。

② 地下车站及区间周围土壤的传热作用。

③ 活塞风的影响。在地下隧道中，列车的运行就像一个活塞运动，列车作为“活塞”挤压前方隧道的空气，同时列车尾部引入大量新鲜空气，这种现象称为“活塞效应”。列车运行时会产生大量的活塞风，若不能对之合理利用，则会干扰车站的气流组织，使乘客感到不舒适，并影响车站的负荷。

④ 存在人员呼出的二氧化碳及新、回风中的粉尘和有害物质。

⑤ 车站、列车上客流密集，当发生事故尤其是火灾事故时，救援和安全疏散难度大，必须考虑有效的应对措施。

⑥ 风亭是地下车站和区间空调通风设备集中对外的通风口，风亭出口的噪声不容忽视。地下车站通风系统的构成如图 1-1 所示。

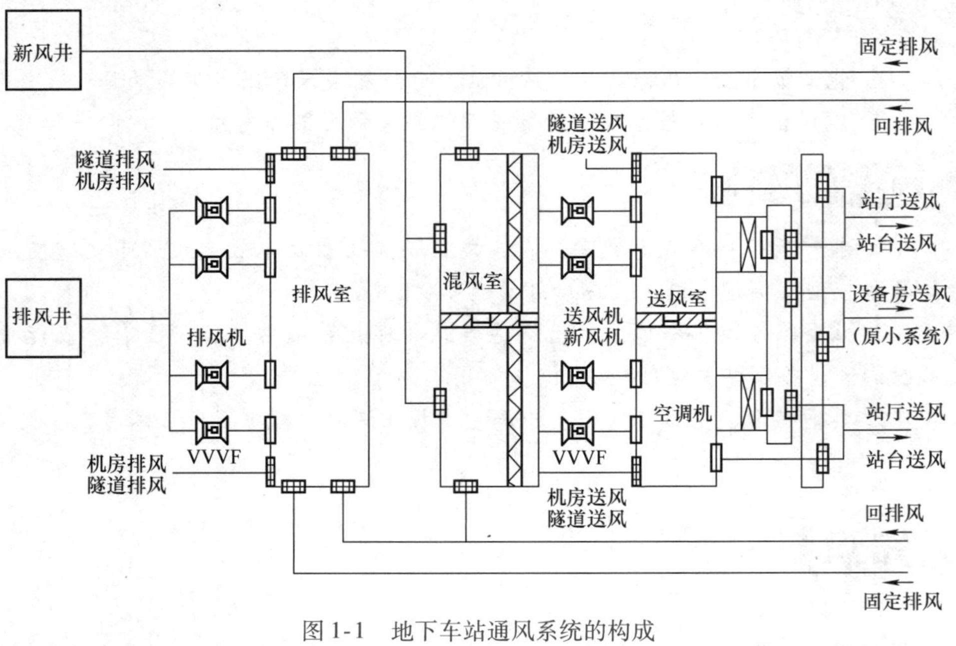

图 1-1 地下车站通风系统的构成

为了给乘客和工作人员提供一个舒适的环境，保证各种设备能持续、正常地运行，在发生火灾等事故时能及时排除有害气体，必须在车站站厅、站台、隧道、设备及管理用房四个要求不同的环境中，通过强制通风进行散热、除湿和空气调节。

2）环控系统设计时就要满足以下的基本功能：

① 列车正常运行时，调节车站站厅、站台、隧道设备及管理用房等空气环境，包括空气中的温度、湿度和空气质量，对新、回风中的粉尘和有害物质及人员呼出的二氧化碳进行过滤和处理。

② 若列车阻塞在区间隧道内，当列车采用空调时应向阻塞区间提供一定的送、排风量，以保证列车空调的继续运作，从而维持列车内乘客能接受的热环境条件。

③ 列车在区间隧道或车站内发生火灾时，应提供有效的排烟，并向乘客和消防人员提供必要的新风量，形成一定的迎面风速，诱导乘客安全撤离。

④ 对车站内各种设备管理用房分别按工艺和功能要求提供空调或通风换气，公共区排风系统兼容排烟。

2. 环控系统的组成

（1）风系统　风系统指空调、通风系统，包括空调机、风机、风阀与风管路（风道）设备，可分为隧道通风系统、空调大系统和空调小系统。通风空调系统示意图如图 1-2 所示。

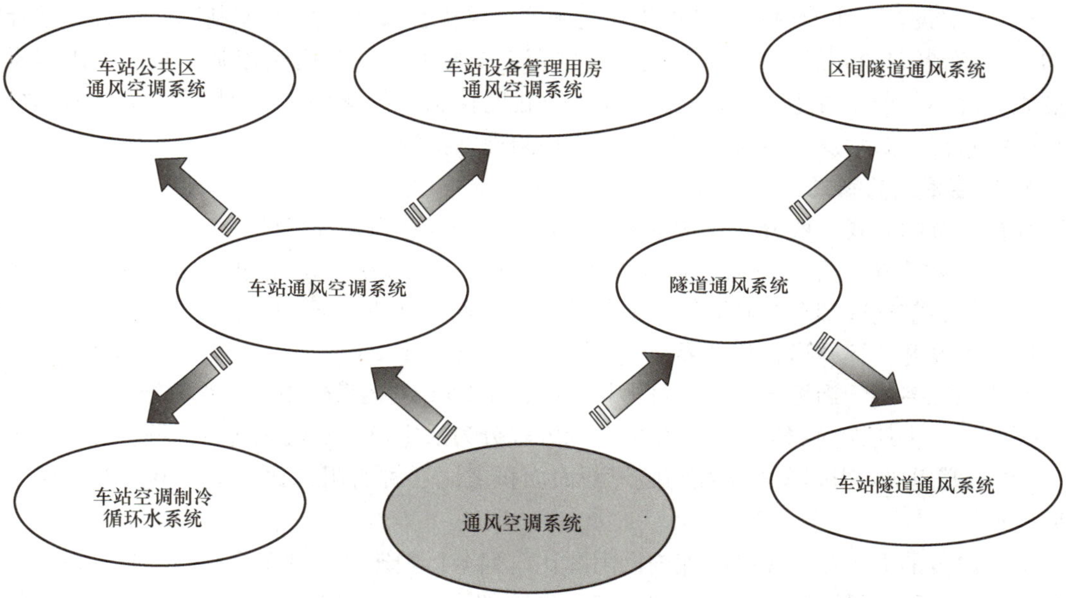

图 1-2　通风空调系统示意图

1）隧道通风系统分为区间隧道机械通风（兼排烟）和车站隧道通风两部分。隧道机械通风的主要设备有隧道风机、推力风机、射流风机及相关的电动风阀；车站隧道通风的主要设备为轨道排风机、电动风阀和防火阀。活塞风是列车在隧道内运行过程中的强迫气流形成的阵风，通过隧道和隧道活塞风道进、出。

2）车站站厅、站台公共区的制冷空调及通风（兼排烟）系统，简称空调大系统，由组合空调机，回、排风机，新风机，排烟风机，各种风阀及防火阀等组成。

3）车站管理及设备用房空调通风（兼排烟）系统，简称空调小系统，由小空调机、排风/排烟风机、风阀、防火阀等组成。

（2）车站空调水系统　车站空调水系统指各车站为供给其大、小系统空调用水所设置的制冷系统，由冷水机组、水泵、冷却塔、水阀与管路等设备组成。

（3）集中供冷系统　集中供冷是指将相邻 3 ~ 5 个车站的空调器用冷冻水汇集到某一处集中处理。冷冻水再由二次冷冻水泵和管路长距离输送到各车站，以满足车站所需的冷量。集中供冷系统可分为以下三部分。

1）制冷系统环路：主要由冷水机组、冷冻水一次泵、冷却水系统及其附属设备组成，主要功能是根据运营要求所编制的时间表和各车站负荷的变化，起动或停止冷水机组的运行，为各车站提供满足空调用水要求的冷冻水。

正常运营时，根据二次环路的实际冷负荷值，同时分析二次环路上的温度测点值及末端比例积分二通阀的开度，确定一次环路中冷水机组的开启台数，并进行相应的联锁控制。冷水机组的主控制器实现冷水机组与一次冷冻水泵联动，一次冷冻水泵与冷水机组成唯一对应关系。

2）冷冻水二次环路：由二次冷冻泵、变频器、管网等组成，主要功能是实现冷冻水的远距离输送，并通过监视末端的阀门开度和压力差，计算出末端的冷负荷，进而改变二次泵的供电频率（变频）来满足车站实际冷负荷的需求；二次泵的变频由末端压差控制。

由于管路长，水网稳定性差，各站的分流管上需要加装水力平衡阀进行水力平衡和减压。

3）末端设备：主要由各车站的组合空调器、风机盘管及前后的控制阀门组成。组合空调器（或落地式风机盘管）过水量受其出水管上的比例积分二通阀控制。而控制比例积分二通阀开度的信号是由设置在站台、站厅的温度探头，经车站 PLC 计算后发出的。车站 PLC 可将站台、站厅及进出水温度通过网络传给冷站控制室。

3. 环控系统的制式

环控系统的制式一般分为开式系统、闭式系统和屏蔽门系统三种。

（1）开式系统　开式系统是应用“活塞效应”或机械的方法使地铁内部与外界交换空气，利用外界空气冷却车站和隧道。站与站之间设置通风井，车站内有空气调节。正常运行时，所有通风井全部开启，让外界空气和隧道内空气互相交换。

开式系统多用于当地最热月的月平均温度低于25℃且运量较小的地铁系统。

开式系统中地铁内部与外界交换空气的方式分为活塞通风及机械通风两种。

1）活塞通风。当列车的正面与隧道断面面积之比（称为阻塞比）大于0.4时，属于活塞效应通风。

活塞风量的大小与列车在隧道内的阻塞比、列车行驶速度、列车行驶空气阻力系数、空气流经隧道的阻力等因素有关。利用活塞风来冷却隧道，需要与外界有效交换空气，因此，对于全部应用活塞风来冷却隧道的系统来说，应计算活塞风井的间距及风井断面的尺寸，使有效换气量达到设计要求。实验表明，当风井间距小于300m、风道的长度在25m以内、风道面积大于10m^2时，有效换气量较大，在隧道顶上设风口效果更好。由于设置许多活塞风井对大多数城市来说都是很难实现的，因此全“活塞通风系统”只用于早期地铁，现今建设的地铁多设置活塞通风与机械通风的联合系统。

2）机械通风。当活塞通风不能满足地铁排除余热与余湿的要求时，应设置机械通风系统。

根据地铁系统的实际情况，可在车站与区间隧道分别设置独立的通风系统。车站通风一般为横向的送排风系统；区间隧道一般为纵向的送排风系统。这些系统应同时具备排烟功能。区间隧道较长时，宜在区间隧道中部设中间风井。对于当地气温不高、运量不大的地铁系统，可设置车站与区间连在一起的纵向通风系统，一般在区间隧道中部设中间风井，但应通过计算确定。

（2）闭式系统　闭式系统能使地铁内部基本上与外界大气隔断，仅供给满足乘客所需的新鲜空气量。夏季需要空调时，整个地下区间及车站除两端隧道洞口、车站出入口和空调有新风外，车站及区间基本与外界相隔绝。车站一般采用空调系统，而区间隧道的冷却是借助于列车运行的“活塞效应”携带一部分空调冷风来实现的。该系统仅在车站两端设通风井，因车站内有空调，故正常运行时所有通风井都关闭，以防外界空气从风井流入隧道。

闭式系统的基本特点是车站空调制冷系统不仅承担车站乘客、机电设备热和新风负荷，还必须承担列车运行热（包括列车制动和空调的产生热）。因此，车站冷负荷、空调风量、环控设备容量大，会带来土建规模、环控装机容量、耗电量大等一系列问题。此外，由于车站和区间完全沟通，车站受活塞风影响较大，乘客在出入口、扶梯、站台候车时可明显感觉到活塞风。

这种系统多用于当地最热月的月平均温度高于25℃且运量较大，高峰时间内每小时运行的列车对数与列车编组数之乘积大于180的地铁系统。

实际工作中，往往采用开式和闭式相结合的环控系统。例如：

1）区间隧道通风系统。活塞通风系统由设于车站两端的活塞通风井以及设于站端的迂回通道组成。常用活塞通风井的净面积约为16m^2，迂回风道的净面积约为30m^2。车站两端的活塞风道（或中间风井）内通常设置隧道风机，以便区间通风、事故和火灾时运行。由于闭式系统车站和区间相连通，当区间发生事故时，较难在区间形成有效气流，需要较多的风机联合运作，必要时需设置辅助通风设备。此外，地下线路内若设置渡线、存车线、联络线等配线，正线气流较难组织，通常需设置辅助通风设备如射流风机、喷嘴等。典型区间隧道通风系统如图1-3所示，双风亭全活塞通风系统如图1-4所示。

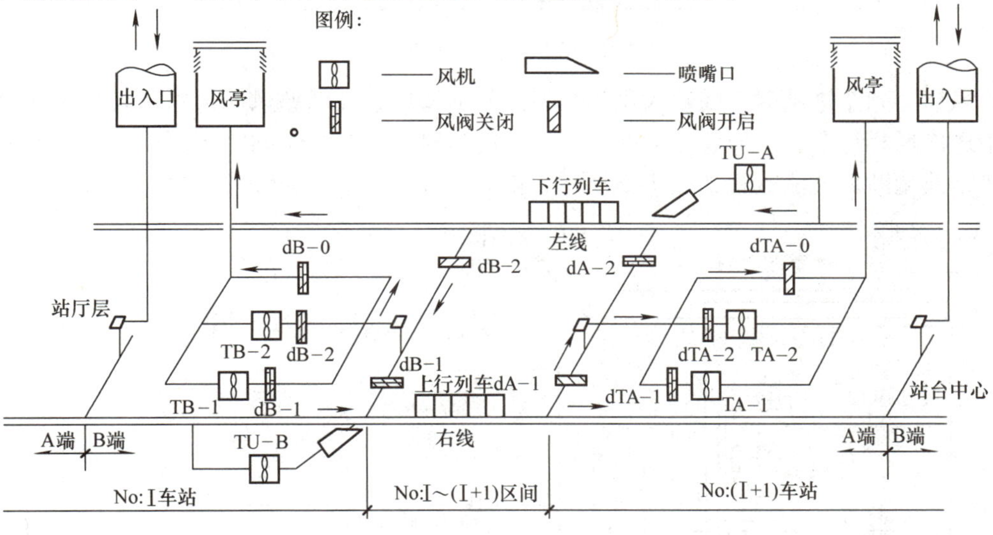

图1-3　典型区间隧道通风系统

闭式系统夏季采用空调，依靠列车行驶活塞风将车站冷风带入区间，因而希望地铁系统同外界热空气的交换越少越好。区间洞口空气幕系统就是阻隔洞内外气流交换的设备，一般由风机、消声器和喷嘴共同组成，采用该系统之后，距洞口最近的车站空调负荷可降低，站内环境比较容易控制。

2）车站空调通风系统（大系统）。车站采用全空气低速送风系统，由组合式空调箱和回/排风机组成。气流组织一般采用车站站厅上部均匀送风。站厅上部均匀送风，统一由站台设于轨道顶部的风管和设于站台板下的风管回/排风。列车牵引、制动和空调产热是地铁内第一热源，约占总产热量的60%以上，而列车停站时的列车散热又集中在列车车顶的空调冷凝器和位于车底的发热电阻箱等处，将回/排风管设于此处，并将回/排风口设计成一组组风口正对散热源，有利于将列车产热就近排出，使列车停站产热不参与或少参与车站换热，提高站台舒适度。回/排风系统兼容站厅、站台排烟。此外，在站端列车进站侧设置集

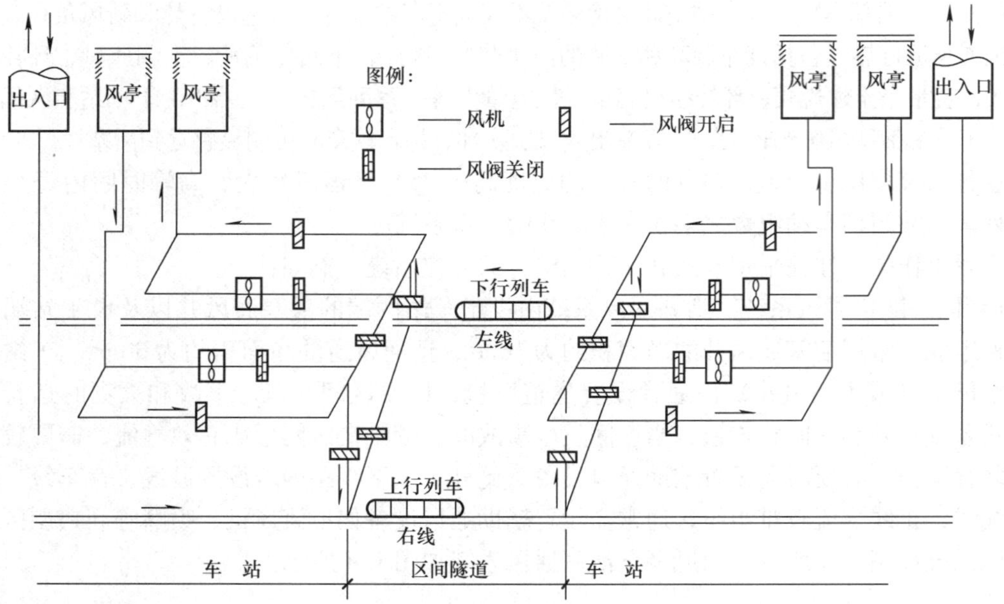

图 1-4 双风亭全活塞通风系统

中送冷风口，列车进站时伴随着大量的高温区间活塞风，在活塞风冲入站台候车区域之前就和集中送冷风相混合，从而缓减活塞风对站台的瞬时热冲击。车站空调通风系统如图 1-5 所示，车站典型断面气流流程如图 1-6 所示，隧道风机加射流风机布置方案如图1-7所示，图

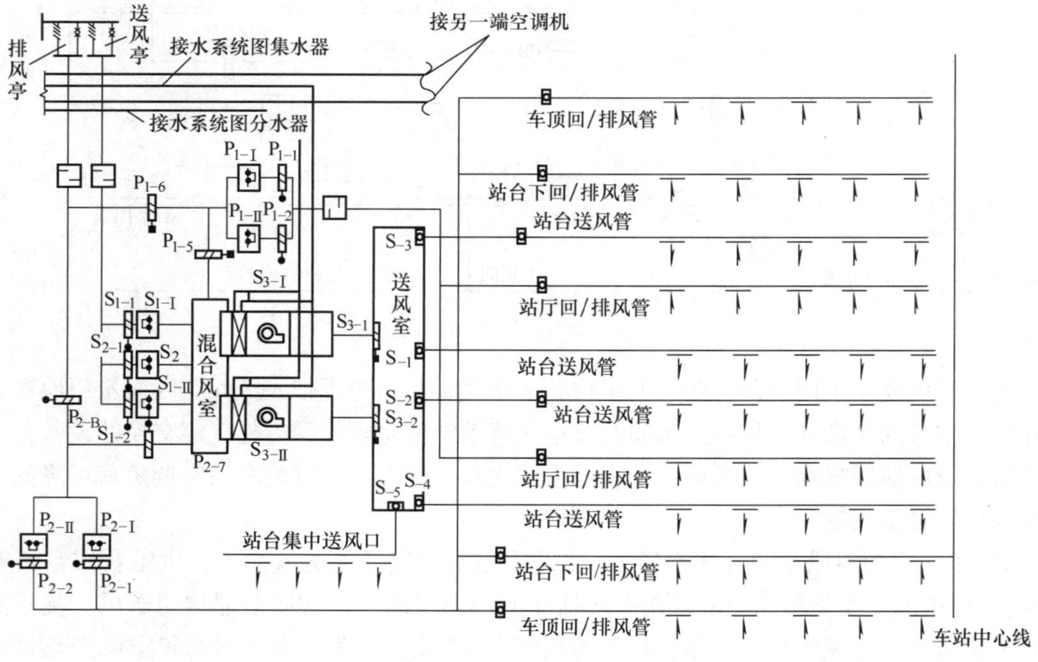

图 1-5 车站空调通风系统

S_{-1}、S_{-2}、S_{-3}、S_{-4}、S_{-5}—送风风阀 $S_{1-Ⅰ}$、$S_{1-Ⅱ}$—全新风机 S_{1-1}、S_{1-2}—与全新风机联动的风阀

S_{2-1}—与空调新风机联动的风阀 $S_{3-Ⅰ}$、$S_{3-Ⅱ}$—空调新风机 S_{3-1}、S_{3-2}—与空调新风机联动的风阀

P_{1-1}、$P_{1-Ⅱ}$—站厅回/排风机 $P_{2-Ⅰ}$、$P_{2-Ⅱ}$—站台回/排风机 P_{1-1}、P_{1-2}、P_{1-5}、P_{1-6}—站厅回/排风阀

P_{2-1}、P_{2-2}、P_{2-B}、P_{2-7}—站台回/排风阀

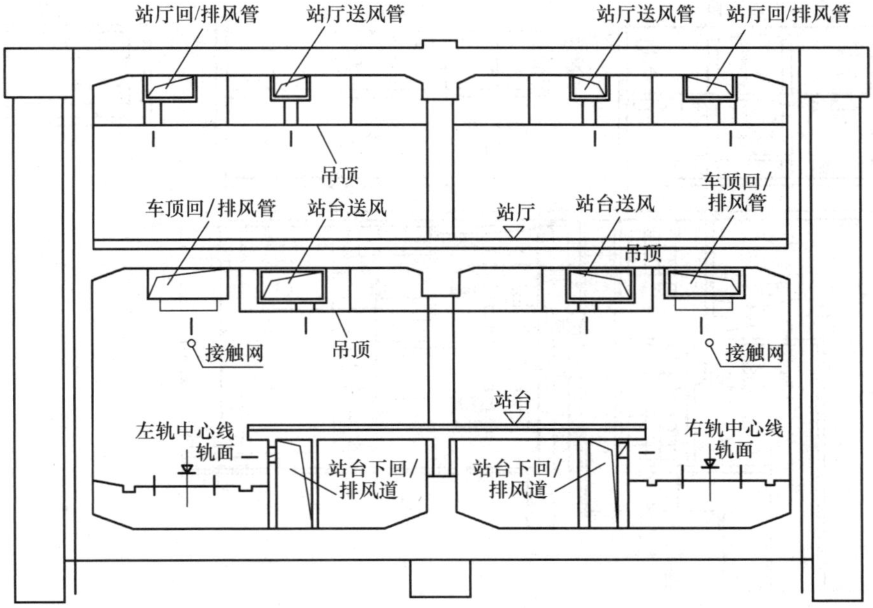

图 1-6　车站典型断面气流流程

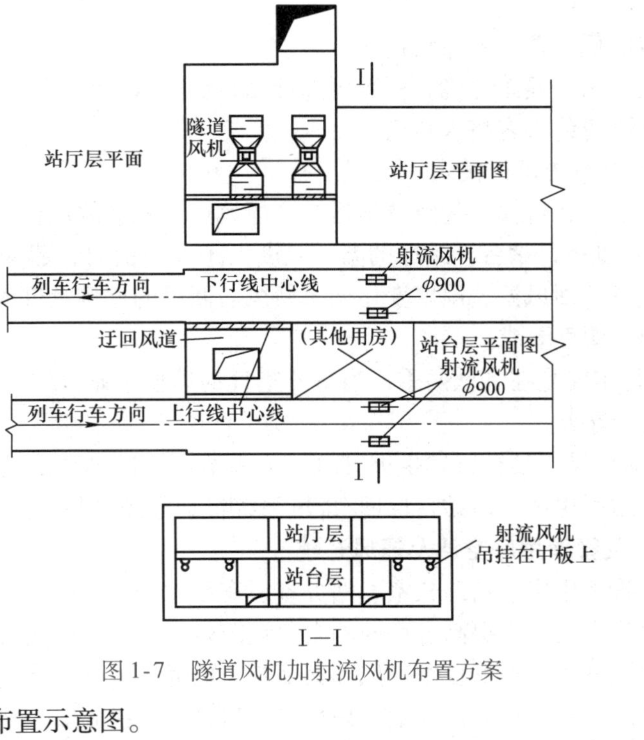

图 1-7　隧道风机加射流风机布置方案

1-8 所示为典型机房布置示意图。

（3）屏蔽门系统　屏蔽门系统是用于地铁站台的防护性系统，在车站的站台与行车隧道间安装屏蔽门，将两者分隔开，车站安装空调系统，隧道使用通风系统（机械通风或活塞通风，或两者兼用）。若通风系统不能将区间隧道的温度控制在允许值以内，应采用空调或其他有效的降温方法。

设置屏蔽门后，车站空调制冷系统仅需承担车站内部乘客散热、机电设备产热和新风冷

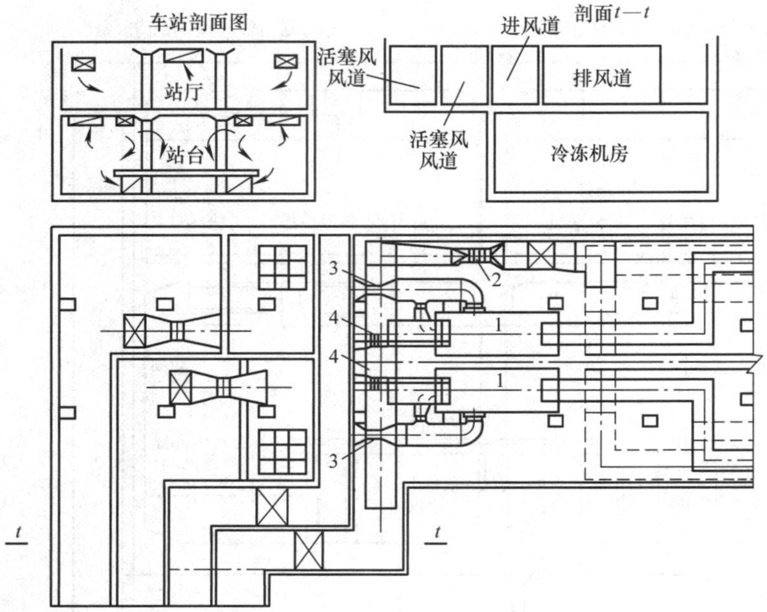

图 1-8 典型机房布置示意图

1—空调机组 2—车站回/排风机 3—全新风风机 4—最小新风机

负荷等，因而可以降低空调系统冷负荷。

此外，可以改善站内候车环境，一般可降低站台噪声水平约 5dB，同时还可减少事故隐患，并防止站台拥挤时将乘客挤入轨道。

4. 车站环境控制系统运行模式

车站环境控制系统运行模式为空调运行、全新风运行和事故运行三种模式。

1）空调运行在夏季，站台、站厅的温、湿度大于设定值时，起动空调系统，向站台和站厅送冷风。通过送、回风温、湿度变化调节新风与回风的比例及进入空调器的冷水量，保证站台、站厅的温、湿度要求。

2）全新风运行主要是在春秋两季，当室外空气的焓低于站内空气的焓时，起动全新风风机将室外新风送至车站。

3）车站事故通风是当站台层发生火灾时，关闭站台层送风系统及站厅层回/排风系统，起动全新风风机向站厅送风，由站台层回/排风系统将烟雾经风井直接排向地面。

5. 车站设备房及管理用房空调及通风系统

车站设备房及管理用房包括站长室、站务室、车站控制室、公安人员室、站台服务室等房间，管理人员较为集中。为提高各房间的空气调节效果，一般采用分体式空调机组，同时另外设置机械送排风系统，提供夏季新风和其他季节的通风换气。除此之外，还要对车站降压变电所、环控机房、车站出入口等地方采用机械送排风的措施。

6. 区间隧道通风及机械通风系统

区间隧道通风系统由车站两端端头井内设置的事故/冷却风机与两边隧道相接的活塞风井、隔断风门、旁通风门等组成。区间隧道的运行模式主要有正常运行、堵塞运行和事故通风三种。

当列车正常运行时，利用列车在隧道内高速运动产生的活塞效应从车站一端风井引入新风，经过区间隧道由下一站风井排风。列车停靠车站时列车下部的制动发热量和顶部的空调冷凝发热量由站台排热通风系统进行排放。

堵塞运行是当列车因故滞留在区间隧道时，为使列车空调器正常运转，关闭列车后方站事故机房内的旁通风门，事故风机向区间隧道送入新风，前方站事故风机将区间隧道内的空气排至地面。区间内的气流方向应与列车的行进方向保持一致。

事故通风是当列车在区间隧道内发生火灾时，区间隧道一端的事故风机向火灾区间送风，另一端事故风机将烟雾经风井排至地面。中央控制室确认火灾后，根据事故列车在区间隧道内的位置、列车内事故的位置和火灾源距安全通道的距离等决定通风方向，以利于乘客的安全疏散。乘客的疏散方向必须与气流的方向相反，使疏散区处于新风区。

7. 控制系统

地下车站的环控系统，其基本功能就是对车站内的各类环控设备进行监测、联动控制。这时控制模板要根据不同的设备运行模式编制各站风机、风阀的起动、关闭顺序，满足各类运行工况的需要。控制系统一般分为中央控制、车站控制和就地控制三级。其中，中央控制通过设置在中央环控控制室内的环控防火计算机控制台对全线系统的环控设备进行监督管理，显示主要环控设备的运行状况，记录设备事故情况，并可遥测各车站内及区间的各点空气物理状态；车站控制主要通过设置在车站环控室内的环控控制模板控制和显示该车站环控设备的运行状态；而就地控制则是通过设置在车站两端的环控电控室的就地控制板完成所属设备的就地开、关，并设模拟显示板显示本车站相关设备的运行状态。在所有这些控制级别中车站控制室具有对所有环控设备控制的最高等级控制权。图 1-9、图 1-10 所示分别为中央控制室和车站控制室系统构成框图。

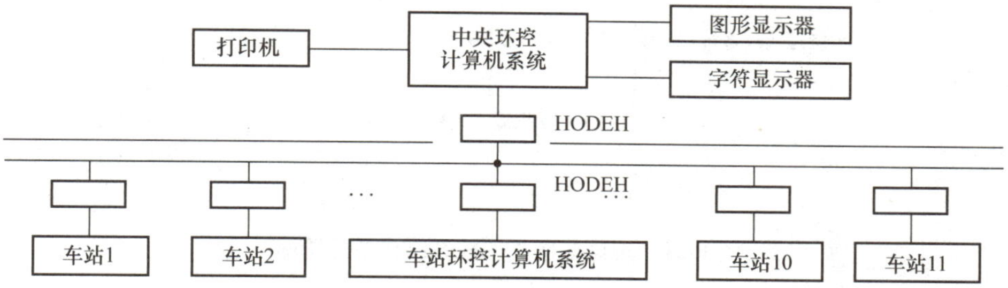

图 1-9　中央控制室系统构成框图

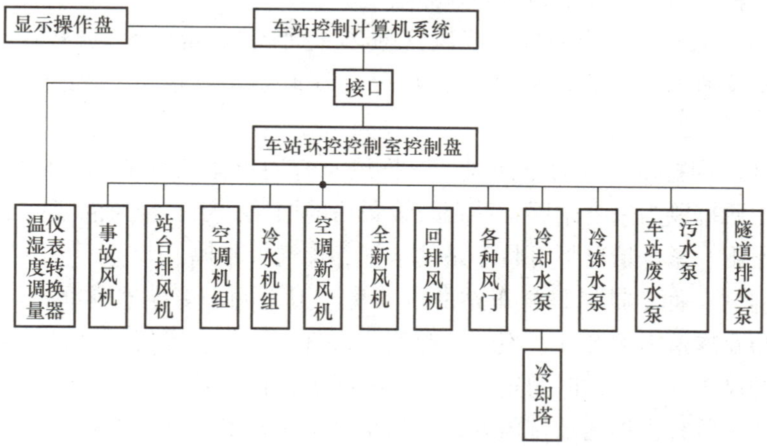

图 1-10　车站控制室系统构成框图

二、环控系统的设备

1. 环控系统的设备配置

需根据环控系统实现的功能配置设备，这里以屏蔽门制式环控系统设备为例，其设备配置图如图 1-11 所示。

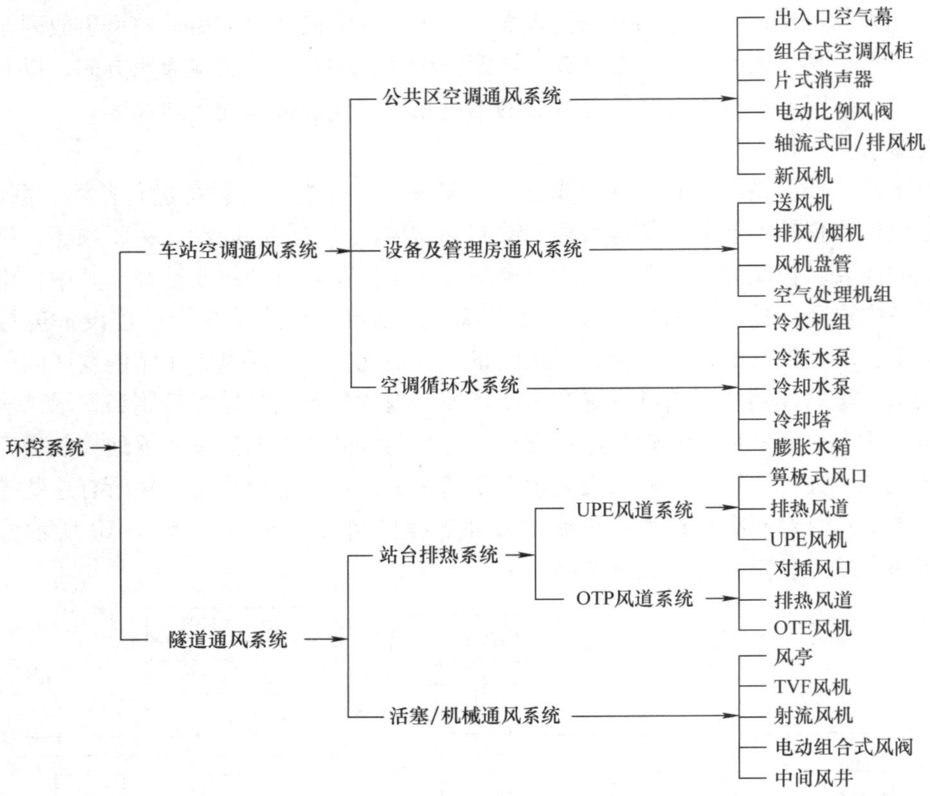

图 1-11 屏蔽门制式环控系统设备配置图

2. 环控系统的设备所处理的风源

（1）新风 新风为车站抽取的外界自然空气。

（2）送风 送风分为送全新风、混风（新风 + 回风）、全回风三种情况；送风经过制冷、除湿、过滤及消声，然后送到站厅、站台及各设备房，也可不经过制冷和除湿直接送风。

（3）回排风 回排风可分为全回风、全排风及有回有排三种情况；排风又分为固定排风和间歇排风；回排风为来自站厅、站台及设备房的回风；当回排风温度低于外界大气温度时可起到节能作用。紧急情况下可将车站的烟气、毒气等排掉。

（4）固定排风 固定排风是将车站的设备房、卫生间、卫生器具间、储物间、生活污水间、列车冷却及隧道内的废气（废气、热气、湿气、烟气、毒气）全部排掉不回风。

（5）间歇排风 列车停站时间短，而间隔时间长，行车间隔时间相应也很长。为了降低能耗，列车冷却排风宜采用间歇排风方式。列车停站时开始排风，将列车产生的废气和热量排走，没有必要再循环冷却使用，列车出站时停止排风，从而达到节能的目的。隧道排风也属于间歇排风方式。

（6）自然换风　车站自然换风是通过车站进出口通道和通风井的敞开，利用列车运行时产生的隧道活塞风进行自然换气、自然冷却。

（7）隧道通风　隧道通风分为送风、排风、自然换气等。送风主要是送新风；排风主要是排除隧道内的废气、热气、湿气、烟气、毒气等；自然换气主要是利用列车运行时产生的隧道活塞风进行换气。

当某一地铁车站发生火灾时，如果此时恰有列车进站和出站，而车站又没有屏蔽门的话，列车会通过活塞风将烟雾带到其他相邻车站，造成相邻车站火灾自动报警系统报警，并引发相邻车站的防排烟系统开启。

【应用与实践】

一、通风空调系统机电设备部件应用

地下车站及区间除车站出入口、风亭及地下线路两端隧道洞口外，基本与大气隔绝。通风空调系统的任务是对地下车站及区间隧道内温度、湿度、风速、事故工况排烟等进行全面控制。具体表现为

1）正常运行时，为乘客和工作人员提供舒适的环境。

2）发生阻塞事故时，机械送风，维持列车空调运行的环境。

3）发生火灾事故时，排烟、送风，便于乘客安全撤离和消防人员灭火。

通风空调系统由以下四部分组成：车站公共区通风系统、区间隧道通风系统（以上两个系统合称大系统）、设备管理用房空调通风系统、设备管理用房空调水系统（以上两个系统合称小系统）。

1. 大型轴流风机应用

车站公共区通风系统采用机械通风结合通风道和出入口进行自然通风的系统形式。在车站的每端均设置通风道，通风道内并联两台相同参数的车站通风机 SVF，这两台风机为可逆风机。地铁运营正常工况时，风机每天连续运行 20h，单风机运行或双风机并联运行。SVF 风机通过风管对车站公共区通风时，可根据车站负荷变化，通过变频控制调节风量，满足车站通风功能要求；当区间需要夜间通风时，通过风阀转换实现对区间的通风换气，满足区间通风功能要求；同时该风机兼容车站及区间火灾事故通风。

区间隧道通风系统是由活塞风道、通风道、车站通风机 SVF、事故风机 TVF 和车站出入口等组成的纵向通风系统。车站每端与活塞风道并联设置一台事故风机 TVF，为可逆转轴流风机。

风机在正常情况下环境温度≤45℃，相对湿度≤95%条件下可以长期连续运行；在火灾工况时能满足在250℃条件下连续运转有效工作 1h。

（1）就地控制　安装、调试、检修时，通过风机控制柜面板控制，即柜体面板转换开关“远控/本地”打到“集中”，其他远程操作被屏蔽。

（2）车站控制　车站控制室通过宽带接入服务器（Broadband Access Server，BAS）控制本站风机运行。

（3）中央控制　OCC通过BAS统一控制全线风机起停。

风机控制柜向BAS系统反馈风机运行状态、各故障信号、各开关的位置。

发生火灾时，FAS系统发送火灾信息给BAS系统，由OCC或车站的BAS系统控制风机的起停，且车站风机由变频自动转为工频运行（正反转可控）。

起动联锁：风机运行与风阀位置反馈信号联锁。风机运行前，对应的风阀必须先打开到位；风机停止后，风阀再关闭。

事故及火灾闭锁：车站、区间发生事故时，风机自动转为工频运行。火灾发生时，车站风机由变频起动后自动转为工频运行（正反转可控）。

2. 电热空气幕应用

“空气幕”是指由风机、加热盘管等组成，设置在需隔绝气流交换的门洞上部的通风设备。用于地铁车站通风系统隔绝公共区内、外空气的对流，达到防污染、保温、隔热的目的，它设置在车站出入口通道的上部。

“空气幕”操作有车站控制（集控级）和就地控制两方面，就地控制具有优先权。

1）车站控制设置在车站控制室，确保在不同运行工况时，对空气幕的运行状态做控制和显示。

2）就地控制是在空气幕控制柜处进行操作，供空气幕安装、调试、检修时在现场应用。

3. 风冷冷水机组应用

风冷冷水机组作为车站设备管理用房冷源，由于车站管理用房的部分区域设置空调系统，每个车站的冷负荷较小，故选用风冷单冷型冷水机组。所有的冷水机组均结合室外风亭设置，而冷冻水泵、加压补水系统设于小系统空调通风机房内。

1）风冷冷水机组均置于室外，结合风亭设置。机组整体及各配件满足相应地区室外环境条件要求。

2）冷水机组能在环境温度为16～43℃的条件下正常起动和连续正常运行，且每日连续运行时间不少于20h。

3）鉴于冷负荷不断变化，因此冷水机组需卸载运作，提供不同的冷量。

二、环控系统设备维修操作实践

环控系统设备涵盖轨道交通全线的所有车站、变电所、车辆段、办公楼、维修楼、控制中心等场所的所有环控设备，按照设备的类别划分为环控低压配电系统、风机系统、风管风阀及其附件系统、冷水机组系统、分体式空调机系统五大类。

按照设备的重要性，又可以分为重点设备和一般设备，通常将防排烟风机、环控低压配电柜、重要场所的空调机等列为重点设备，其余的为一般设备。在以后的叙述中这两种划分均可能用到。

1. 环控设备分级维护保养

环控设备的维护分为四级：日常检查、定期计划维护保养、故障检修以及设备大修。

（1）日常检查　维护人员对设备进行的经常、不定期的巡查，随时了解掌握设备的运行状况，填写相关的设备运行状态参数，对于发现的问题做好简单处理，不能及时处理好的，做好预先处置措施，并将情况汇报到班组，等待集中安排人员处理。

维护部门应根据设备具体特点、工作时间及运行状态，及时调整对设备的巡视内容和巡检次数，以保证准确地掌握环控系统设备的运行工况，确保设备处于良好的工作状态。

（2）定期计划维护保养　根据日常检查的结果，预先对设备制订维护保养计划，然后按照计划定期执行维护保养工作。

定期计划维护保养按保养内容和时间间隔分为月度维护保养和年度维护保养两大类。分别由设备主管班组预先安排好维护保养的具体内容，提交上一级管理部门批准后实施。

（3）故障检修　故障检修（包括应急抢险）是对临时出现的设备故障进行的故障判断、故障排除、设备试用等作业，在执行时间的先后顺序上通常优先于日常检查和定期计划维护保养作业。

（4）设备大修　重要设备设施在经过一定的使用时间后，可以进行计划性的设备大修，集中解决年度计划检修遗留的问题。

2. 设备维护保养操作实践

（1）日常检查操作实践　日常检查通常采用经常的、不定期的设备巡查，通过看、听、闻、摸、量、测试、记录等方式及时掌握设施设备的运行状况，准确记录设备的各种运行参数、数据，判断设备的可持续安全运转性能。及时发现设备在运转中的各种问题，能够处理的及时处理，消除设备的运行缺陷和安全隐患，确保系统及设备能正常运转。对于不能立即处理的问题及时向班组汇报，做好先期处理工作，为以后集中处理提供条件。同时做好设备的清洁工作，清除设备本体、四周的杂物和积灰，保持设备整洁。

本项工作主要由维修小组来完成。各维修小组按照制定的设备范围（按照地域——站点来划分)，由设备的养护人、责任人具体执行，班组监督检查执行情况。

（2）定期计划维护保养操作实践　定期计划维护保养工作是为了集中处理日常检查过程中发现的设备问题，恢复和改善系统设备的性能，增强安全运转可靠性的检修工作。根据设备使用频率、使用时间和作用的重要性大小以及工作环境等情况，通常在上月中旬前计划好下月的任务，年初计划好本年度的维护保养任务。如需临时变更、增减计划内容的，则应按设备管理的相关规定履行审批手续。

1）定期计划维护保养工作的直接管理机构为班组，执行层为班组安排的维修小组。原则上班组应安排由设备的责任人为主、养护人为辅的维修小组执行。

2）根据本规程及相关规范要求，维修班组必须制定完善的设备维护保养计划（包括月度、年度计划)，及时上报上一级管理机构批准后实施。设备处于工程质量保证期内的，其维护保养周期及内容不变。

3）维修班组负责计划所需的零备件、工具等资源，提交环控维修车间汇总后，由环控维修车间编制相应的材料计划需求表，上报机电分公司材料部门。

4）定期维护保养任务在执行中应严格遵守公司的相关安全规章制度、劳动纪律，遵守设备的安全操作规程，精心维护好设备。准确将设备的维护保养情况记录于相关台账中，每次作业完毕，维修人员应清理现场，并将拆换下来的旧件交回班组材料员处。

5）原则上年度维护计划内容要比月度维护计划内容更细化、更具体，从设备安全、生产角度出发，是侧重于对设备的基础、整体结构强度、电气安全性能、轴承磨损情况等进行综合评估和功能恢复的维护保养。当月度计划和年度计划在某月重叠时，执行年度计划内容。

6）班组、主管专业工程师、车间随机检查设备的维护保养质量，对设备的工况性能做出评估，听取维护人员对设备管理的有关建议，研究更科学、更完备的管理方法。

7）班组、车间可以根据实际情况，临时增加重要设备的定期（月度、年度）计划维护工作，以保障重要场所的设备正常运营。

（3）故障检修操作实践　故障检修（包括应急抢险）是突击式的修理工作，在时间安排上要优先于日常检查和定期维护保养项目，重点设备故障检修优先于一般设备故障检修。

故障检修的直接负责机构是维修车间，执行层为维修班组。

具体流程是

机电分公司维修调度接到故障报修内容→维修车间→维修班组→维修小组→机电分公司维修调度

维修车间根据故障描述的内容合理安排人力、物资等，及时向班组下达故障检修任务，并及时对重点区域、重点设备的故障检修情况进行了解跟踪，必要时提供技术、物资上的支持，完成后由车间及时向主管领导回复执行情况。

在设备故障检修工作中，负责检修的现场队伍应有现场指挥人，通常由小组长担任；如果有班组长在场，由班组长担任；车间主任在场的，由车间主任担任。现场指挥人对本次故障处理过程负有主要责任，现场人员必须听从现场指挥人的安排。所有人员应严格遵守公司的安全规章制度、劳动纪律，遵守设备的安全操作规范，依靠专业操作技能，保证质量、保证进度地完成故障检修任务，并对本次处理效果进行适当的评估和后续跟踪监测。班组和车间认真总结历次设备的故障现象、故障原因、处理措施，研究适当的改进方法，努力减少故障的发生率，确保设备的正常运行。

具体操作步骤：

1）环控维修人员接到班组、车间或更上一级领导的指令后，立即就近准备好材料和工、器具，如果情况紧急，故障地点附近的本专业维修人员应立即自觉地赶往故障地点，做好故障的先期处理，避免故障扩大，减少损失。

2）按照规定进场登记，停止相应设备的运转，断开相应的断路器，并在控制柜抽屉上和设备附近挂出明显的安全警示牌，以防止误动作发生伤害事故，如果是处于公共区域，应按规定设置相应的围栏和警示牌。

3）故障检修，坚持由故障现象入手，运用专业知识，判明故障原因和故障部位，然后才进行部件的拆卸和更换，严禁盲目拆卸蛮干。对于处理过程中出现的问题，如果一时不能解决，及时向主管机构说明情况，申请人力、技术、物资等支持。

4）如果故障不能及时排除，需要延长检修时间的，维修班组应及时通知设备使用方、维修调度和环境调度值班人员，必要时上报维修车间以及相关分管领导，等待进一步处理方案和措施，现场人员对设备使用方做好情况说明和解释工作。

5）夜间停运后在区间隧道内进行作业或者是工作车上线作业时，先要按照规定办理相应的进场作业令，得到批准后才能进场作业，作业区域按照相关规定在两端设置信号标志灯。作业完工后及时清理现场遗留垃圾，作业车上线作业遵守《工作车上线作业管理办法》的有关规定，服从行车调度员、车站值班员、信号楼值班员的调度，完工后，将车停于指定区域，并及时消除登记。

6）故障检修作业完毕，由现场维修人员恢复供电，并对设备试运行，确认正常后方可交付使用。现场指挥人完成销记和对维修调度机构的回复。由工班长负责填写《故障检修记录表》，交班组保存。

7）如果一个工作时间段内施工作业不能结束，维修人员交接班时应将本班施工详细情况向下一班人员讲明，并在《交接班记录本》上详细记录作业进度情况。

操作实践注意事项：

1）作业人员一律持证上岗，特种作业的应持有相应的特种作业操作证书。

2）不能随意调整轴流风机扇叶的角度。

3）在冷水机组状况不明朗时，禁止盲目起动。

4）设备结构性强度受到损害，影响安全时，先要处理结构强度问题，避免人身损伤或设备损坏。

5）在检修过程中，严格执行动火作业票制度，严禁带电进行更换控制板、接触器、压缩机等作业，严格执行高空作业规章制度，严格执行吊装作业规章制度。

6）故障处理现场实行安全监护制度，一旦发现安全隐患，影响到作业人员的人身安全时，立即撤出危险区域并及时向上级部门汇报。

7）作业过程中发现超出预期的故障损失情况或者重大的安全隐患，及时向班组汇报。

（4）设备大修操作实践　设备累计运行时间达到大修标准后，由维修班组向维修车间提出大修申请，并附上必需的工具、物资、零备件等申请计划，经维修车间审核后，报机电分公司批准后实施。

（5）设备日常检查操作　按照设备类别分为送排风机/排烟机系统、风管风阀等附件系统、环控配电柜、冷水机组系统、多联分体空调系统五大类。

1）送排风机/排烟机系统日常检查操作。包括所有送风机、排风机、排烟机、射流风机、隧道风机、排热风机、人防风机等。

① 探听风机运行中有无异常噪声、振动。

② 检查风机软接头有无破损漏风现象。

③ 检查风机机体外表面有无明显变形和锈蚀迹象，如果有，做简单处理。

④ 检查风机就地控制箱内部整洁情况，指示灯、转换开关、按钮等功能是否正常。

⑤ 查看排烟机、隧道风机、射流风机、排热风机等重要设备运行时电流表显示数值是否正常，检查风机运行状态。

⑥ 对电传动带传动的通风机，传动带数量应齐全，型号一致，松紧适宜、无裂痕和破损，检查传动带磨损情况，更换破损传动带。

⑦ 外观检查传动带传动轮的连接情况是否正常，电动机有无异常温升和噪声、振动。

⑧ 检查减振器有无损坏。

⑨ 检查设备支架以及支架与预埋钢板的连接是否牢固。

⑩ 清洁风机外壳，做好四周环境。

⑪ 填写设备巡查记录表。

2）风管风阀等附件系统日常检查操作。包括风管、风管外包隔热材料、手动调节阀、电动调节阀、联动风阀、手动防火阀、电动防火阀、消声器、进出风布风器等。

① 检查各种风管有无连接脱落、严重漏风现象，有无大面积锈蚀现象，风管外包隔热

材料有无脱落现象。

② 抽查风阀开关到位情况，根据使用方要求适当调整调节阀的开度来调整风量。

③ 清除风阀表面灰尘及杂物。

④ 抽查执行器的电动、手动是否灵敏，位置反馈信号显示是否正常。

⑤ 抽查传动杆件是否有松动现象。

⑥ 检查风阀开闭是否顺畅、灵活到位。

⑦ 就地操作箱外观检查，指示灯、开关等是否正常。

⑧ 检查消声器有无异物缠绕，外表面清洁情况，有无锈蚀迹象。

⑨ 检查防火阀位置是否正常，信号反馈是否正常。

⑩ 检查执行器内润滑油的油位及油质情况，并对轴锁等转动配合部位加油。

⑪ 检查风阀密封条是否齐全完好。

⑫ 抽查风口紧固情况，有无损坏，目测通风量是否正常。

⑬ 检查风阀的标示是否醒目。

⑭ 填写设备巡查记录表。

3）环控配电柜日常检查操作。包括左、右端环控母联柜、抽屉柜、继电器柜、24V 直流电源箱、重要设备转接箱、环控设备电缆等。

① 检查母联柜主断路器电压表显示电压是否正常，工作指示灯、合闸分闸位置显示是否正常，手动应急工具是否齐全。

② 检查各抽屉柜是否处于正常状态，显示仪表、指示灯是否齐全和正常，外观是否整洁，抽查个别柜子检查内部电器元器件是否正常。

③ 检查继电器柜转换开关、指示灯、继电器是否正常，端子排连接是否整齐、美观。

④ 24V 电源箱检查工作是否正常，外观、内部电器元器件有无异常。

⑤ 外观检查转接箱、部分电缆是否正常，有无安全隐患。

⑥ 认真填写日常检查记录本。

4）冷水机组系统日常检查操作。包括冷水机组、冷冻水泵、冷却水泵、水处理器、冷却塔、水管水阀及其附件、空调机组、吊式卧式空调柜、进出风管及其风阀等附件、紫外线空气净化器等。

① 检查电源、接地是否符合要求，接线是否正确。

② 探听机组运行中有无异常噪声和声响、振动。

③ 通过机组显示屏，检查机组各种参数、数据是否异常，检查油位是否正常，外观检查制冷剂有无明显泄漏现象。

④ 检查冷却水循环系统运转是否正常，有无异常温升、噪声振动。

⑤ 检查冷冻水循环系统运转是否正常，有无异常温升、噪声振动。

⑥ 检查水系统阀件位置是否正常，抽查个别阀件动作是否灵活，管路系统有无泄漏。

⑦ 检查水处理器工作是否正常。

⑧ 检查冷却塔工作情况是否正常，水位是否适当。

⑨ 检查空调机组、吊式卧式空调柜运行是否正常，外形有无明显锈迹或形变，探听有无异常噪声，电动机运行是否正常，检查过滤网有无脏堵，排水管排水是否顺畅，风管风阀有无异常。

⑩ 抽查站厅、站台、设备区域环境温度是否异常，目测布风器风量有无异常。

⑪ 检查紫外线空气净化器工作是否正常。

⑫ 认真填写设备日常检查记录本。

5）多联分体空调系统。多联分体空调系统的日常检查主要针对重点设备进行，包括多联机外机、内机、管道及其隔热层、风机风管及其附件。

① 检查外机运行状态是否正常，有无故障代码显示，重点检查重要房间、重要区域的机组运行情况。

② 检查制冷剂管道有无明显损坏，隔热层是否良好，外观检查有无制冷剂泄漏现象。

③ 检查室内机、风机有无故障代码，运行中有无异常。

④ 检查风管、风阀、风口等附件有无异常。

⑤ 对机组及其四周环境清洁。

⑥ 填写设备日常检查记录。

【实践操作】

1. 操作练习

1）根据本章所学的知识，撰写出一篇关于城市轨道交通环控系统的总结，并做成 PPT 形式，给同学们演示。

2 ）在课余时间，利用纸张制作城市轨道交通车站的模型。

2. 书面练习

1）阐述环控系统的功能定义。

2）简要说明一个典型车站环控系统的设备数量配置。

【评价跟进】

1. 教师的评价

由教师在完成本章的教学任务后填写，在相应表格中画“√”。

评价项目		教师的评价			
序号	题　　目	好	较好	一般	较差
1	对本章教学过程的控制				
2	在本章教学过程中，学员的参与情况				
3	学员对本章知识学习后的效果反馈				
教师对本章教学的总结评价意见及跟进措施					

2. 学员的评价

由学员在完成本章的教学任务后填写，在相应表格中画“√”。

评价项目		学员的评价			
序号	题　目	好	较好	一般	较差
1	在本章教学执行过程中教师的表现				
2	本章教学内容与社会实际需求的联系情况				
3	自己在本章学习过程中的表现				
学员对本章教学的总结评价意见及跟进措施					

3. 知识跟进

1）从互联网上了解环控系统的现状如何。

2）从互联网上了解城市轨道交通在环控系统技术层面上的内容。

第2章　机电设备监控系统

问题导入

城市轨道交通机电设备监控系统负责对全线各车站的通风空调设备、给水排水设备、自动扶梯、车站照明设备、事故照明电源等车站设备进行全面、有效地自动监控，确保设备可靠运行，从而充分发挥各种设备应有的作用，保证乘客的安全和设备的正常运行。

学习目标

1. 能掌握 BAS 的功能、系统架构、设备组成及控制流程。
2. 能说出机电设备监控系统有效地监控管理整条线路的运作情况。

教学建议

1. 教学场地：在普通教室、能连接互联网的多媒体教室及城市轨道交通系统的各种模型实训室中进行，课后可实地参观。

2. 设备要求：各种城市轨道交通车站的机电设备监控系统仿真模型 1 套，或能播放视频投影的设备及相关课件、视频。

3. 课时要求：共 6 课时，其中课堂讲授 4 课时，模拟操作 2 课时。

【理论知识】

一、机电设备监控系统概述

机电设备监控系统是以计算机为基础的自动化系统，通过计算机系统对所控设备的运行情况进行实时监控与动态跟踪分析，同时根据运营要求对这些设备的运行发出相应的指令进行动态调整。系统主要由工作站、服务器、各种设备控制器、终端设备、交换机及网络系统组成，对通风空调系统、消防报警系统、给水排水设备、自动扶梯、照明设备、屏蔽门系统等的运行状态进行实时监控；对设备的运行进行远程控制；对空调系统进行节能控制；在火灾发生的情况下，可接收火灾报警系统（FAS）的报警信号，自动控制所有设备转入防灾工作模式，控制排烟风机、通风机、气体灭火装置、消防水系统协调工作，以保证人员和设备的安全。

对于“机电设备监控系统”的翻译，各地铁公司有所不同，如南京地铁公司翻译为 Building Automation System（BAS）；广州地铁公司翻译为 Electrical and Mechanical Control System（EMCS）；还有的翻译为 Main Control System（MCS）。本书采用 BAS 的翻译方式。

BAS 的目的就是对车站机电设备进行自动化监控及管理；为乘客和运营人员提供舒适的环境；节约能源，降低运营费用。

系统的设计原则：安全、可靠、节能。

系统的架构：BAS 一般分为中央级、车站级和就地级三个层次。BAS 的网络构成图如图 2-1 所示。

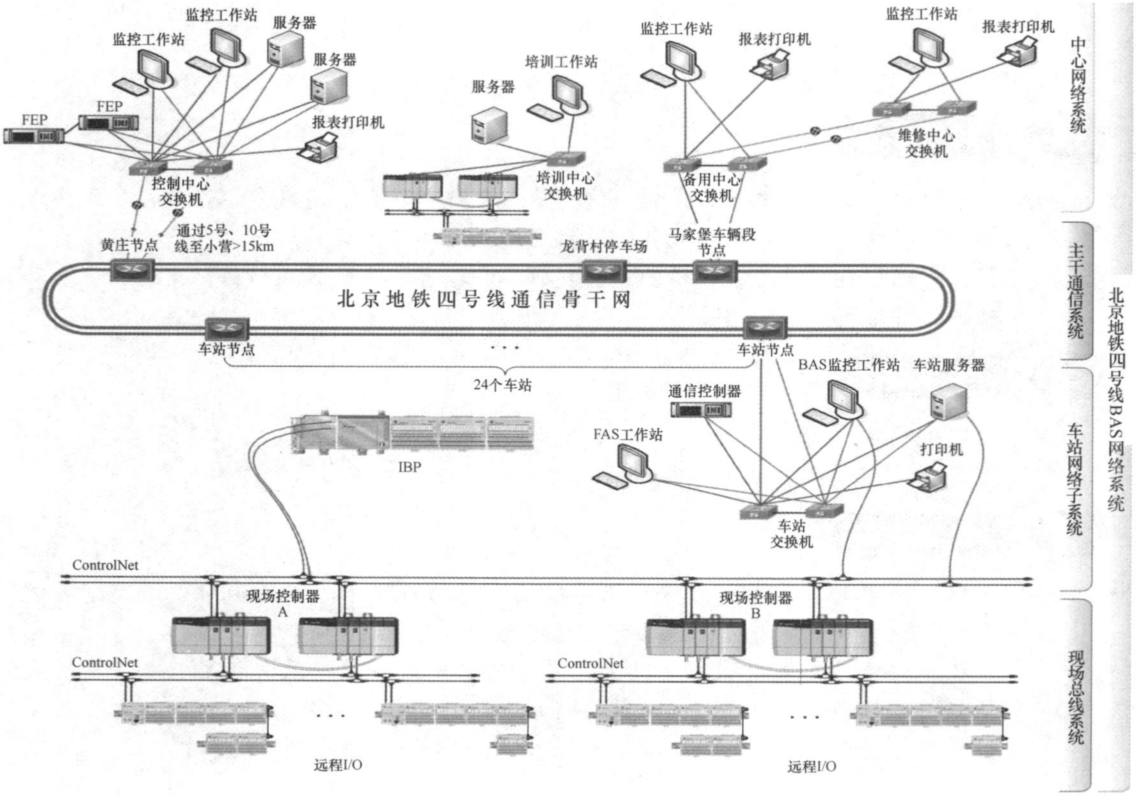

图 2-1　BAS 的网络构成图

二、BAS 的组成及主要功能

1. BAS

机电设备监控系统（EMCS/BAS）是从楼宇自控系统（Building Automatic System）的概念引申而来的，楼宇自控主要是针对大楼的环控设备进行自动控制，城市轨道交通行业的 BAS 除了对环控设备进行监控外，还增加了其他一些设备系统。一个典型车站的 BAS 控制的对象通常包括：环控系统（冷水机组、冷却水泵、冷冻水泵、冷却塔风机、空调机组、空气处理机、风机盘管、新风机、送风机、回排风机、TVF 风机、射流风机、U/O 风机、联锁风阀、电动防火阀、全电动防火阀、二通调节阀、压差调节阀、温度传感器、湿度传感器、压力传感器、流量传感器、压差传感器等）、给水排水系统（水泵、电动蝶阀）、照明系统（照明回路、事故照明）、人防门系统、电梯系统、自动扶梯系统及屏蔽门系统。还有一些设备也会逐步纳入机电设备监控系统，所以机电设备监控系统（BAS）已经是一个比较成功的集成系统。如果以 BAS 为基础，纳入更多的其他系统，则可以成为一个典型的城市轨道交通综合监控系统（ISCS）。

城市轨道交通 BAS 由设置在控制中心的中央级监控系统、设置在各个车站车控室的车站级监控系统及就地级监控设备组成。

系统网络结构分为车站监控系统局域网、城市轨道交通骨干网和 OCC（控制中心）局域网。车站监控系统局域网与 OCC 局域网均采用冗余的高速以太网，局域网之间通过骨干网进行数据和命令的传输。

由于地下车站的环控设备系统复杂、耗能多，而地面和高架车站的环控设备系统简单、耗能少，所以地下车站应设置 BAS，地面和高架车站一般不设 BAS。BAS 的控制范围示意图如图 2-2 所示。

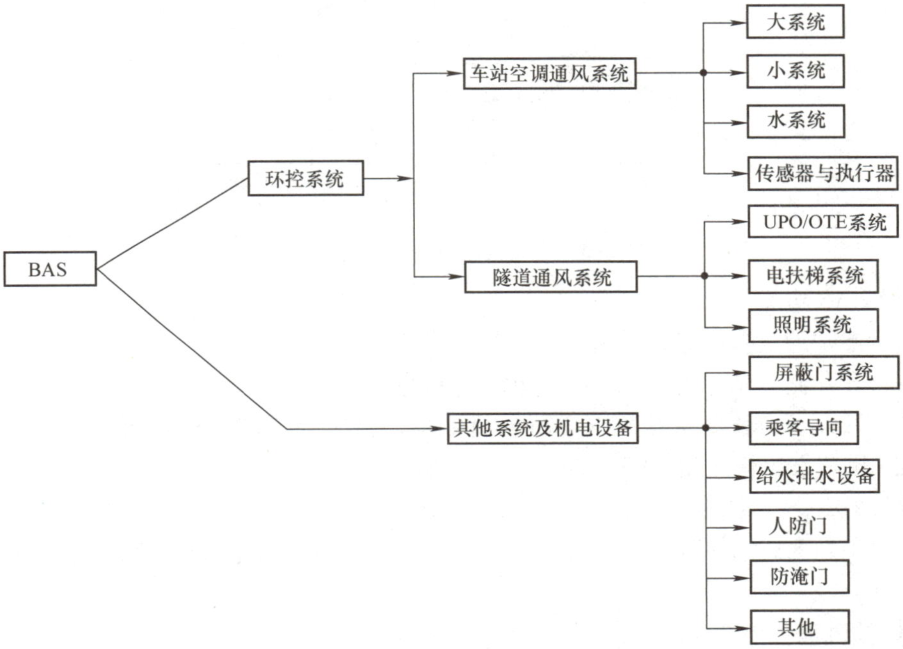

图 2-2　BAS 的控制范围示意图

2. BAS 的组成

（1）中央级监控系统　中央级监控系统由中央级局域网络组成，网络内包括主/备监控工作站、主/备服务器、档案管理计算机、打印机服务器、通信转换接口、打印机、大屏幕显示系统等设备。中央级监控系统设备在集成系统中也可作为其他系统的设备来使用。中央级监控系统结构示意图如图 2-3 所示。

1）中央级局域网：采用高速工业以太网，网络冗余配置，采用 TCP/IP 协议，通信速率为(10Mbit/s)/(100Mbit/s)，通信介质为同轴电缆或五类双绞线。中央级局域网把控制中心的所有 BAS 设备联系起来，通过城市轨道交通骨干网实现中央级局域网与车站 BAS 局域网的连接。

2）中央级监控工作站：在控制中心配置两台监控工作站，执行 BAS 监控和数据采集功能，主要用于环控调度员的日常环控设备操作、监视和调度管理工作。

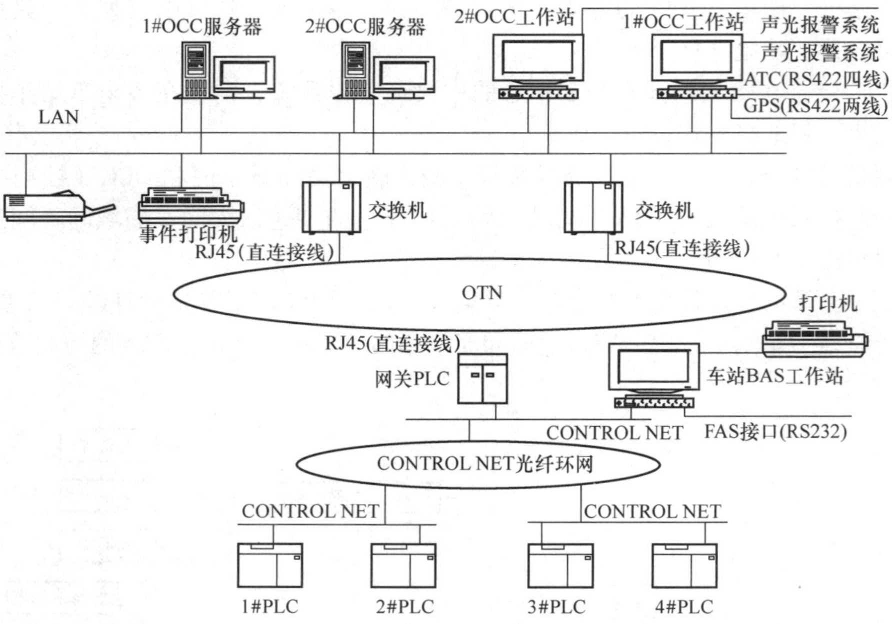

图 2-3 中央级监控系统结构示意图

车站级 BAS 功能：

① 显示本站的设备状态，并可以发出控制指令。

② 接收并存储本站设备状态、环境状态等信息数据。

③ 对本站设备、环境状态数据进行分析处理，得到当前的合理运行模式和相关参数，并向本站各 PLC 发出模式指令和参数。

④ 接收 OCC 控制指令，并指挥 PLC 执行。

⑤ 接收车站 FAS 控制器的火灾信号，根据预定方案向本站各 PLC 发出相应的运行模式指令。

相应监控画面如图 2-4、图 2-5、图 2-6、图 2-7 所示。

3）服务器：采用冗余的两台服务器，实现全线数据的管理。

4）维护工作站：主要供维护工程师在控制中心从事全线 BAS 软件的维护、组态，运行参数的定义，系统数据库的维护及用户操作画面的修改、增加，故障的检查和资料查询等，实现 PLC 系统程序及各监控站流程图、数据库等远程上载、下装、监视及修改功能，满足远程系统维护的要求。

5）打印机：实现事件打印、报表打印和日常维护管理打印功能。事件打印机用于操作记录、事故记录、报警记录、测量数据的实时打印；报表打印机用于各类数据报表的定期打印，同时还有图表的输出打印。

6）大屏幕系统：可与其他系统共用，用于显示全线各站被监控设备的工作状态，便于调度人员及时了解设备情况。

7）不间断电源：在控制中心设置不间断电源，保证 BAS 供电电源的稳定可靠。

（2）车站级监控系统 车站级监控系统建立在开放的、高可靠性的冗余交换以太网上，局域网上设有车站监控工作站（车站服务器）、车站控制器（主控 PLC）及综合后备控制盘

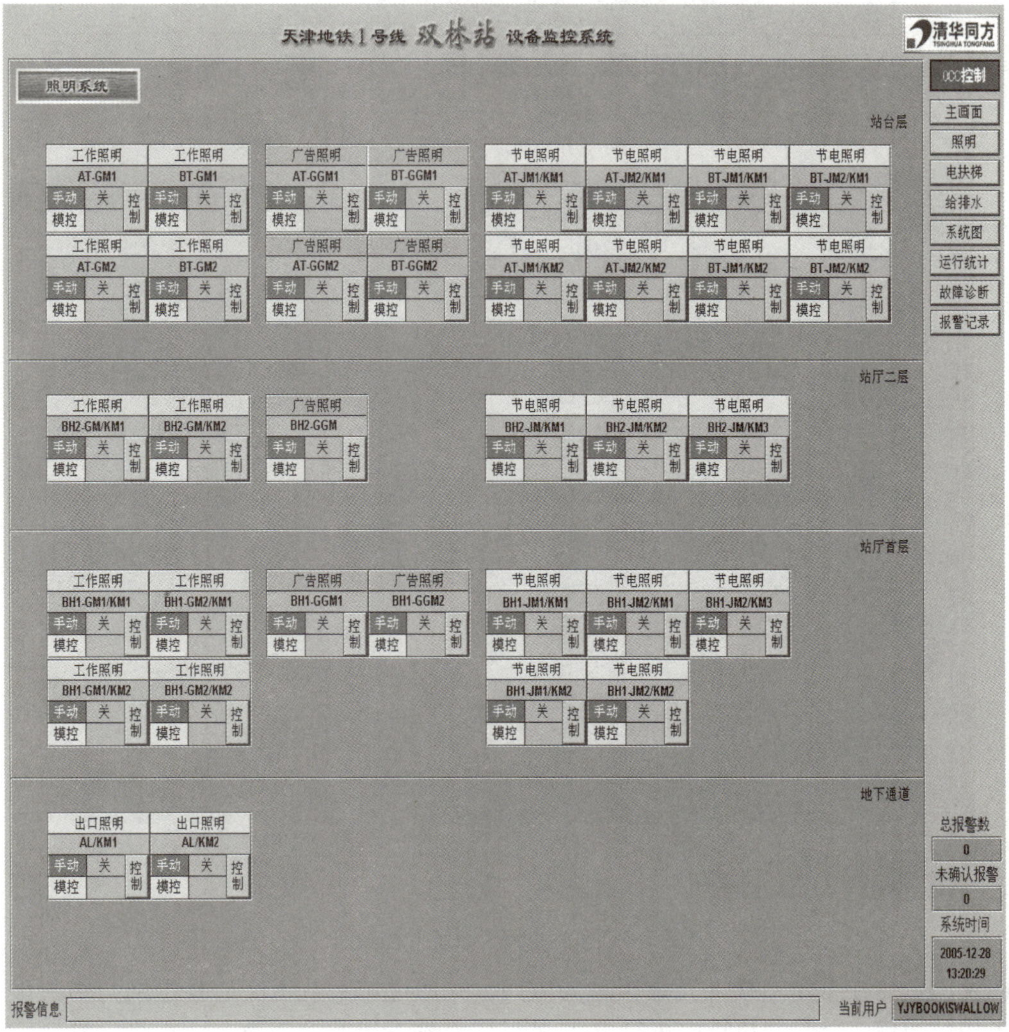

图 2-4 车站照明系统监控画面

（IBP）。车站级监控系统主要监控隧道及车站的通风系统、空调大系统、空调小系统、冷水系统、照明系统、给水排水系统等设备；监测公共区、设备室等地点的温湿度；并配置与屏蔽门、人防密闭隔断门、自动扶梯、电梯、FAS 的数据接口，对上述设备进行监控；同时在车站控制室设置综合后备控制盘（IBP），实现紧急状态下对环控设备的手动模式控制。网络由一台车站监控工作站进行管理，信息通过打印机打印。BAS 同时将站内其他系统，如 FAS、SCADA 系统的有关数据纳入监控范围，BAS 和站内其他系统一起同车站服务器按 Client/Server 结构方式构成集成系统，各系统之间的数据交换通过局域网进行，所有过程数据共享在软件服务器中。

1）车站局域网：采用高速工业以太网，网络冗余配置，采用 TCP/IP 协议，通信速率为（10Mbit/s）/（100Mbit/s），传输介质为光纤、同轴电缆或五类双绞线。车站局域网把车站的所有 BAS 设备连接起来，并通过城市轨道交通骨干网实现与中央级局域网的连接。

2）车站级监控工作站：负责正常及事故情况下对车站各系统设备的监视、管理、控制

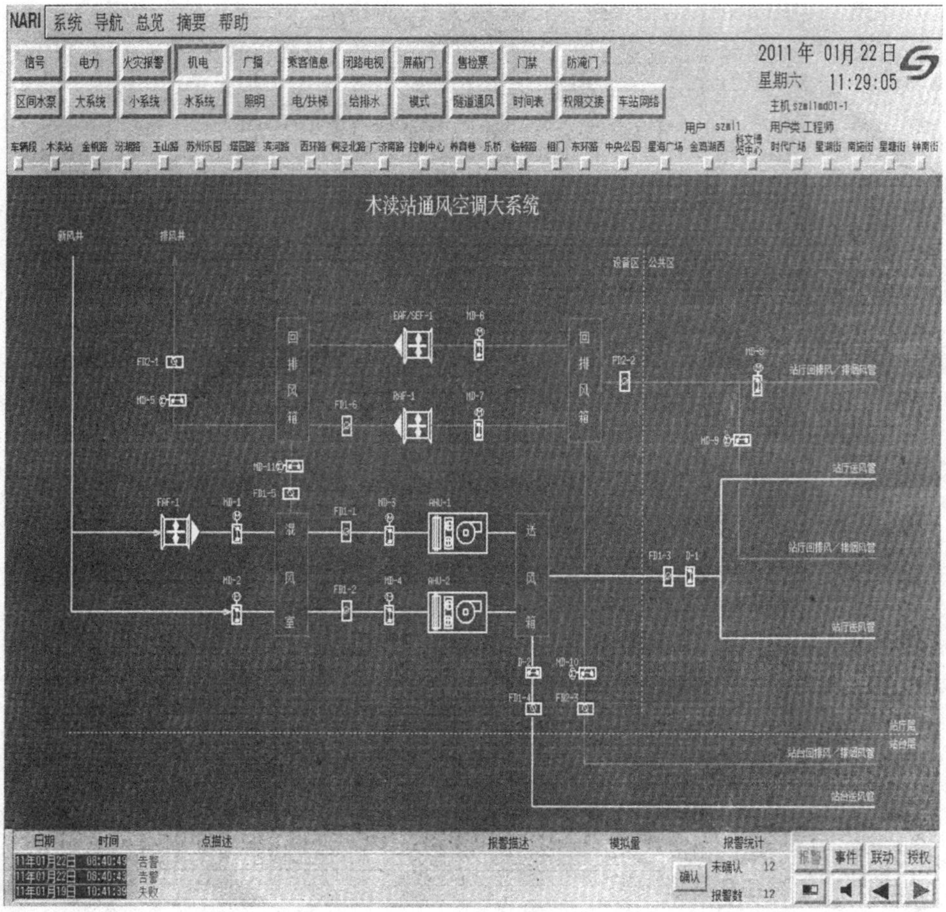

图 2-5　车站空调大系统监控画面

指令的发出。监控工作站接入冗余车站局域网，并通过城市轨道交通骨干网与中央级 BAS 监控工作站通信，接收并执行中央级 BAS 监控工作站发出的控制命令，并将设备运行状态信息上传到中央级监控工作站。同时车站监控工作站接收和处理由 BAS 控制器上传的设备运行状态和数据，并向 BAS 控制器下达对设备的控制指令。

3）车站控制系统：采用硬件冗余的大型 PLC 产品，组成 BAS 控制网络，对设备进行监视、控制和管理。车站控制系统的主控站 PLC 接收来自中央监控站和车站监控站的控制命令、控制模式、设定值的更改和其他关联参数的修改信息，并通过连接在车站冗余控制网络上的就地控制器，实现对车站所属设备和区间隧道通风设备按照一定控制策略进行开停控制、联锁控制、模式控制、优化控制等控制功能，以及设备运行状态、数据采集和管理功能，并实时将这些状态信息送到车站服务器中。在主控站主/备 PLC 中配备具有大容量数据存储空间的处理器，将站内设备信息备份在存储器中，以保证过程数据存储的可靠性。当通信网发生故障时，所有控制器能保持独立操作，并暂时存储未上传至车站控制室的设备状态信息。当通信设备恢复运行后，控制器可即时将信息上传，保证系统的连续性。

4）综合后备控制盘（IBP）：设置在车站控制室，作为车站监控工作站的后备设备，可以对隧道通风系统、车站环控大系统和小系统设备进行监控，是在紧急情况下使用的按键式模拟监控盘。当发生火灾或列车阻塞，同时车站监控站或通信网络发生故障时，作为系统操

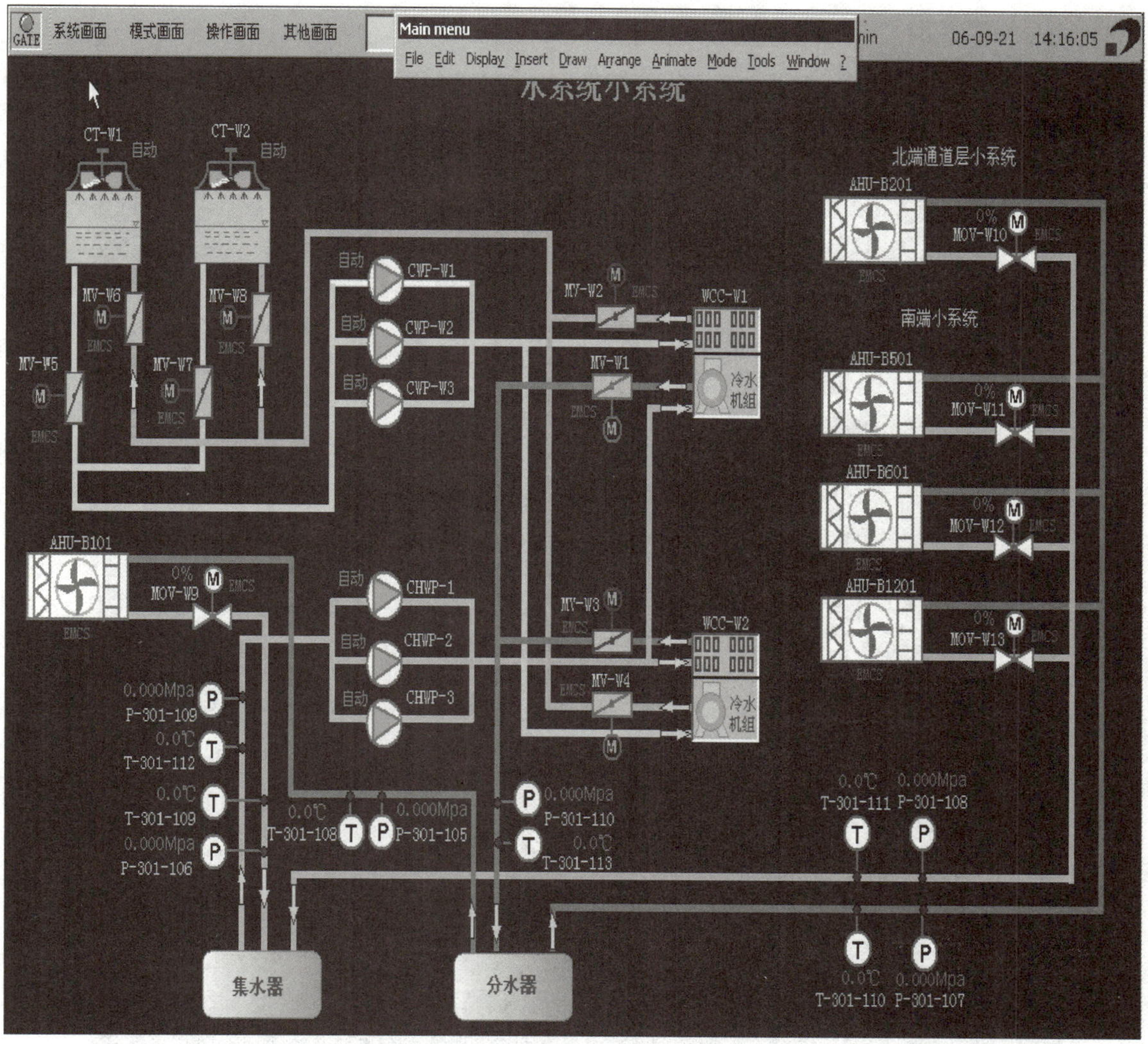

图 2-6 水系统小系统监控画面

作备用，由行车值班员按不同的事故区域和性质在 IBP 上启动对应的运行模式，向 BAS 控制器（PLC）发出相应的控制模式命令。

5）车站控制网：车站 PLC 与就地 PLC 及变频器之间采用开放式工业控制网络，该网络是一种高速确定性网络，通信速率为 10Mbit/s，通信介质为特种电缆，用于有苛刻要求应用场合的信息传输。为保证 BAS 数据和控制指令传输的可靠性，控制网络宜采用双冗余网络配置。

6）打印机：实现本车站操作记录、事故记录、测量数据等事件打印和各类数据报表的定期打印和图表的输出打印。

7）不间断电源：在车控室设置不间断电源，保证 BAS 供电电源的稳定可靠。

（3）就地级设备　根据机电设备的设置情况，在被控设备附近设置就地级监控设备和就地控制柜等。

1）冗余 PLC：在环控机房配置冗余 PLC，每台 PLC 配主/备 CPU 模块、电源模块、通

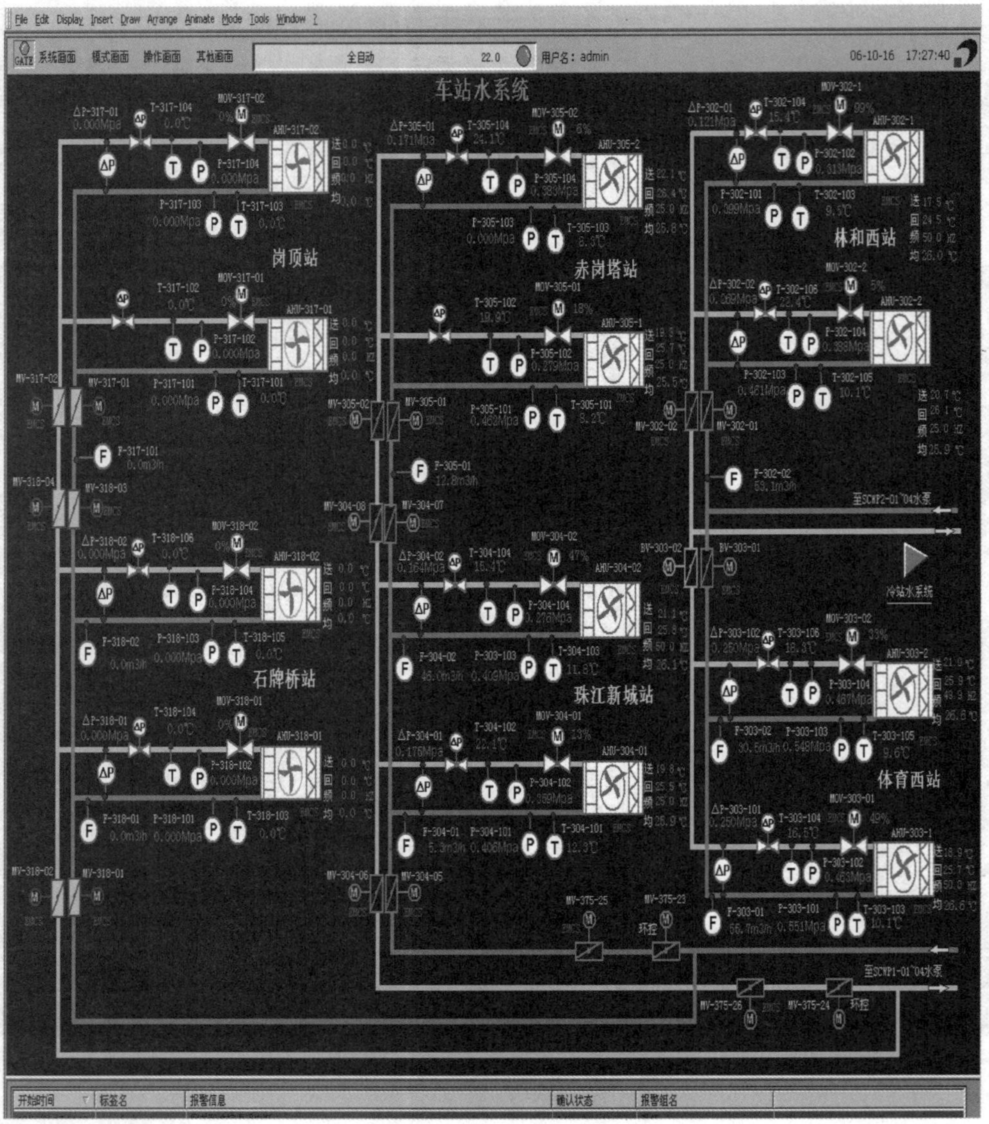

图 2-7 车站水系统监控画面

信模块，确保控制的可靠性，实现对车站、隧道通风系统和大、小空调系统设备的监视、控制及管理。

2）就地控制器：配置 PLC，通过冗余接口连接车站冗余控制网络，并通过可编程通信接口与 FAS 控制器、屏蔽门主机、冷水机组控制器、电扶梯、照明控制系统通信，实现对各种设备的运行控制和监视功能。

3）传感器及执行机构：在城市轨道交通车站设置的传感器类型有：室内温湿度传感器、风管式温湿度传感器、水管温度传感器、压差传感器、流量传感器、二通调节阀、旁通调节阀，用于采集环境控制所需的各类参数。

3. BAS 的主要功能

（1）系统功能

1）空调通风系统应具有以下监控功能：

① 空调机组的起停控制；风机状态显示；过载报警；过滤网状态显示及报警；就地/遥控指示；新、送、混、回风温度检测；新、送、混、回风湿度检测；空调机冷冻水流量调节；对变速风机进行变风量控制；接收 FAS 的指令，对风机进行联动控制；风机、风阀、调节阀之间的联锁控制及风阀的状态显示。

② 隧道风机的起停控制；正反转控制；风机状态显示；过载报警；就地/遥控指示；接收 FAS 的指令，对隧道风机联动控制。

③ 送排风机的起停控制；风机状态显示；过载报警；送风温度、湿度检测；排风温度、湿度检测；就地/遥控指示；接收 FAS 的指令，对送排风机进行联动控制。

2）空调制冷冷水系统应具有以下监控功能：

① 冷水机组的起停控制；运行状态显示；过载报警；就地/遥控指示；冷冻水进出口温度、压力检测；冷却水进出口温度、压力检测；运行时间和起停次数记录。

② 冷冻水系统的冷冻水泵起停控制及状态显示；冷冻水泵过载报警；水路电动阀开启、关断控制及状态显示；冷冻水旁通阀压差控制；冷冻水泵、电动蝶阀就地/遥控显示；水流量测量及冷量记录；分、集水温度、流量测量。

③ 冷却水系统的冷却水泵起停控制及状态显示；冷却塔风机起停控制及状态显示；冷却水泵、冷却塔风机过载报警；水路电动阀开启、关断控制及状态显示；冷却水泵、电动蝶阀就地/遥控显示。

④ 制冷系统的控制系统应预留数据通信接口，以获取冷水机组和水系统的有关参数。

3）对正常照明系统应能定时和实时控制其开、关状态，并接收其运行的反馈信号。

4）给水排水系统应具有以下监控功能：

水泵起停控制；水泵运行状态显示；水泵故障报警；水位显示及危险水位报警；水泵运行时间统计，主、备泵运行切换控制；车站用水量记录。

5）防淹门系统和兼顾民防系统应具有以下监控功能：

显示防淹门、防护隔断门、防护密闭门、密闭门的开/关状态；接收防淹门、防护隔断门、防护密闭门、密闭门的故障报警信号，并将报警信号送给 FAS。

6）对于自动扶梯，BAS 应对其进行控制，并具有运行状态显示和故障报警功能。

7）对于屏蔽门系统，BAS 应具有运行状态显示和故障报警功能，在火灾等紧急情况下，应能手动进行控制。

（2）分级功能

1）中央级功能。根据城市轨道交通运行环境及车站其他系统的监控要求，中央级控制器确定并修改全线隧道及车站通风空调系统的运行模式，并把相关运行模式下载给车站，使车站设备按给定的模式运行；对车站机电设备实行模式和时间表控制。根据通风空调系统提供的环控工艺要求，对区间隧道通风系统设备进行正常模式控制及灾害模式控制。中央级监控工作站具有良好和灵活的人机界面，使监控人员可监视全线各车站的通风、空调、给水排水、电扶梯、照明、屏蔽门、人防门等系统的运行状态并对相关设备进行控制。

操作员站具备完善的报警功能，可将报警信息进行分类、筛选、重组，建立一个报警系统。同时还具有 FAS 灾害报警下各系统启动火灾模式，进行联锁联动，组成全系统的安全体系。

中央级系统可对历史数据记录进行处理、裁剪、分析和统计，具有统计、文件处理、归档及报表功能。

2）车站级功能。车站级控制器可以监视车站各系统设备的运行状态和参数，具有 PID 调节控制、逻辑控制和模式控制功能。控制器可根据环境参数对环控系统设备进行运行工况的转换，并进行最优化的控制，达到节能运行的目的。监控工作站具有声光报警、报警画面自动弹出、报警确认和处理功能；将车站被控设备运行状态、报警信号及测试点数据及时送至控制中心，并接受控制中心的监控指令和运行模式。对系统及网络具有在线监视、自诊断、自恢复及在线修改功能，并可显示网络负荷情况。同时还具有运行指导功能、开发与培训功能、操作密码保护功能。

3）就地级功能。就地级控制器通过车站控制网与车站主控 PLC 通信，接受控制指令并对现场设备进行就地控制，同时将设备运行状态和参数传送到车站主控 PLC 上。

三、BAS 的运行管理

1. BAS 操作

BAS 属于应用级操作系统，配置交互性操作界面，根据相应提示菜单即可完成操作。BAS 必须由专业人员（OCC 为环控调度员，车站控制室为行车值班员、维保人员）进行操作，操作时必须严格按相关规程执行。操作人员必须使用专用钥匙对设备进行操作，操作完毕后应将钥匙交由行车值班员保管，不得留在开关上，除指定操作、维修人员之外，不得借出。操作人员接班时应了解上一班设备的运行情况，每日必须填写设备运行情况记录。发现不安全因素时，应立即关停设备，并通知维修人员。设备故障或维修时必须在施工地点放置警示牌或护栏。爱护 BAS 设备，保持清洁，为设备正常运转创造良好环境。

对于 BAS 所监控的各个系统设备，站务人员如果需要进行操作，必须得到环境调度（后称“环调”）人员的授权。在对大、小空调系统，隧道通风系统，空调冷冻、冷却水系统进行开、关操作时，必须注意相关设备之间的起动顺序和联锁关系：先开风阀（水阀），后开风机（水泵）；风阀（水阀）不开，风机（水泵）不开；冷水机组最后开、最先关；就地操作时联锁关系失效。通过打开相应的风阀，使风（水）道能够形成完整、通畅的进、出通道，再打开风机（水泵）。

报警信息的处理：

以 × × 城市轨道交通 1 号线 BAS 操作系统为例，当站务人员发现有报警信息时，应及时处理，单击相应菜单，确认是否需要报告环调。一般的原则是：对于最低级报警，直接确认即可；对于设备故障报警，应报告环调，由环调根据实际情况处理；对于区间阻塞报警，主要依靠控制中心来处理，在自动失去作用时，要根据环调人员的要求开启相应的 TVF 风机，并注意风机的转向；当线路处于正常状态时，上下行列车显示为正常运行的动画，当阻塞事故发生时，列车停在对应事故区间位置，并闪烁，同时阻塞隧道也出现红色闪烁。对于区间火灾报警，在确认火情后，OCC 向车站发送相应的火灾模式信号，起动排烟，在自动失去作用时，站务人员要手动按下对应 IBP 上的按钮。对于车站火灾报警，通过 FAS/BAS 接口程序接收 FAS 发送的火灾模式信号，当接收到火灾信号时，对应的模式窗口会跳出，并变为红色，同时起动排烟，在自动失去作用时，站务人员要手动按下对应 IBP 上的按钮。上述各种报警状况消除后，应全面检查设备状态，使其恢复到原来状态。

区间阻塞以上的报警属于灾害情况，这时声光报警器会动作，站务人员应立即做出反应；另外 BAS 同一时间只能执行一个灾害模式，在未复位以前，对于再给出的灾害模式信号，BAS 不会执行。

2. 运行管理有关人员职责

（1）环控调度对机电设备监控系统的运营管理　环调负责对相关城市轨道交通线路辖下的车站及隧道环境的控制和调度，控制指挥环控设备按运营需要合理运作，以保证城市轨道交通环境的舒适性，环调还负责对城市轨道交通突发事件进行反应，调度城市轨道交通相关防灾设备执行灾害模式。环调是机电设备监控系统以及 FAS 中央级的使用者，通过机电设备监控系统中央级工作站对全线车站及区间隧道内设备的运行状态、故障情况以及机电设备监控系统自动运行情况进行监视，控制全线环控设备动作。环调在运输调度生产组织系统中的位置如图 2-8 所示。

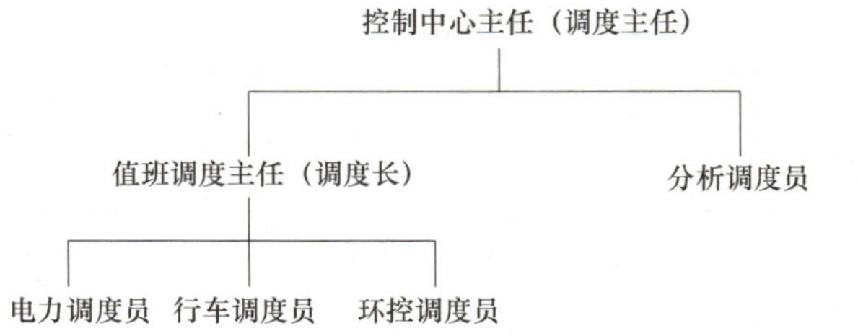

图 2-8　运输调度生产组织系统

1）主要职责：

① 环调人员对全线环控系统进行调度控制，保证城市轨道交通环境的舒适性。

② 监视并及时调整环控设备及其他车站设备的运行状态，出现故障时应及时报告给维修调度。

③ 通过 FAS 中央级发现火灾报警、指挥执行火警处理程序，通过机电设备监控系统中央级工作站或下令车站人员执行相应环控灾害模式。

④ 授权车站站务人员通过机电设备监控系统对设备进行操控。

⑤ 对机电设备监控系统中央级设备进行设备表面清洁等日常保养工作。

2）基本要求：

① 必须熟悉机电设备监控系统操作方法，熟练掌握环控工艺模式。

② 理解机电设备监控系统软件控制原则，处理简单操作上的问题。

③ 熟练掌握火灾处理程序，组织相应的火灾模式。

（2）站务人员对机电设备监控系统的运营管理　车站站务人员负责本站辖内的车站设备的操作，车站站务人员是机电设备监控系统车站级的使用者，通过机电设备监控系统车站级工作站对本站所辖设备的运行状态、故障情况以及机电设备监控系统自动运行情况进行监视，接收环调指令，控制车站内设备动作，并对设备执行情况进行确认。

1）主要职责：

① 监视本站环控设备及其他车站设备的运行状态，通过工作站定时对设备进行巡视，若出现异常，立即通知环调，同时报告设备故障给维修（设备）调度员。

② 通过 FAS 车站级发现火灾报警并现场确认，执行火警处理程序，在环调指挥下，通过机电设备监控系统工作站或车站模拟屏执行相应的环控防灾模式。

③ 在机电设备监控系统故障情况下，在环控电控室对设备进行操控。

④ 对机电设备监控系统中央级设备进行设备表面清洁等日常保养工作。

2）基本要求：

① 必须熟悉机电设备监控系统的操作方法，包括工作站和模拟屏，熟练掌握环控工艺

模式。

② 必须熟悉车站设备现场操作方法，理解基本环控工艺模式。

③ 熟练掌握本站火灾处理程序，组织相应的火灾模式。

【应用与实践】

一、BAS 的应用操作实践

1. 车站人员对于 BAS 的日常操作实践

1）交接班时应首先打开 BAS，查看软件是否运行正常，大、小系统目前的运行模式。

2）查看 FAS 与 BAS 接口程序是否运行正常，FAS 与 BAS 之间的通信是否正常。

3）浏览系统各画面，看运行是否正常、流畅。

4）浏览画面时，按照目前大、小系统的运行模式，判断设备是否运行正确。

5）对于处于就地、车站手动、OCC 手动的设备，应向交班人员或环调、机电人员询问清楚原因；待正常后，恢复自动状态。

6）在 BAS 工控机上除了运行有主程序之外，还有其他的管理应用程序和接口程序，任何人不得将其退出运行。

7）IBP 盘在火灾情况下具有最高优先权，平时误操作也会启动相应火灾模式，提醒在日常工作时多加注意。

8）在计算机设备上，不得使用未经确认、来历不明的移动硬盘与光盘，不得玩游戏。

9）严禁在监控计算机上装载其他与系统工作无关的任何软件。

10）禁止擅自删除、改变监控计算机系统的任何配置文件、参数及属性。

11）设备操作前必须取得环控调度的授权，否则不允许对设备进行任何操作。

2. 灾害情况下 BAS 的操作实践

（1）隧道事故操作实践　隧道事故包括隧道火灾和阻塞。隧道事故发生时需要多个车站的设备联合工作，因此由 OCC 向各相关车站发出动作模式指令。正常情况下，隧道模式为自动执行。隧道火灾和阻塞信号由 OCC 的 BAS 操作站发出。当车站 BAS 收到火灾和阻塞信号时，将自动转入事故模式，起动相关设备，并进行声光报警。事故信号消失后，系统恢复正常。如果火灾信号和阻塞信号同时出现，则火灾模式优先。

1）隧道阻塞操作。当列车在某一区间隧道内停留超过 2min 时，认为列车发生阻塞事故（该时间值可由 ATS 进行修改），此时，ATS 将向 BAS 发送阻塞位置信号。

BAS 根据接收到的阻塞位置信号，自动给相关车站发出阻塞运行模式号，由车站立即执行。

同时，在 OCC 工作站会弹出阻塞画面，显示阻塞位置，并进行报警。

2）隧道火灾操作。列车在隧道内发生火灾时，一般应尽量行驶到就近车站停靠，此时按车站火灾处理。

如果火灾列车停留在区间隧道内，称为发生隧道火灾。此时，由列车通知 OCC 值班员以下火灾情况：

起火列车所在的区间隧道位置（哪个区间，上行还是下行隧道，列车停放位置更靠近哪个车站）；

列车起火点位置（起火点靠近车头、车尾还是位于列车中部）；

OCC 值班员收到上述信息后，应单击 OCC 主画面上的隧道火灾按钮，打开隧道火灾画面。

（2）车站火灾操作　正常情况下，火灾模式为自动执行。其中车站火灾信号由车站 FAS 发出，当车站 BAS 收到火灾信号时，将自动转入事故模式，起动相关设备，并进行声光报警。事故信号消失后，系统恢复正常。如果火灾信号和阻塞信号同时出现，则火灾模式优先。

如果设备为就地状态，或者车站手动，或者 OCC 手动状态，则该设备将不能自动起动。因此，无特殊情况，请保证设备处于“远动控制自动”状态。

火灾时，回排风机将以“直接起动”方式运行，火灾结束后，也不会自动切换回“变频运行”状态。必须检查设备情况后，手动关机一次即可恢复正常。

因火灾可能对设备造成损害，所以火灾发生后，应尽快检查设备，确保设备可以正常运行。

如因某种原因导致自动执行不成功，或不能满足要求，则需要使用 IBP 盘起动或手动起动。

二、车站 BAS 设备出现故障时的应急处理

1. 车站 BAS 的故障类型

1）中央 BAS 与车站 BAS 通信中断（脱网）。

2）车站 BAS 故障，不能对本站机电设备进行监控。

3）BAS 设备故障只影响车站局部或单个设备不能监控。

2. 车站 BAS 对火灾信息响应的优先级

1）1 级（最高）：车站 IBP 盘（包括车站和隧道火灾）。

2）2 级（次高）：FAS－BAS 接口（车站火灾）、OCC 下发（隧道火灾）。

同级别的火灾信号，先发优先；只有在原火灾复位之后，才接收新的同级信号。

3. BAS 时间表的作用

用户可以添加、删除和修改时间表，当某个时间表被指定给某个具体设备后，设备在“自动”状态下，该设备将按照该时间表运行，当系统时间处在时间表的任意一个时间段时，该设备将被起动运行，否则该设备停止运行。每对起止时间代表一个时间段。

4. 车站 BAS 故障应急处理

（1）中央 BAS 与车站 BAS 通信中断（脱网）

1）行车值班员将该故障上报控制中心环控调度员，要求执行降级运行。

2）环控调度立即命令各站行车值班人员，中央级监控功能失效，BAS 网络进行降级运行即由各站行车值班员接管控制权对本站环控设备进行监控。

3）行车值班员与环控调度员保持通信正常，随时汇报车站设备运行情况，发生紧急情况能够及时取得联系。

（2）车站 BAS 故障，不能监视本站设备

1）环控调度员应命令行车值班员组织对BAS监控的车站重要设备进行定时巡查，了解设备运行情况，发生异常及时报告，同时组织相关人员进行抢修。

2）行车值班员与环控调度员保持通信正常，随时汇报车站设备运行情况，发生紧急情况能够及时取得联系。

3）BAS设备故障只影响局部或单个设备不能监控。

① 行车值班员按环控调度员的指示，组织车站加强相关设备巡视，了解设备运行情况，同时组织相关人员进行抢修。

② 行车值班员按环控调度员的指示进行就地操作。

三、车站BAS设备手动操作

手动操作设备时，应注意相关设备之间的起动顺序和联锁关系。

1. SVF、TVF风机手动操作

1）操作时，首先要判断风机是否满足操作条件。阀门与风机按照工况开启、关闭，开启时，先开阀门，后开风机；关闭时，先关风机，后关阀门。

2）操作时，注意正反转切换方法，正转起动－停止－反转起动，不能直接从正转起动切换到反转起动，或者从反转起动直接切换到正传起动，等风机叶轮完全停转后，方可进行转换，建议正常情况下停止2min后再起动。

2. 普通风机手动操作

1）开机时先开送风机，送风机起动后再开排风机；关机时先关排风机，排风机关闭后再关送风机。

2）先开送风机前的电动风阀，再开送风机。

3）先开排风机前的电动风阀，再开排风机。

3. 冷水机组操作

1）先开风系统，再开水系统。

2）空调系统停机时，冷水系统必须关闭。

4. 热风幕手动操作

1）先开风机，再开加热器。

2）加热器可随时关闭，加热器停机1min后才可关闭风机。

5. 水泵手动操作

1）当水位信号不连续时，应报告环调，得到环调命令后，把水泵控制模式从“自动”改为“手动”。

2）如果水位超高而泵未启，应查看水泵控制模式是远地控制还是就地控制，若远地控制需改为就地控制，并就地操作水泵。

6. BAS对通风空调系统的控制操作

隧道通风系统包括区间隧道通风系统和车站隧道通风系统，正常运营情况下用于排热换气，灾害情况下用于定向排烟、排热和送新风。

（1）正常运行状态　隧道通风系统的正常运行模式是根据地铁运营的时间，由系统预先设定的时间表来控制不同的运行模式。模式的启停时间主要依据地铁运营开始及停止的时间和日期，具体分为：

1）早间运行控制。早间运营前，根据系统的时间表功能，区间隧道通风系统进行半小时（可调整）的纵向机械通风。此时车站隧道通风系统关闭，区间隧道设有中间风井时中间风井也关闭。通风完毕后进入正常运行。

2）夜间运行控制。夜间收车后，根据系统的时间表功能，区间隧道通风系统进行半小时（可调整）的纵向机械通风，排除隧道中的废气和余热余湿，此时车站隧道通风系统关闭，区间隧道设有中间风井时中间风井也关闭。通风完毕后打开所有风道内风阀，利用自然通风的方式进行通风换气。

3）正常运行控制。列车正常运行时，车站隧道通风系统投入运行而区间隧道通风系统停止运行，利用列车活塞作用，在一般区间隧道内通过车站两端的活塞风井进行通风换气，排除区间隧道的余热余湿；在设有中间风井的区间隧道内开启区间隧道中间风井，通过车站两端的活塞风井和区间隧道中间风井进行通风换气，排除区间隧道的余热余湿。

（2）阻塞运行状态　当列车因故障或其他原因而停在区间超过一定时间，中央级下达运行模式指令到车站级，车站级控制通风系统设备进行隧道通风模式控制。区间隧道风机按行车方向进行机械通风，车站隧道通风系统保持正常运行。

（3）火灾事故运行状态　BAS 根据列车信号系统传来的停车位置信息和司机报告的火灾情况，采取相应的运行模式，保证旅客的安全疏散。当着火列车驶入前方车站时，利用前方车站的隧道通风系统进行排烟；当着火列车停在区间隧道时，应按预定的隧道内火灾模式运行。

7. BAS 对照明系统的控制

BAS 对照明系统的监控对象包括工作照明、节电照明、出入口照明、广告照明、区间照明和应急电源等。车站设备用房和管理房照明采用就地控制，无需 BAS 控制。

正常照明包括工作照明（基本照明）和节电照明（叠加照明）两部分，在运营高峰时段内，正常照明和疏散照明全部打开，运营高峰过后关掉节电照明，运营结束后停掉全部正常照明，仅保留疏散照明。

【实践操作】

1. 操作练习

1）根据本章所学的知识，了解机电设备监控系统的类型。

2）在课余时间，结合所在城市轨道建设，到施工现场参观学习，了解施工建设中的机电设备监控系统。

2. 书面练习

1）阐述机电设备监控系统的构成与基本要求。

2）简要回答机电设备监控系统的种类及其作用。

3）简要回答运行管理有关人员职责。

【评价跟进】

1. 教师的评价

由教师在完成本章的教学任务后填写，在相应表格中画“√”。

评价项目		教师的评价			
序号	题　　目	好	较好	一般	较差
1	对本章教学过程的控制				
2	在本章教学过程中，学员的参与情况				
3	学员对本章知识学习后的效果反馈				
教师对本章教学的总结评价意见及跟进措施					

2. 学员的评价

由学员在完成本章的教学任务后填写，在相应表格中画“√”。

评价项目		学员的评价			
序号	题　　目	好	较好	一般	较差
1	在本章教学执行过程中教师的表现				
2	本章教学内容与社会实际需求的联系情况				
3	自己在本章学习过程中的表现				
学员对本章教学的总结评价意见及跟进措施					

3. 知识跟进

1）从互联网上了解机电设备监控系统的现状如何。

2）从互联网上了解城市轨道交通在机电设备监控系统中的设备组成。

第3章 自动扶梯

问题导入

自动扶梯作为一种方便快捷的运输工具，已经越来越多地出现在地铁车站的建设中，扶梯的使用呈现明显上升的趋势，以广州地铁为例，在已经开通的4条线的车站中，投入使用的自动扶梯达到600台，而在以后，将有更多的自动扶梯投入使用。

学习目标

1. 能掌握自动扶梯的工作原理。
2. 能掌握自动扶梯的工作结构。
3. 掌握自动扶梯的控制与安全装置。
4. 掌握自动扶梯的设置与使用。

教学建议

1. 教学场地：在普通教室、能连接互联网的多媒体教室及城市轨道交通系统的各种模型实训室中进行，课后可实地参观。

2. 设备要求：城市轨道交通车站的自动扶梯仿真模型1套，或能播放视频投影的设备及相关课件、视频。

3. 课时要求：共6课时，其中课堂讲授4课时，模拟操作2课时。

【理论知识】

一、自动扶梯的基本结构

1. 自动扶梯的功能与特点

在城市轨道交通车站中，自动扶梯的用途主要是解决乘客的快速疏散，即列车到达后，大量的乘客从候车站台向地面站台疏散。由于车站的候场站厅一般离开地面5～7m（浅埋式），甚至7～10m（深埋式），乘客的上下只能依赖于楼梯，而自动扶梯则提供了一种自动输送乘客的能力，满足了乘客对乘降舒适度的要求。自动扶梯是由一台链式输送机和两台胶带式输送机组合而成的升降传送系统，用于在建筑物的不同楼层间连续运载人员上下，出于其结构特殊，无论从造型还是从工作特性上都与单一的链式或胶带式输送机有很大的区别。城市轨道交通车站层次间楼梯示意图如图 3-1 所示，城市轨道交通车站自动楼梯实物图如图 3-2 所示。

图 3-1 城市轨道交通车站层次间楼梯示意图

图 3-2 城市轨道交通车站自动楼梯实物图

与一般电梯不同的是，自动扶梯具有连续输送功能，能够在较短时间内输送大量乘客，其主要优缺点是：

1）输送能力大，生产效率高，能连续运送乘客，特别适合于有大量人流汇集与疏散的场所，如商店、车站、机场、码头等，对地下车站尤是如此。

2）自动扶梯能逆转，上下行都能运转，同时近来又出现了旋转式和平行式等新型自动扶梯，以满足不同场所的需要，甚至可以实现在车站从候车站台到地面出入口的连续输送。

3）与一般电梯不同，当停电或重要零件损坏需停车时可用作普通扶梯。

4）自动扶梯构成中有水平区段，产生附加的能量损失，提升高度较大时，乘客在自动扶梯上停留时间较长。

5）造价较高。对自动扶梯一般要求其运行安全、平稳、结构紧凑、可靠程度高，同时为提高自身的运行效率（运营的经济性），自动扶梯应该有智能控制的功能。

2. 自动扶梯的工作原理

自动扶梯构造图如图 3-3 所示。

自动扶梯的核心部件是两根链条，它们绕着两对齿轮进行循环转动。在扶梯顶部，有一台电动机驱动传动齿轮，以转动链圈。典型的自动扶梯使用 100 马力（1 马力 =735. 499W）的发动机来转动齿轮。发动机和链条系统都安装在构架中，构架是指在两个楼层间延伸的金属结构。

1）自动扶梯由两组传送带组成：

① 一组是链传送带——由梯级链拖动的一串梯级。

② 一组是摩擦传送带——由传送胶带组成的扶手带。

2）两个传送带都由同一个“驱动主轴”拖动，使两个传送带的线速度保持一致。

3）主机与驱动主轴之间的传动有两种：

① 一种是通过链传动，叫作“非摩擦传动”。

② 一种是通过 V 带传动，叫作“摩擦传动”（传动带不得少于三根，且不得用平传动带）。

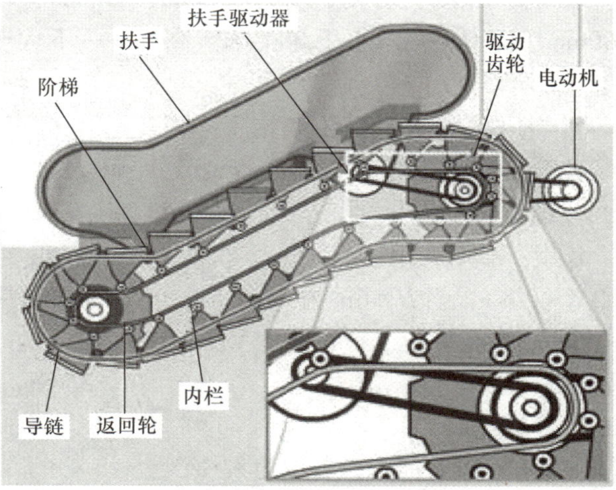

图 3-3　自动扶梯构造图

4）在“驱动主轴”上装有左右两个“阶梯驱动链轮”和一个“扶手带驱动链轮”。

① 左右两个“阶梯驱动链轮”分别带动左右两个“阶梯链”（也叫作驱动链或牵引链）。

② 一个个梯级就安装在“阶梯链”上。

a. 左右两个梯级链的长度必须一致，否则将造成梯级跑偏。

b. 左右对应的两条链要进行配对，要求在 5000N 的预紧力下，测量左右对应的两段链长误差≤0. 04mm（这是自动扶梯的一个技术关键）。

5）驱动主轴上的扶手带驱动链轮带动摩擦带摩擦轮，通过摩擦轮与扶手带的摩擦，使扶手带以与梯级同步的速度运行（由于扶手带是通过摩擦传动的，容易造成“丢速”，这是自动扶梯的又一个技术关键）。

3. 自动扶梯的电力拖动特点

1）自动扶梯的启动、制动在正常情况下都是在空载下进行（除紧急制动外）的，制动器吸起，制动减速度的要求不如电梯。

2）自动扶梯的运行速度为 0. 5 ~0. 75m/s。

3）自动扶梯在运行过程中无需变速（除节能运行外）。

4. 自动扶梯的主要潜在危险

1）传送带的整体结构是敞开的，周围的环境容易造成伤害。

2）运动部件的间隙对人体有夹持危险。

3）对人体的施力方向与人的重力方向不一致，容易使人倾倒；扶手带的线速度必须与梯级相同，或略大。

4）传动链的断裂（包括传动链、梯级链、扶手带的断裂）。

5. 自动扶梯的主要参数

1）提升高度：小高度——6m以下、中高度——6～20m、大高度——大于20m。

2）倾斜角：标准为30°；当$H \leqslant 6$m，$v \leqslant 0.5$m/s时，倾角可不大于35°；当停梯时作为楼梯使用，倾角可为27.3°。

3）运行速度：当倾角>30°时，$v \leqslant 0.5$m/s；当倾角≤30°时，$v \leqslant 0.75$m/s。

4）梯级宽度：名义宽度为600mm、800mm、1000mm；实际梯级尺寸为宽度——580～1100mm、深度——不小于380mm、高度——不大于240mm（或210mm——可作为楼梯使用）。

5）水平梯级数有三种类型。

K型：$n=2$，用于$H \leqslant 6$m，$v \leqslant 0.5$m/s；

M型：$n=3$；

L型：$n=4$，用于$H>6$m，$v>0.5$m/s，一般要求水平段的长度最少不小于800mm（至少2个梯级）；当$H \geqslant 6$m或$v \geqslant 0.5$m/s时，要求水平段至少为1200mm（至少3个梯级）。

6）运载能力：

$$Q = \frac{3600 v m \beta}{0.4}$$

式中 Q——运载能力，单位为人/h；

m——每梯级站立人数（与梯级宽度有关）；

v——电梯速度，单位为m/s；

β——满载系数，$\beta = 0.6(2-v)$。

按运载能力不同，自动扶梯可分为普通型和公共交通型。

6. 自动扶梯的构造

自动扶梯的构造示意图如图3-4所示。它可分成四大部分，即

1）供乘客站立并能连续提升的梯路，包括梯级、牵引构件和梯路导轨系统。

2）动力驱动装置，完成梯路的提升和连续循环运转。

3）框架结构，用于自动扶梯各零件的组合和定位以及在现场的定位安置。

4）控制与安全装置。

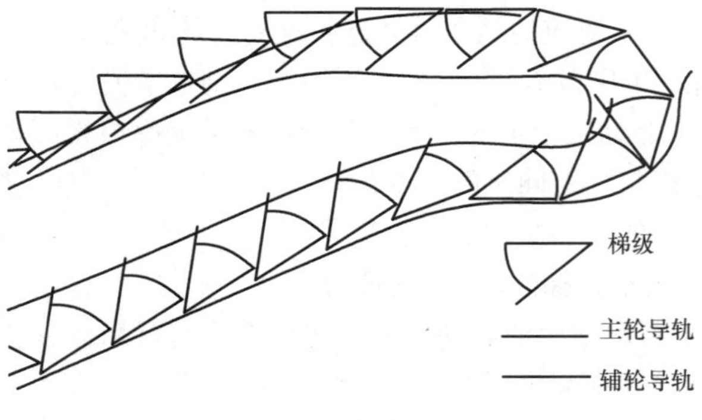

图3-4 自动扶梯的构造示意图

梯路是自动扶梯的输送线路，它主要包括：梯级与梯级链、导轨、上下转向壁。

梯路组成示意图如图3-5所示。

梯路分为上分支和下分支；上分支为工作分支，下分支为非工作分支；上分支由倾斜直

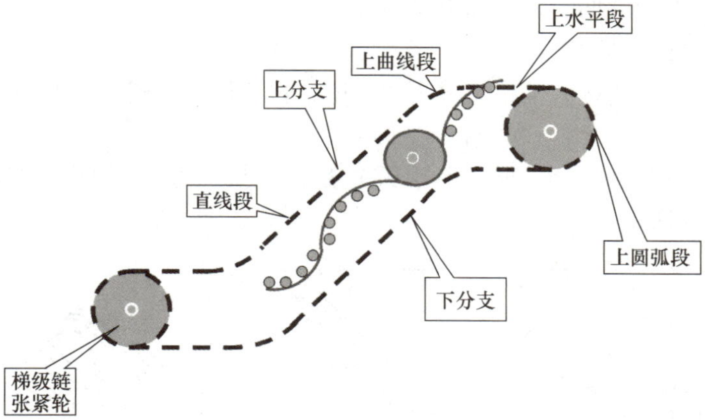

图 3-5　梯路组成示意图

线段、上下曲线段、上下水平段、上下圆弧段组成。

梯级是扶梯的主要承载部件，主要由踏板、踢板、支架、主辅轮组成。它分为整体式和分体式；梯级的宽度 B：580mm < B < 1100mm；梯级高度：不大于 240mm；踏板面与踢板面做成齿槽，相互啮合，齿顶距不大于 6mm；主辅轮是梯级的主要承载部件；主辅轮的磨损和变形是影响扶梯运行质量的主要原因之一。梯级结构示意图如图 3-6 所示，梯级的组成如图 3-7 所示，梯级的组成实物图如图 3-8 所示。

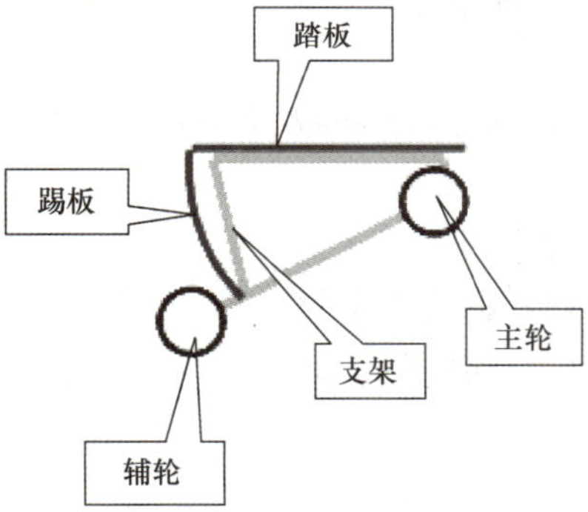

图 3-6　梯级结构示意图

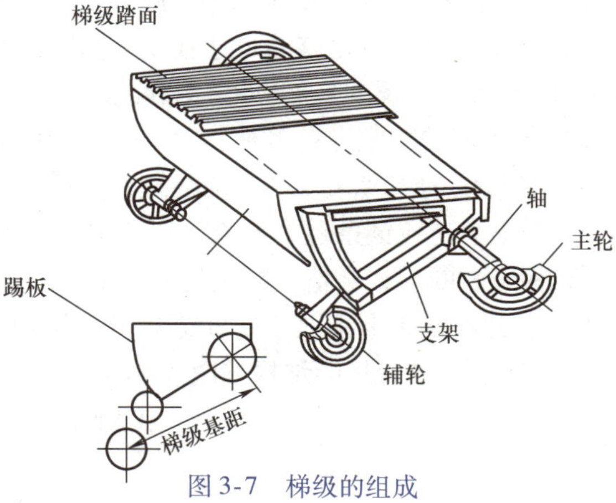

图 3-7　梯级的组成

图 3-8　梯级的组成实物图

主轮——梯级的前端两轮，与梯级链连接；

辅轮——梯级的后端两轮；

主、辅轮之间的距离称为基距；分为短、中、长三种，如图3-9所示。

7. 梯级驱动链

梯级驱动链（梯级链、驱动链、牵引链）是自动扶梯最重要的驱动部件，一般为套筒滚子链，如图3-10所示。

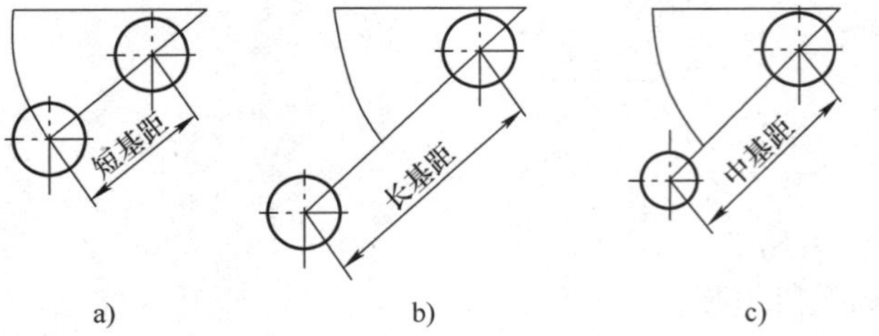

图3-9 梯级基距图

a）短基距 b）长基距 c）中基距

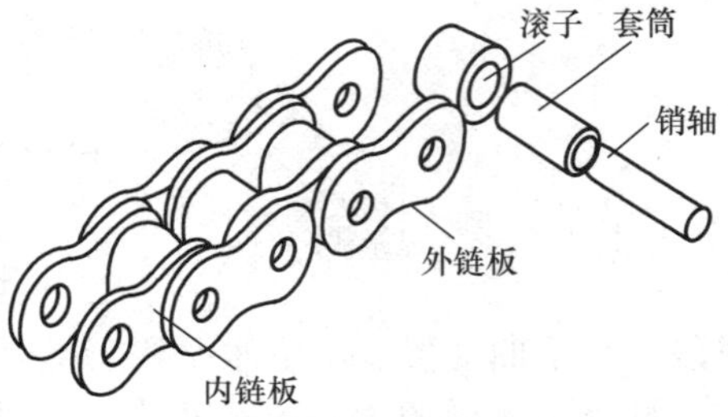

图3-10 套筒滚子链

1）梯级链必须具有足够的强度，每条链的安全系数不小于5（在机械设计中，此值为零件或构件所用材料的失效应力与设计应力的比值。机械结构在承受外载荷后，计算得到的应力应该小于该结构材料的许用应力）。

2）梯级链必须有足够的尺寸精度，同区段两根链的长度偏差≤0.04，梯级两侧同一区段的两根梯级链的长度公差应进行选配。

3）梯级链的节距可有多种：67.7mm、100mm、101.6mm、135mm及200mm。

4）梯级链的主要失效形式是磨损和断裂。

① 磨损会造成链条过度伸长，在下端站必须设张紧装置。

② 梯级链断裂，会造成断裂处以下部分的链条下滑和弯折造成事故。

5）为此在链条上采取“防断链弯折”结构以及使用“压链反板”。

牵引链条断链弯折的结构如图3-11所示。

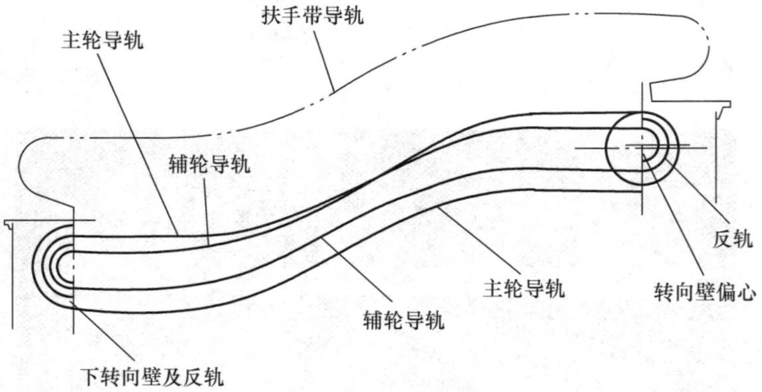

图3-11 牵引链条断链弯折的结构

在一台自动扶梯中，梯级是数量最多的部件。一台小提升高度自动扶梯的梯级需50～100只；大提升高度自动扶梯的梯级多达600～700只。由于梯级数量多，又是经常运动的部件，因此一台自动扶梯的质量在很大程度上取决于梯级的结构和质量。对梯级的要求是：

自重轻、工艺性能好、装拆维修方便。

踏板是供乘客站立的平台，其表面应有足够的粗糙度，通常踏板表面采用众多凹槽平行布置，以防乘客在踏板上滑动失重，造成危险，同时它使梯级通过扶梯上下出入口时，能嵌在梳齿板中以保证乘客安全上下。踏面板一般做成圆弧面，且做成齿状，使后一个梯级踏板后端的齿嵌入前一个梯级踏板的齿槽内，从而使各梯级间可以进行相互导向，保持各梯级间的运行平稳性，消除梯级在传输过程中的左右晃动。梯级撑架是梯级的支承结构，包括两侧撑架和横向联系构（杆）件组，撑架上面固定路板，下端装有轴套，以便安装主辅轮。一只梯级有四个车轮，两只铰接于牵引链条上的为主轮，两只直接装在梯级撑架短轴上的为辅轮。自动扶梯的梯级车轮一般采用橡胶、塑料或压制织物制成，其中橡胶车轮可使梯级运转平稳，减少噪声；目前采用较多的是氨基甲酸橡胶。自动扶梯梯级车轮的工作转数不高，为 80 ~ 140r/min，但其工作荷载很大，同时外形尺寸受到限制，因此对轮系材料的单位容许荷载提出了很高的要求。

为了防滑，梯级踏面一般表面有凹槽，其作用是使梯级在上、下出入口处能嵌入梳齿板中，同时使梯级上的垃圾不至于滚到梯级与裙板之间，划伤裙板。凹槽的节距应有较高的精度，以防与梳齿配合不良，槽深为 10mm；槽齿顶宽为 2.5 ~ 5mm；槽宽为 5 ~ 7mm。踏板实物图如图 3-12、图 3-13 所示。

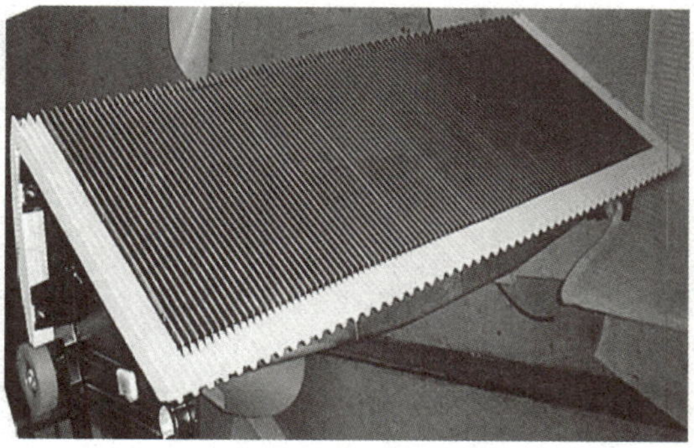

图 3-12　踏板实物图（一）

图 3-13　踏板实物图（二）

8. 牵引构件

牵引构件是传递牵引力的构件，目前常用的有两种形式：一种是采用牵引链条，这时驱动装置装在上分支水平直线区段的末段（端部驱动式）；另一种是牵引齿条，其驱动装置装在倾斜直线区段上、下分支中（中间驱动式），整台自动扶梯一般由两根构成闭合环路的牵引链条（牵引齿条）来完成传递牵引力的任务。

牵引链条一般为套筒滚子链，由链片、小轴和套筒等组成。为安装与检修方便，牵引链条多为可拆式，即在一定的分段长度处可进行链条拆装。牵引铁条是自动扶梯主要的传递动力构件，其质量直接影响自动扶梯的运行平稳性和噪声大小，图 3-14

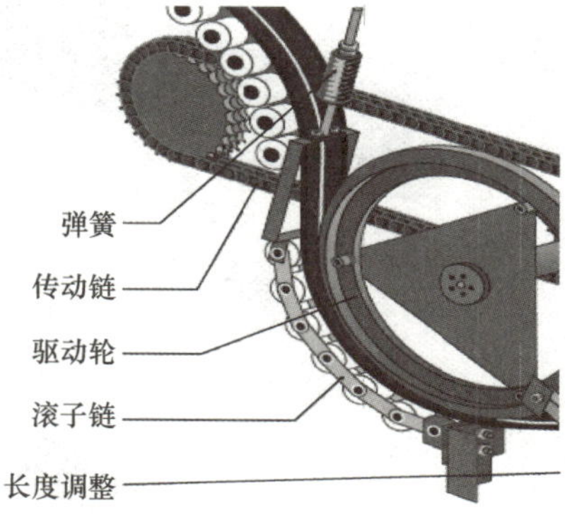

图 3-14　牵引链条传递动力机构

所示为其传递动力机构，梯级主轮的安置有内（外）侧和中间两种，前者对主轮的尺寸无严格限制，如采用较大直径的主轮，可承受较大的轮压，荷载大；而后者主轮既是梯级的承载件，又是与牵引链轮相啮合件，主轮的直径受到严格的限制，但相对噪声小，采用特殊耐磨塑料制成主轮外轮，配上高质量的滚珠轴承，能满足轮齿啮合的要求。牵引链条的结构如图 3-15 所示，其安装位置和实物图以及轮齿啮合图如图 3-16、图 3-17、图 3-18 所示。

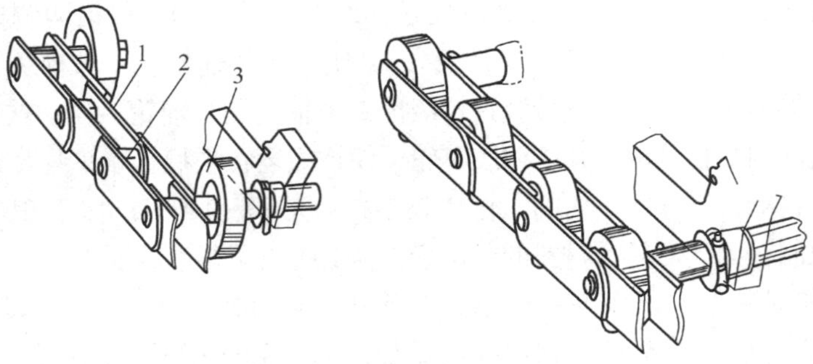

a) b)

图 3-15 牵引链条的结构

a）主轮置于牵引链条内侧 b）主轮置于牵引链片之间

1—链片 2—套筒 3—主轮

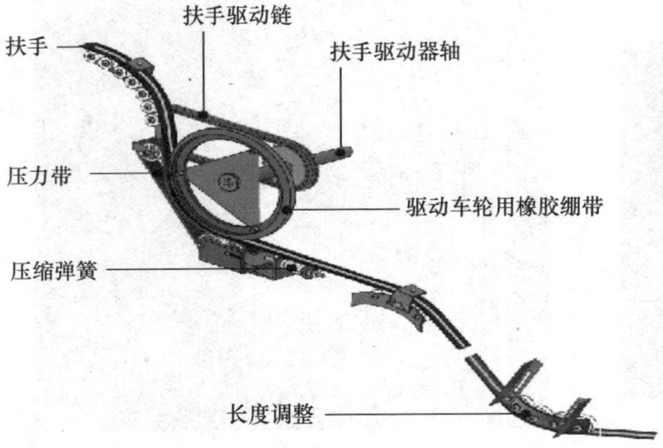

图 3-16 牵引链条的安装位置

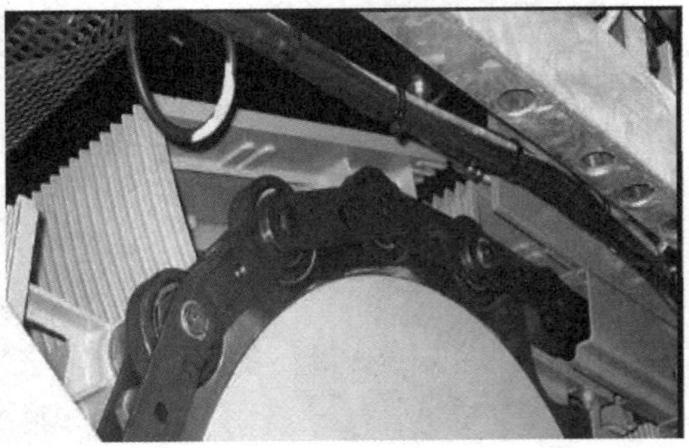

图 3-17 牵引链条实物图

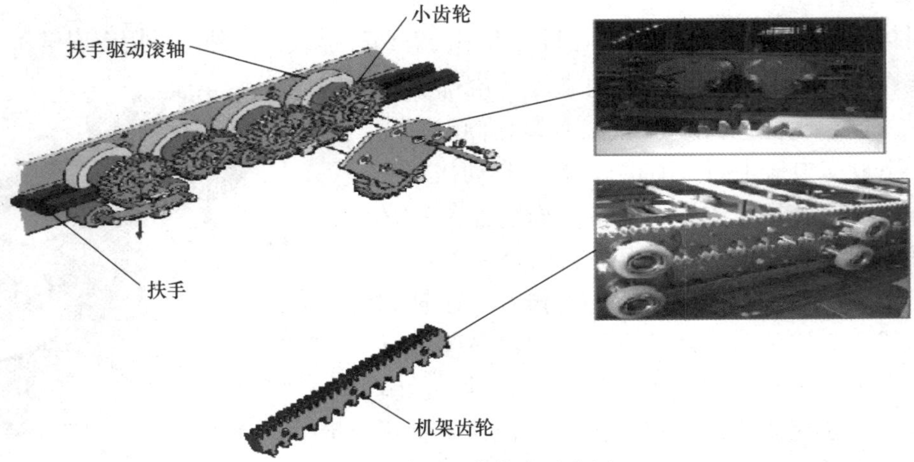

图 3-18 牵引链条轮齿啮合图

9. 梯路导轨系统

梯路导轨系统决定了各梯级在自动扶梯运动过程中的运动轨迹，是自动扶梯的工作灵魂与主导。自动扶梯梯路导轨系统包括主轮、辅轮的全部导轨、反轨、导轨支架及转向壁等，它主要支承由梯级主轮和辅轮传递来的梯路荷载，引导梯级按一定的规律运动。根据导轨系统的工作特征可把自动扶梯导轨系统分成五大工作区，其中倾斜直线区段是主要工作区段，完成乘客的输送。梯路导轨各部名称示意图如图 3-19 所示，导轨支架和异形钢导轨、转向壁如图 3-20 所示，导轨系统实物图如图 3-21 所示。

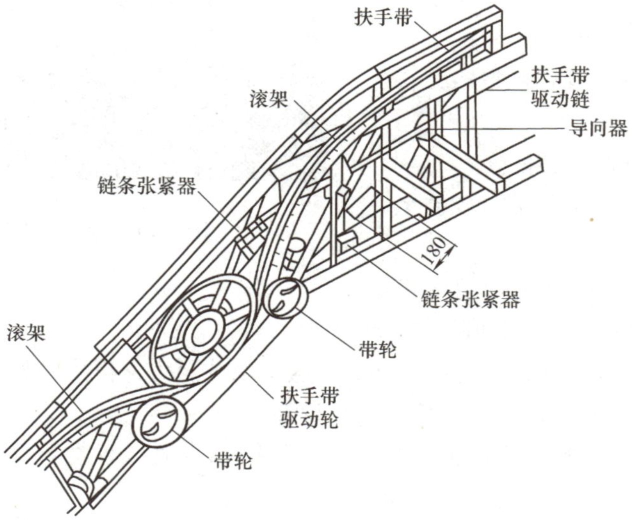

图 3-19　梯路导轨各部名称示意图

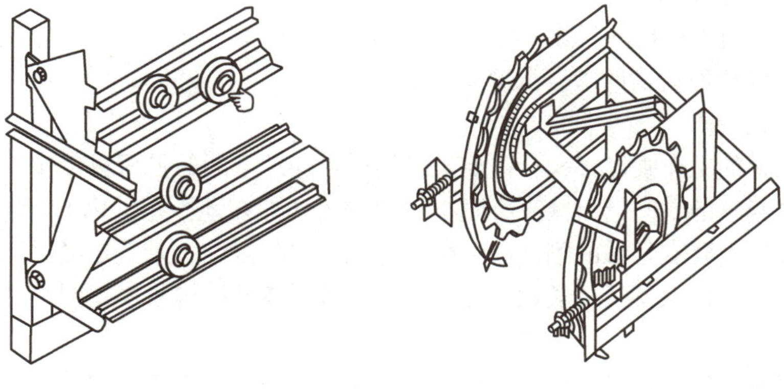

图 3-20　导轨支架和异形钢导轨、转向壁

1）自动扶梯上的导轨分为导轨、反轨、侧轨。

① 导轨：有主轮导轨和辅轮导轨两种，是梯级主轮与辅轮运行的受载导轨。

② 反轨：有主轮反轨和辅轮反轨两种，反轨在主、辅轮的上方，防止主、辅轮上跳。

③ 侧轨：也叫主轮防偏侧轨，作用是防止梯级跑偏，保证梯级顺利通过梳齿板；要求侧轨与主轮侧面的间隙：在水平段≤0.5mm，其他区段≤1mm。

2）主轮导轨与辅轮导轨的相对位置：

① 在工作分支的倾斜直线段——主、辅轨在一个平面上。

② 在工作分支的曲线段——使梯级高度向水平段过渡，并使梯级踏板面保持水平状态。

③ 在工作分支的水平段——使各梯级踏板面在同一水平面，相邻两梯级间高低差不大于4mm。

④ 在下分支——要避免梯级相挤压，主、辅轨应拉开距离。

⑤ 转向壁——主、辅导轨及反轨相衔接的地方。

图 3-21 导轨系统实物图

10. 梯路上的空间与间隙

1）出入口畅通区纵深尺寸至少为2.5m。

2）踏板上方的垂直净高不小于2.3m。

3）扶手带开口与支架间的间隙≤8mm。

4）扶手带外沿与墙壁间距不小于80mm，这个尺寸至少保持到踏板上方2.1m。

5）相邻两扶梯的扶手带外沿距离不小于120mm。

6）扶手带在梯级踏板面以上垂直高度不小于0.9m，最高不大于1.1m。

7）扶梯入口处的水平段不小于800mm（2个梯级）。

8）速度大于0.5m/s或提升高度大于6m，水平段应不小于1200mm（3个梯级）。

9）在水平段相邻两个梯级的高度差≤4mm。

10）工作区段相邻梯级的间隙≤6mm。

11）踏板与两侧围裙板的间隙≤4mm，两侧间隙总和≤7mm。

12）梳齿与踏板面齿槽的啮合深度≥6mm。

11. 动力驱动装置

一般自动扶梯的工作强度很大，需要长时间进行连续不断的强荷载传输。同时又要求自动扶梯有尽可能紧凑的空间，以减少有限空间的占用（如在地下车站内）。因此，要求自动扶梯的动力驱动装置要有足够的刚度、强度，有充分的安全性，尤其是出现过载情况时；机器零件的耐磨性好，以保持系统长期、可靠工作；机器零件结构紧凑，同时要求拆装、维修方便。

动力驱动装置主要包括电动机、减速器、制动器、传动链条及驱动主轴，根据其在自动扶梯中安装位置的不同分为端部驱动装置和中间驱动装置两种，前者以牵引链条为牵引件，后者以牵引齿条为牵引件。端部驱动装置装在自动扶梯金属结构外建筑物的基座上，而中间驱动装置装在自动扶梯梯路中部的上、下分支之间，相对结构紧凑，能耗低，且可以进行多级驱动，但振动与噪声较大。端部驱动自动扶梯上部结构的一种形式如图3-22所示，端部驱动自动扶梯上部结构的一种传动形式如图3-23所示。

1）驱动装置（主机）。

① 作用：提供梯级和扶手带运行的动力。

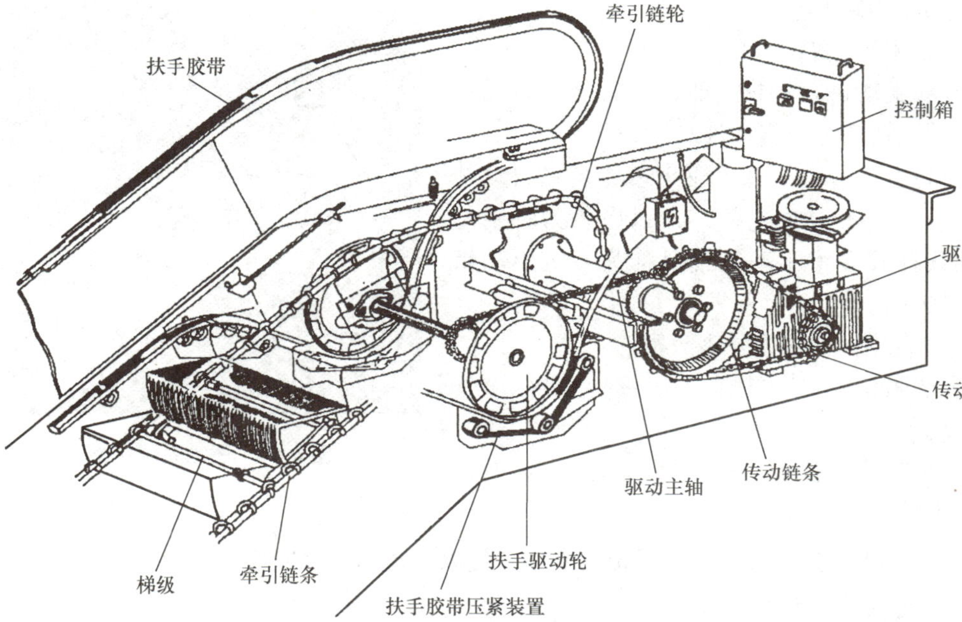

图 3-22　端部驱动自动扶梯上部结构的一种形式

② 驱动位置：端部驱动（采用链传动）、中间驱动（采用齿条传动）。

③ 结构：包括电动机、减速器、制动器、传动链、驱动主轴。

2）电动机一般采用深槽或者笼型异步电动机，具有较大的起动转矩，为降低起动电流，采用星-三角起动，无需调速。

现在也有采用交流变频调速的电动机，主要是为了节能，在轻载或空载时采用低速运行。自动扶梯电动机及传动装置如图 3-24 所示，其实物图如图 3-25 所示，驱动系统实物图如图 3-26 所示。

图 3-23　端部驱动自动扶梯上部结构的一种传动形式

图 3-24　自动扶梯电动机及传动装置

图 3-25　自动扶梯电动机及传动装置实物图

12. 自动扶梯分类

(1) 按驱动装置位置分类

1) 端部驱动自动扶梯。驱动装置装在自动扶梯头部,并以链条为牵引构件。

2) 中间驱动自动扶梯。驱动装置装在自动扶梯中部上分支与下分支之间,并以齿条为牵引构件。自动扶梯装多组驱动装置时称为多级驱动组合式自动扶梯。

图 3-26 驱动系统实物图

(2) 按自动扶梯扶手外观分类

1) 全透明扶手自动扶梯。扶手带全部用全透明钢化玻璃支撑。

2) 半透明扶手自动扶梯。扶手带用半透明钢化玻璃及少量撑杆支撑。

3) 不透明扶手自动扶梯。扶手带用支架并覆以不透明板材支撑。

(3) 按自动扶梯梯路线形分类

1) 直线形自动扶梯。扶梯梯路为直线形,是常见的自动扶梯。

2) 螺旋形自动扶梯。扶梯梯路为螺旋形。

13. 制动器

制动器是依靠摩擦使机构进行制动的部件。制动器的一方与机构的固定机架相连;另一方与机构的转动件相连。当机构起动时,使摩擦件双方脱离,机构进行运转;当机构需要制动时,使摩擦件的两方接触并压紧,使摩擦面间产生足够的摩擦力矩,消耗机构运动能,从而使运动机构减速,直到停车。

自动扶梯所采用的制动器包括:工作制动器、紧急制动器和辅助制动器。工作制动器常用的类型有盘式制动器、块式制动器和带式制动器,如图 3-27、图 3-28、图 3-29 所示。图 3-27 为盘式制动器实物图,在制动器的励磁线圈接通直流电源后,磁轭中的环形励磁线圈产生磁场。当电磁力大于工作弹簧的弹簧力时,圆柱螺旋压缩弹力使制动器的运动部分与固定部分分离,制动器释放。当制动器的励磁线圈断电时,线圈电流衰减为零,磁场也随之衰减,在工作弹簧的合力大于剩余电磁力时,衔铁被弹簧力迅速推离磁轭,于是压紧衬垫片和

图 3-27 盘式制动器实物图

图 3-28 块式制动器实物图

图 3-29 带式制动器实物图

固定板使制动器的运动部分与固定部分紧压为一体，制动器为制动状态。工作制动器一般装在电动机高速轴上。制动时，几乎以一个匀减速度使驱动主轴停止运转，并保持停住状态。在自动扶梯不工作时，制动器处于制动状态，以保证自动扶梯在静止状态处于绝对安全条件下，这一点与地铁列车的制动系统相似。而当机构工作时，通过持续通电由释放器将制动器释放，使之运转。

(1) 辅助制动器　与工作制动器起相同的作用，用于停梯时起保险作用，尤其在满载下行时起辅助工作制动器作用（在用户要求时才配置）。

(2) 紧急制动器（附加制动器）　当驱动机组与驱动主轴间使用传动链条进行连接时，一旦传动链条突然断裂，两者之间即失去联系，这时即使电源切断，电动机停止运转，也无法使自动扶梯停止运动，甚至在直线上行时会突然反转，超速向下远行，导致乘客受到伤害。为防止这种情况发生，要在驱动主轴上设一紧急制动器，如图 3-30 所示，它在自动扶梯出现异常情况时起紧急制动作用。

图 3-30　紧急制动器（附加制动器）

(3) 紧急制动器动作条件

1) 运行速度超过额定速度的 1.4 倍时。

2) 梯级出现非操作的反向运行时（传动链断裂），或者出现以下情况之一时，则必须安装紧急制动器。

① 工作制动器与梯级之间不是用非摩擦的传动时。

② 工作制动器不是采用机电式制动器时。

③ 提升高度超过 6m 时。

④ 属公共交通型的自动扶梯。

⑤ 减速器：多数采用蜗轮蜗杆减速器，结构紧凑、运行平稳，但效率低。

(4) 制停规定　在空载和有载下，扶梯下行时的制停距离：

当 $v=0.5\text{m/s}$ 时，制停距离：0.2 ~ 1.0m；

当 $v=0.65\text{m/s}$ 时，制停距离：0.3 ~ 1.3m；

当 $v=0.75\text{m/s}$ 时，制停距离：0.35 ~ 1.5m。

这时的平均减速度为 $0.6 \sim 0.8\text{m/s}^2$。

制停距离的下限对应于空载质量，上限对应于满载质量（所谓“满载”是指在 2/3 梯级上站满人，每人按 60kg 计算）。

梯级宽 600mm 时，每级站 1 人；800mm 时，每两级站 3 人；1000mm 时，每级站 2 人。

(5) 自动扶梯的起、停操作

1) 扶梯的起动：分为手动起动和自动起动。

① 手动起动——应用钥匙开关操作，应在无人（空载）下起动。

② 自动起动——依靠光电信号或触头开关信号起动，光电信号应在梳齿前至少 1.3m；触点开关应在梳齿前至少 1.8m。

2) 停止运行：停止运行的方式有手动和自动两种。

① 手动停止——同样用钥匙开关操作，也必须在空载下停止。

② 自动停止——起动自动停止信号到扶梯运行停止必须有一定延时，时间至少为工作分支整个运送时间加 10s。

3）紧急停止：在扶梯出现故障或紧急情况时，使扶梯停止。

① 自动制停——当安全装置动作时，由安全开关控制制停。

② 手动制停——使用紧急开关控制；提升高度超过12m的扶梯和长度超过40m的应增设附加紧停装置。

4）要求紧停装置的间距：自动扶梯在15m高度之内；自动人行道在40m之内。

14. 框架结构

自动扶梯的框架主要是一些安装和支承自动扶梯运动件的部件，用来承受各种荷载以及将建筑物两个不同层面的地面连接起来。图3-31所示为小提升高度自动扶梯的金属结构简图，它由驱动段（可能在上头部，也可能在下头部）、张紧段和中间段组成，三段拼装成金属结构整体，两端支撑在建筑物的不同层面之上。自动扶梯的金属结构有机架式，也有板梁式（采用工字钢）。为了避免自动扶梯金属结构与建筑物的直接接触，以防振动与噪声的传播，在支撑金属结构的支座下必须衬以减振金属片，将金属结构与建筑物隔离开来。

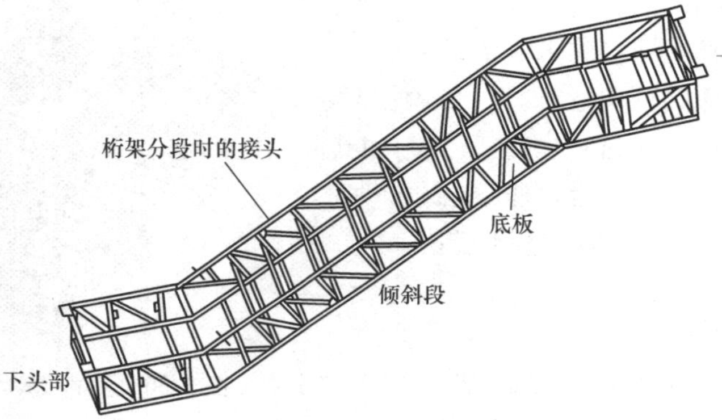

图3-31 自动扶梯的金属结构简图

二、自动扶梯的控制与安全装置

1. 控制装置

梯路、动力驱动装置和金属构架是自动扶梯的必备三大件，决定了自动扶梯的运动规律、荷载能力和运动规模，但为了更好地使自动扶梯能协调、安全地工作，还需要有一系列的控制与安全保障装置，以便使整个自动扶梯的工作更加平稳，并消除乘客乘坐自动扶梯的后顾之忧。这些装置包括：张紧装置、扶手装置和电气控制设备等。自动扶梯张紧系统简图如图3-32所示，自动扶梯扶手装置及其实物图如图3-33、图3-34所示。

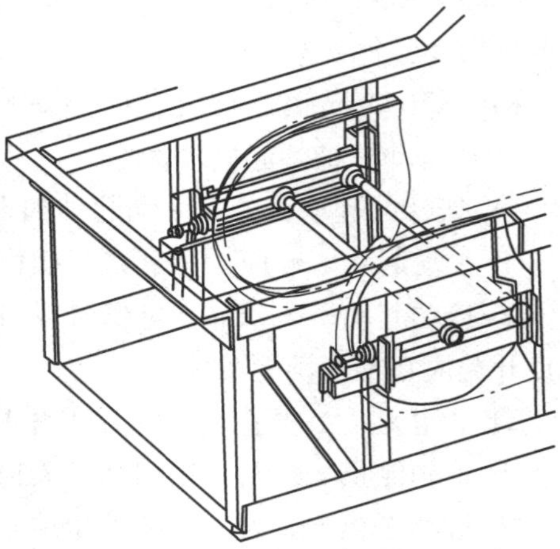

图3-32 自动扶梯张紧系统简图

张紧装置在自动扶梯中的作用：使自动扶梯的牵引链条获得必要的韧张力从而使扶梯正常运转；补偿牵引链条在运转过程中的伸张；牵引链条及梯级由一个分支过渡到另一分支的改向功

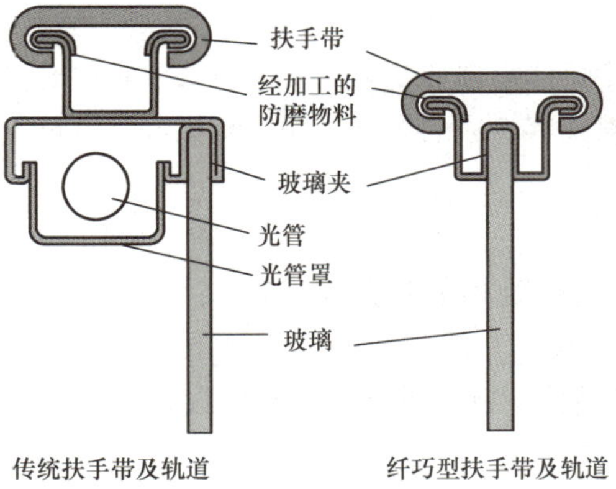

图 3-33　自动扶梯扶手装置

图 3-34　自动扶梯扶手装置实物图

能；完成梯路导向所必需的部件，如转向壁等。张紧装置有重锤式和弹簧式两种。前者是利用重锤的上下以自动调节构件的张力，因其结构复杂、自重大，目前已很少采用，而后者则利用弹簧和滑块来调节牵引链条的张力，如图 3-35 所示。中间驱动的自动扶梯没有张紧链轮和牵引链轮，因而自动扶梯的上端与下端设置有与辅轮转向壁作用相同的主轮转向壁。

扶手是供站立于踏板上的乘客扶手用的，是一个重要的安全保障设备。它由扶手驱动系统、扶手胶带和栏杆等组成，实际上是两台装在自动扶梯梯路两侧的胶带式输送机。

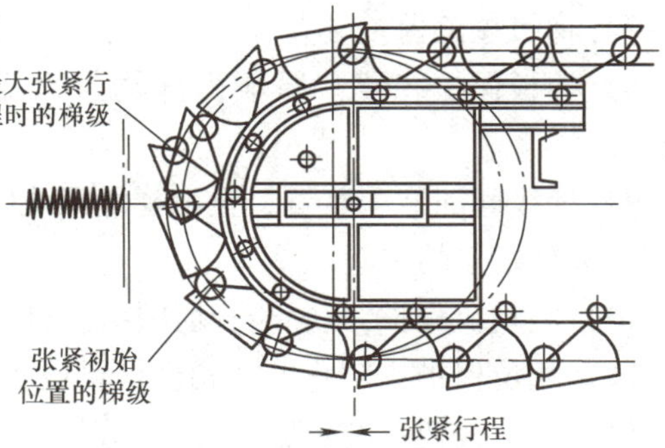

图 3-35　弹簧式张紧装置

自动扶梯采用三相交流笼型电动机。自动扶梯的电气设备包括动力电路的主开关和附属电路、照明电路的开关，根据自动扶梯控制方式的不同，可分为继电式、电子式和 PC 式（可编程控制器）三种。

继电式自动扶梯控制系统全部采用接触器、继电器和行程开关部件组成，相对结构较为简单，自动化程度较低，通过行程开关和继电器组合实现控制要求。

电子式自动扶梯控制系统针对继电式控制系统中控制方式所暴露出来的反应迟钝、易丢失瞬间故障信息的缺点，采用空气延时头作为延时继电器，霍尔接近开关作为故障检测元件，光耦合器作为信号传输器件，并采用逻辑电路，从而实现了灵敏、可靠和抗干扰的系统控制。

PC 式（可编程序控制器）自动扶梯控制系统与前两种控制系统相比具有可靠性高、抗干扰能力强、功能完善、编程简单、使用方便、控制程序可变和柔性好等特点。可编程序控制器与继电器一样，也是由输入部分、逻辑部分和输出部分三部分组成的，其中，输入部分收集并保存被控制对象实际运行的数据和信息；逻辑部分处理输入部分所取得的信息，并按照被控对象的实际动作要求做出逻辑反应；而输出部分可指出正在被控制的许多装置中有哪几个设备需要实时操作处理。由于采用了微机技术，具有自己独立的软、硬件系统，因此只需改变运行程序，不改变系统的硬件设备，就可以实现多元控制功能的要求，这是前两种控制系统所无法比拟的，并充分显示出其控制模式灵活多变的优点。

2. 安全装置

安全装置的主要作用是防止自动扶梯在工作中可能出现危及乘客安全的事故或在出现这种事故后能及时中断自动扶梯的运行，减少可能对乘客造成的伤害。安全装置可分为必备与辅助装置两大类。

（1）必备安全装置

1）工作制动器：自动扶梯正常停车时使用的制动器，在制动电路断开后，制动器应立即起动。

2）紧急制动器：在驱动机组与驱动主轴间采用传动链条进行连接时所设置，以确保乘客的安全。

3）速度监控装置：一旦发生自动扶梯失速（速度过大或过小），速度监控装置即切断自动扶梯的电源。

4）牵引链条伸长或断裂保护装置。

5）梳齿板保护装置：保证当乘客所带物品嵌入梳齿之后，自动扶梯立即停止运转。

6）扶手胶带入口防异物保护装置：防止扶手胶带在端部下方入口处发生异物夹住事故。

7）梯级塌陷保护装置：一旦发生梯级塌陷，就会使自动扶梯停止转动。

8）裙板保护装置：保证当异物进入裙板与梯级之间的缝隙后，自动扶梯立即停止运转。

9）梯级间隙照明装置：显示梯级形成阶梯（上升）或阶梯消失（下降）的位置，以便乘客能调整站立的位置。

10）电动机保护：防止自动扶梯驱动电动机超载或电流过大。

11）相位保护：防止电源相位接错或相位脱开。

12）急停按钮：红色紧急开关。遇有紧急情况，按下该开关，即可立即停车。

（2）辅助安全装置

1）辅助制动器：自动扶梯停车时的保险作用。

2）机械锁紧装置：在自动扶梯运输过程中或长期不用时，将驱动机组锁紧。

3）梯级上的黄色边框：安全站立区域显示标志。

4）裙板上的安全刷：防止梯级与裙板之间夹住异物。

5）扶手胶带同步监控装置：保证扶手与梯级的速度同步，保证乘客的安全乘降。

三、自动扶梯的设置与使用

1. 自动扶梯的设置要求

自动扶梯包括地铁车站的地面至站厅、站厅至站台或地面至站台的各类自动扶梯。自动扶梯设置表见表3-1。

地铁车站宜选用运行速度为0.65m/s或0.5m/s的自动扶梯；设备配置应根据近期人流统计数据设计客流量；自动扶梯供电负荷应为二级，自动扶梯总体布置图如图3-36所示。

表 3-1 自动扶梯设置表

高度/m \ 设置	上行	下行
<6	自动扶梯	楼梯或自动扶梯 *
6~12	自动扶梯	自动扶梯
12~19	自动扶梯加备用扶梯	自动扶梯
>19	自动扶梯加备用扶梯	自动扶梯加备用扶梯

*—适用于重要车站。

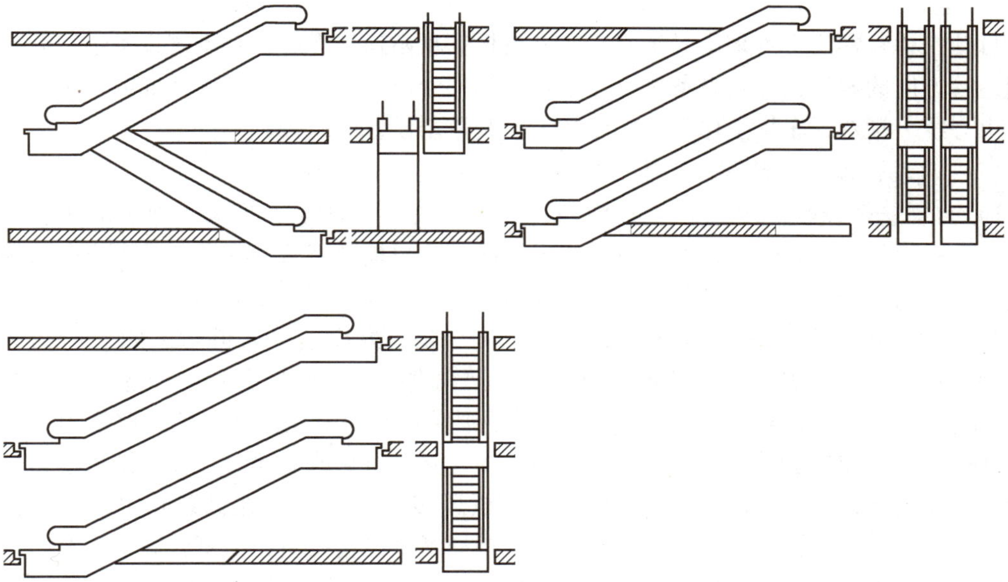

图 3-36 自动扶梯总体布置图

2. 自动扶梯的技术参数

1）维修速度：额定速度的 20%。

2）节能速度：额定速度的 20%（当无人使用自动扶梯时的运行速度）。

3）倾斜角度：30°~35°。

4）名义宽度：1000mm。

5）理论输送能力：运行速度为 0.5m/s 时为 9000 人/h，运行速度为 0.65m/s 时为 11700 人/h。

6）水平梯级：运行速度为 0.5m/s 时为上、下端三级，运行速度为 0.65m/s 时为上、下端四级，导向行程段距离应至少为 1m。

7）平均无故障时间：2500h（小于 3 次/年）。

8）主要部件寿命：桁架、导轨、主驱动系统大于 20 年；梯级链、扶手带驱动装置、扶手带、梯级链滚轮和梯级滚轮、主驱动链、扶手带驱动链大于 10 年。其他符合 GB 16899—2011《自动扶梯和自动人行道的制造与安装安全规范》的各项要求。

3. 自动扶梯的运行管理

设备运行管理的目的是要保证设备处于正常运行状态，实现系统的设计功能；同时为车站迅速输送乘客、维持良好秩序提供有力保证。

（1）自动扶梯运行管理主要内容

1）应急处理：指设备出现异常或客伤等事故时，由运行管理人员（车站值班员）按应急方案处理，并按规定通知维修人员。

2）故障报告：观察设备的运行状态，若发现异常（如异常响声、停梯等），及时将故障情况报告环（设）调，再由环（设）调组织专业人员维修。

3）设备监管：对设备的正确使用进行监管，防止乘客违规使用。

4）运行操作：每天对设备的起动和停止运行进行操作。

自动扶梯日常运行管理由各车站工作人员根据车站运作需要，对系统设备进行开、关和控制运行方向的操作，并对设备进行监管及故障报告。当车站出现紧急情况或发生火灾时由控制中心统一指挥，车站工作人员按照救灾预案控制设备的运行。

（2）自动扶梯 在日常的操作及管理中应严格遵守以下规定：

1）自动扶梯开始运转前应检查扶梯踏板、扶手带、梳齿板、裙板保护胶条（或毛刷），除去夹在里面的碎小石子、口香糖等；用手感触确认裙板及竖板的润滑剂是否充分。确认自动扶梯周围的安全设施（三角警示牌、防止进入的栅栏等）有无破损等。

2）开始运转时要把钥匙插入报警开关鸣响警笛，发出信号告诉附近的人们扶梯将运转；确认自动扶梯周围或扶梯踏板上没人时，把钥匙插入起动开关后，向想要使用的方向（上或下）旋转，自动扶梯则开始工作。放开手则钥匙回到中立位置，把钥匙拔出；起动后须确认扶梯踏板和扶手带是否正常工作。如万一有异常声响或振动时，要立即按动紧急停止按钮，停住自动扶梯；确认正常运转之后，再试运转5~10min，在试运转中按动紧急停止按钮，确认工作情况；在运行中如要使用自动扶梯紧急停止按钮，需事先通知乘客。在紧急状态下不得不进行操作时，应告知乘客“紧急停止，请抓住扶手带”后，再进行操作。如莽撞从事则有可能导致乘客跌倒。在扶梯踏板上有人时，除发生紧急情况外绝对不能停止。在自动扶梯的运行中，要把钥匙拔出。

3）停止运转时，需确认有无发生异常声音或振动。如有问题则使自动扶梯停止；用通知自动扶梯停止的报警开关鸣响警笛；停止之前，不要让人进入自动扶梯的乘梯口；在确认自动扶梯附近或扶梯踏板上无人后再把钥匙插入停止开关进行操作；一天的运行结束后，要认真检查扶梯踏板、扶手带、梳齿板和保护裙板并清洁；为防止乘客将停用中的自动扶梯当楼梯使用，应采取措施，用栅栏等挡住乘梯口，并设置停用牌。

4）转换运行方向时要利用通知停止的警报开关鸣响警笛，在确认扶梯踏板上无人后再用停止开关停止运行，待完全停止后，再重新用起动开关向希望的方向运行。如果乘梯口有楼面文字表示，一旦转换运行方向，楼面文字表示也要相反。

5）操作时要用自动扶梯专用的钥匙。将钥匙装在车站控制室钥匙箱内严格保管，除有关人员之外不得借出。

（3）日常使用自动扶梯应遵守的规定

为了确保正确使用扶梯，车站必须指派站务人员监督扶梯的使用情况。日常工作中要检查扶梯的防护装置及警示牌；监督乘客正确使用扶梯设备；确保只有维修人员及监控人员才能拥有和使用扶梯起动钥匙。在管理中要明确以下使用制度：

1）禁止把行李或小推车放到梯级上。

2）禁止用扶梯运载货物。
3）严禁将尖锐物放到梯级上（例如雨伞尖端等）。
4）严禁坐在梯级上或赤脚乘坐扶梯。
5）严禁沿下行的扶梯反方向往上跑，或上行的反方向往下跑。
6）严禁站在扶梯外盖板上或骑在扶手带上。
7）禁止在扶梯乘降处玩耍。
8）严禁将身体伸出扶手带外。
9）严禁让小孩及老人单独乘坐扶梯。
10）站在梯级中心位置（纵向），避免站在梯级侧边或前端位置。
11）清扫扶梯附近时，严禁让水渗入自动扶梯机房内。
12）除非出现紧急情况，禁止按压急停按钮。

【应用与实践】

一、车站扶梯运用操作注意事项

1）由车站持有《电梯司机证》人员（值班站长）比照运营时间或按环调命令，进行日常开关操作，值班站长、检票员、站台安全员负责监控和巡视本站电梯的运行状态是否良好，有无异响、异物等。

2）开关梯时应进行必要的检查，确认扶梯上的乘客全部出清。

3）在未得到上级部门批准的情况下，不得使扶梯与规定使用方向相反方向运行。

4）应阻止乘客使用扶梯运载大型货物、重物及可能卡坏、刮坏、腐蚀、污损扶梯设备的物品。

5）发现异常情况应立即停梯，属电梯故障的情况，严禁继续使用或擅自维修，应在加设护栏或故障停用标志后及时报修。

6）需要紧急制停电扶梯时，若扶梯上有乘客，必须大声告知乘客“扶梯紧急停止，请站稳并抓紧扶手”。

7）扶梯停运时，需放置宣传提示牌，禁止作为步梯使用。

8）行车值班员需通过监视器关注电梯运转情况，适时通过广播提醒乘客注意乘梯安全；同时关注车控室内垂直电梯紧急电话状态，以便第一时间接收求救信息。

9）电梯钥匙（包括三角钥匙）由值班站长负责保管。对扶梯操作完成后，要及时将钥匙拔出并妥善保管；在日常工作中做好钥匙的借出记录，严禁将钥匙借给不具备相应资质的人员。电梯钥匙遗失，必须马上向本部门领导汇报，并由相关责任人承担相应责任。

二、电扶梯和垂直电梯设备的操作实践

1. 电扶梯设备的操作实践

（1）开机运行前检查操作

1）检查扶梯周围地面是否有积水、杂物、油污，如有则立即清除干净。

2）检查扶梯外表面及扶梯所处空间上部天花板等处是否有过水、过油的痕迹，如有则立即报修，以免造成扶梯部件受损。

3）检查扶梯外观，确认扶梯梳齿板、梯级、扶手带、扶栏、盖板、围裙板毛刷等部件是否有损坏、变形、脱落、老化、开裂等异常状况。

4）检查扶梯级板、扶手、梳齿和围裙板部分，清除夹在相邻部件间缝隙、沟槽等处的碎纸、小石子、口香糖残渣等。

5）确认自动扶梯周围的安全设施有无破损等异常状况。

6）确认扶梯出入口处红外探测及状态显示窗是否有损坏，窗体表面是否清洁无污物。

7）室外型电扶梯在冬季每次开启自动扶梯前，必须检查扶梯容易结冻的部位，这些部位包括梳齿板与梯级啮合处、围裙板与梯级交界处、各梯级之间的啮合处以及扶梯各个有相互运行动作并且容易积水的部件，尤其在有积雪和结冰时，必须将积雪清扫干净，并尽量清理各处的冰冻；清理完毕后，用钥匙开关起动自动扶梯，若扶梯不能起动，并且扶梯蜂鸣器报警，则表明温度过低无法起动自动扶梯，请等待一段时间直至加热器加热到所设定的允许扶梯工作的温度后起动扶梯。

（2）开机运行时操作

1）将钥匙插入报警开关，打到蜂鸣器（BUZZER）侧，使其蜂鸣，并向周围人员发出警示，提示设备即将投入运行。

2）确认扶梯周围及上下出入口踏板处无人时，将钥匙插入起动开关，旋向上行或下行挡位，以起动扶梯并使设备按设想方向运行。手离开钥匙以使钥匙自动复位后，将钥匙拔出。

3）扶梯起动后，检查梯级和扶手带运转是否正常、有无异常响动或振动，运转过程中是否出现刮碰、摩擦或挤压等不良现象。如有异常，应立即按下紧急停止按钮，停止扶梯。

4）扶梯起动运行后，在节能状态下，进入扶梯时其速度变化平缓，无冲击感；试乘扶梯时，梯级应平稳无明显振动和晃动，扶手带和梯级运转速度一致，无明显迟滞现象，运转流畅无蠕动。

5）扶梯试运转3min，确认运转正常后，操作人员方可离开设备，允许设备投入使用。

（3）停止运转时操作

1）停止自动扶梯之前，确认扶梯上无乘客、上下出入口处无乘客进入。

2）将钥匙插入报警开关，打开蜂鸣器，发出关梯警示音响（若无蜂鸣器，应口头提示：扶梯即将停止运转，请远离扶梯）。

3）再次确认无乘客进入扶梯上下出入口后，将钥匙插入停止开关进行操作，使自动扶梯停止运行。手离开钥匙以使钥匙自动复位后，将钥匙拔出。

4）扶梯完全停止后，认真检查梯级、扶手带、扶手栏杆、围裙板、上下盖板等处有无异常，并进行清洁工作。

5）使用安全围栏将扶梯上下出入口封闭，提示扶梯停止后不得作为固定楼梯使用（紧急情况下除外）。

6）出入口处扶梯，在冬季时期不必切除供电电源。操作电源时，操作人员要做好安全防护和自我保护。

2. 垂直电梯设备的操作实践

（1）开机运行前检查操作

1）检查电梯各层候梯厅地面是否有积水、杂物、油污，如有则立即清除。

2）检查电梯厅门、厅门地坎、呼梯盒等处表面及候梯厅天花板等处是否有过水、过油的痕迹，如有则立即报修。

3）检查电梯候梯厅及与候梯厅相连的通道、走廊等处是否有杂物堆放，如有则立即清除。

4）检查电梯候梯厅及与其相连的通道、走廊等处的照明装置是否工作正常，照明灯具是否全部正常点亮。

5）检查电梯各层厅门是否关闭可靠，厅门与门套、厅门与地坎、地坎与门套、地坎与候梯厅地面等处之间间隙是否有异常。

6）检查厅门、门套和地坎是否安装牢固、可靠，有无变形、损坏、移位等情况。

7）检查各层站厅门口处呼梯面板及按钮、电锁开关、楼层显示器、消防按钮盒（仅基层站有）是否完好，有无变形、损坏、移位、过水、过油等异常情况。

8）检查各层站候梯厅处设置的安全设施有无破损、是否设置位置正确等情况。

（2）开机运行时操作

1）到基站层厅门前，将钥匙插入电梯电锁钥匙孔并转动电锁开关至起动电梯挡位，待楼层显示器点亮、电梯起动后，拔出钥匙。

2）轿厢位置确认：开启电梯厅门进入轿厢之前，首先确认电梯轿厢是否停在该层，避免事故发生。

3）按下呼梯按钮，检查厅门、轿门打开时是否动作流畅、平稳，有无阻滞、振动、异响等情况。

4）检查轿门光幕是否工作正常、功能可靠。

5）进入轿厢，检查轿厢内部是否有划痕、翘曲、变形、损坏、松脱等情况，接缝是否均匀一致、有无夹杂异物等。

6）检查轿厢操纵盘上的按钮、楼层显示器、照明灯具、风扇是否工作正常、功能可靠，是否有变形、损坏、缺失、松脱等情况。

7）检查轿厢内紧急对讲电话装置外观是否完好无损，是否工作正常、功能可靠，通话时语音是否清晰、流畅。

8）检查位于前轿壁上的检修控制盒盒盖是否完好无损，是否闭锁可靠；钥匙孔是否完好无损，有无杂物堵塞钥匙孔。

9）开梯后，先让电梯上下空跑两圈后再试乘。试乘电梯时，电梯轿厢操纵盘选层按钮工作正常、功能可靠，轿厢运行过程平稳，无不良振动和异常声响；轿厢运行方向及停靠层站，与在轿厢操纵盘上所选层站相同，无丢失层站、失速、反方向运行、轿厢迟滞不动等情况。

10）试乘电梯过程中，轿厢在起动和停止时，动作流畅，加减速度合理，不会造成明显的不适感；轿厢停靠层站后，平层准确，一次到位，轿厢地坎与厅门地坎相互平齐，无明显相互错离情况。

11）电梯停靠层站、平层后，轿门与厅门开关动作流畅，无在轿厢平层结束前提前开门情况。

12）试乘完毕，待确认电梯一切正常后，操作人员方可离开设备，允许设备投入正常使用。

（3）停止运行时操作

1）停止电梯前，确认各层站侯梯厅和电梯轿厢内无乘客使用电梯。

2）将钥匙插入电梯电锁开关内，旋转至电梯停机挡位，待电梯轿厢返回至基站层，呼梯盒显示器上的停机指示点亮后，将钥匙从原位拔出。

3）电梯停止运行后，检查各层站厅门、门套、厅门地坎、呼梯盒（包括按钮与显示器）、顶层控制柜等处。

三、车站电扶梯和垂直电梯应急处理

1. 车站电扶梯客伤应急处理

1）现场发现或接收到扶梯发生人员伤亡事故的信息后，立即到现场处理。

2）大声通知乘客“紧急停止，请抓住扶手”后，按下紧急停止按钮。

3）请现场的人员协助救助当事人，将当事人平抬出扶梯，并挽留至少一名目击者做证人，证人尽量不为地铁员工、当事人的亲属，或有利害关系、其他关系的人。如果现场无合适证人只有当事人亲朋也需留下证词。

4）维持现场秩序，封锁现场。

5）确认当事人的伤势情况，进行紧急救助（简单的包扎等）。

6）通过录音、拍照等方式对现场进行取证，主要包括当事人陈述、证人证言、视听资料、书证、物证等。

7）报调度部、站务部、安质部、保险公司、120（视现场情况而定）。

8）请当事人、目击证人填写《事件经过记录表》，当事人书面陈述时因身体状况及其他客观因素必须由他人代写的，需经当事人同意，书写完毕由双方签字或按手印确认。

9）车站工作人员按规定格式填写《事件经过记录表》，报站务中心。由站务中心审核，并填写《客伤事件报告表》，将原件在事发之日起两个工作日内按层级报安质部。

2. 电梯困人应急处理

（1）信息报告流程和内容　行车值班员在接到电梯轿厢内乘客被困报警电话，或者通过 BAS 和轿厢内视频监视设备发现故障制停的电梯轿厢内有乘客时，向环控调度报告事故发生时间、地点、被困人员情况、事故是否由设备断电造成、电梯故障制停大致楼层位置等信息。

（2）应急处置操作

1）站务人员发现电梯困人后，应通过电梯轿厢内紧急电话安抚受困人员并了解现场情况（被困人数、身体状况、应急照明是否正常、风扇工作是否正常、受困经过等），告诫受困人员不要自行扒撬轿门，应手握扶手、背靠轿壁站立，劝慰受困人员保持冷静，耐心等待维修人员救援。

2）在外委维保公司及电梯困人救援组赶到现场前，站务人员将“电梯故障，暂停使用”警示牌放置于事故电梯各层厅门口处，防止非相关人员接近、操作事故电梯。同时，用锁梯钥匙关闭电梯，并应携带好全套电梯专用钥匙（包括三角钥匙、控制柜钥匙、锁梯钥匙)、对讲机和两根尼龙救援绳在困人电梯的顶层厅门外等待电梯救援小组人员到达施救。

3）在车站或设备监控室内的电梯使用管理人员在等待救援队伍到达现场过程中，应持续通过轿厢内监视摄像头观察轿厢内情况，并继续安抚乘客。如发现有受伤或体弱发病的乘客，应提前拨打120急救电话，使受困人员解困后能及时得到救治。

4）电梯困人救援组到达现场后，站务人员应配合救援组使用安全护栏在厅门处隔离出满足救援需要的安全区域；车控室行车值班员应为救援组提供电梯向BAS反馈的故障信息和轿厢内乘客状态以配合救援；值班站长在受困乘客安全救出后，向控制中心回复。

【实践操作】

1. 操作练习

1）根据本章所学的知识，掌握自动扶梯的类型。

2）在课余时间，结合所在城市轨道交通车站参观学习，了解自动扶梯系统。

2. 书面练习

1）简述自动扶梯的工作原理。

2）简述自动扶梯的工作结构。

3）简述自动扶梯的控制与安全装置。

4）简述自动扶梯的设置与使用。

【评价跟进】

1. 教师的评价

由教师在完成本章的教学任务后填写，在相应表格中画“√”。

评价项目		教师的评价			
序号	题　　目	好	较好	一般	较差
1	对本章教学过程的控制				
2	在本章教学过程中，学员的参与情况				
3	学员对本章知识学习后的效果反馈				
教师对本章教学的总结评价意见及跟进措施					

2. 学员的评价

由学员在完成本章的教学任务后填写，在相应表格中画“√”。

评价项目		学员的评价			
序号	题目	好	较好	一般	较差
1	在本章教学执行过程中教师的表现				
2	本章教学内容与社会实际需求的联系情况				
3	自己在本章学习过程中的表现				
学员对本章教学的总结评价意见及跟进措施					

3. 知识跟进

1）从互联网上了解车站自动扶梯的现状如何。

2）从互联网上了解城市轨道交通在车站自动扶梯上有哪些创新。

第4章　低压配电及照明系统

问题导入

城市轨道交通车站低压配电及照明系统是地铁供电网络中一个重要的系统，承担了除给电动车组供电以外还给所有低压负荷提供电能的重要任务，保证了所有动力照明设备配电的安全、可靠、有效、经济。

学习目标

1. 能说出地铁供电系统供电方式。
2. 掌握低压配电及照明系统的组成与功能。
3. 能熟悉电力监控系统的工作方式。

教学建议

1. 教学场地：在普通教室、能连接互联网的多媒体教室及城市轨道交通系统的各种模型实训室中进行，课后可实地参观。

2. 设备要求：城市轨道交通车站的低压配电及照明系统仿真模型1套，或能播放视频投影的设备及相关课件、视频。

3. 课时要求：共6课时，其中课堂讲授4课时，模拟操作2课时。

【理论知识】

一、城市轨道交通供电系统概述

1. 城市轨道交通供电方式

城市轨道交通供电系统是由电力系统经高压输电网、主变电所降压、配电网络和牵引变电所降压、换流等环节，向城市轨道快速交通线路运行的动车组输送电力的全部供电系统，目前，我国用得最普遍的输电电压等级为110～220kV。电力系统供电图如图4-1所示。

2. 城市轨道交通电源系统的组成

城市轨道交通电源系统由发电厂、升压变压器、电力网、主降压器、直流牵引变电所、馈电线、接触网、走行轨道和回流线组成。

通常高压输电线到了各城市或工业区以后，通过区域变电所（站）将电能转配或降低

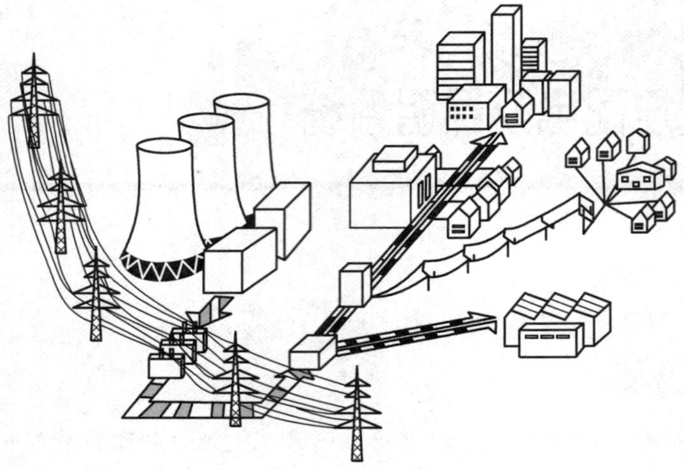

图 4-1　电力系统供电图

一个等级，如 10～35kV 向附近各用电中心送电。城市轨道交通牵引用电既可从区域变电所高压线路得电，也可以从下一级电压的城市地方电网得电，这取决于系统和城市地方电网的具体情况以及牵引用电容量的大小。

对于直接从系统高压电网获得电力的城市轨道交通系统，往往需要再设置一级主降压变电站，将系统输电电压如 110～220kV 降低到 10～35kV 以适应直流牵引变电所的需要。从管理的角度上看，主降压变电站可以由电力系统（电业部门）直接管理，也可以归属于城市轨道交通部门管理。

以上从发电厂（站）经升压、高压输电网、区域变电站至主降压变电站的部分通常称为牵引供电系统的“外部（或一次）供电系统”。

主降压变电站（当它不属于电力部门时）及其以后的部分统称为“牵引供电系统”。它应该包括主降压变电站、直流牵引变电所、馈电线、接触网、走行轨及回流线等。直流牵引变电所将三相高压交流电变成适合电动车辆应用的低压直流电。馈电线是将牵引变电所的直流电送到接触网上。接触网是沿列车走行轨架设的特殊供电线路，电动车辆通过其受流器与接触网的直接接触而获得电力。走行轨道构成牵引供电回路的一部分。回流线将轨道回流引向牵引变电所。城市轨道交通电力牵引供电系统如图 4-2 所示。

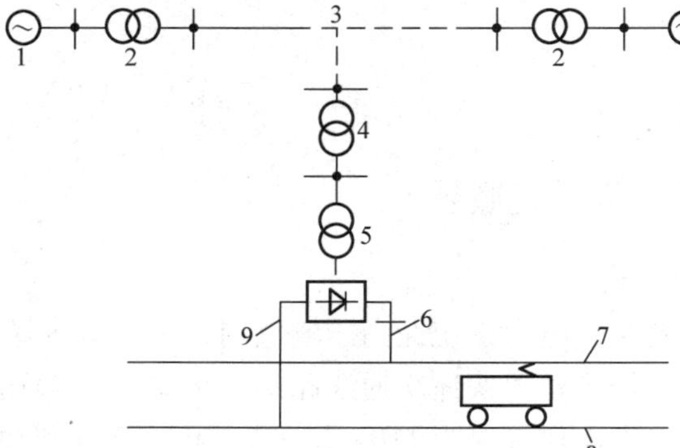

图 4-2　城市轨道交通电力牵引供电系统

1—发电厂（站）　2—升压变压器　3—电力网　4—主降压变电站
5—直流牵引变电所　6—馈电线　7—接触网　8—走行轨道　9—回流线

馈电线中的“馈”字就是“送”的意思，因此，“馈电线”可以理解为“送电线”或

“供电线”。从供电局过来的两根总线所接的柜就叫进线柜，变压器出线的柜就叫馈线柜，其主要用途有两个，即传输提供电能、传送电信号。

回流线是在交流电气化轨道牵引吸流变压器供电方式中串接在吸流变压器二次侧的导线。通过吸流的作用，迫使由大地回归的电流，大部分由回流线返回牵引变电所，其回归方向与接触网中的电流方向相反，因而可抵消绝大部分由接触网电流产生的对通信线路的干扰影响。

供电系统的供电方式为

1）对沿线牵引变电所输送电力的外部供电系统：从发电厂（站）经升压、高压输电网，区域输电网，区域变电站至主降压变电所部分。

2）牵引变电所向动车组供电的直流供电系统：主降压变电所及以后部分，包括主降压变电所、直流牵引变电所、馈电线、接触网、走行轨及回流线等。

城市轨道交通轨道上的牵引供电系统示意图如图4-3所示。

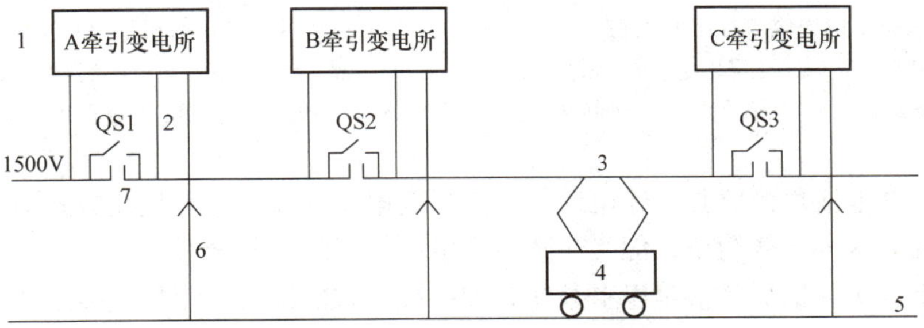

图4-3　轨道上的牵引供电系统示意图

1—牵引变电所　2—馈电线　3—接触网　4—电客车用电　5—轨道　6—回流线　7—电分段

3. 向牵引变电所供电的接线图

1）环形供电接线示意图如图4-4所示。

由两个或两个以上主降压变电站和所有的牵引变电所用输电线连成一个环形。环形供电是很可靠的供电线路，因为在这种情况下，一路输电线和一个主降压变电站同时停止工作时，只要其母线仍保持通电，就不致中断任何一个牵引变电所的正常供电，但其投资较大。

2）双边供电接线示意图如图4-5所示。

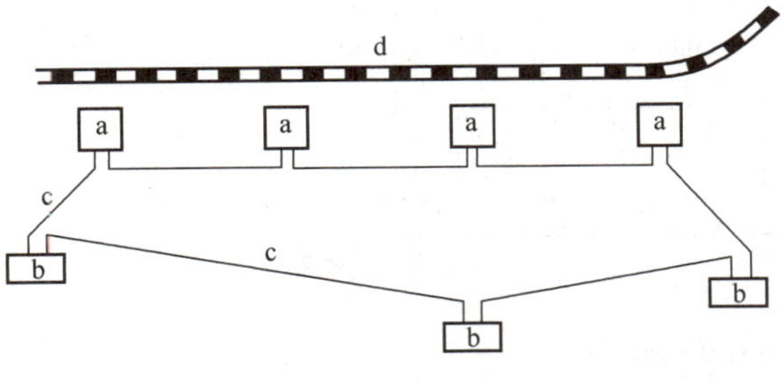

图4-4　环形供电接线示意图

a—牵引变电所　b—主降压变电站（所）

c—线条表示一路三相输电线　d—轨道线

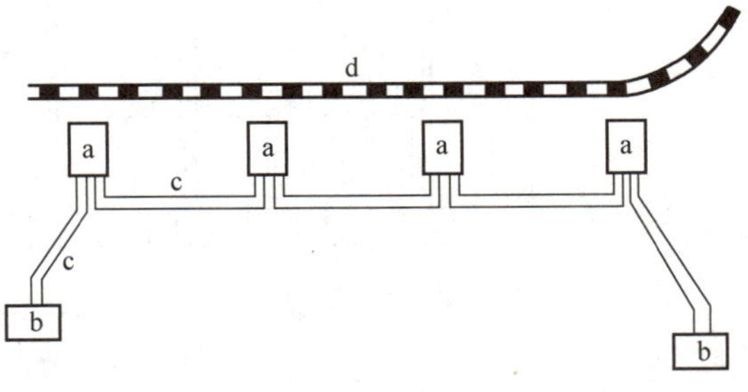

图4-5　双边供电接线示意图

a—牵引变电所　b—主降压变电站（所）

c—线条表示一路三相输电线　d—轨道线

由两个主降压变电站向沿线牵引变电所供电，通往牵引变电所的输电线都经过其母线连接，为了增加供电的可靠性，用双路输电线供电，而每路按输送功率计算。这种接线的可靠性稍低于环形供电。当引入线数目较多时，开关设备较多，投资增加。

3）单边供电接线示意图如图 4-6 所示。

当轨道沿线附近只有一侧有电源时，则采用单边供电。单边供电较环形供电和双边供电的可靠性差，为了提高可靠性，应用双回路输电线供电。单边供电设备较少，投资也少些。

4）辐射形供电接线示意图如图 4-7 所示。

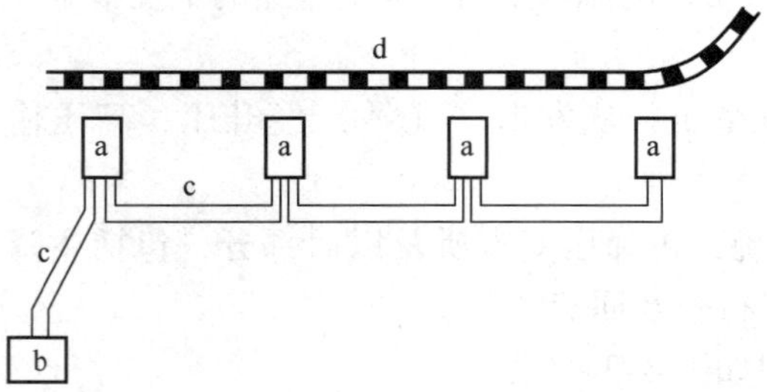

图 4-6　单边供电接线示意图

a—牵引变电所　b—主降压变电站（所）

c—线条表示一路三相输电线　d—轨道线

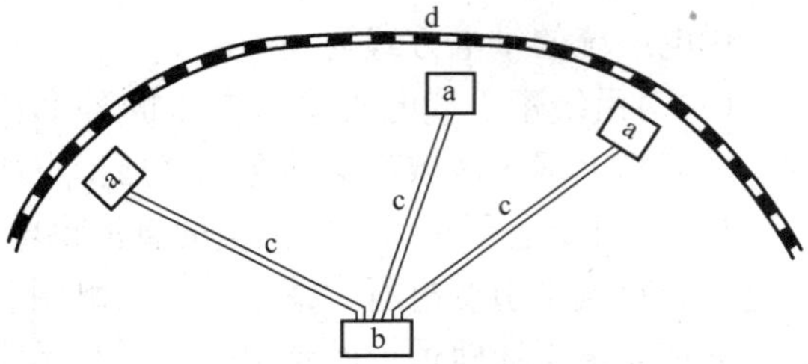

图 4-7　辐射形供电接线示意图

a—牵引变电所　b—主降压变电站（所）

c—线条表示一路三相输电线　d—轨道线

每个牵引变电所用两路独立输电线与主降压变电站连接。这种接线方式适合于轨道线路成弧形的情况。这种接线简单，但当主降压变电所停电时，将全线停电。

应当指出，实际情况常常是以上某些典型接线方式的综合。变配电接线图的选择应该是这样的，当供电系统的一个元器件故障损坏时，它应能自动解列而不致破坏牵引供电。

城市轨道交通的供电电源要求安全可靠。目前，国内各城市对地铁及城市轨道交通的供电一般有三种方式，即分散供电方式、集中供电方式、分散与集中相结合的混合供电方式。

分散供电方式是指沿地铁线路的城市电网（通常是 10kV 电压等级）分别向各沿线的城市轨道交通牵引变电所和降压变电所供电，其前提条件是城市电网在地铁沿线有足够的变电站和备用容量，并能满足地铁牵引供电的可靠性要求。如早期的北京地铁采取的就是这种供电方式。分散供电方式示意图如图 4-8 所示。

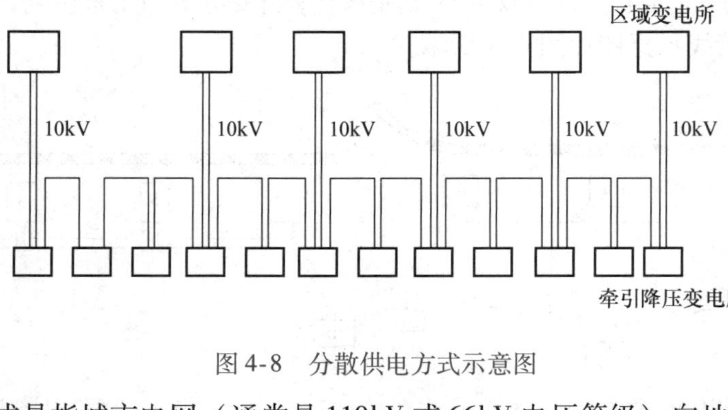

图 4-8　分散供电方式示意图

集中供电方式是指城市电网（通常是 110kV 或 66kV 电压等级）向地铁的专用主变电所供电，主变电所再向地铁的牵引变电所和降压变电所供电，地铁自身组成完整的供电网络系统。目前建成的地铁系统多采用集中供电方式，如上海地铁、广州地铁、深圳地铁、南京地铁等。集中供电方式示意图如图 4-9 所示。

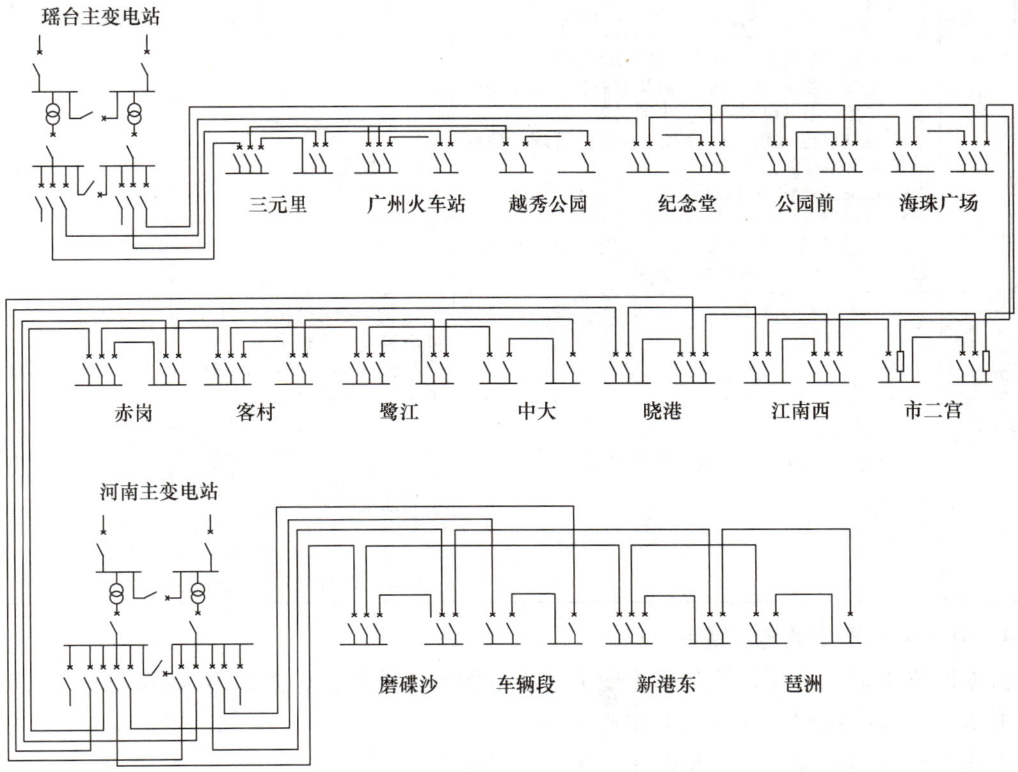

图 4-9　集中供电方式示意图

分散与集中相结合的混合供电方式示意图如图 4-10 所示。

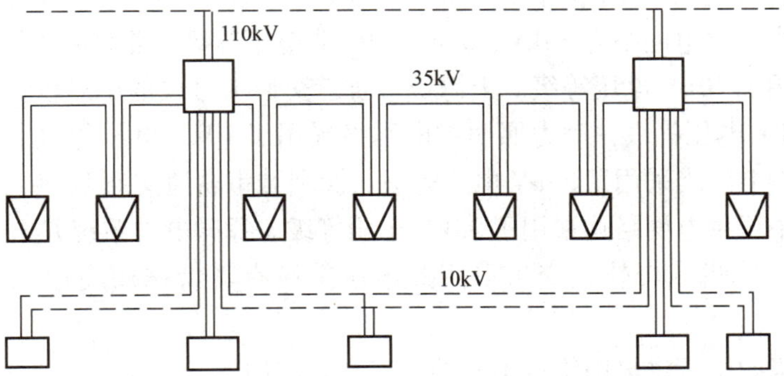

图 4-10　分散与集中相结合的混合供电方式示意图

分散与集中相结合的供电方式是上述两种供电方式的结合，可充分利用城市电网的资源，节约投资，但供电可靠性不如集中供电方式，管理亦不够方便。集中和分散供电方式的比较见表 4-1。

表 4-1 集中和分散供电方式的比较

供电方式	优点	缺点
集中供电方式	1. 供电可靠性高，受外界因素影响较小 2. 主变电所采用 110kV/35kV 有载自动调压变压器，并有专用供电回路，供电质量好 3. 地铁供电可独立进行调度和运营管理；检修维护工作相对独立方便 4. 可提高地铁供电的可靠性和灵活性 5. 牵引整流负荷对城市电网的影响小 6. 只涉及城市电网几个 220kV 变电站的增容改造，工程量较小，相对易于实现	投资较大
分散供电方式	1. 投资较小 2. 便于城市电网进行统一规划和管理	1. 因同时受 110kV 和 10kV 电网故障影响，故受外界因素影响较多 2. 10kV 电网直接向一般用户供电，引起的故障概率大，可靠性较低 3. 与城市电网的接口多，调度和运营管理环节增多，故障状态下的用电转换不方便 4. 牵引整流机组产生的谐波直接进入 10kV 电网对其他用户的影响较大 5. 要求城市电网的变电所应具有足够的备用容量，以满足地铁牵引供电的要求；涉及较多 110kV 变电站的增容改造，工程量较大

4. 中压供电网络的电压等级

根据网络功能的不同，把为牵引变电所供电的中压网络，称为牵引网络；同样，把为降压变电所供电的中压网络称为动力照明网络。

中压网络有两大属性：一是电压等级，二是构成形式。

中压网络不是供电系统中独立的子系统，但是它却是供电系统设计的核心内容。它的设计牵扯到外部电源方案、主变电所的位置及数目、牵引变电所及降压变电所的位置与数目、牵引变电所与降压变电所的主接线等。

国外城市轨道交通的中压供电网络一般有 33kV、20kV、10kV 三个电压等级。国内现有城市轨道交通的中压供电网络有 35kV、33kV、10kV 电压等级。北京和天津城市轨道交通的中压供电网络采用了 10kV 电压等级。上海城市轨道交通 1 号线的中压供电网络中的牵引供电网络采用了 33kV 电压等级，动力照明供电网络采用了 10kV 电压等级。广州城市轨道交通 1 号线的中压供电网络采用了 33kV 电压等级。深圳城市轨道交通 1、4 号线和南京城市轨道交通 1 号线的中压供电网络均采用了 35kV 电压等级。我国电力系统并未推荐过使用 33kV 电压等级，上海、广州城市轨道交通采用此电压等级有其特殊历史原因，其他城市很少采用。

不同电压等级的中压供电网络有不同的特点，具体如下。

35kV 中压供电网络：输电距离和容量大、电能损失小、设备可实现国产化，但设备相对体积大、产品价格高、国内无环网开关柜产品。目前国内城市配电网拟取消 35kV 电压等级，但国内城市轨道交通的中压供电系统仍在使用。

20kV 中压供电网络：输电距离和容量适中、电能损失较小、设备可完全实现国产化，设备体积小、产品价格适中、国内有环网开关柜产品。国外地铁和城市轨道交通大量采用，但国内城市轨道交通尚未使用此电压等级。

10kV 中压供电网络：输电距离和容量小、电能损失大、设备可完全实现国产化，设备体积小、产品价格低、国内有环网开关柜产品。国内城市配电网大量使用，部分国内城市轨道交通也使用此电压等级。

中压供电网络既可采用牵引和动力照明同用一个供电网络的方案，即牵引、动力照明混合网络；也可以采用牵引和动力照明供电网络相对独立的两个供电网络方案，即牵引供电网络、动力照明供电网络。

5. 用电负荷分类及技术要求

根据《地下铁道设计规范》的要求，以及用电设备的不同用途和重要性，把城市轨道交通的用电负荷分为三级。

一级负荷：防排烟风机、废水泵、消防泵、防淹门、通信、信号、防灾报警、自动售检票系统、车站控制室、屏蔽门以及应急照明（含疏散指示照明）等用电以及区间的风机和水泵用电，由两路独立的电源供电，且为末端切换。一般备有应急照明电源在交直流屏上切换。

二级负荷：自动扶梯、电梯、普通风机、污水泵、一般照明、管理房及设备房照明等用电，由一路电源供电。当这路电源发生故障时，由变电所低压柜上的母线联络开关进行切换，以保证供电。（注：变电所为两路 10kV 电源各带一台变压器，低压侧为单母线分段，设母线联络开关。）

三级负荷：冷水机组及其配套的冷冻泵、冷却泵、冷却塔、茶水间热水器以及广告照明、清洁机械等设备用电，由一路电源供电，当这路电源发生故障时，允许对这些设备停止供电。

在正常情况下，变电所同时向各个负荷供电，若供电系统发生故障或者出现事故，则断开二、三级负荷，优先向一级负荷供电，以最大限度地保证城市轨道交通的安全。

二、低压配电及照明系统概述

1. 低压配电及照明系统的组成与功能

低压配电及照明系统可分为照明和低压配电两个子系统。

（1）照明系统

1）系统组成。

城市轨道交通车站照明系统采用380V 三相五线制、220V 单相三线制方式供电。系统范围为车站降压所变压器后的照明设备、设施及线路。

为便于运营和管理，在车站两端站台层和站厅层各设一照明配电室，上下两层配电室一般是对齐的，这样便于对本层用电设备的管理和上下层电缆的敷设。公用照明配电箱集中设在照明配电室内，便于控制。

照明种类和控制方式：照明分为一般照明、应急照明、诱导照明、广告照明和安全照明。公用照明集中管理，统一控制。机房和办公室照明就地控制。北京地铁早期设计时，有一部分照明是列车停运以后仍继续工作的长明灯，叫作节电照明。因节电照明的词义不能正确表达其照明性质，一些城市的城市轨道交通不用该词，而统称为一般照明。

站台层和站厅层的照明主要由一般照明和应急照明构成。站台、站厅照明的每个分区都是两路照明电源，分为 6 ~ 8 个支路，交叉配电。在运营高峰过后可以停掉一部分支路，以便于节约照明用电。附属房间可由单独回路供电。夜间列车停运后把一般照明关闭，车站照明靠应急照明。

应急照明：为确保车站出现故障时能顺利、安全地疏散旅客，在地下车站设置220V蓄电池组，在两路交流电源都失电压的状态下响应急照明供电。地下铁道应急照明多为白炽灯，正常情况下由交流电源供电，当交流电源停电时自动切换到蓄电池组供电。上海地铁4号线试用了改进型电子镇流器11W紧凑型荧光灯，正常由交流220V电源供电，交流电源停电时自动切换到蓄电池组供电。11W荧光灯与60W白炽灯的照度相当，而电功率却只有白炽灯的1/5左右。应急照明在车站的站台、站厅及出入口为长明灯，不设集中控制，车站附属房间及设备用房采用就地控制。

车站附属房间的单相插座以及站台、站厅层每隔30m设置的单相安全插座，均由单独回路供电，并装设剩余电流保护开关。

区间照明：单线隧道设置于行车方向左侧墙上，分工作照明和应急照明，每隔5～6m设一盏11W荧光灯，两种照明相间布置，工作照明和应急照明均由变电所交直流屏直接供电，区间工作照明由变电所控制。

安全照明：站台板下的安全照明采用36V安全电压，照明变压器设于照明配电室内。

城市轨道交通不同场所的照度要求：照明应力求实用、便于维修，并应依据不同场合要求与建筑形式相配合，以确保车站、区间的各项功能正常。

2）控制位置及控制方法。车站照明系统可分为三级控制：

① 就地级控制。各设备及管理用房进门处设有就地开关箱或盒，可控制相应设备及管理用房的一般照明。区间隧道一般照明受设于隧道两端入口处的区间隧道一般照明配电箱控制。

② 照明配电室集中控制。照明配电室内设有相应照明场所的照明配电箱，可在室内集中控制相应场所的一般照明、节电照明、事故照明及广告照明。正常情况下，配电箱所有开关均应全部合上，以便通过就地级控制和车站控制室（站控室）集中控制相应场所照明。

③ 站控室集中控制。站控室内设有一照明控制柜，通过柜面上的转换开关和按钮，可实现对站台、站厅公共区的一般照明、节电照明、广告照明的手动/自动控制转换和人工控制（手动控制指通过照明控制柜上的按钮或照明配电室照明配电箱上的按钮开/关控制；自动控制指通过机电设备监控系统实现控制）及区间隧道一般照明手动控制。在机电设备监控系统上可监控站台、站厅公共区一般照明、节电照明、广告照明的工作状态（手动/停/自动）。此外，根据需要事故照明也可在蓄电池室交直流切换柜上进行控制。

（2）低压配电系统

1）系统组成。车站低压配电系统采用交流380V三相五线制、交流220V单相三线制方式供电。它为站台、站厅和设备及管理用房的环控、排水、消防、电梯、自动扶梯、自动售检票及通信、信号、站控室等系统设备供配电并对车站环控室内供配电设备进行电控控制。

对降压所直接供配电的一级负荷设备（如通信系统、信号系统、站控室、废水泵等），系统由降压所低压柜的两段母线各馈出一路电源至设备附近的电源切换箱，经电源切换箱实现双电源末端切换后再馈出给设备，两路电源正常时一路工作，一路备用，并可互作备用。

对降压所直接供配电的二级负荷设备（如自动扶梯、工作人员电梯、污水泵、集水泵等），系统由降压所低压柜其中一段母线馈出一路电源至设备附近的电源配电箱后再馈出给设备，当该段母线失电压后，母线分段断路器（母联断路器）自动合闸，可由另一段母线继续供电。

对降压所直接供配电的三级负荷设备（如环控三类负荷：活塞式冷水机组、离心式冷水机组、空调机、空调新风机等），系统由降压所低压柜其中一段母线馈出一路电源至设备附近的电源配电箱后再馈出给设备，当降压所低压柜任一段母线失电压或故障时，均联跳中断所有三级负荷设备的供电。

对环控电控室直接供配电的环控一、二类负荷设备（如区间隧道风机、送排风机、回排风机、防火阀、风阀、BAS 配电箱等），系统采用单母线断路器分段接线形式供电，并设有电源自动切换装置，通过母联断路器（连接两段母线）的备用电源自动投切装置，实现两路电源互备供电。

对环控电控室供配电（直接或间接）的环控三类负荷设备（如电动蝶阀、冷却水泵等），系统采用单母线接线形式供电，当该母线失电压或故障时，中断供电；当电网只有一路电源供电时，也联跳中断供电。

2）控制位置及控制方式。

① 对通信、信号、站控室、废水泵、电梯、自动扶梯等由降压所直接供配电的各系统设备，低压配电系统提供电源至各设备附近的配电箱或电源切换箱，工作人员可在降压所或设备附近的配电箱或电源切换箱上对各设备做电源通断或切换操作控制。

② 低压配电系统提供电源至各设备附近的配电箱或电源切换箱，工作人员可在环控电控室或设备附近的配电箱或电源切换箱上对该设备做电源通断或切换操作控制。

③ 对环控电控室直接控制的环控设备（如空调机、风机等），采用三地控制方式，即就地控制（设备附近）、环控电控室控制及站控室控制（通过 BAS 控制）。

④ 自动扶梯正常时由现场控制，事故状态下可在站控室内按动应急停机按钮停止所有自动扶梯运行。

2. 系统的主要设备配置及功能

系统的主要设备配置及功能如下。

1）环控电控柜（开关柜、控制柜、继电器柜）：安装于车站环控电控室内，提供环控电控室直接供配电设备所需的电源，实现环控设备的电气控制及距离操作控制。

2）环控设备就地控制箱：安装于车站各环控设备附近，用于维修调试各环控设备时的就地控制操作。

3）防淹门控制柜：安装于过江隧道两端防淹门控制室及车站站控室，用于防淹门的操作控制。

4）雨水泵控制柜：安装于地下隧道入口处雨水泵控制室内，用于地下隧道入口处雨水泵的运行控制。

5）废水泵、污水泵、集水泵控制箱：安装于车站废水泵、污水泵、集水泵用电设备附近，用于废水泵、污水泵、集水泵的运行控制。

6）区间隧道维修电源箱：安装于正线区间隧道内，约 80m 设 1 台，提供隧道内设备维修作业时所需的电源。

7）电源配电箱、电源切换箱：安装于车站各动力用电设备（如自动扶梯、水泵、信号设备、通信设备、自动售检票设备）附近，提供设备所需电源。

8）防火阀（DC24V）电源配电箱：安装于车站防火阀相对集中处附近，将 AC220V 整流为 DC 24V 电源，提供给防火阀关闭电磁阀动作所需电源。

9）自动扶梯应急停机按钮：安装于车站站控室内，用于在发生紧急状况（如火灾）时对自动扶梯进行应急停机控制。

10）灯具（白炽灯、荧光灯，包括灯架）：照明电光源，安装于车站各照明场所，用于车站各照明场所的照明、疏散指示。

11）灯塔：安装于车辆段内，用于车辆段内空旷区域的照明。

12）一般照明控制就地开关（翘板开关）盒：安装于各设备及管理用房门口处，用于各设备及管理用房的一般照明就地控制。

13）照明配电箱、照明控制盘：安装于各车站照明配电室、站控室和部分设备房，用于集中控制相应场所的一般照明、节电照明、事故照明及广告照明，实现照明配电室集中控制和站控室集中控制操作。

14）事故照明电源装置：包括充电柜、交直流电源切换柜和蓄电池，安装于车站站台蓄电池室，实现蓄电池充电和事故照明电源交直流切换，为车站提供事故状态下的应急照明电源。

三、电力监控系统概述

1. 概述

电力监控（Supervisor Control And Data Acquisition，SCADA）又称为远动监控和数据采集，主要用以实现对远方电力运行设备的监视和控制，以提高供电安全运行水平。

采用主站系统，设在控制中心，实现信息互通、资源共享。控制中心的电力调度负责指挥和监控全线（包括主变电所）供电系统的正常运行和事故处理。电力监控系统实现对全线各变电所和接触网的开关等设备进行统一控制和监视，通过数据采集、信号反馈，随时了解全线供电设备的运行情况，及时准确地完成各种操作，对故障报警和各种运行事故迅速做出判断并进行准确处理，确保供电系统和设备的安全可靠运行，从而实现供电系统各种变电所的无人值守，提高系统的可靠性、工作效率和现代化管理水平，减少运营费用。

城市轨道交通电力监控系统采用分层分布式结构，即有调度控制中心、车辆段监控和供电复示系统、主变电所系统及车站变电所子站系统。

2. 系统构成

电力监控（SCADA）系统的构成包括：设在控制中心主站的电力监控调度系统、设置在各变电所的综合自动化系统、设在车辆段供电车间的电力监控复示系统及主控系统的高速数据传输通道等。通过此系统可实现对全线各变电所、接触网等供电设备的运行实时监控和数据、图像采集（遥控、遥信、遥测、遥调、遥视）等功能，完成对变电所、接触网电气事故分析和供电设备按状态维护、维修的调度管理。SCADA 系统结构图如图 4-11 所示。

（1）主站系统　主站系统以局域网为架构，按照 ADS（Autonomous Decentralized System）模式配置主机、工程师工作站、大屏幕显示、Web 工作站、视频监控服务器等设备。ADS 模式代表了目前 SCADA 产品的最新技术标准，提高了设备利用率，此模式按照自律分布使每个网络节点均可单独激活，提高了系统的自愈合功能。

局域网络采用双以太网构成，主要监控设备按冗余原则配置，网络节点（与运行系统相关的计算机）按功能和地域分布。监控主机完成系统数据库、通信接口的管理，调度员的日常控制、监视和调度管理，现场数据的归档、统计、报表、检索、维修计划等内容。系统的监控主机采用双重配置，互为热备。工程师工作站用于生成、修改和管理系统实时数据库、历史数据库以及用户画面，定义、修改系统运行参数和维护、开发系统程序等。

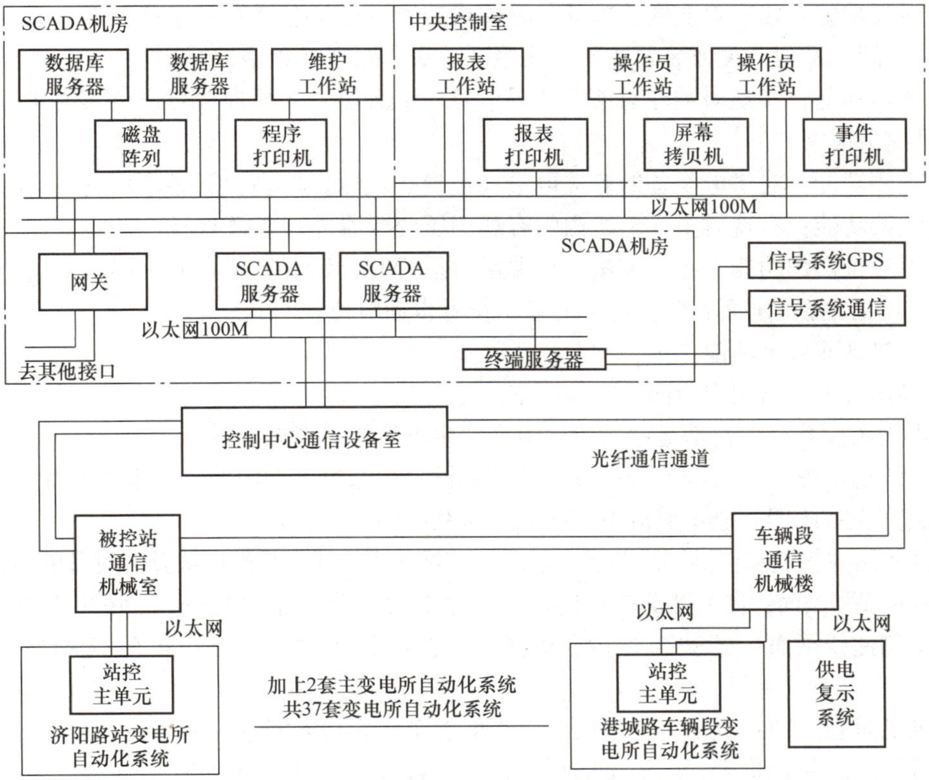

图 4-11 SCADA 系统结构图

车辆段的供电车间设置电力监控供电复示系统、继电保护工作站、设备管理工作站，并通过网络与控制中心进行数据通信。供电复示系统用于监视全线变电所设备、接触网设备的运行情况，使供电维护人员及时了解现场事故信息，提高处理事故的效率，缩短停电时间，完成维修调度作业计划的发送和接收。继电保护工作站完成统计、分析事故跳闸数据及整定值管理。设备管理工作站获取系统设备运行的详细资料，判断运行设备的状态并预测其寿命，建立供电系统设备、设施的管理档案，从而实现对供电系统设备实施状态的检修。

Web 工作站完成对远程访问的管理，相关部门的管理人员、维护人员或系统供应商在远方对系统进行在线访问、维护、修改，使系统信息共享方便，维护及时、有效。

系统设置视频监控，监视并记录变电所的安全以及设备的运行情况，并提供事后分析事故的图像资料，同时还有防火、防盗功能。

（2）变电所综合自动化系统　设置在变电所内的综合自动化系统采用集中管理、分散控制模式，设备由控制信号盘内的通信控制器、网络接口设备、总控单元、安装于各开关柜内的测控保护单元和变电所内通信网络等部分组成。

（3）数据传输通道　电力监控（SCADA）系统的数据传输通道利用传输系统的高速数据传输通道。电力监控系统通信接口采用大容量、高速传输的数据接口，采集众多的现场参数（包括视频信号等）应用分组交换技术和路由技术，使通道的可靠性更高、可用性更强，以后新的子系统接入、监控对象的增加等扩展可更加轻易地完成。

3. 控制中心电力监控系统的主要功能

1）远方监控功能：系统可对被控站内的设备顺序进行全面集中的实时监控。

2）遥控功能：实现对变电所内某一开关或装置进行状态控制（单独控制）和对变电所内和变电所间一系列开关或装置按预定顺序进行状态控制（程序控制）。

3）遥信功能：实现对被控对象的位置信号、事故信号、预告信号进行实时采集并发出声光信号提示报警。

4）遥测功能：对供电设备的有关电量（电流、电压、功率、电能等）进行实时检测。

5）遥调功能：实现对主变电所内的有载调压变压器进行有级调节。

6）不对位操作功能：在被控站执行端撤出运行时，调度员可在显示屏幕上进行人工对位操作。主接线显示画面和模拟盘上的显示符号自动对位。

7）用户画面显示功能。

8）操作员工作站用户画面种类和要求：

① 进入调度系统后自动显示城市轨道交通供电系统示意图。

② 系统构成图：包括调度所设备、被控站设备、通道等在内的整个系统的配置。

③ 交直流系统图：显示交流系统图和直流系统图。

④ 被控站主接线和接触网线路图：显示被控站的主接线、接触网线路和设备的运行状态。

⑤ 程控显示画面：在主接线图中用鼠标点中程控操作菜单后，将显示该站的程控项目窗口。

⑥ 遥测曲线画面：显示 2h 之内各遥测量（包括电流/电压、有功功率/无功功率）的趋势曲线。

⑦ 电能量直方图：显示 24h 之内的有功电能量和无功电能量。

⑧ 日、月、年报报表：用表格的形式显示一日（月、年）内的有功电能量和无功电能量，及依此计算出的功率因数。报表能进行手动修改。

⑨ 极值统计日（月、年）报报表、操作记录报表、事件记录报表等。

9）制表打印功能：系统对调度员的操作、事件发生信息、测量值按时间顺序进行整理统计，形成事件记录、操作记录、日（月、年）报报表、越限记录等。报表可随时显示打印和定时打印。

10）电量趋势曲线和电能量直方图显示功能：系统具有电量趋势曲线显示功能，可显示 2h 内的趋势曲线；系统具有电能量直方图显示功能，可显示 24h 内的有功电能和无功电能统计量。

11）模拟盘显示功能：模拟盘上显示有变电所主接线和接触网线路图，并以光带形式表示其供电状态。模拟盘上配有站名显示灯和事故显示灯。

12）防电磁干扰：系统具有防电磁干扰能力。

13）调度管理自动化功能：通过数据文档管理功能，自动建立生产管理报表。

14）在线自检自恢复功能：系统对软/硬设备的状态进行实时检测。在故障情况下，实现互备设备的自动切换（包括主备通道的切换）。若软件因某些原因处于死机状态下，应能自动恢复系统运行。

15）在线维护功能：系统应以友好的人机界面提供软件维护手段。工作数据、显示画面等可方便地进行在线修改。

16）安全保护措施：系统设置了三级口令，以保护程序运行的可靠性。

① 第一级：操作员级，键入口令后，可进入遥控操作状态，进行调度管理工作。

② 第二级：工程师级，键入口令后，可对软件实现在线编辑。

③ 第三级：系统员级，键入口令后，可对系统程序进行编程和修改。

4. 变电所综合自动化系统的主要功能

变电所综合自动化系统设置在变电所内，采用集中管理、分散控制模式。设备由控制信号盘内的通信控制器、网络接口设备、总控单元、安装于各开关柜内的测控保护单元和变电所内通信网络等部分组成。

变电所综合自动化系统实现对各变电所、接触网设备进行实时控制和数据采集，其功能是监视供电系统设备的运行情况，及时掌握和处理供电系统的各种事故、报警事件，保证供电的可靠性、安全性；同时利用 PLC 监控单元实现对变电所各种设备的控制、监视、逻辑闭锁，电流、电压、功率、电能测量；实现保护的安全并联跳闸功能。

【应用与实践】

一、车站低压供电系统的应用

车站低压供电系统主要为车站管辖范围内的通风空调设备、消防联动设备、给排水设备、电梯、安全门、自动售检票设备、通信信号设备、照明设备等提供电源。主要分为照明系统和动力配电系统两个子系统。

1. 照明系统的应用

（1）地铁车站照明分配布置　地铁照明系统主要包括正常照明、应急照明、广告照明、标示照明、安全电压照明等。正常照明包括工作照明和节电照明，应急照明包括备用照明、疏散照明和疏散诱导照明（24h 常开）。

其中站厅、站台、出入口公共区照明主要设置正常照明和疏散照明，其中正常照明由工作照明和节电照明两部分构成，各占整个正常照明容量的一半左右。在运营高峰时，正常照明和应急照明全部打开；在运营高峰过后可停掉节电照明，由工作照明和应急照明作为公共区照明；在运行结束后可根据需要停掉全部正常照明，由应急照明作为公共区值班照明。

重要值班室、重要设备房间除设置正常照明外还设置备用照明。

站厅、站台公共区、出入通道、楼梯、人行通道拐弯处等设置疏散诱导标志灯。

区间每隔 10m 设一盏不妨碍司机视线的照明灯具，灯具设于行车方向的左侧墙壁上，正常照明与应急照明相间布置。

（2）地铁车站照明负荷划分　根据地铁系统用电设备的重要程度，动力照明负荷划分为三级：公共区、重要设备管理用房正常照明、应急照明为一级负荷；一般管理用房正常照明、标识照明为二级负荷；广告照明为三级负荷。

（3）控制方式　车站和区间照明的控制方式包括：车站控制室远程控制、照明配电室集中控制和就地控制。此外，应急照明应具有由防灾报警系统集中强启的功能。

（4）供电方式　在车站的站台或站厅的两端各设置照明配电室，室内集中安装各类照明控制箱或配电箱。

车站站厅站台公共区照明、出入口照明、设备用房照明的电源，分别在降压所两段母线上各馈出一路电源和照明配电室控制箱相连，以交叉供电方式，向车站站厅、站台及设备用房供电。应急照明由降压所低压配电柜两段母线馈出至照明配电室应急照明配电柜后配出。疏散诱导指示照明由车控室疏散诱导主机集中供电。广告照明及其他各类照明（区间照明除外）也均由照明配电室馈出。区间照明由车站降压所两段母线馈出，直接送至隧道内各照明开关控制箱上。

应急照明正常时由变电所两段交流400V母线各引一路交流电源末端切换供电，蓄电池处于浮充状态；当正常的交流电源断电后，蓄电池通过逆变器逆变为380V/220V交流电源继续为应急照明供电。蓄电池容量满足60min供电的需要。应急电源柜应具有由防灾报警系统集中强启应急照明的功能。当交流电恢复后，系统自动恢复到由交流电向外供电状态。

2. 地铁车站动力配电系统应用

车站动力配电系统采用380V三相五线制配电，它为车站站台、站厅和设备用房的机电设备、售检票设备及通信、信号系统等设备提供电源。

（1）地铁车站动力配电系统负荷划分　动力配电系统根据不同的用途和重要性，可分为三类。

1）一类负荷：车站通信系统、信号系统、防灾报警系统、设备与环境监控系统、安全门系统、消防水泵、废水泵、人防系统、事故风机、防排烟系统风机及电动阀门、区间主排水泵等。

2）二类负荷：非疏散用自动扶梯、污水泵、普通风机、非事故通风机及风阀、出入口排水泵等。

3）三类负荷：空调通风及水系统设备、电热设备、车站及区间检修动力等一、二级负荷以外的负荷。

（2）地铁车站低压配电供电分配　车站低压配电系统根据设备用电的重要性可分为车站降压所直接供电设备和由环控电控室供配电设备。

1）由降压所直接供电一类负荷设备，如：由降压所低压配电柜两段母线各馈出一路电源到设备电源切换箱，经电源切换箱实现双电源末端切换后，再馈出到用电设备，两路电源正常时，一路工作、一路备用，当一路失电后，另一路自动合上，互为备用。

2）由降压所直接供电的二类负荷设备，如非疏散用自动扶梯、污水泵等设备，系统由降压所低压配电柜的一段母线馈出一路电源至设备电源配电箱，经电源切换再送设备，当降压所的该段母线失电后，母线分段开关自动合上，保证母线继续供电。

3）对由降压所直接供电的三类负荷设备，如冷水机组等设备，系统由车站降压所低压柜其中一段母线馈出一路电源至设备附近的电源箱后再馈出给用电设备，当降压所任何一段母线失电或故障时，均联跳降压所直接供电的三类负荷设备。

4）车站冗余供电，在车站两端各设一个环控电控室，内设TVF风机电控柜、SVF风机电控柜、阀门电源箱、软启动柜、变频柜、BAS电源柜等设备，由车站环控电控室电源进线柜直接供配电。环控电控室低压一、二段负荷母线，由车站降压所两段母线（非三类母线排）各引一路电源到环控电控室电源进线柜，电源进线柜设有自切联锁装置，当降压所一段母线失电时，另一路自动投入，并且保证在任何情况总有一个进线柜在合闸状态。

（3）控制方式　动力设备、风机、水泵、电梯等根据具体情况及控制要求采用就地控制、车站控制、控制中心控制、自动控制等四种方式。

二、地铁车站照明配电系统操作

1. 照明配电系统周巡查操作实践

照明配电系统周巡查操作实践见表4-2。

表4-2　照明配电系统周巡查操作实践

序号	项目	周期	巡检工作标准	巡检工作内容
1	照明配电箱	每周	1. 照明配电箱外观正常 2. 照明配电箱无明显异常	1. 检查照明配电箱外观、显示、按键、时间是否正常，试灯、消音功能检查 2. 做好检查记录，如发现问题及时报修或修复
2	双电源控制箱	每周	1. 双电源控制箱运行无异常，外观干净，环境无异常 2. 两路电源工作正常	1. 检查双电源控制箱是否正常运行，外观是否完好并除尘 2. 做好检查记录
3	EPS控制箱	每周	1. EPS控制箱工作正常 2. EPS控制箱外观干净无异常 3. 内部元器件正常	1. 检查EPS控制箱工作环境 2. 检查EPS控制箱设备外观 3. 做好检查记录

2. 照明配电系统月检操作实践

照明配电系统月检操作实践见表4-3。

表4-3　照明配电系统月检操作实践

序号	设备	周期	检修工作标准	检修工作内容
1	智能照明	每月度	1. 外观正常，时间正确，试灯正常，无异常信息、网关指示灯正常、主备电工作正常、孔洞已封堵、打印机工作正常 2. 外观及内部干净清洁	1. 检查主机外观、状态、时间、信息、主备电、网关、封堵 2. 清洁智能照明
2	双电源	每月度	1. 外观正常 2. 主备电源工作正常	1. 检查双电源外观 2. 检查系统运行稳定情况 3. 检查主备电源是否工作正常
3	导向标志	每月度	1. 外观干净，无破损 2. 安装牢固，接线可靠	1. 检查外围设备的外观 2. 检查接线松动情况

3. 照明配电系统季检操作实践

照明配电系统季检操作实践见表4-4。

表4-4　照明配电系统季检操作实践

序号	设备	周期	检修工作标准	检修工作内容
1	月检包含的设备	每季度	月检包含的检修工作标准	月检包含的检修工作内容
2	照明配电箱	每季度	1. 照明配电箱外观正常 2. 各指示灯正常 3. 内部元器件无发热情况	1. 照明配电箱外观是否正常 2. 各指示灯是否正常 3. 内部元器件有无发热情况

（续）

序号	设备	周期	检修工作标准	检修工作内容
3	车站灯具	每季度	1. 车站灯具能满足车站照度要求 2. 车站灯具无明显外观损坏	1. 车站灯具能否满足车站照度要求 2. 车站灯具有无明显外观损坏 3. 有无照明死角
4	灯塔	每季度	1. 功能正常 2. 控制箱无明显锈蚀	1. 检查功能是否正常 2. 如有锈蚀，做除锈处理
5	疏散指示	每季度	1. 能正常工作 2. 绝缘电阻在规定值以上	1. 检查疏散指示是否能正常工作 2. 做好检查记录

4. 照明配电系统年检操作实践

照明配电系统年检操作实践见表4-5。

表4-5 照明配电系统年检操作实践

序号	设备	周期	检修工作标准	检修工作内容
1	季检包含的设备	每年度	1. 季检包含的检修工作标准 2. 照明配电功能正常	1. 季检包含的检修工作内容 2. 检查照明配电功能是否正常
2	车站灯具照度测试	每年度	车站灯具照度满足运营需求	1. 检查车站灯具照度测试 2. 灯具完好率是否达标
3	防雷、接地测试	每年度	防雷、接地合格	接地电阻是否合格，能否满足防雷需求

【实践操作】

1. 操作练习

1）根据本章所学的知识，掌握城市轨道交通供电、照明的方式。

2）在课余时间，结合所在城市轨道交通车站参观学习，了解车站低压配电及照明系统。

2. 书面练习

1）简述地铁供电系统供电方式。

2）简述低压配电及照明系统的组成与功能。

3）简述电力监控系统的工作方式。

【评价跟进】

1. 教师的评价

由教师在完成本章的教学任务后填写，在相应表格中画“√”。

评价项目		教师的评价			
序号	题目	好	较好	一般	较差
1	对本章教学过程的控制				
2	在本章教学过程中，学员的参与情况				
3	学员对本章知识学习后的效果反馈				
教师对本章教学的总结评价意见及跟进措施					

2. 学员的评价

由学员在完成本章的教学任务后填写，在相应表格中画“√”。

评价项目		学员的评价			
序号	题目	好	较好	一般	较差
1	在本章教学执行过程中教师的表现				
2	本章教学内容与社会实际需求的联系情况				
3	自己在本章学习过程中的表现				
学员对本章教学的总结评价意见及跟进措施					

3. 知识跟进

1）从互联网上了解车站低压配电及照明系统的现状如何。

2）从互联网上了解城市轨道交通车站低压配电及照明系统与其他设备的接口。

第5章 站台屏蔽门系统

问题导入

屏蔽门是指在站台上以玻璃幕墙的方式包围轨道站台与列车上落空间。列车到达时，再开启玻璃幕墙上的电动门供乘客上下列车。屏蔽门的主要目的是保证乘客人身安全；并节约能源，防止站台空调流失及保持站台温度。

学习目标

1. 能说出屏蔽门系统的分类及特点。
2. 掌握屏蔽门系统的结构。
3. 了解屏蔽门系统的设置。

教学建议

1. 教学场地：在普通教室、能连接互联网的多媒体教室及城市轨道交通系统的各种模型实训室中进行，课后可实地参观。

2. 设备要求：城市轨道交通车站的屏蔽门系统仿真模型 1 套，或能播放视频投影的设备及相关课件、视频。

3. 课时要求：共 6 课时，其中课堂讲授 4 课时，模拟操作 2 课时。

【理论知识】

一、屏蔽门的基本概念及组成

1. 概述

站台屏蔽门（Platform Screen Doors）是设在站台边缘，把站台区域与列车运动区域相互隔开的设备，其示意图及设备实物图如图 5-1、图 5-2 所示。设置屏蔽门系统的主要目的是防止人员跌落轨道产生意外事故，列车未进站时，屏蔽门处于关闭状态，保证了乘客候车的安全，防止了可能出现的各种意外；而当列车进站后，使列车车门与站台屏蔽门严格对准，并使列车车门与屏蔽门联动开启，以供乘客上下车，待乘降结束后，车门与站台门同步关闭。站台屏蔽门可为乘客提供一个安全、舒适的候车环境，提高地铁的服务水平。与传统的地下车站相比，采用站台屏蔽门具有如下的优点：

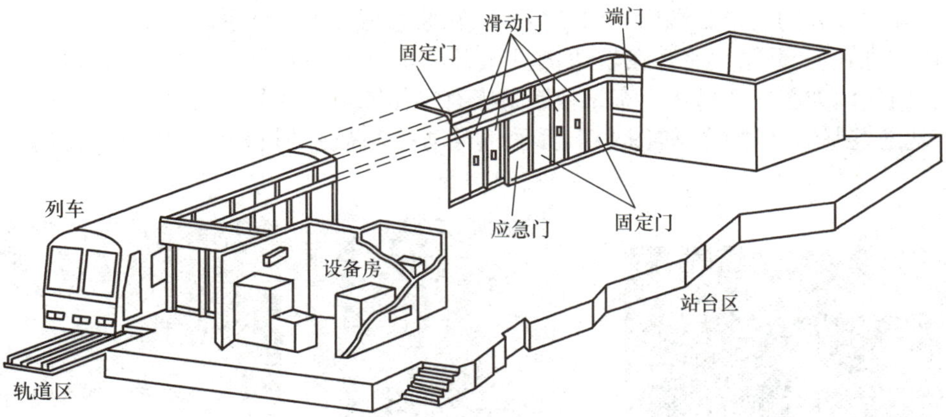

图 5-1　站台屏蔽门示意图

图 5-2　站台屏蔽门设备实物图

1）设置站台屏蔽门后，可实现司机一人全程操作，站台上不必再设站务人员接发列车（站台屏蔽门的开启由列车司机操纵）。

2）一般在站台屏蔽门上多装有各类障碍物传感器。一旦有障碍物存在，传感器发出的信息将使屏蔽门再开闭机构动作，避免了车门夹人、物事故的发生。

3）由于站台屏蔽门实现了站台与轨道、列车行进区间的完全隔离，乘客候车时不会与列车进出站发生任何关系，保证了乘客的乘车安全。

4）设置站台屏蔽门后，站台空间显得更加舒适。

5）节省了地下车站空调负荷，降低了能耗，同时降低了车站噪声以及粉尘污染。

6）站台屏蔽门可用于平面广告媒介，增加运营部门的广告收益。

2. 站台屏蔽门中各类门的作用

1）滑动门（ASD）：中分双开式，作为乘客疏散通道，一侧有若干对与列车车门对应的滑动门。

2）固定门（FIX）：固定安装，跟滑动门一起形成隔离的屏障。

3）应急门（EED）：有门锁装置，紧急情况下手动打开，站台侧用钥匙打开应急门，轨道侧列车司机通过广播指导乘客压推杆锁打开。

4）DCU：滑动门电气控制装置。

5）ERM：滑动门手动解锁装置。

6）端门（MSD）：主要用于车站工作人员在站台和轨道之间的进出通道，同时兼顾紧急情况下疏散乘客的要求，端门有门锁装置，在紧急情况下允许手动打开，即工作人员可在站台侧用“通用”钥匙、乘客在轨道侧推压开门推杆将门打开，门锁装置和应急门一样。站台屏蔽门端门如图 5-3 所示。车站控制室内有操作屏蔽门开关的紧急控制开关。

7）就地控制盘（PSL）如图 5-4 所示，自动控制故障时操作此开关可控制屏蔽门的开关。

图 5-3　站台屏蔽门端门（MSD）

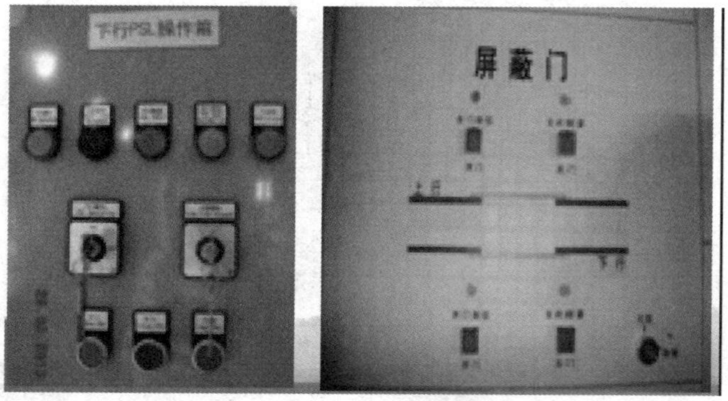

图 5-4　就地控制盘（PSL）

3. 分类

从应用场合封闭形式、具体结构、供电方式、控制方式、门体型材等方面，屏蔽门系统可分为以下几种类型。

（1）从封闭形式上分类　从屏蔽门系统应用场合的封闭形式，可以分为全高封闭式屏蔽门和半高敞开式安全门，其实物图和安装示意图如图 5-5、图 5-6 所示。全高站台门门体结构高度为 2450mm 左右，安装于地下车站；半高站台门门体结构高度为 1500mm 左右，主要安装在地面车站及高架车站，如果地下车站站台边缘顶部不具备安装全高站台门的条件或者采用车站进风、区间排风的地下车站应安装半高站台门，如南京地铁 1 号线奥体中心站。

图 5-5　全高封闭式屏蔽门和半高敞开式安全门实物图

（2）从结构上分类　按照屏蔽门的具体结构，可以分为上部悬吊式和下部支承型。

（3）从供电方式分类　屏蔽门系统的供电电源方案主要有集中供电和分散供电两种。两种方案各具特色，在地铁屏蔽门项目中均有应用。集中供电的优点是门机的驱动电源直接从设备室内引出，在设备房内即可对电源参数进行监控。但集中供电时变压整流装置体积大，占用设备室的面积大。供电线路的压降和损耗也比较大，一旦发生故障，整侧门无法动作，其故障影响范围较分散供电大。分散供电的优点是驱动电源并不设于设备室内，供电线

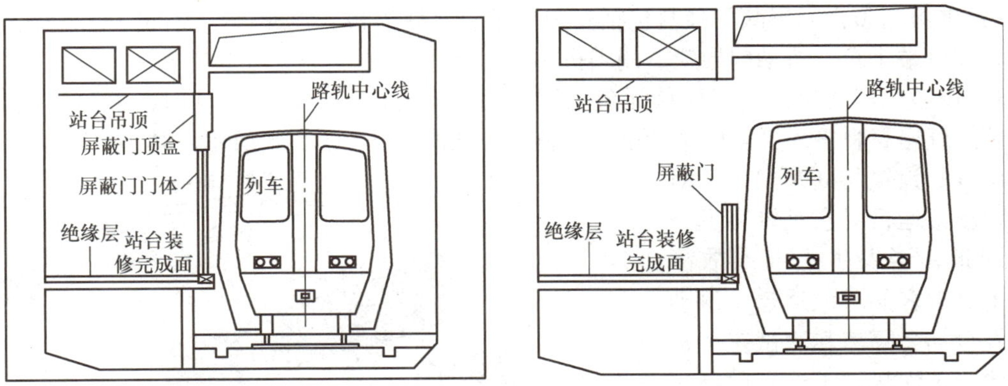

图 5-6　全高站台门与半高站台门安装示意图

路压降和损耗较小，占用设备室面积小，整体优于集中供电。但在设备室内无法监控电源参数，布线复杂，变压整流装置较多，设备故障率较集中供电高，但故障影响范围小。

（4）从执行机构分类　按目前屏蔽门系统采用的执行机构，主要有气动和电动执行机构两类。屏蔽门气动执行机构的控制系统可以由典型的可编程序控制器、传感器、气动元器件组成。气动执行机构由气缸组成，以压缩空气为工作介质，控制系统由各种气动控制阀（如压力阀、方向阀和速度阀）组成。相对于机电传动机构，气动执行机构的系统构造简单，成本低，但是因为滑动门门体较重，对气缸的输出力要求较高；且气源设备占地面积大，空气有压缩性，气缸的动作速度易受负载的变化而变化，速度调节较困难，响应时间相对较长；气缸在低速运动时，稳定性不够，定位精度不高。在目前已经安装的屏蔽门系统中，采用气动执行机构方案的屏蔽门系统用得较少。新加坡地铁最早使用的屏蔽门系统就采用气动执行机构方案。

在电动执行机构中，对电动机的性能要求较高，因为在整个开关门过程中，电动机一直处于速度不断变化的过程中，所以要求电动机要有比较好的调速性能，而且具有响应快速、调速精度高等优点。一般应选用执行类直流电动机或交流变频调速电动机等机械特性好的电动机，并且电动机应具有比较小的飞轮转矩以及较小的传动比，以减小其动态工作特性中的机械时间常数，来获得良好的跟随特性。在门关闭的过程中，应严格控制门体速度及关门力度，避免因此夹伤乘客，还要充分考虑电动机在整个行程中的起动及制动过程。目前已建的屏蔽门项目中广泛采用直流电动机作为驱动机构。

（5）从机械传动方式上分类　从机械传动执行角度出发，又分为滚珠螺杆式传动与同步带式传动。滚珠螺杆式传动精度高、安装简单、故障率低、维修工作量小，但部件一旦磨耗超过限值则需整体更换。同步带式传动容易调节、免维护，但其尺带寿命影响系统工作寿命，精度较滚珠螺杆式要低。

二、屏蔽门系统结构

屏蔽门系统是典型的机电一体化设备，它由机械和电气控制两部分组成。

1. 屏蔽门系统的机械部分

屏蔽门系统的机械部分包括门体结构和门机系统设备。

（1）门体结构　门体结构主要由以下部件组成：

1）钢架结构。钢架结构是完整的受力构件，它承受屏蔽门的垂直荷载、水平荷载（活塞风压）以及乘客的挤压力。钢架结构在安装中严禁明火焊接。

2）屏蔽门顶盒。屏蔽门顶盒包括安装框架、前后盖板、连接件、内部门驱装置、门控单元、配电端子箱、滑动门导轨、闭锁机构等。

3）屏蔽门门体单元。门体单元包括固定门、应急门、端门、滑动门、手动开锁机构、闭门器、气密材料等。屏蔽门结构图及门体单元如图 5-7、图 5-8 所示。其中，滑动门的数量与位置的设置与列车门一一对应，在正常运行时它是乘客上下车的通道，当发生火灾或故障时，也是乘客的疏散通道。滑动门具有自动、隔离和测试三种控制模式：正常状态下滑动门处于自动模式；测试模式供检修人员机修作业时使用；隔离模式是门发生故障时供站台人员使用，可将故障的滑动门隔离出系统不再参与整个系统运作。在测试和隔离模式下，滑动门不再接受系统级、站台级控制信号的控制，并旁通关闭和锁紧信号。在滑动门轨道侧设有开门把手，当系统级控制和站台级控制失效时，乘客可以自行将门打开。站务工作人员可通过设置在站台侧的钥匙开关实现三种模式的控制。

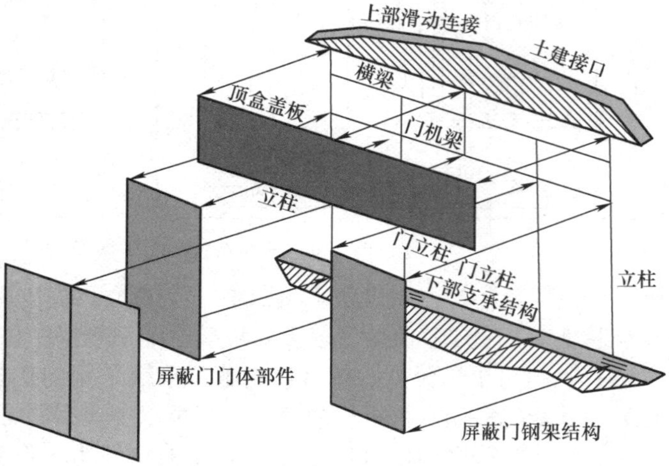

图 5-7 屏蔽门结构图

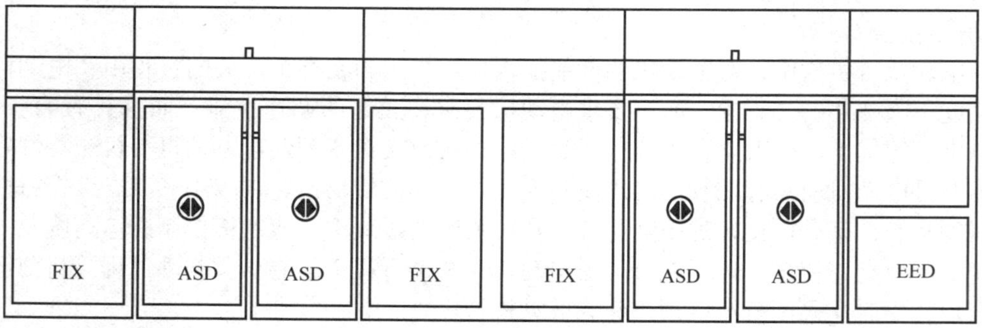

图 5-8 屏蔽门门体单元

两组滑动门之间的屏蔽结构由固定门组成，固定门是不能打开的。

应急门是当列车进站的停车误差超过了设计时所考虑的精度误差，而列车却不能再做位置调整而设置的疏散通道，其中包括了列车未能完全进站或完全出站而发生异常的情况。

端门的结构和应急门一样，只是端门设置在站台两端，与靠站台而设的屏蔽门垂直接壤，并与它们一起与设备房外墙构成一个全封闭的屏蔽系统。滑动门、应急门和端门的闭锁机构在关闭状态下都能够进行自锁，能防止在站台侧用外力打开。

应急门、端门配有通用门锁，站务人员可在站台侧开启。轨道侧设有开门推杆，推杆与门锁联动，列车司机通过广播指导乘客在轨道侧推压开门推杆将门打开，门打开后未到达全开位置时，能通过闭门器自动关闭并锁定，也能通过闭门器向站台侧旋转 90°平开固定。应急门到达全开位置时，也能通过闭门器保持全开稳定。

屏蔽门是地铁车站占用面积最大、最醒目的设备，因此对屏蔽门外表的装饰材料及加工工艺有严格的要求。屏蔽门的型材通常采用经表面处理后的铝合金挤压型材或直接使用奥氏体系列不锈钢。门体玻璃采用钢化玻璃，钢化玻璃厚度、玻璃和门框的粘贴材料与粘贴方法均需满足设计负荷和安全规范的要求。门体密封部件具有良好的气密性能，满足泄漏量指标，以隔离噪声和阻止站台与轨道之间空气及热量的对流，提高环控效率，且满足阻燃、低烟、无毒、耐老化、减振、耐磨等要求。

4）下部支承结构。屏蔽门的下部支承结构包括踏步板、固定支座、绝缘衬垫、调节装置、下部预埋件等。下部支承结构部件表面必须进行整体防腐蚀处理，以满足地铁工作环境下30年防腐寿命的要求。踏步板表面有防滑齿形槽，具有足够的耐磨性能和防滑要求。踏步板是屏蔽门安装的基准面，并与站台装修面等高。整个下部支承结构通过下部预埋件与站台牢固连接。

（2）门机系统　以同步带式传动为例，门机系统主要由门控单元（DCU）、直流无刷电动机及减速箱、驱动带、电磁闸锁、模式开关、就地供电电源单元、指示灯和控制电路等组成。

1）门控单元。DCU是门机系统的核心，DCU内装有一个微处理器，是存储数据、电动机速度曲线和软件的存储单元，并具有自诊断功能，DCU根据电动机速度曲线驱动控制电动机按照所设定的曲线参数进行工作。

2）传动装置部分。以带式传递为例，屏蔽门系统的直流无刷电动机的转轴与减速箱直接连接，电动机在关门阶段一般经过加速、速度保持、减速、低速保持、制动五个阶段。

3）驱动装置部分。每侧站台的DCU采用总线与就地控制器连接，构成分布式控制网络。在DCU得到指令后完成驱动。

4）锁紧装置。每道滑动门单元均有一套电磁式门锁紧装置（电磁闸锁），闸锁上装有四个开关，两个是锁闭监测安全开关，这两个安全开关用于证实锁是否已经可靠闭合锁紧，另外两个是应急安全开关，用以证实滑动门是否因滑动门的手动解锁装置动作而打开过。

2. 屏蔽门系统的电气控制部分

电气控制部分包括电源供电系统和电气控制系统。

（1）电源供电系统　屏蔽门电源供电系统主要分为驱动电源和控制电源供电系统。

1）驱动电源。驱动电源由双电源自动切换箱、驱动电源UPS1、驱动电源屏及其他相关设备组成。由低压配电系统提供的两路独立的380V、50Hz、三相交流电源通过驱动电源UPS1与驱动电源屏连接，为两侧站台的滑动门提供驱动电源。每个站台配置一个配电盘。电源按照逻辑顺序给6个就地供电单元LPSU配电。因此，单一供电电路的故障只会影响一个屏蔽门单元。每个滑动门单元的门机内包括一个LPSU。当输入的两路380V交流电源都发生故障或其他异常情况时，驱动UPS将采用蓄电池供电。蓄电池容量满足断电后开关屏蔽门3~5次的要求。

2）控制电源。为提高电源质量，控制设备采用UPS供电。

（2）电气控制系统

1）屏蔽门的系统控制模式。屏蔽门系统包含四种运行模式：系统级控制、紧急操作控制、站台级控制和手动控制，以便达到屏蔽门系统运行与安全的要求。其中手动控制具有最高的优先权，系统级控制具有最低的优先权。可以归纳为6个控制级别：远程自动控制（系统级）、紧急操作（车站级）、紧急控制（站台级）、站台端头控制（站台级）、就地控制（门级）、单个PSD/EED手动操作（门手动级）。

按照优先级从低到高的顺序排列为：系统级控制（SIG）；站台级控制（PSL）；车站紧急控制（IBP）；单道门局部控制（LCB）；PSD手动解锁操作。

系统级控制模式是在正常运行模式下，系统能自动或经列车司机确认后对屏蔽门进行开/关门操作的自动控制方式。滑动门在接受列车驾驶员或ATC发出的操作指令后，通过DCU进行自动控制，来执行开/关门操作。当列车进入车站停靠在允许误差范围内的停车位置时，信号系统发出一个“开门”命令；此开门命令送到每个应该打开的屏蔽门单元的DCU上，从而控制电动机驱动门体做开门动作。当所有ASD（滑动门）/EED（应急门）打开时，DCU会将检测装置检测到的“门已打开”的状态信息反馈给信号系统及EMCS（机电设备监控系统）；当列车要离开车站时，信号系统发出“关门”命令给应该关闭的屏蔽门单元的DCU，从而控制电动机驱动屏蔽门开始关门。当所有屏蔽门关好以后，DCU会将检测装置检测到的“门已关闭并锁紧”的信号反馈至信号系统及EMCS。当信号系统收到“关闭并锁紧”信号以后，才会发出开车命令。如果在整个控制过程中任何一个屏蔽门单元出现故障，故障信号会发送至操作指示盘（PSA）进行声光报警，并可将故障信息显示在PSA显示器上，还可以通过固有的串口进行故障信息的下载。在此情况下，站台屏蔽门通过信号系统受列车的车门控制及联动，当列车停车位置超出停车精度范围时，列车车门及站台屏蔽门皆不能开启。在站台屏蔽门尚未关妥前，列车也不能正常起动。

站台级控制是列车司机通过站台PSL对屏蔽门进行的开关门动作的控制操作。当系统级控制不能正常实现时，如信号系统故障，或主控机PSC对门机控制器DCU控制失败等故障下，列车司机在站台端门处的就地控制盘上进行开/关门操作，实现屏蔽门的站台级控制操作。

手动操作是站台工作人员或乘客对屏蔽门进行的操作。当屏蔽门控制系统自身发生故障时，只能采用手动操作开/关滑动门，即在轨道侧通过把手，在站台侧用钥匙开/关滑动门。应急门和端门均可手动操作，即在轨道侧通过把手，在站台侧用钥匙开/关应急门和端门。

2）屏蔽门电气控制系统的组成。完整的屏蔽门电气控制系统（以标准车站为例）由主控机（PSC）、站台端头就地控制盒（PSL）、门机单元控制器（PEDC，每个PSC含有两个PEDC）、屏蔽门控制开关（PCS）、操作指示盘（PSA）、屏蔽门状态报警盘（PSAP）、声光报警装置、模式开关（自动/旁路/测试）、测试开关、门机控制器（DCU）、安全继电器、总线网络和硬线控制电路等组成，以每个车站为单位构成一个完整的监控系统。

① 主控机（PSC）。主控机（PSC）是屏蔽门控制系统的核心，采用先进的工业控制计算机，具备与信号和EMCS的通信功能，能接收和发送信号系统以及DCU、PSL等内部设备的各种控制信号和状态信号。系统具有运行监视控制功能和自诊断功能。主控机操控简单，可通过PSA上的人机界面进行故障诊断调试，并留有与便携式计算机的接口，可连接便携式计算机实现对系统进行编程、数据及程序下载、参数修改等编程控制功能。

② 站台端头就地控制盘（PSL）。根据列车运行的需要，可以在站台靠列车行进方向的一端或两端设置，其布设位置应与列车正常停车时驾驶室的门相对应。站台端头就地控制盘（PSL）与单元控制器（PEDC）和门机控制器（DCU）之间均采用硬线连接，包括开门信号、关门信号、滑动门关闭锁紧等关键信号。当设置两个PSL时（列车有双向运行需求），这两个PSL具有同等优先级，当操作其中任意一个PSL时，另一个将失去控制作用。

③ 门机控制器（DCU）。门机控制器（DCU）是滑动门电器的控制装置，它是门机系统的核心。每个滑动门均配置一个 DCU，并安装在门体上部的顶盒内。DCU 内装有一个微处理器，是存储数据、电动机速度曲线和软件的存储单元，并具有自诊断功能。DCU 内还配置模式（自动/旁路/测试）开关控制输入接口、手动开/关门开关控制输入接口和门状态指示灯、两路冗余网络总线接口以及用于连接 PSL、PEDC 的硬线接口，并提供声光报警装置的 I/O 接口、开/关门指令的接口，并可对相邻 EED 的开关状态信号进行检测。

④ 声光报警装置。声光报警装置分别设置在每档屏蔽门顶盒面板上。

⑤ 模式、测试开关。模式开关位于每档屏蔽门的上方，具有自动/旁路/测试选择功能。当模式开关处于"旁路"状态时，该档屏蔽门与整个屏蔽门控制网络脱离；测试开关能向 DCU 发出开/关门指令，用于对该档屏蔽门进行测试；并且利用测试开关，能够对屏蔽门故障时发出的告警声进行消声。

⑥ 屏蔽门状态报警盘（PSAP）。PSAP 布置在每个车站的站台控制室内；具有声光报警器，且有消声功能，能够对屏蔽门系统的状态进行实时监控。

⑦ 操作指示盘（PSA）。操作指示盘（PSA）布置在车站控制室内，它具有足够的存储单元，并通过网络接口连接至 PSC，其 MMI 中文人机界面能显示各档屏蔽门的开关状态和故障信息，并可通过 PSA 内置的编程/调试接口实现对系统进行编程、数据及程序下载、参数修改等编程控制功能。

⑧ 屏蔽门控制开关（PCS）。PCS 位于车站控制室内，由相应钥匙进行控制，可以对屏蔽门的开关门动作进行控制，钥匙由车站值班员负责管理。

⑨ 现场总线。现场总线（FIELDBUS）是现场通信网络和控制系统的集成，屏蔽门控制系统是屏蔽门系统中比较重要的组成部分，现场总线技术在屏蔽门控制系统中起到关键的作用。屏蔽门控制系统采用网络技术，把挂接在网络上、作为现场总线节点的各设备，连接为网络集成式的全分布控制系统，以实现对屏蔽门的控制功能以及参数值更改、报警、显示、监视等综合自动化功能。屏蔽门控制系统网络如图 5-9 所示。

3. 屏蔽门系统安全装置

在站台屏蔽门上有三种安全探测装置：探测站台门与车厢门之间人或物体存在的障碍物传感器；为防止站台屏蔽门夹人，设于两扇门边缘的门沿传感器；为防止衣物等被站台门或

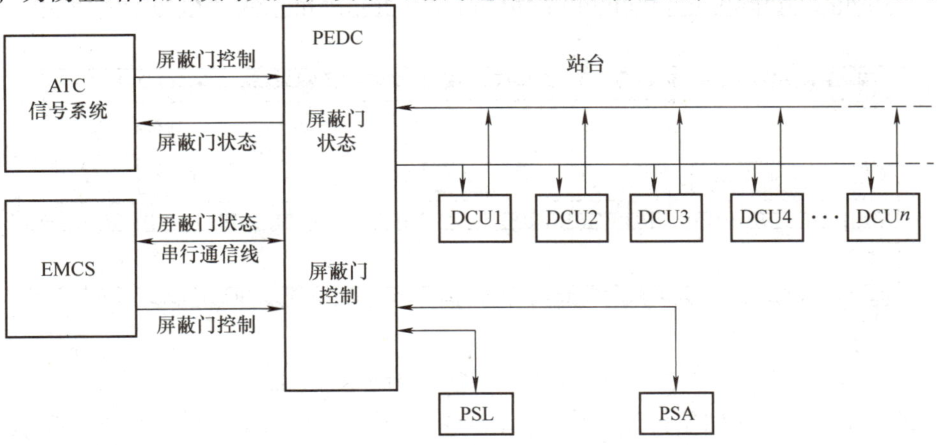

图 5-9　屏蔽门控制系统网络

站台门和车门同时夹住的防夹传感器。

其中障碍物传感器和防夹传感器采用红外线探测，而门沿传感器则采用带状的导电橡胶条。它们都是在站台屏蔽门关闭的过程中进行检测的，如果其中的任一传感器发出异常信号，站台门将再做关闭门的动作，直到障碍消除，否则门将在开启的位置停下来，并向列车驾驶室、各操作台和行车调度室发出异常信号，等待工作人员的现场处理，从而保证了乘客乘降的绝对安全。

由于站台屏蔽门以及地板与列车车体之间存在电位差，当人体跨越车门时，与两者同时接触可能会被电击。为防止这一情况的发生，一般采用如下措施：

1）站台门的支柱上涂覆高绝缘强度的橡胶保护层。

2）在乘客进出的站台地板上铺装绝缘橡胶板。

3）在站台门及屏蔽墙的表面涂上绝缘的氯化树脂材料。

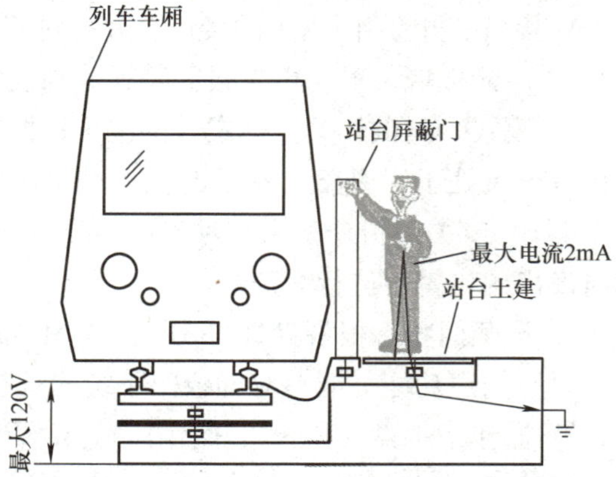

图 5-10 站台门车体与列车钢轨的等电位联结

4）站台门车体与列车钢轨进行等电位联结，如图 5-10 所示。

三、屏蔽门系统的设置与维护

1. 屏蔽门系统的站台布置

屏蔽门设置于地铁车站列车的正常停车范围内，屏蔽门长度应与列车编组辆数相匹配；移动门数量及位置与车辆的车门相对应，列车驾驶室门应停在屏蔽门端门外。屏蔽门设计应满足各种运营模式要求，即正常情况下乘客能方便地上下车，故障或灾害情况下乘客能够安全地疏散。为保证紧急情况下疏散乘客，紧急疏散门（EED）的设置必须保证列车停在车站任何位置时，均有至少一个车门对准紧急疏散门。屏蔽门系统的站台平面布置图如图5-11所示。

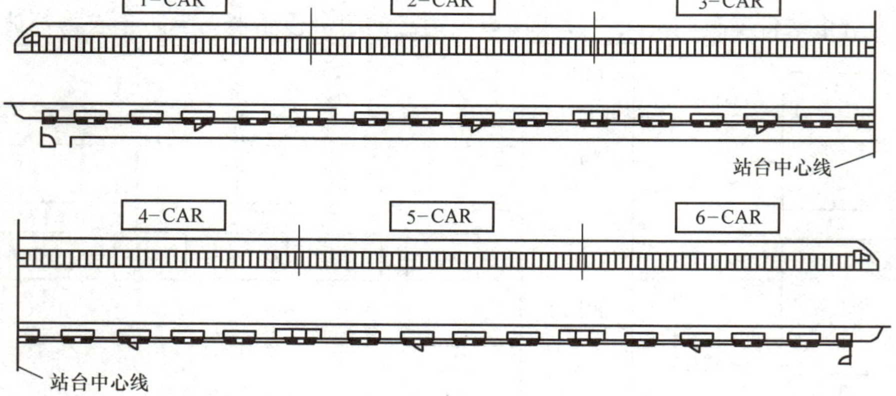

图 5-11 屏蔽门系统的站台平面布置图

列车到达车站后，车门位置与滑动门（ASD）位置应一一对应，前后偏差不超过 300mm。这样可以保证站台门完全开启时乘客方便地上下车。停车位置示意图如图 5-12 所示。

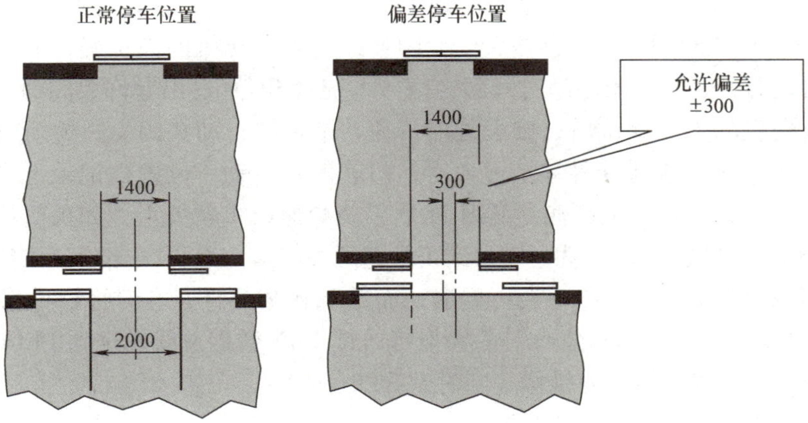

图 5-12　停车位置示意图

对于曲线车站，站台门采用直线逼近拟合的办法安装，但由于曲线车站滑动门与列车车门间存有较大空隙，并且曲线车站通视性较差，为防止旅客被夹于滑动门与列车车门之间发生人身伤亡事故，应制订相应的安全管理规范，安排车站工作人员在曲线地段监视站台门与列车门的开闭状态。

2. 屏蔽门系统综合监控

屏蔽门监控系统采用工业控制现场总线（CANOPEN）将门机单元物理连接，通过 TCP/IP 构成监控网络结构。屏蔽门监控系统示意图如图 5-13 所示。通过设在车站控制室与控制中心的监控设备，可以实现不同操作级对站台屏蔽门设备的状态显示以及动态故障监视，以数据库形式记录操作信息，并可以实现 PSL、IBP、电源系统、信号系统等各个设备的状态及故障报警，将故障信息存入实时数据库中以备查阅，并根据时间周期、综合监控软件形成相关运营报表数据。

3. 屏蔽门设备的操作

屏蔽门设备操作由受过正规培训的维修人员或站务人员进行操作，操作时必须严格按照相关规程执行。操作人员必须使用站台门专用钥匙对设备进行操作，操作完毕后应将钥匙交由车站控制室保管，不得留在开关上。专用钥匙除操作、维修人员及相关责任人授权人员外，不得借出，司机使用的就地控制盘（PSL）操作开关钥匙，在工作时由司机随身携带。站务人员发现不安全因素时，应立即关停设备，并通知维修人员。

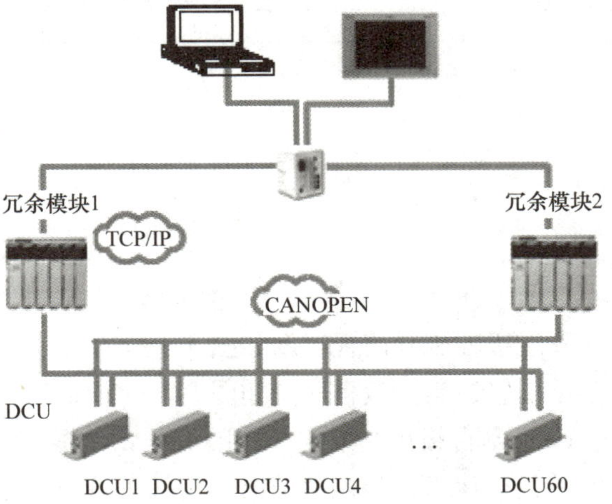

图 5-13　屏蔽门监控系统示意图

操作开关站台门时，应注意观察站台边人群拥挤情况，严禁没有警告及防护措施不当时开关站台门，防止乘客跌入轨道造成伤害。

（1）正常模式操作　在正常运行模式下，列车到站并停在允许的误差范围内，信号系统向 PEDC 发出开门信号，同时撤销关门信号。然后，PEDC 通过专用硬线向所有 DCU 发出“使能”命令和“开门”命令。各种安全因素经过列车司机的人工确认后，按压开门按钮，站台门自动打开；当列车停站时间到，信号系统（SIG）发出允许关门命令；各种安全因素经过列车司机的人工确认后，按压关门按钮，站台门自动关闭。门关闭时如撞到障碍物，电动机电流参数（遇到障碍时）过大时，门就停止运动。位置被记录下来后，两扇门会再打开（后退）约 50mm 的距离。延迟 1s 后，门减速再重新关上。如果门通过原先的位置（探测到障碍物已被清除），就会增大到正常速度关门。如果再次探测到该障碍物，门会再次后退。第四次尝试之后，门不会再后退，而是重新全部打开。门将停止运动，DCU 将命令电动机停止驱动。“门遇到障碍”的警报将通过 CAN 数据总线发送到 PEDC。遇到此种情况时，站务人员应隔离该门并维修，同时做好站台防护。

屏蔽门系统级控制程序图如图 5-14 所示。

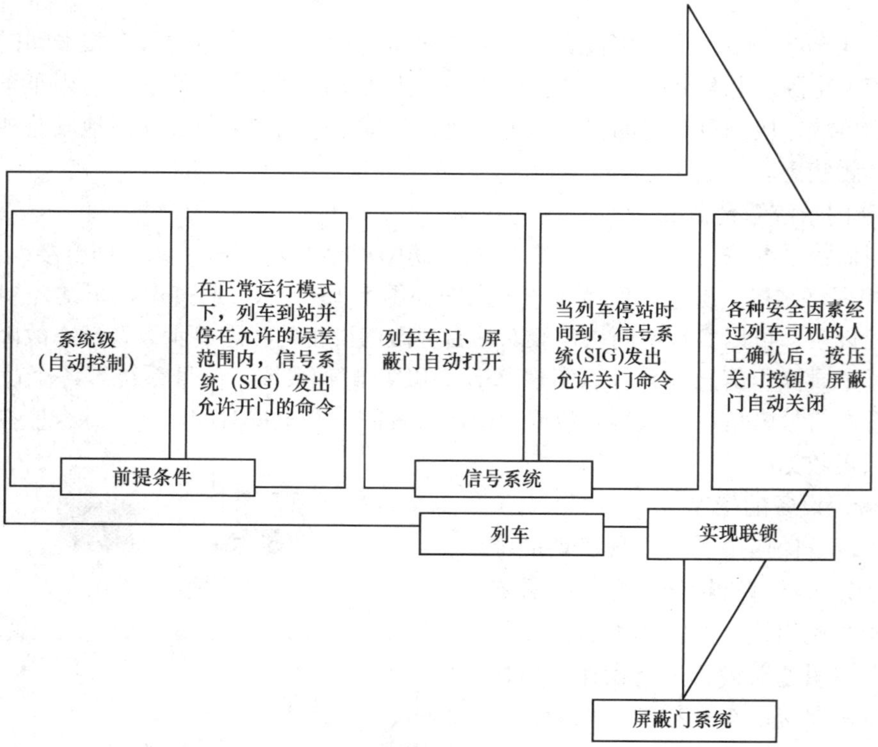

图 5-14　屏蔽门系统级控制程序图

系统级控制开门程序图如图 5-15 所示。

系统级控制关门程序图如图 5-16 所示。

（2）站台级控制模式　当因信号系统故障失效或站台门系统控制柜（PSC）对站台门控制单元（DCU）控制故障时，由驾驶员或被授权操作人员操作就地控制盘（PSL）控制站台门的开关。操作时信号系统被完全忽略。开门操作时，插入钥匙，转动到开门位置，整侧站台门打开完毕。关门操作时，转动钥匙到关门位置，整侧站台门关闭完毕。

屏蔽门站台级控制程序图如图 5-17 所示。

PSL 操作界面如图 5-18 所示。

前提：车站控制室操作员已知相应侧站台 PSD 系统不能实现系统级控制方式。

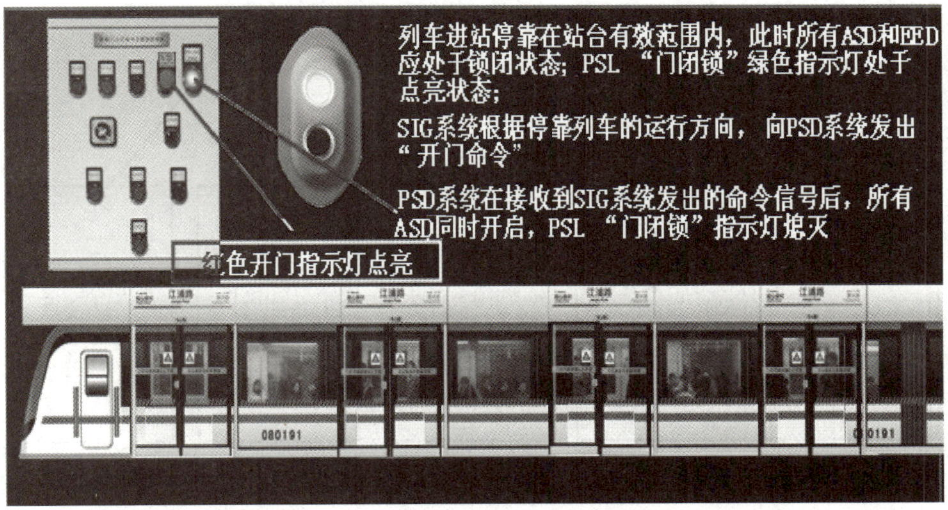

图 5-15　系统级控制开门程序图

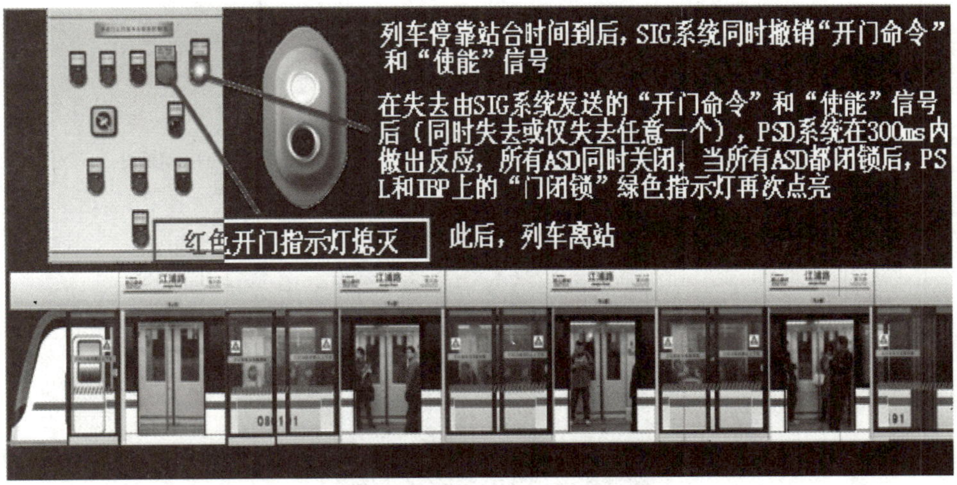

图 5-16　系统级控制关门程序图

列车进站停靠在站台有效范围内，此时所有 PSD 和 EED 应处于闭锁状态；PSL 和 IBP 上的“门闭锁”指示灯处于点亮状态。

工作人员操作 PSL，先将“PSL 使能”钥匙开关旋转到“使能”位，此时 PSL 上“PSL 使能”绿色指示灯点亮。

然后工作人员操作 PSL 开门按钮，PSD 系统在接收到 PSL 发出的开门命令信号后，在 300ms 内做出反应，对应编组的所有 PSD 同时开启，PSL 上的“PSD 开门”红色指示灯在开门过程中点亮，PSL 和 IBP 上的“门闭锁”绿色指示灯熄灭。

列车离站关闭屏蔽门前，工作人员同样需操作 PSL 上的关门操作按钮，待所有屏蔽门关闭以后，列车方可离站，使能钥匙复位。

（3）模式开关操作步骤　站台门的模式有自动、手动、隔离三种。全封闭屏蔽门的模式开关在滑动门的门梁上，半高式屏蔽门的模式开关在滑动门的固定侧盒里，操作时将模式开关的专用钥匙插进钥匙孔转至规定位置即可。紧急运行模式优先于站台级控制，站台级控

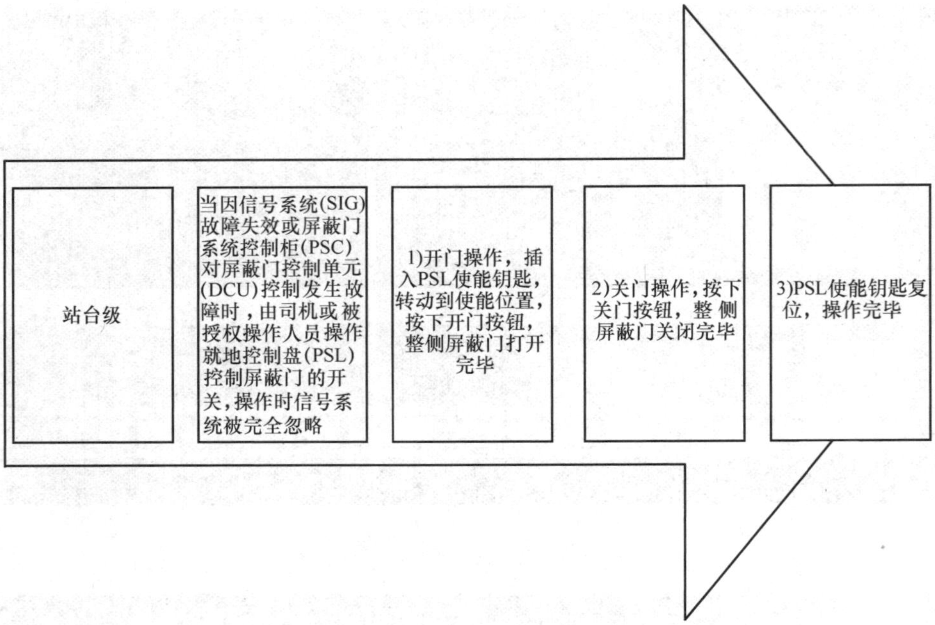

图 5-17　屏蔽门站台级控制程序图

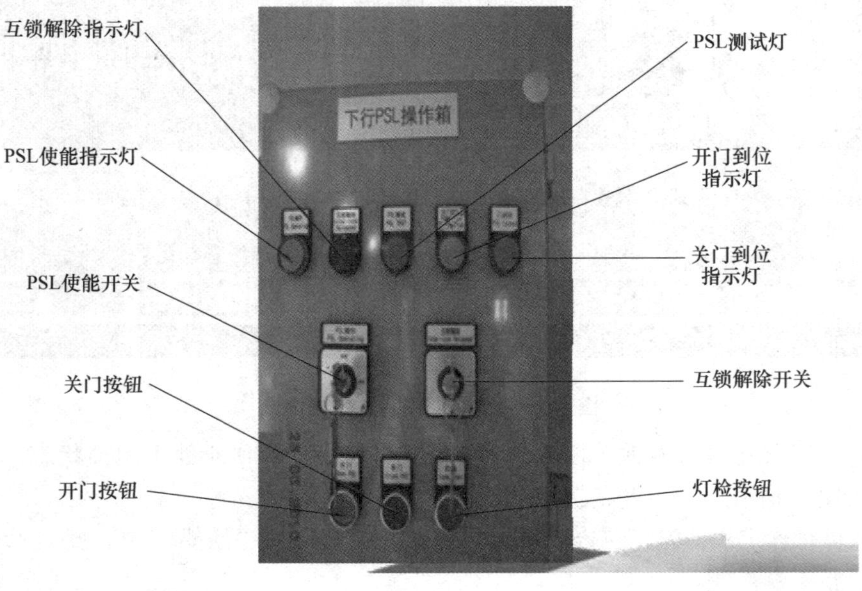

图 5-18　PSL 操作界面

制优先于系统级控制。当某个门道出现故障不能关闭时，插入模式开关钥匙切换到隔离位置，隔离该档门，使 PSD 处于隔离模式。在隔离模式下，PSD 关到位或开到位后，将不再响应开关门及手动解锁指令，该 PSD 单元退出服务。排除故障后，将该门道的模式切换到自动位置，将门恢复到自动控制，站台门进行维护和调试时，将门切换到手动位置。

车站级控制程序图如图 5-19 所示。

IBP 操作面板指示图如图 5-20 所示。

单道门局部控制程序图如图 5-21 所示。

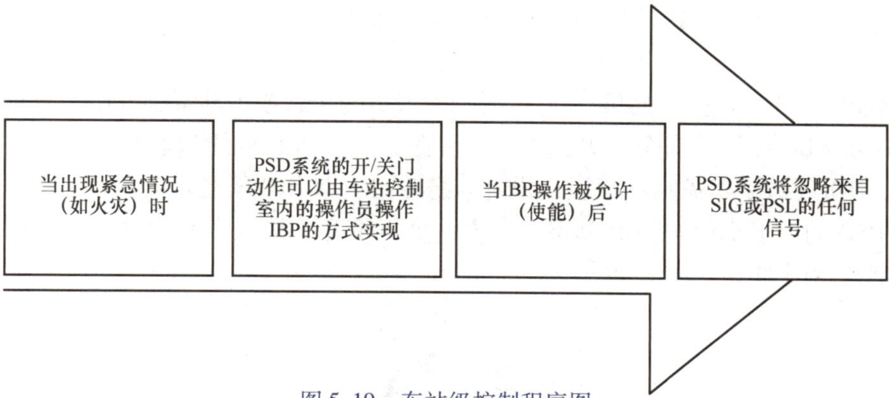

图 5-19　车站级控制程序图

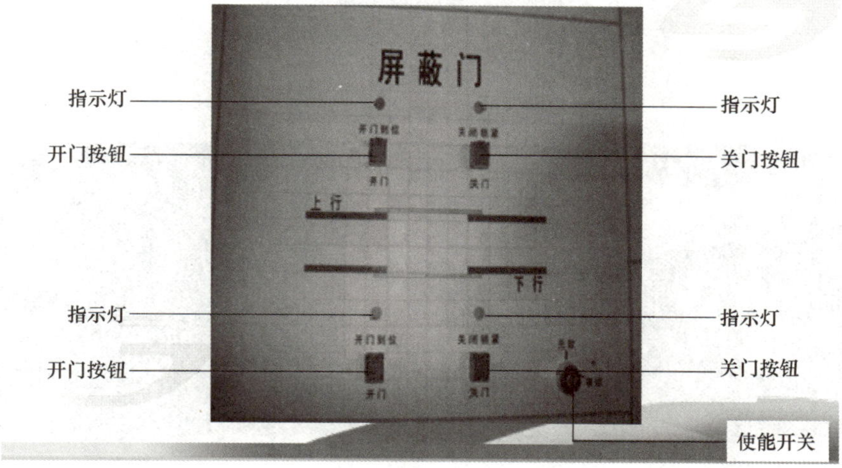

图 5-20　IBP 操作面板指示图

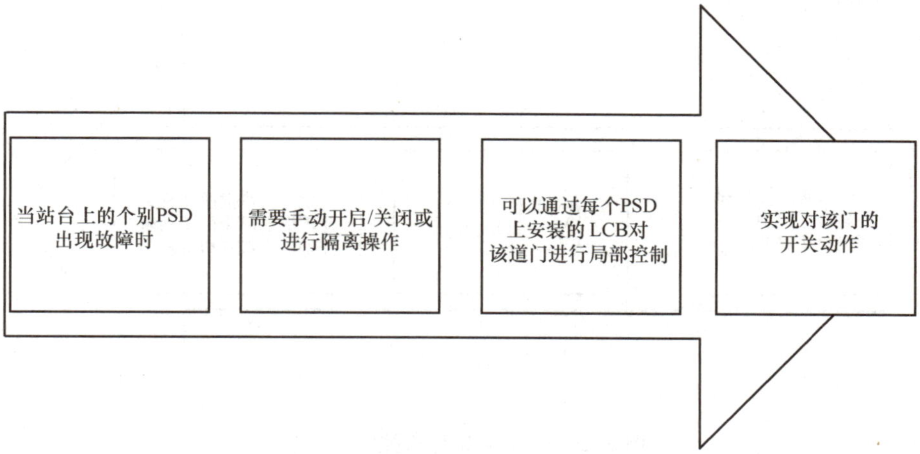

图 5-21　单道门局部控制程序图

单道门局部控制方式如下。

自动模式：PSD 运行在正常模式，接受来自 SIG、PSL 及 IBP 的远程控制。PSD 及 EED 锁块的状态由 SIG 进行监控。当钥匙开关在自动位时，绿色指示灯点亮。

关门/开门模式：来自 SIG、PSL 及 IBP 的命令被忽略，PSD 关门/开门或保持关门/开门状态。PSD 及 EED 锁块的安全开关触头被旁路，意味着它们的状态不被 SIG 监控。

隔离模式：PSD 的电源被切除。可以用工作人员的钥匙或手动解锁开门，也可以手动移动门。PSD 及 EED 锁块的安全开关触头不被旁路，意味着它们的状态被 SIG 监控。处于隔离模式时，DOI（数字对象唯一标识）没有信息输出，即 DOI 不亮。

所有 PSD 的门上都设有一个 LCB。它由一个 4 位开关构成，有四种模式供选择。单道门局部控制指示图如图 5-22 所示。

图 5-22　单道门局部控制指示图

手动解锁操作控制程序图及指示图如图 5-23、图 5-24 所示。

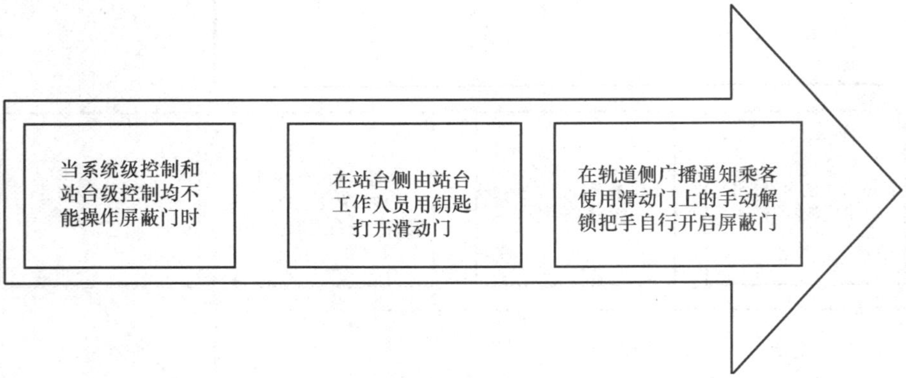

图 5-23　手动解锁操作控制程序图

（4）应急门（EED）/司机手推门（DSD）　部分站台的站台门系统需要延长到有效站台以外，延长段中对应驾驶室位置设置的开门为司机手推门。EED/DSD 可向站台侧旋转 90°平开，能定位保持在 90°开度，不能自动复位，利于疏散乘客。EED/DSD 设置有门锁装

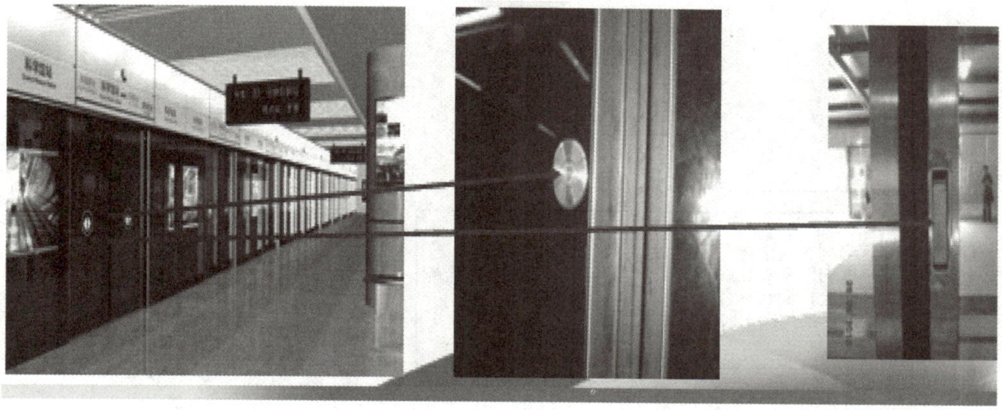

图 5-24　手动解锁操作控制指示图

置，站台人员/列车司机可在站台侧使用钥匙开门。在门体轨道侧设有开门金属推杆，与门锁采用联动方式，站台人员/司机推压推杆，在轨道侧可将门打开。EED/DSD 闭锁和解锁信号反馈到中央控制盘（PSC）和车控室 PSA 上并进行显示。应急门不设置门状态指示灯，其开关门状态通过邻近的滑动门状态指示灯反映：指示灯常亮，应急门打开/滑动门开到位。

（5）应急情况的操作　单个滑动门故障时，将导致列车不能正常发车，站台侧工作人员将此门的状态设为隔离，退出服务，不影响整个站台门系统工作。当系统级控制和站台级控制均不能操作站台门时在站台侧由站台工作人员用钥匙打开滑动门；在轨道侧由司机通过车内广播通知乘客使用滑动门上的手动解锁把手自行开启站台门。

当列车无法在规定范围内停车，且偏离量较大，而且乘客无法从滑动门进出时，站台工作人员在站台侧用钥匙打开应急门，或由列车司机通过广播指导乘客压推杆锁打开应急门。

当隧道内发生火灾、列车出轨等情况，需要在隧道内停车时，乘客将从车厢疏散到隧道；由隧道进入站台的乘客压推杆锁打开端门，或由站台工作人员在站台侧用钥匙打开端门；乘客可通过端门进入站台。

应急门的手动操作程序图及指示图如图 5-25、图 5-26 所示。

（6）端门（MSD）操作　在站台门系统正常运营状态下，端头活动门处于关闭和锁紧状态，是公共区和隧道区间的屏障。在正常情况下，端门作为车站工作人员进出隧道的通道。站台工作人员可推压轨道侧的应急推杆解锁同时推动端门，或站台工作人员在站台侧通过专用钥匙解锁同时拉动端门，可将其向站台侧旋转 90°平开，且可定位保持在 90°位置。当端门打开角度在 0°～90°时，端门可在其上部闭门器的复位力作用下自动关闭。地铁列车进入或驶离站台时，端门切勿处于打开状态。否则，列车运行所引起的风压有可能将端门迅速打开或关闭而造成门扇的损坏。

（7）常见故障及处理

1）门故障的识别：站务人员可以通过屏蔽门门状态指示灯、站台端头就地控制盒的状态指示灯以及车控室综合监控盘上的屏蔽门状态信息来识别屏蔽门的故障。

① 注意观察站台人群的拥挤情况，维护好乘客候车的秩序。

② 注意观察屏蔽门门体有无破损，玻璃有无爆裂。

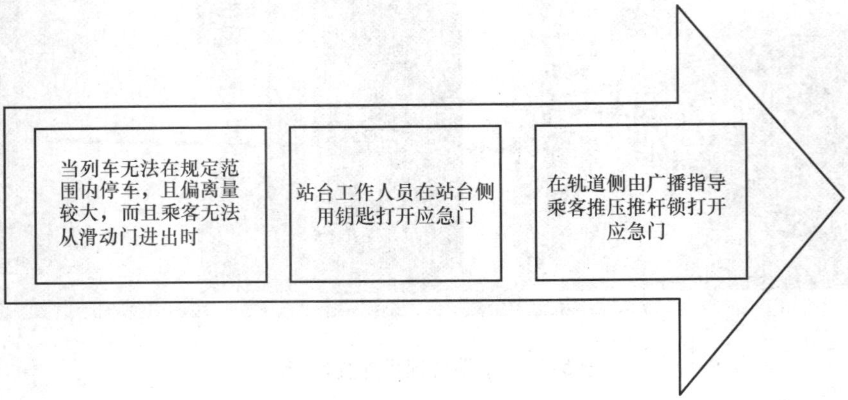

图 5-25　应急门的手动操作程序图

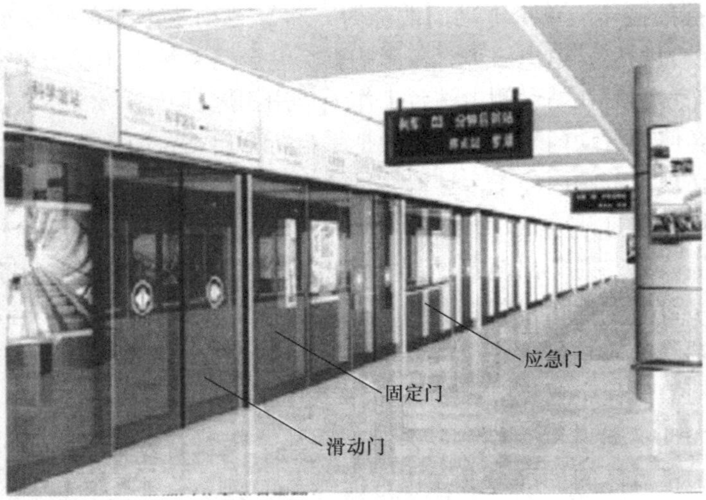

图 5-26　应急门的手动操作指示图

③ 注意观察滑动门开关是否顺畅。

④ 注意观察地槛的垃圾和积尘是否影响到滑动门的开关。

⑤ 注意观察站台侧屏蔽门有无漏渗水的现象。

2）故障处理：

① 单道门无法开启故障的处理程序及处理操作指示图如图 5-27 所示。

② 多道门无法打开故障的处理程序及处理操作指示图如图 5-28 所示。

③ 单道门无法关闭故障的处理程序及处理操作指示图如图 5-29 所示。

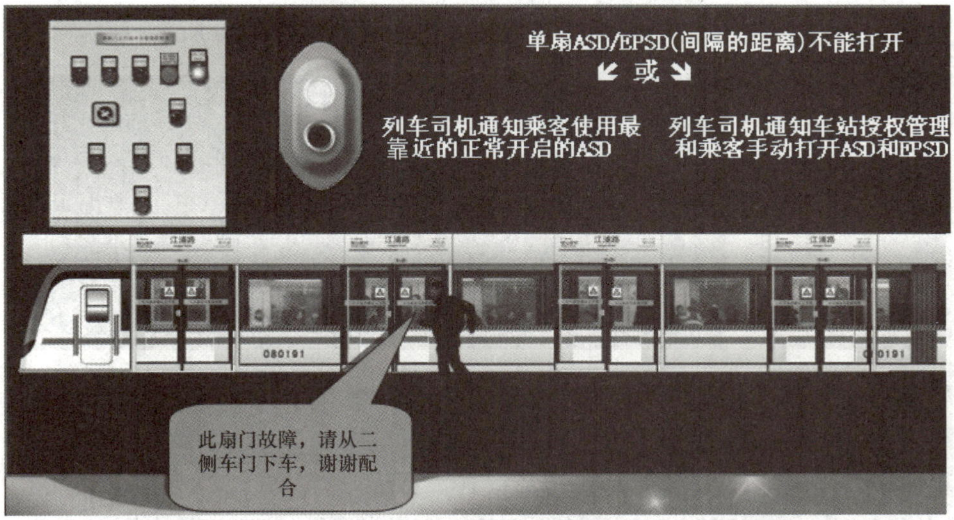

图 5-27　单道门无法开启故障的处理程序及处理操作指示图

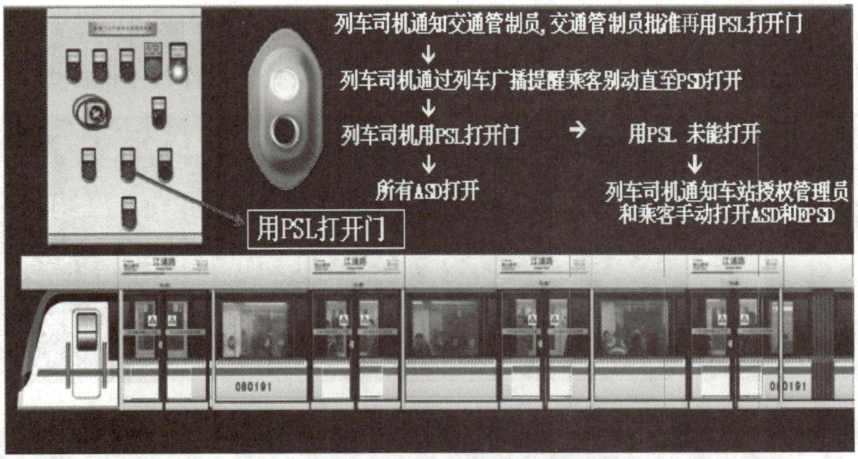

图 5-28　多道门无法打开故障的处理程序及处理操作指示图

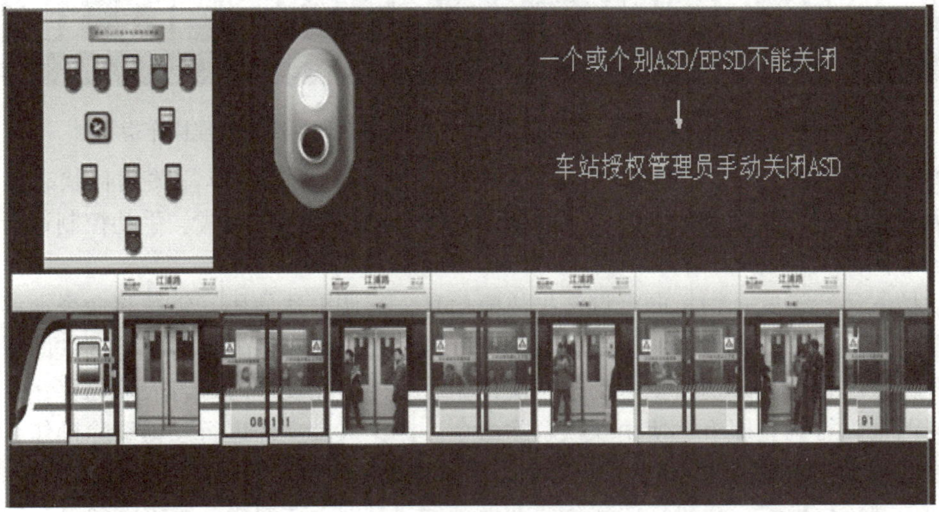

图 5-29　单道门无法关闭故障的处理程序及处理操作指示图

④ 多道门无法关闭故障的处理程序及处理操作指示图如图 5-30 所示。

图 5-30　多道门无法关闭故障的处理程序及处理操作指示图

⑤ 所有门关闭但无“门关且锁闭”信号的处理程序及处理操作指示图如图 5-31 所示。

图 5-31　所有门关闭但无“门关且锁闭”信号的处理程序及处理操作指示图

（8）互锁解除操作　当发生站台端控制盘显示屏蔽门关闭、车门关闭且状态良好，车载设备无故障，但列车无法收到速度码的情况时，自动控制运行模式、手动控制运行模式的处置方法不同。

自动控制运行模式：司机向行调汇报故障信息，行调下达使用互锁解除命令，停站列车司机立即进行互锁解除操作，司机凭收到的速度码尽快驶离车站。同时，行调立即通知行车值班员将屏蔽门运行模式切换至手动控制模式。后续列车在发车时，若故障仍存在，司机立即向行调汇报，行调立即下达使用互锁解除命令。操作人员立即进行互锁解除操作，司机凭收到的速度码尽快驶离车站。

手动控制运行模式：司机立即向行调汇报，行调立即下达使用互锁解除命令。操作人员立即进行互锁解除操作，司机凭收到的速度码尽快驶离车站。

在下达了弃用命令后，行调需及时通知后续列车加强站台区段监管和车厢广播，车站应加强车站广播，告知乘客注意。

（9）门体损坏　车站授权管理员立即保护破损的玻璃门，用 LCB 隔离 PSD 和 EPSD 活动门，保证无人受伤，移走松散的玻璃部件，用临时替换板遮盖玻璃门或用胶带粘住门体未脱落的破裂玻璃，防止列车进出站时因活塞风导致玻璃脱落伤人。

【应用与实践】

一、车站屏蔽门操作实践

1. 每天运营开始前检查操作

（1）门体检查　对每扇屏蔽门进行目测检查，检查玻璃是否有碎裂，滑动门、应急门、端门是否关闭并锁紧，滑动门旁是否堆放物品，检查地槛缝隙是否有杂物。

（2）检查操作 PSL 就地控制盘　操作 PSL，开启、关闭屏蔽门至少三次。

1）按压指示灯测试按钮，所有指示灯应全亮。

2）在所有滑动门、应急门和端门都关闭的情况下，关闭锁紧指示灯应该常亮。

3）操作互锁解除钥匙开关，互锁解除指示灯应该亮起。

4）用 PSL 进行开门和关门操作。

开门操作：将钥匙转到门打开位置，操作面板开门指示灯亮起，当所有的滑动门全部打开后，开门指示灯熄灭，所有的门头指示灯应该保持常亮。

关门操作：将钥匙转到门关闭位置，操作面板关门指示灯亮起，当所有的滑动门全部关闭且锁紧后，关门指示灯熄灭，所有的门头指示灯应该熄灭，而操作面板上的关闭锁紧指示灯应该亮起。

（3）行车值班员操作

1）在车控室检查屏蔽门远程监视工作站状态是否正常。

2）IBP 上屏蔽门钥匙应打到“禁止”位（运营期间保持此位置，严禁拔下钥匙），上、下行屏蔽门全开、全关指示灯应显示正常。

3）屏蔽门钥匙交站务员签收。

2. 车站屏蔽门设备操作实践

（1）端门操作　端门在轨道侧采用手推杆解锁后开门；在站台侧采用专用钥匙开门，将钥匙插入锁眼旋转 90°后轻轻一拉，打开端门，此时门头上的指示灯亮，拔出钥匙时一定要回到原来位置拔出；用手把端头门关闭，并确认门头上的指示灯灭。

（2）应急门操作

1）用专用钥匙插入应急门锁眼内，按箭头方向旋转，一次性拉开一扇门。

2）再伸手从轨道内侧推动另一扇应急门的横向应急推杆，打开另一扇门。

3）人工关上左/右应急门。

（3）LCB 操作

1）当需要对单扇门进行维修或调试时，可用钥匙插入 LCB 钥匙开关，并打到隔离挡，维修或调试完毕后将钥匙打到自动挡，最后取出钥匙。

2）当单扇滑动门故障需要切除时，可用钥匙插入 LCB 钥匙开关，并打到手动挡，然后人工打开或关闭屏蔽门，故障修复后将钥匙开关打到自动挡，最后取出钥匙。

二、车站屏蔽门管理应用

1. 屏蔽门管理注意事项

1）行车值班员通过 BAS 监控工作站和 PSA 监视屏蔽门的运行情况，列车到站时要及时广播，提醒乘客注意上下车安全。如发现异常，通知站台安全员，迅速排除故障。

2）当列车门与屏蔽门关闭后，发现之间夹有物体或人时，及时赶到夹有物体或人的屏蔽门处将物体或人拉出屏蔽门，并迅速手动关闭屏蔽门。

3）屏蔽门系统故障时，列车需要紧急发车，接到行车调度命令后，在 PSL 上使用互锁解除开关，操作时用力要均匀，待列车开出该车站且看不到列车时，方可松开。

4）车站人员（因各种门故障原因）如需使屏蔽门处于常开或常闭状态，必须将该扇屏蔽门 LCB 模式开关打到手动位，并加强监控和防护设施，以免影响安全行车。

5）运营期间严禁任何人员在正常运营列车进出站时打开端门或应急门。

6）在清洁屏蔽门门体、地坎和导槽时，不得使底座绝缘套受到潮湿，导致屏蔽门绝缘失效。

7）在站台边缘装卸重物时，勿使屏蔽门门槛承受 225kg 的载荷，这样会使屏蔽门门槛变形。

2. 车站屏蔽门钥匙管理

1）车站站务人员负责屏蔽门钥匙的保管。专用钥匙严禁给除专业的设备操作、管理和维修人员之外的其他人员借出和使用。

2）专用钥匙使用人员应严格遵守相关管理规定，妥善保管钥匙。在持有专用钥匙期间，严禁私自借给他人使用，严禁私自复制、修理和改造。在使用完毕后，应按时归还给专用钥匙指定保管人员。

三、屏蔽门故障处理

1. 故障处理原则

首先恢复行车，保证乘客安全，后维修。

2. 屏蔽门一般故障现象

1）单/多对屏蔽门未能开启。

2）所有屏蔽门未能开启。

3）单/多对屏蔽门未能关闭。

4）所有屏蔽门未能关闭。

5）屏蔽门破裂/破碎。

3. 单对屏蔽门未能开启处理操作

（1）手动操作　在站台侧用钥匙或指导乘客在轨道侧用开门把手打开屏蔽门。

（2）检查操作

1）将自动/旁路/测试三位开关转换到测试状态，检查屏蔽门是否能正常工作。

2）检查门单元就地供电单元（LPSU）是否正常，接线是否牢固。

3）检查开门信号是否正常，接线是否牢固。

4）门锁紧装置电磁锁是否动作，门控单元（DCU）是否正常，电机是否工作。

4. 多对屏蔽门未能开启处理操作

（1）手动操作　在站台侧用钥匙或指导乘客在轨道侧用开门把手打开屏蔽门。

（2）检查操作

1）检查屏蔽门控制室对应站台配电屏各分路开关是否正常。

2）将自动/旁路/测试三位开关转换到测试状态，检查屏蔽门是否能正常工作。

3）检查门单元就地供电单元（LPSU）是否正常，接线是否牢固。

4）检查开门信号是否正常，接线是否牢固。

5）门锁紧装置电磁锁是否动作，门控单元（DCU）是否正常，电机是否工作。

5. 所有屏蔽门未能开启处理操作

首先要确认列车到站并停在允许的误差范围内时（±500mm）：

（1）站台操作　由列车司机在站台 PSL（就地控制盘）上对屏蔽门进行的控制。

如系统级、站台级操作失败，就要在站台侧用钥匙或指导乘客在轨道侧用开门把手打开屏蔽门。

（2）检查操作

1）检查单元控制器（PEDC）是否收到信号系统或 PSL 发出的门控信号，力导向接触继电器（Force Guided Contact Relay）是否动作，接线是否牢固。

2）检查屏蔽门控制室对应站台配电屏各分路开关是否正常，供电电源是否正常。

6. 单对屏蔽门未能关闭处理操作

（1）手动操作　手动关闭屏蔽门。

（2）检查操作

1）将自动/旁路/测试三位开关转换到测试状态，检查屏蔽门是否能正常工作。

2）检查门单元就地供电单元（LPSU）是否正常，接线是否牢固。

3）检查关门信号是否正常，接线是否牢固。

4）门锁紧装置电磁锁是否动作，门控单元（DCU）是否正常，电机是否工作。

7. 多对屏蔽门未能关闭处理操作

（1）手动操作　手动关闭屏蔽门。

（2）检查操作

1）检查屏蔽门控制室对应站台配电屏各分路开关是否正常。

2）将自动/旁路/测试三位开关转换到测试状态，检查屏蔽门是否能正常工作。

3）检查门单元就地供电单元（LPSU）是否正常，接线是否牢固。

4）检查关门信号是否正常，接线是否牢固。

5）门锁紧装置电磁锁是否动作，门控单元（DCU）是否正常，电机是否工作。

8. 所有屏蔽门未能关闭处理操作

（1）站台操作　由列车司机在站台 PSL（就地控制盘）上对屏蔽门进行的控制。

如站台级操作失败，将 PSL“允许/禁止操作开关”转换到“允许”时，来自信号系统的指令失效，恢复通车，同时通知车站工作人员保持屏蔽门开启，并要注意乘客安全。

（2）检查操作

1）检查单元控制器（PEDC）是否收到信号系统或PSL发出的门控信号，力导向接触继电器（Force Guided Contact Relay）是否动作，接线是否牢固。

2）检查屏蔽门控制室对应站台配电屏各分路开关是否正常，供电电源是否正常。

9. 屏蔽门玻璃破裂/破碎处理操作

1）起动站台紧急制动按钮，并清理站台和轨道玻璃碎片。

2）将自动/旁路/测试三位开关转换到旁路状态，隔离有关的屏蔽门，并安装临时挡板。

3）贴上警示标志，恢复正常运营。

【实践操作】

1. 操作练习

1）根据本章所学的知识，掌握城市轨道交通车站屏蔽门系统的操作。

2）在课余时间，结合所在城市轨道交通车站参观学习，了解屏蔽门系统。

2. 书面练习

1）简述站台屏蔽门设置的主要作用。

2）简述站台屏蔽门有哪些形式，分别适用于哪些场合。

3）简述站台屏蔽门主要由哪几部分组成。

4）试分析站台屏蔽门的操作特点。

【评价跟进】

1. 教师的评价

由教师在完成本章的教学任务后填写，在相应表格中画“√”。

评价项目		教师的评价			
序号	题目	好	较好	一般	较差
1	对本章教学过程的控制				
2	在本章教学过程中，学员的参与情况				
3	学员对本章知识学习后的效果反馈				
教师对本章教学的总结评价意见及跟进措施					

2. 学员的评价

由学员在完成本章的教学任务后填写，在相应表格中画"√"。

评价项目		学员的评价			
序号	题目	好	较好	一般	较差
1	在本章教学执行过程中教师的表现				
2	本章教学内容与社会实际需求的联系情况				
3	自己在本章学习过程中的表现				
学员对本章教学的总结评价意见及跟进措施					

3. 知识跟进

1）从互联网上了解站台屏蔽门的现状如何。

2）从互联网上了解城市轨道交通车站站台屏蔽门的安全保证装置。

第6章　乘客信息和导向标识系统

问题导入

城市轨道交通车站内乘客信息和导向标识系统的主要功能是引导乘客安全、顺利及迅速地完成整个车站的旅程，避免乘客滞留在车站内引起拥塞。在紧急疏散时，导向标识必须能清晰地引导乘客顺利地离开危险区域及车站。

学习目标

1. 能说出乘客信息系统的作用。
2. 能掌握乘客信息系统的组成。
3. 能说出导向标识系统的元素。

教学建议

1. 教学场地：在普通教室、能连接互联网的多媒体教室及城市轨道交通系统的各种模型实训室中进行，课后可实地参观。

2. 设备要求：城市轨道交通车站的乘客信息系统仿真模型 1 套，或能播放视频投影的设备及相关课件、视频。

3. 课时要求：共 6 课时，其中课堂讲授 4 课时，模拟操作 2 课时。

【理论知识】

一、乘客信息系统概述

随着时代的发展以及城市轨道交通文化的丰富，现代城市轨道交通不再只是一项交通工具，它更多的是作为社会沟通与文化传播的窗口，为人们的出行、购物、娱乐、广告、通信等提供一个多样化的信息空间。乘客信息系统（Passenger Information System）在此背景下应运而生。

城市轨道交通的主要服务对象是乘客，国内外许多城市的轨道交通运营管理都强调“以人为本”的服务理念，使乘客不但“走得了”，还要“走得好”，因此，在各城市轨道交通建设中，均非常注重乘客信息系统（以下简称 PIS）的建设。PIS 可以为乘客提供直观、高效和人性化的服务，通过正确的服务信息引导，使乘客安全、便捷地乘坐轨道交通；同时极大地提高了城市轨道交通的服务水平、运营效率、应急处理能力及市场竞争力。另外，通过信息发布渠道开展广告等商业活动还可以获得额外的收益。

早期的 PIS 信息来自人工，只有简单的文字导向和宣传告示，引导乘客乘车；随着计算机网络技术的飞速发展，目前，PIS 采用最新的显示技术、先进的通信技术及智能的管理技术，使 PIS 成为相对独立的多功能乘客服务系统。

PIS 是依托多媒体网络技术，以计算机系统为核心，基于 SDH（同步数字体系）多业务接入的端到端 IP 数据和音、视频广播的系统级技术。该系统利用数字电视技术与网络基础相结合。车站、车载显示终端由媒体向乘客提供信息服务。

正常状态下此系统播放乘车须知、服务时间、列车到发时间、列车时刻表、管理者公告、政府公告、出行参考、股票信息、媒体新闻、赛事直播和广告等实时动态的多媒体信息。紧急状态下中断其他信息的播出，在火灾、阻塞及恐怖袭击等非正常情况下，提供动态紧急疏散、救援指示。

乘客还可以通过触摸屏自行查询气象信息、换乘信息、车站周边情况、新闻等各种资讯，为广大乘客提供一个便利的信息平台，同时也给城市轨道交通运营公司带来新的商机。乘客信息查询系统示例如图 6-1 所示。

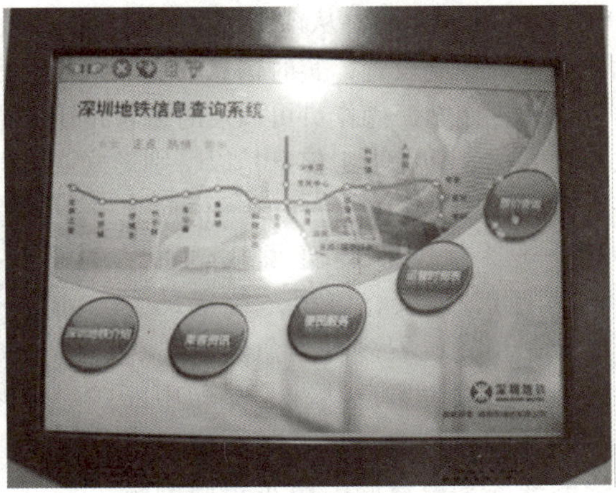

图 6-1　乘客信息查询系统示例

乘客信息系统项目的引入是以提高城市轨道交通运营和乘客服务水平为目标，通过引进先进的数字电子媒体以及互联网技术，为城市轨道交通乘客带来实时的运营服务信息和多元化商业广告资讯信息，极大地丰富和活跃城市轨道交通的品牌形象，扩大城市轨道交通的社会和经济效益。

1. PIS 基本要求

与城市轨道交通系统的供电、信号等基础系统相比较，PIS 体现了社会、科技的日新月异，也使得城市轨道交通文化更加融入到人们的生活当中。新的需求也对 PIS 提出了不同于其他系统的要求：

1）注重系统的科学化、合理化，从终端设备布置、软件体系开发及发布的资讯内容等方面充分考虑以人为本的要求，具备为乘客服务，便于操作人员管理、使用等特点。

2）应考虑不同城市环境、不同城市轨道交通车站地理环境状况，甚至是不同的地域文化等特色，合理、有效地分布终端显示设备，规划信息显示，形成一套简洁完善的地铁乘客信息系统。

3）信息的显示具有良好的优先级控制和分区控制功能，满足紧急情况下的需要。

4）采用模块化的整体设计，各部件尽量遵从标准化、系列化和组合化的原则，可以根据使用需求进行灵活调整。

5）车站视频及 LED 设备的显示效果应满足国家有关标准。

6）充分考虑城市轨道交通系统通信、导向标识等系统的接口设计，确定显示终端数量和位置以满足乘客的需求，及时得到所需信息，又不与其他系统设备发生冲突和干扰。

7）系统应对数据处理提供良好的容错性。即使外部运行环境临界异常，仍能正常工作。

8）系统软件应具有可扩展性、兼容性，软件界面设计应充分考虑运营维护人员的便利。

2. PIS 概况

（1）PIS 功能　城市轨道交通运行信息主要是为了方便乘客乘坐城市轨道交通列车而设置的，主要显示下一列列车到站信息、列车时刻表、地铁票务票价信息等。这些信息从地铁自动列车监控系统自动获取，同时根据不同的需要，在站厅、站台内分别显示不同的内容。

PIS 包含信息发布系统及信息查询系统，操作员通过控制中心（OCC）和车站子系统的控制，在指定的时间，将指定的信息显示给指定的人群。PIS 的总体功能主要体现在下述几个方面：

1）实时信息显示。PIS 的主要功能之一是实时显示各种信息。系统采用同屏幕多区域信息并行发布形式，使屏幕不同区域的信息根据数据库信息的改变实时更新。图 6-2 所示是 PIS 终端显示的画面。从该图可以看出，屏幕被划分成若干个画面播放不同的信息。每个显示区域可以独立设置，实时信息的更新可以通过自动或手动由操作人员干预完成。通过中心信息管理工作站，操作员可以及时编辑指定的提示信息，发布至指定的终端显示屏，设置发放信息的优先级并指定信息是以特别形式或紧急形式发布。

2）紧急疏散功能。PIS 提供应急功能——紧急灾难告警模式。通过 PIS 与消防、公安、监视系统等的紧密结合，预先设置多种紧急灾难告警模式，一旦发生紧急状况，立即中断正常信息发布，通过声音与图像的形式提醒乘客紧急避险，指示正确的疏散通道。

图 6-2　PIS 终端显示画面

3）广告发布功能。PIS 提供了广告发布平台，可以播出文字、图片、影音多媒体等多种形式的咨询信息，吸引乘客的注意力，提高城市轨道交通运营公司的运营效益。

4）综合信息发布功能。PIS 提供信息查询功能，乘客可通过触摸屏等终端设备，检索城市轨道交通公司宣传资料、地面交通信息、电子地图、网络广告、车船航班票价信息、旅游信息、酒店及宾馆资料等。

5）时钟显示功能。PIS 提供与时钟系统的接口，可读取该系统的时钟基准，同步系统所有设备的时钟，并在播出各类信息的同时显示多媒体时钟。

6）对终端显示设备有广泛的兼容性。PIS 能够良好地兼容多种终端显示设备，包括 LED、触摸屏、PDP（驱动电源屏）、投影仪、LCD（监控触摸屏）、CRT（显示器和液晶显示器）显示屏等多媒体显示设备。

7）全数字传输功能。PIS 从中心信号采集开始即采用全数字方式，所有信息经过视频流服务器处理和 IP 网关封包，转换成 DVB-IP 数据包，通过传输网络发送至各站，车站显示设备将数据包解码，转换成数字视频信号进行显示。

8）友好的操作界面及完善的播放机制。PIS 软件应具备友好的操作界面。PIS 各站点信息的发布采用集中控制和自动播出方式，设立标准的时间表播放机制，包括周、日、节假日等。系统根据时间表自动播出，不需要有人值守。

9）网管功能。PIS 具有网管功能，提供远程管理控制，可以实时监控各终端显示节点状态，并自动生成网络故障统计报表。

（2）系统支持的信息类型　乘客信息系统支持的信息类型如下：

1）换乘信息。为了引导乘客安全快速地乘坐列车和离开站台到达地面，该系统在站厅、站台显示实时乘客疏导信息，引导乘客有秩序地候车和乘车，同时以最快的速度疏导乘客，保证地铁的运力最大化。

2）政府公告。作为公众信息的发布平台，可以根据政府的宣传方针，在城市轨道交通中发布城市轨道交通公司和政府的重要公告和宣传信息。

3）电视台节目、公益广告、商业广告等高质量的媒体节目。PIS 采用先进的数字电视处理技术，为乘客提供精彩纷呈的视音频节目。可以将电视台的信号接入到本系统中，全部或者部分播放电视台的节目。例如，在城市轨道交通所有车站的站台、站厅，甚至在城市轨道交通车厢内都可以看到电视节目。系统还可以将一些娱乐节目结合公益和商业广告存储起来，按照事先编排好的顺序播放。该系统主要采用 LCD 液晶电视作为信息发布终端，使信息发布更加清晰，为乘客提供优质的娱乐服务，在提高地铁收益的同时，也提升了地铁的服务形象。

4）天气预报等各类生活资讯。乘客在候车和乘车时，会有大量的空余时间，PIS 在这段时间内，可发布生活资讯，这些信息包括如下内容：全国天气预报、污染指数、地铁周边商业信息、旅游信息等，为乘客提供方便。

5）临时通告和紧急通告系统在紧急状况时播放临时的通告和警示，引导乘客。在发生火灾、地震等重大灾害需要乘客迅速逃离时，通过这个系统，可以随时中断所有或部分服务信息，播放与紧急状况处理相关的信息。由于城市轨道交通站台和站厅内面积较大，而且内部结构较复杂，各个位置的逃生路线各不相同，本系统可以针对站台的每个位置，设置不同的逃生路线，引导乘客迅速撤离，将损失降低到最小程度。

6）股市行情、外汇牌价。系统可以将股票、外汇、期货等实时性非常强的信息在地铁车站进行播放，为乘客提供各类财经资讯。

7）铁路、航班时刻表。系统可以同铁路和民航系统连接在一起，在城市轨道交通中播放铁路和民航的时刻表，为乘客外出提供方便。

8）车载视频监控子系统。目前，国际防恐形势日益严峻，西班牙的马德里地铁大爆炸和英国伦敦地铁大爆炸警示世人地铁运行和管理的安全性多么重要。建设 PIS 的项目方兴未艾，同时大家都注意到把车载视频监控也放到 PIS 来建设，可以减少两者业务承载网络的重复建设。车载视频监控系统可以实时地将车厢内的情况和司机的情况传送到控制中心，控制中心可以任意调用图像来实时监控列车的情况，而且可以定期保存监控图像资料用于以后的分析和调查。

（3）系统信息显示的优先级　PIS 的每一类信息具备不同的显示优先级，高优先级的信息优先显示，相同优先级的按照先进先出的规则显示。具体的优先规则要求为，信息类型的优先级由高到低排列如下：紧急灾难信息、列车服务信息、乘客引导信息、一般站务信息及公共信息、商业信息。低优先级的信息不能打断高优先级信息，高优先级信息可以打断低优先级信息。后来的信息能够打断当前播放的信息。紧急灾难信息是最高优先级信息。

二、乘客信息系统的组成

1. 车站乘客信息系统

城市轨道交通车站乘客信息系统（PIS）由信息源、车站播出设备和车载传输设备组成。

（1）信息源　根据地铁运营要求接收采集旅客信息、公共信息、商业广告信息和有线电视信息、移动电视接收信息、时钟信号等，形成 ODBC 数据库接口。

1）信息编辑中心层：接收、存储和转发地铁外部信息。制作和发布广告列表时，按广告客户的要求制订好广告列表，并下发到各个车站，然后定义本线模板文件，调度发布播放列表，并监视本线系统运营。

2）车站播出控制层：接收发布乘客导乘及公共信息，通过播放控制器对本站或本线列车所有的 LCD 显示终端和交互式多媒体查询机播放信息，并统一控制和管理，监视本站本车系统运营。

（2）车站播出设备　LCD 液晶显示屏。

（3）车载传输设备　具有同一传送内容的断点续传功能，实现运行列车通过无线局域网及时有序地接收信息内容，并且车载设备利用车－地无线通信系统、有线传输网络将车上监视图像传递到控制中心。

2. 全线乘客信息系统

全线乘客信息系统是由中心子系统、车站子系统、广告制作子系统、网络子系统组成的，如图 6-3 所示。广告制作子系统负责制作、编辑广告，并将完成的广告片通过骨干网发送至中心子系统，中心子系统搜集外部信息源、广告制作子系统等处传来的信息，经编辑制作后通过骨干网传送到车站子系统，经车站子系统传送到 PIS 终端设备。

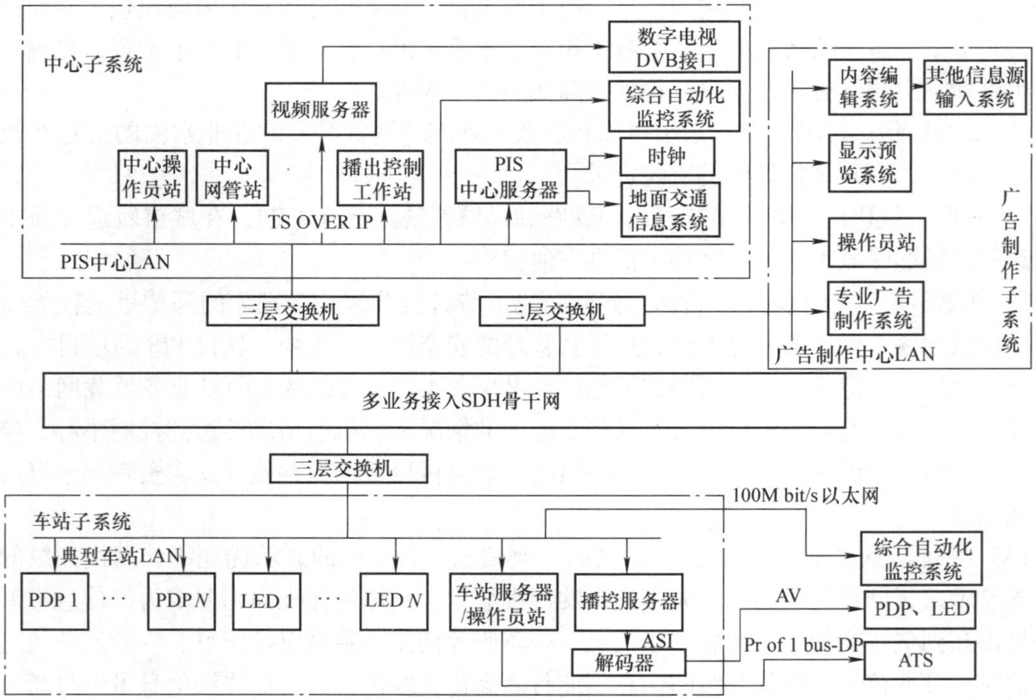

图 6-3　PIS 结构图 1

从控制结构上分，PIS 又可以分为三个层次：中心播出控制层、车站播出控制层和车站传输至列车设备。PIS 结构如图 6-4 所示。

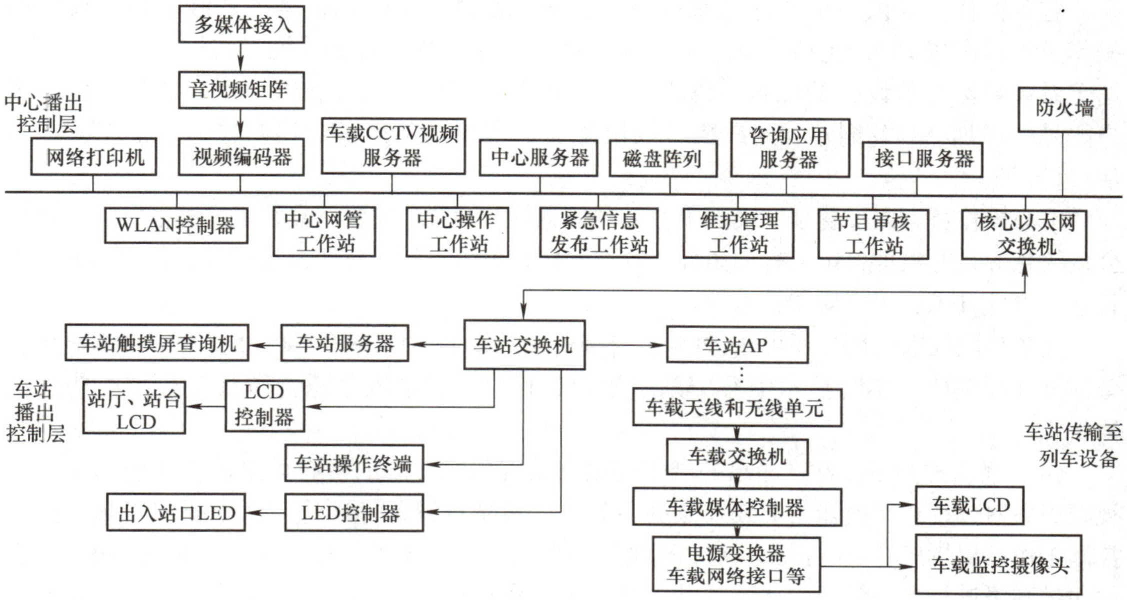

图 6-4　PIS 结构图 2

3. 中心子系统

中心子系统是 PIS 的核心部分，对外它采集整个 PIS 需要的外部信息资源，如地面交通路况、股票信息、天气预报等，对内它将所需的信息以及列车运行状况等进行整合、编辑以供使用，此外它还负责视频流的转换、播出控制、网络管理、PIS 设备工作状态的监控等工作。

中心子系统的主要设备有：中心服务器、视频流服务器、中心操作员工作站、播出控制工作站、数字电视设备以及网络的网管设备等。

（1）中心服务器　中心服务器是整个 PIS 的管理中心和信息交换中心。它的作用主要是：管理整个 PIS，包括所有工作站、用户的登入、登出，用户账号名称、权限、密码，共享冲突仲裁，中心公共信息的发布、编辑、保存等。

它可以实时监控 PIS 所有工作站、终端显示设备的运行情况，智能判断系统设备故障并提供报警信号，创建并导入车站子系统、广告中心子系统的各种运行日志，包括告警日志、事件记录、用户操作记录、分类信息播放日志、外部系统导入/导出信息记录等；同步整个 PIS 各节点设备时钟信号；并可进行磁盘空间维护，具备日志数据自动导出备份、自动删除及可用存储空间报警等功能。

负责 PIS 与外部系统的接口管理，外部系统主要包括综合监控系统（BAS，ATS）、时钟系统、地面交通信息系统、气象预报信息系统及其他数据信息系统等。

（2）视频流服务器　视频流服务器提供多路网络视频通道和存储空间。外部视频信号，如 DVB 数字信号、有线电视信号、DVD 和录像带通过服务器的上传通道上传到服务器中，广告制作子系统的视频文件通过数据网关上传到视频流服务器。视频流服务器在播出控制工作站的控制下，按照预定的播出时间表播出多路 DVB ASI 直播/录播视频信号，经 DVB-IP

网关复用为 DVB over IP 数据包，通过 SDH 骨干网直接传送到各车站。

（3）中心操作员工作站　中心操作员工作站对终端显示设备具有最高操作控制优先级，它为操作员提供一个友好直观的操作界面。通过该工作站，具备超级管理员权限的操作员可以配置 PIS，包括各车站子系统的总体配置、各车站子系统工作站的配置、各车站子系统终端显示设备的配置、终端显示设备分组管理；配置和管理用户账号，包括用户账号的添加/编辑/删除、用户账号权限配置、用户组的管理、用户账号冻结/失效/激活/重置等。

中心操作员可以设置预定义的中心公共信息，如加紧急灾难信息、紧急疏散信息、地铁公益信息等，并根据自定义查询条件、排列顺序，报表显示、打印系统的日志数据，如告警日志、事件日志、用户操作日志等。

具备相应权限的用户还可通过中心工作站，控制 PIS 中某一个/某一组/全部终端显示设备的打开和关闭，实时显示中心子系统指定的信息，或进入紧急告警状态或中心信息直播状态。

（4）播出控制工作站　播出控制工作站对乘客信息系统的所有播出设备（包括中心的视频服务器、视频切换器、上载录像机、车站终端显示设备等）进行集中播出管理。播出控制工作站提供成套定时播出功能，对所有设备的开机、关机，播出列表的编制、播出的启动通过网络进行统一管理，从而可以达到各车站无人运行值守的目的，降低人为操作带来的失误和故障。如夜间停播时，播出控制工作站自动将第二天各站点需要的播出列表发送到各站点播出控制工作站，进行播出准备。

（5）数字电视设备　数字电视设备可以采用 DS3 信道直接播出，也可以采用 MPEG-2 over IP 的方式通过 TCP/IP 网络播出。

（6）网络的网管设备　中心子系统实际上是基于以太网构架组成的，其核心是一台具有三级交换功能的网络交换设备。

4. 车站子系统

车站子系统主要负责管理车站内的 PIS。它集中监控本车站内的系统设备，接收中心子系统的数据，并分发至车站内的 PIS 每一显示终端，除此之外还负责外部系统数据的导入、导出，控制站内 PIS 每一显示终端的信息发布和站务信息的编辑保存。

PIS 车站子系统设备主要包括：车站服务器、车站操作工作站、显示控制器及各类显示终端。

（1）车站服务器　车站服务器上行与中心服务器进行数据传输，下行则集中管理本站内的所有车站操作工作站、显示控制器、终端显示设备。它的部分工作与中心服务器相类似，如管理本站内的 PIS 设备，实时监控站内所有工作站终端设备，创建、导入显示控制器的日志数据，维护磁盘空间，管理站内 PIS 与外部系统的接口等，此外它还具备一些其他的作用：

1）与中心服务器实时进行本车站内各种 PIS 设备配置数据的同步。

2）从中心服务器、广告制作子系统接收控制命令和数据，集中转发至站内的终端显示设备，进行解释执行。

3）定时向中心服务器上传本车站设备所有的日志数据。

4）具有网络流量控制机制，车站服务器在任意设定的非网络繁忙时间，向显示控制器

发布时间表和播放节目数据。这一功能可避免显示控制器在网络繁忙时从车站服务器下载数据量庞大的信息流，造成网络拥堵，影响系统其他功能的正常执行。

5）自动从中心服务器读取时钟信息，作为车站子系统的时钟基准。

6）提供一定的存储空间，用于存储和实时输出从中心子系统视频流服务器实时下载的视、音频素材。

（2）车站操作工作站　车站操作工作站为 PIS 提供车站级控制功能，它的功能与中心操作员工作站相同，但只为本站 PIS 设备提供服务，可以看作是一个缩小化的中心操作员工作站。与中心操作员工作站不同的是，它采用了地图式的监控界面，将站内各终端设备显示为地图上的一个节点，直接显示本车站内所有终端显示设备的工作状态及故障告警位置，使操作员工作站更便捷、直观。

（3）显示控制器　PIS 采用各种不同的显示终端设备，故存在着对应的显示控制器，如等离子显示控制器、LED 显示控制器、触摸屏、LCD 显示控制器等，所有显示控制器的功能基本上一致，作为车站播出设备控制层，它具备以下功能：

1）每一个或一组终端显示设备配备一个显示控制器，以实现每一个或每一组终端显示设备可靠自主的显示独立指定的内容，并智能地处理各种异常情况。

2）根据终端设备的不同，支持不同格式文件的显示，如 LED 显示控制器支持文本动画、图像动画、AVI 影视文件、数字时钟的显示，而 PDP 具备 MPEG-2 影视文件、各种常用文本格式文件、网络视频流、网页、模拟时钟的显示等。

3）支持动态分屏播放模式。屏幕的子窗口结构、布局配置、分辨率等能够根据时间表的预先设定，动态地改变。布局的改变不需要重新启动机器。

4）支持 8 个以上的子窗口分屏播放模式，每一个分屏子窗口能够被单独进行设置，能够独立播放各自的节目序列，且能够播放所有系统支持的节目类型。

5）具有容错功能，当网络发生故障时仍能正常工作。

6）具备自动维护功能，可以自动删除无用的节目数据，自动导出、上传并删除各种日志数据。

5. 乘客信息系统的接口

从某种角度来看，乘客信息系统好像是一个邮递员，它接收了城市轨道交通内外不同系统的各种信息，经过其自身处理后以不同的方式提供给使用者，所以 PIS 的资源越多，提供的信息量也就越大，也就能提供更好的服务。PIS 与地铁中其他系统的接口主要包括：

（1）与 ATS 的接口

1）物理接口。PIS 与 ATS 的物理接口采用 PROFIBUS-DP 从站接口。在 PIS 的车站服务器中装有 PROFIBUS-DP 从站接口卡，选用 PCI 总线插卡。传输方向为单向传输，从 ATS 到 PIS。

2）功能需求。通过预先定义好的命令帧格式，PIS 可以检测接收 ATS 发送过来的命令，显示播放行车信息。车站操作员可以预先设定各种 ATS 命令的响应处理，如 ATS 发送来列车阻塞信号时，系统自动将此信息解释传输至各站台显示屏显示。

PIS 主要接收响应的 ATS 命令有：

① 下一次列车的到达时间。

② 列车延误时间。

③ 下一次列车的出发站台编号、发车时间。

④ 其他列车运行信息。

⑤ 本次列车开车时间（实现司机发车指示牌的功能）。

（2）与综合监控系统的接口

1）物理接口。PIS 与综合监控系统（或 BAS）的物理接口采用以太网 TCP/IP 接口。车站服务器安装两块网卡，一块与 PIS 的交换机连接，一块与综合监控系统车站以太网的交换机连接；也可以通过虚拟子网的划分，将 PIS 的车站交换机和综合监控系统的车站交换机直接相连，实现可控通信。

2）功能需求。PIS 检测接收综合监控系统发送过来的命令，显示播放指定的一些站务信息和紧急信息。

由综合监控系统发送给 PIS 的信息有：

① 灾难警报信息。

② 一般站务信息，如“1 号出入口电梯维修暂停使用”等信息。

③ 紧急站务信息。

④ 一些提前定义的触发播放信息。

⑤ 站内环境温湿度信息。

⑥ 站外环境温湿度信息。

⑦ 非正常运营模式信息。

由 PIS 反馈给综合监控系统的信息有：

① PIS 的设备状态信息。

② PIS 的工作状态信息。

（3）与时钟系统的接口　PIS 与时钟系统的物理接口采用 RS422。在 PIS 的中心服务器中安装有 RS422 接口实现 PIS 与时钟系统数据通信。

在中心子系统由中心服务器从时间系统读取时间同步信息。从时钟系统到 PIS 进行单向传输。

（4）其他接口　其他接口包括如下：

1）与网络系统的接口，接入地铁骨干网系统。

2）与地面交通信息系统的接口。

3）与数字电视系统的接口。

4）与气象信息系统的接口。

5）与证券系统的接口。

三、导向标识系统

1. 概述

城市轨道交通车站内导向标识系统的主要功能是引导乘客安全、顺利及迅速地完成整个车站的旅程，避免乘客滞留在车站内引起拥塞。在紧急疏散时，导向标识必须能清晰地引导乘客顺利地离开危险区域及车站。

城市轨道交通车站中的导向标识系统具有两重性：一是具有指令性交通标识的作用；

二是具有引导性标识公共设施符号标识的功能。城市轨道交通车站作为交通建筑的一种，在客观上要求使用者能够快速移动，并能最大限度地减少使用者在其中的无效停留时间，所以科学合理地使用标识系统，也是提高城市轨道交通服务质量、体现管理水平的重要手段。

城市轨道交通导向标识涉及面广，目前在全世界范围内还没有一个明确统一的国际标准，不同国家、地区、城市根据其不同的文化特征、生活习惯、乘客心理、传统禁忌而各不相同，如伦敦、巴黎、东京、香港等城市轨道交通的标识系统设计上就各不相同。但有些国际公认的准则为大家普遍所采用，如标识颜色，红色表示禁止，蓝色表示命令，绿色表示安全；安全警告的标识图案也采用了国际通用的图案，如“禁止吸烟”的图案等，这些在我国地铁的导向标识中均很明确地使用。

我国对于主要引导乘客的标识文字，采用了中英文两种文字，对每一个人（包括外国乘客）传递同样的资讯，不能产生歧义，因此除车站站名外，中英文对照不能采用音标的翻译。这也是我国城市的文明程度、开放性和国际化的具体体现。

导向标识系统的运用在人们的生活中随处可见，其设备从小型的不锈钢、塑材标志，到大型灯箱，采用反光材质、太阳能节能措施的标识牌等，各种类型、材料，大小不一，从普通的到采用高科技技术的，各式各样、五花八门，但标识系统总的发展趋势是朝着更加科学合理化、人性化、节能化的方向前进，随着时代、文化地域的不同而呈现不同的特色。

2. 导向标识系统的设置原则

导向标识系统设置的合理性包含两方面的内容：第一，标识必须设置在城市轨道交通车站最科学的位置，并能为使用者提供在此位置最需要的信息；第二，合理设置的标识应能“主动”地为使用者提供其所需的信息，而非使用者寻找标识来获取其所需信息。前者建立在行为学、地下空间环境心理学等基础理论之上，而后者则建立在人体环境工程学的基础理论之上。城市轨道交通系统的导向标识设置原则如下：

1）车站服务标识应设置在乘客最需要引导的位置，内容与设置位置相对应，为乘客提供在该位置满足其行为的最需要的信息。

2）以选择目的地、行动、确认目的地各个阶段的信息需求进行系统化的综合设计。

3）导向标识应设置在通道及人流通行区域的中心线上，并与人流方向相垂直；在导向标识的宽度范围内，禁止设置商业广告及其他与服务标识内容无关的任何设施。

4）导向标识系统的设置以进站乘车、下车出站以及站内换乘等行为为基础，使车站内部设施、观光及过街等标识在不同位置满足乘客对信息的需求。

5）在人流的交叉点、分流点以及人流的转向处，必须设置相应的导向标识。

6）辅助导向标识、提示与警告标识等宜平行于客流方向设置，且在距此类标识内，不应布置广告。

7）在售票处、检票口、出口、站台等人群流动必须停顿处以及卫生间、公用电话等设施处，设置相应的定位标识以及与此相关的地面信息标识。

8）城市轨道交通车站必须设置独立供电的防灾导向标识系统，由紧急出口导向与紧急出口定位标识组成，紧急出口导向标识应尽可能采用单向导向标识。

9）消防标识应考虑地铁所在城市的特点，不仅符合国家相关规程、规范要求，还应遵守所在城市的相关消防规定。

10）组合标识中最重要的信息应布置在标识的中央，同一标识信息的种类不宜过多。

3. 导向标识系统的分类

（1）按标识体系分

1）导向标识：指标识系统中引导旅客前往进站口、检票口、出站口、紧急出口等地点及行车方向、换乘导向标识的标识板。站内乘车时列车方向指示示例如图6-5所示。

图6-5　站内乘车时列车方向指示示例

2）定位标识：指标识系统中的地铁站标识、站名标识、补票定位标识以及洗手间、电话、银行、站务室、警务室、电梯、紧急出口等所在位置的标识板。洗手间、电梯定位标识符号如图6-6所示。

图6-6　洗手间、电梯定位标识符号

3）信息标识：指出口关闭时间表、列车时刻表、运营网络图、行程路线图、运营时刻表、运营线路资费图、乘车位置标识、线路标识等。出口、行程路线图标识如图6-7所示。

4）提示标识：指标识系统中的通行提示、注意、禁止吸烟、禁止奔跑、禁止危险品、禁止饮食、禁止携带动物、报警设施等标识。禁止吸烟、注意、安全通道、禁止饮食标识如图6-8所示。

（2）按安装方式分

1）悬挂式。

2）贴附式。

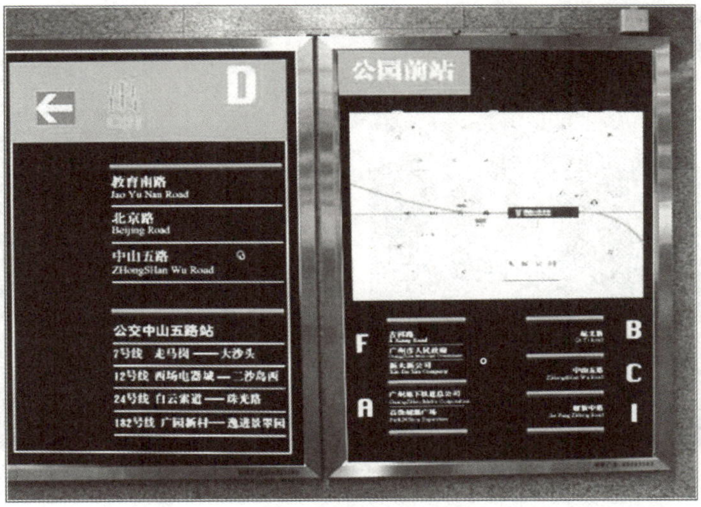

图 6-7　出口、行程路线图标识

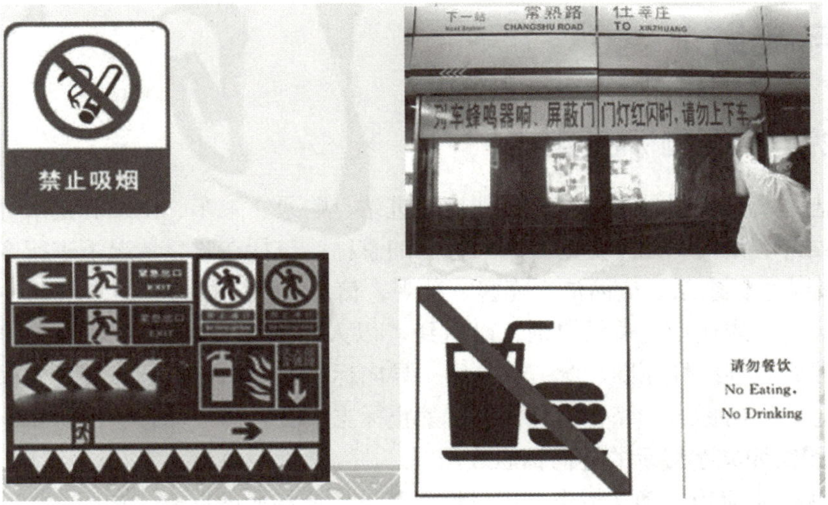

图 6-8　禁止吸烟、注意、安全通道、禁止饮食标识

3）镶嵌式。

4）柱立式。

（3）按照明方式分

1）内部照明式：指通过配电后，采用荧光灯、LED 等光源在标识内部直接或间接照明的导向标识灯箱、消防应急标识等。

2）非照明式：指不通过配电，采用不发光、蓄能自发光或反光形式的标识板。

（4）按设置位置分

1）站内标识，示例如图 6-9 所示。

2）各出入口标识，示例如图 6-10 所示。

图 6-9　站内标识示例

3）地面引导标识，示例如图 6-11 所示。

图 6-10 各出入口标识示例

图 6-11 地面引导标识示例

【应用与实践】

一、地铁车站导向标志应用

导向标志系统是指引导乘客安全、便捷地进站、购票、乘车、出站和换乘等行为而连贯设置于地铁站外、站内和列车上的一系列标志的总称，包括在紧急情况下进行客流疏散所设的紧急疏散标志。标志系统应简洁、完整、美观，信息提示应按乘客的需求从一般信息到详细信息逐级设置，遵循信息适量原则，以达到“以人为本”及“服务乘客”的方针。应该遵循便利性原则、连续性原则、统一性原则。导向标志系统中各类标志按其发挥的作用可分为：确认标志、导向标志、综合信息标志、禁止标志、安全警告标志、消防安全标志等。

1. 通过图案和文字显示的导向标志应用

（1）确认标志应用　确认标志是用以标明某设施或场所的标志，如图 6-12 所示。

图 6-12 自动售票标识

（2）导向标志应用　导向标志是用以向乘客提供某设施或场所方向指示的标志，如图 6-13 所示。

（3）综合信息标志应用　综合信息标志是用以表达乘客需要了解的与轨道交通系统相关信息的标志，如图 6-14 所示。

图 6-13　客服中心标识

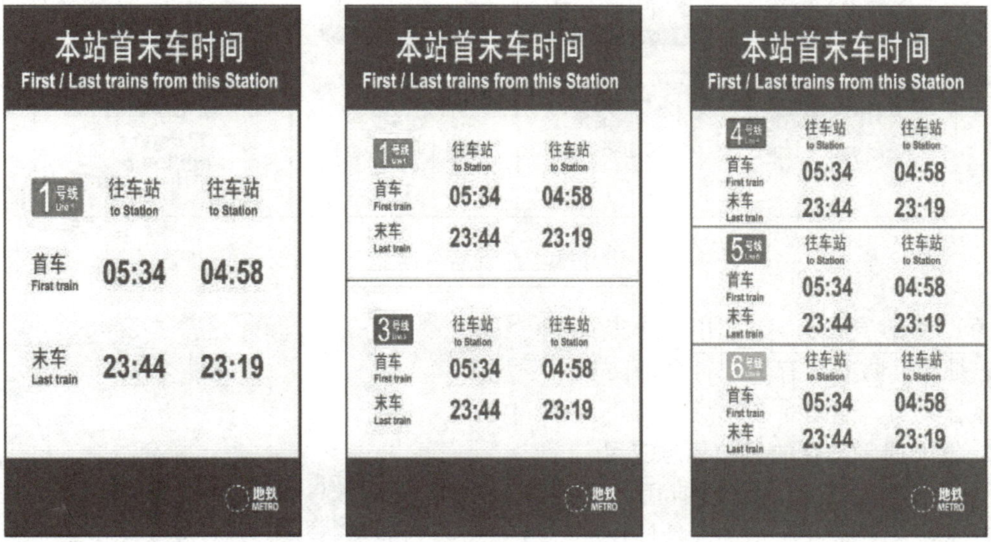

图 6-14　综合信息标志

（4）禁止标志应用　禁止标志是不准许乘客发生相应行为的标志类别，如图 6-15 所示。

图 6-15　禁止标志

（5）安全警告标志应用　安全警告标志是提示乘客注意，避免可能发生的危险的标志类别，如图6-16所示。

图6-16　安全警告标志

（6）消防安全标志应用　消防安全标志是与消防安全有关并符合消防规定的标志类别，如图6-17所示。

图6-17　消防安全标志

2. 发光显示与否的导向标志应用

（1）通电发光导向标志应用　一般导向标志采用通电发光式，悬挂在天花板下，外接电源发光。如：各出入口方向、乘车导向标志和闸机上方状态指示标志等。

（2）蓄能或蓄电发光导向标志应用　主要用于疏散导向标志，通过平时蓄能或蓄电，在没有照明时能自动或主动发光，引导乘客紧急疏散到站外。

（3）不发光导向标志　主要指一些地面信息、安全警示、公共告示和温馨提示等标志。

3. 通过引导目的指示的导向标志应用

（1）进站导向标志应用　将乘客从地面经由出入口、通道、站厅非付费区、进站检票口、楼扶梯、站台引导至所乘目的列车的导向标志。主要包括：站外路引（沿地铁方向500m范围内连续设置）、地铁站名、站内乘车导向（按20～30m距离连续设置）、售票导向及定位、检票口定位、乘车导向、行车方向导向等标志，如图6-18所示。

（2）出站导向标志应用　将乘客从地铁列车引导至目的地车站，经由站台、楼扶梯、出站检票口、站厅非付费区、通道、出入口直至地面的导向标志。主要包括：楼扶梯导向、出口导向、换乘导向、地面信息等标志，出口导向按20～30m连续设置，如图6-19所示。

（3）换乘导向标志应用　将乘客从某线路的站台引导至另一条线路的站台，经由站台、楼扶梯、站厅付费区、楼扶梯至另一站台的导向标志。主要包括：楼扶梯导向、换乘方向、乘车导向等标志，如图6-20所示。

图 6-18　进站导向标志

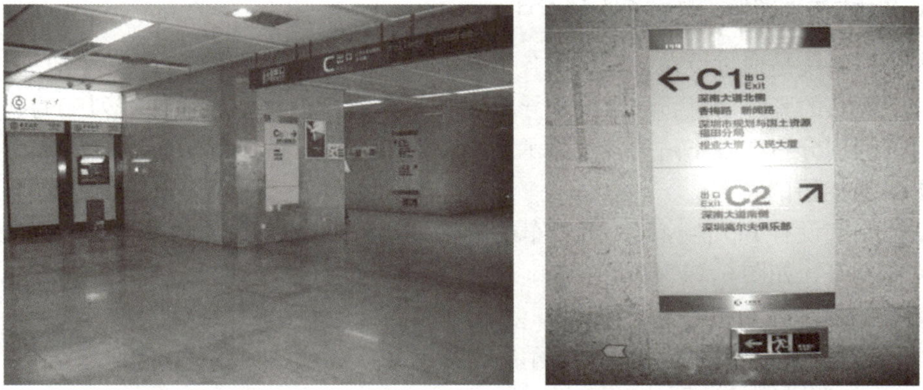

图 6-19　出站导向标志

图 6-20　换乘导向标志

（4）疏散导向标志应用　自站台设备区和公共区一直至出入口，车站在天花板下方或沿地面和墙壁连续设置的疏散标志（包括在隧道墙壁上连续设置引导往车站方向的疏散标志），引导乘客在紧急情况下迅速疏散。一般采用蓄能或蓄电发光导向标志，如图 6-21 所示。

图 6-21　疏散导向标志

二、地铁车站乘客信息系统应用

乘客信息系统是通过设在各车站的各类显示终端，为乘客提供各类相关信息。例如，在紧急情况下发布的紧急信息，以帮助疏导乘客；列车运行信息，告知乘客列车的到发时间。同时，也可利用分布在各车站的各类显示终端，发布广告。

1. PIS 监控器的布置

车站控制室设有 PIS 监控器，可对车站内相关 PIS 进行控制，例如，发布指定或临时信息，开关屏幕等，如图 6-22 所示。

2. PIS 的显示终端布置

1）出入口外的户外双基色 LED 显示屏，如图 6-23 所示。

2）出入口通道连接站厅处 LED 显示屏。

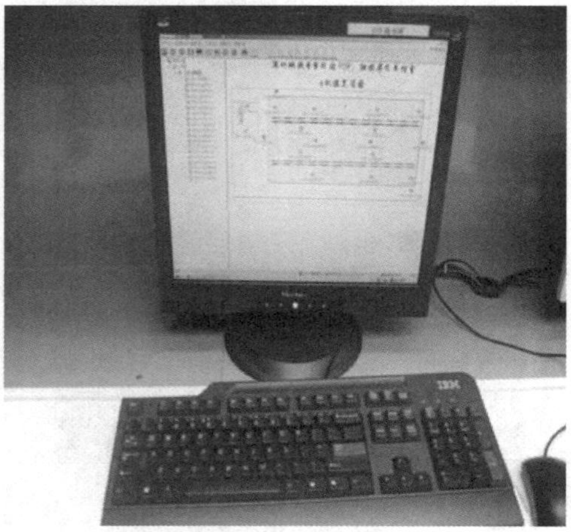

图 6-22　PIS 监控器

图 6-23　出入口 LED 显示屏

3）下行自动扶梯上部 LED 双基色大屏幕。

4）AFC 闸机群上方 LED 条屏，如图 6-24 所示。

5）站台双面等离子屏，如图 6-25 所示。

图 6-24　AFC 闸机群上方 LED 条屏

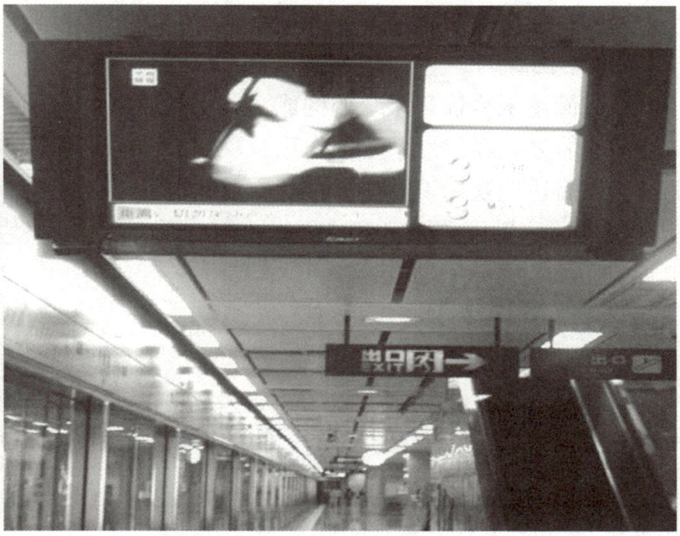

图 6-25　站台双面等离子屏

6）车站触摸屏（LCD）查询机。通过查询机的触摸屏，乘客可以自行查询换乘信息、车站周边情况、广告、新闻政府公告等资讯，以提升地铁的服务质量，如图 6-26 所示。

图 6-26　车站触摸屏（LCD）查询机

【实践操作】

1. 操作练习

1）根据本章所学的知识，掌握城市轨道交通乘客信息系统的操作。

2）在课余时间，结合所在城市轨道交通车站参观学习，了解乘客信息系统和标识系统。

2. 书面练习

1）简述乘客信息系统的构成。

2）简述乘客信息系统的作用。

3）简述地铁标识系统设计的主要构成元素。

4）试分析导向标识系统的特性。

【评价跟进】

1. 教师的评价

由教师在完成本章的教学任务后填写，在相应表格中画“√”。

评价项目		教师的评价			
序号	题目	好	较好	一般	较差
1	对本章教学过程的控制				
2	在本章教学过程中，学员的参与情况				
3	学员对本章知识学习后的效果反馈				
教师对本章教学的总结评价意见及跟进措施					

2. 学员的评价

由学员在完成本章的教学任务后填写，在相应表格中画“√”。

评价项目		学员的评价			
序号	题目	好	较好	一般	较差
1	在本章教学执行过程中教师的表现				
2	本章教学内容与社会实际需求的联系情况				
3	自己在本章学习过程中的表现				
学员对本章教学的总结评价意见及跟进措施					

3. 知识跟进

1）从互联网上了解乘客信息系统和标识系统的现状如何。

2）从互联网上了解城市轨道交通乘客信息系统的点对点或点对面的控制。

第7章　自动灭火系统

问题导入

自动灭火系统是城市轨道交通建设中非常重要的一部分。它具有高效、快速、对被保护对象无任何影响等优点，它不仅能保护贵重设备，还能满足城市轨道交通中对火灾应尽快发现、尽快扑灭、尽快恢复运营的要求，因此被广泛运用在城市轨道交通的变电所、主变电站、通信机械室、信号机械室及车站综合控制室等重要区域的灭火设计中。

学习目标

1. 能掌握气体灭火系统的组成及作用。
2. 能掌握自动喷水灭火系统的组成及作用。

教学建议

1. 教学场地：在普通教室、能连接互联网的多媒体教室及城市轨道交通系统的各种模型实训室中进行，课后可实地参观。

2. 设备要求：城市轨道交通车站的自动灭火系统仿真模型1套，或能播放视频投影的设备及相关课件、视频。

3. 课时要求：共4课时，其中课堂讲授2课时，模拟操作2课时。

【理论知识】

一、气体灭火系统

1. 概述

气体灭火系统包括联动相关的消防设备和设置固定式灭火装置。

（1）联动相关的消防设备　联动相关的消防设备是指火灾发生时，自动报警系统发出火警预报，实施自动灭火的同时，切断所有可能有助于火灾蔓延的工作设备，如与报警区域有关的空调机、通风机等的电气线路，停止所有有碍于灭火的设备工作，如关闭各类管路的防火阀。同时接通消防专用设备的工作电路，起动有关消防设备，如排烟风机、管道排烟阀等，关闭电动防火门、防火卷帘门，接通火灾事故照明灯、疏散标志灯，向电梯控制屏发出信号强使全部电梯下行并停于层底，停用除消防电梯以外的所有电梯。

火灾报警系统（FAS）由火灾触发器件、火灾报警控制装置、火灾警报装置以及火灾联动控制装置组成。在城市轨道交通建筑物和设施发生火灾后，由火灾触发器件感知，传送信息到控制装置，控制装置起动相关警铃、闪光灯等报警设备，同时起动防排烟及灭火系统等设备，并联动控制卷帘门、门禁、广播、闭路监控等其他专业系统设备，起动各种消防装备，指挥人员疏散，控制火灾蔓延。

火灾触发器件包括自动和手动两种报警装置。自动报警装置通常指火灾探测器，常用的探测器有感烟探测器、感温探测器、火焰探测器等；手动报警装置主要是手动报警按钮，如果被监视现场发现火情，可以通过手动报警按钮快捷准确地向火灾报警控制器通报火警。各式火灾触发器件如图 7-1 所示。

图 7-1　各式火灾触发器件

消防控制设备是用以对气体灭火设备、水消防设备、防排烟设备、防火卷帘门等消防设施进行联动控制的设备。

（2）固定灭火装置　固定灭火装置主要是实际实施灭火的消防设备。消防专用设备主要有室内消火栓设备、喷洒水设备、气体灭火设备、室外消火栓设备、消防泵及管路电动阀等。

根据灭火原理，灭火介质可分为两大类：

1）基于物理机理的灭火介质，如水、泡沫灭火剂。

2）基于化学机理的灭火介质，如二氧化碳、卤代烷、七氟丙烷灭火剂。

以水作为灭火介质是利用它来冷却燃烧体，泡沫灭火剂则是使燃烧体与空气隔离，从而达到灭火目的；而二氧化碳、卤代烷、七氟丙烷灭火剂则是利用化学方式抑制燃烧过程的化学反应，阻止可燃物与氧气进行化学反应以起到“断链”作用，这一点对于地下车站内有大量电气设备的场所尤为重要。需要注意的是，利用化学方式抑制燃烧的灭火剂在高温下会分解出对人体有毒害的化合物，如七氟丙烷，在高温中会释放氟化氢。因此，进入设有相应灭火系统的区域应严格按照操作说明设置系统状态，以防止发生人身伤害事故。

2. 气体灭火系统设备与布置

FAS 与气体灭火系统联网示意图如图 7-2 所示。

根据消防设备选用情况的不同，一般来说，地下车站以及控制中心的主要设备机房设有气体灭火系统保护。气体灭火系统主要包括控制主机、探测设备、报警设备、灭火装置等。气体灭火系统相对独立。气体灭火系统的控制主机将系统故障信号、每个防护区的预警信号、火警信号、系统状态信号、气体释放信号发送给 FAS 主机，在气体灭火保护区有火灾时通过 FAS 主机实现一些联动设备动作，并通过 FAS 主机与控制中心火灾报警控制系统联网。

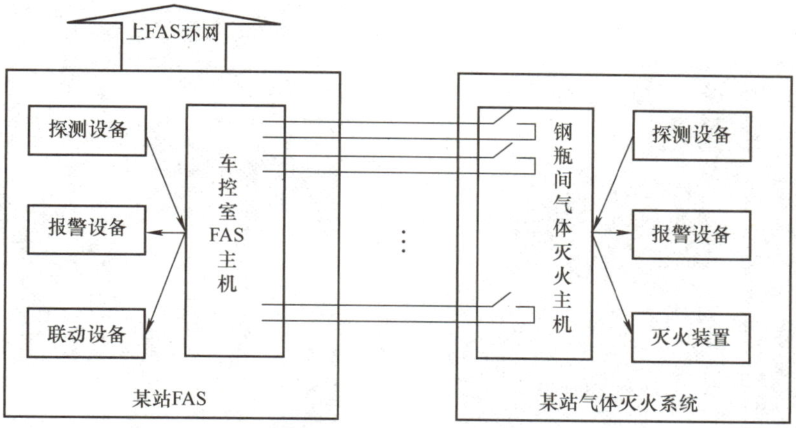

图 7-2　FAS 与气体灭火系统联网示意图

(1) 气体灭火系统的组成　气体灭火系统由控制系统和灭火管网系统两部分组成。灭火管网系统由气体钢瓶及瓶头阀、就地手动起动器、电磁阀起动器、高压软管、集流管、安全阀、单向阀（止回阀）、减压装置、选择阀、压力开关、喷头和气体输送管道等组成。

气体灭火系统和自动报警系统相连。当自动报警系统收到二级报警（同时收到感烟探测器和感温探测器信号就叫作二级报警）的时候，就会发一个信号给气体灭火系统的控制盘。气体控制盘收到信号后，就会发出指令起动气体钢瓶顶部的起动电磁阀，电磁阀动作来开启钢瓶顶部的阀门，使钢瓶内的气体释放出来。一般的气体保护区都由几个钢瓶来保护（因为一个钢瓶里面的气体，往往不能达到将火扑灭的浓度），也就是说，当气体控制盘发出指令来起动某一个钢瓶的时候，这个钢瓶里的气体喷放出来，把其他钢瓶的阀门顶开，来起动其他的钢瓶。这样用来保护这个区域的所有钢瓶里的气体就都喷放出来了，从而实现了灭火。它的作用是通过向着火区域释放大量的卤代烷或“SDE”或二氧化碳灭火剂来抑制燃烧的化学反应或降低可燃区域空气中的含氧量和温度，使可燃物的燃烧终止或逐渐窒息。该系统主要用于忌水的重要场所。

(2) 气体灭火系统常用灭火介质

1) 卤代烷（七氟丙烷）。卤代烷的灭火不是依赖物理性的冷却、窒息、隔离的作用，而是靠化学抑制作用，即卤代烷在火焰高温中分解产物能与燃烧过程中的自由基发生反应，使燃烧反应中断。卤代烷灭火是高效的灭火过程。

① 卤代烷 1211 灭火剂（CF_2ClBr 二氟一氯一溴甲烷）是一种性能良好的灭火剂。它具有抑制燃烧过程中基本化学反应的能力。其灭火机理是：1211 在高温下的分解物能够中断燃烧过程中化学连锁反应的链传递。因而它的灭火能力强、灭火速度快。

在 20 世纪 90 年代以前，卤代烷 1211 得到了广泛的应用。

卤代烷 1211 的毒性相对较高，在灭火浓度下对人员影响较大。

② 卤代烷 1301（CF_3Br 三氟一溴甲烷）是一种能够用于扑救多种类型火灾的有效灭火剂。它主要是通过高温分解物对燃烧反应进行抑制，中断燃烧的链式反应，使火焰熄灭，因而具有很高的灭火效力，并且可使灭火过程在瞬间完成。卤代烷 1301 实物图及开关控制部分实物图如图 7-3、图 7-4 所示。

图 7-3　卤代烷 1301 实物图

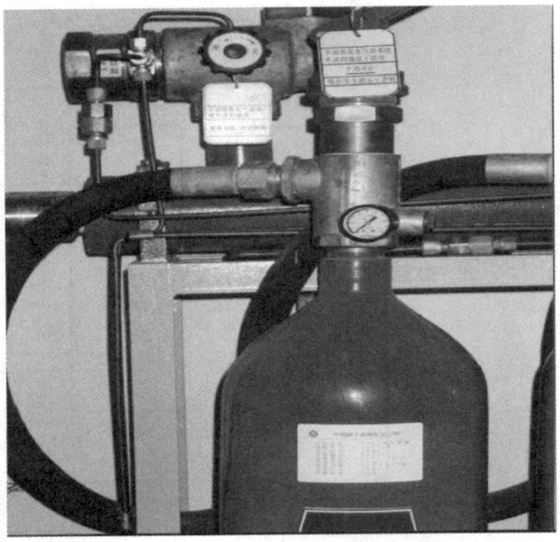

图 7-4　卤代烷 1301 开关控制部分实物图

卤代烷 1301 还具有不导电、耐储存、腐蚀性小、毒性较低、灭火后不留痕迹等一系列优点。

20 世纪 90 年代以来，1301 得到了广泛的应用。直至今天，1301 仍然是最高效、无毒的灭火药剂，在美国的军工、航天系统仍在应用。

2）二氧化碳。二氧化碳成本低廉，是卤代烷的 1/30。二氧化碳与水类灭火剂比较，它具有不沾污物品、无水渍损失和不导电等优点。所以，在现代电器防火的固定灭火设施中，其应用比较广泛，目前该灭火系统的使用量仅次于水喷淋系统而高于卤代烷灭火系统。

二氧化碳是一种能够用于扑救多种类型火灾的灭火剂。它的灭火作用主要是相对地减少空气中的氧含量，降低燃烧物的温度，使火焰熄灭。

二氧化碳是一种惰性气体，对绝大多数物质没有破坏作用，灭火后能很快散逸，不留痕迹，又没有毒害。它适用于扑救各种可燃、易燃液体和那些受到水、泡沫、干粉灭火剂的玷污而容易损坏的固体物质火灾。

根据储存压力的不同，二氧化碳灭火系统可分为：高压二氧化碳气体灭火系统、低压二氧化碳气体灭火系统。

3）IG-541：IG-541 是一种混合气体，它含有氮气、氩气和二氧化碳等气体，其灭火特点如下：

① 保护环境。IG-541 灭火系统采用的 IG-541 混合气体灭火剂是由大气层中的氮气（N_2）、氩气（Ar）和二氧化碳（CO_2）三种气体以 52%、40%、8% 的比例混合而成的，故它的释放过程只是将这些天然的气体放回大气层，对臭氧耗损潜能值（ODP）为零、温室效应潜能值（GWP）为零，且此灭火剂在灭火时不会发生化学反应，不污染环境、无毒、无腐蚀、电绝缘性能好。

② 保护生命安全。IG-541 混合气体是一种无色透明的气体，喷放时不会形成浓雾而影响视野，利于逃生，且防护区内的工作人员仍能正常地呼吸，便于火灾发生后能及时扑救，减少损失。

③ 保护财产安全。IG-541 混合气体以压缩气体的形式储存，喷放时温度变化很小，不会对保护设备构成伤害。

IG-541 的灭火机理是通过降低防护区内的氧气浓度（由空气正常含氧量的 21% 降至 12.5%），使其不能维持燃烧而达到灭火的目的。应用方式为全淹没灭火。

4）气溶胶。通常所说的气溶胶，是指以空气为分散介质，以固态或液态的微粒为分散质的胶体体系。

气溶胶灭火剂由氧化剂、还原剂、燃烧速度控制剂和黏合剂组成。

① 热气溶胶：

K 型气溶胶——发生剂采用 KNO_3 作为主氧化剂，含量达到 30% 以上。

S 型气溶胶——发生剂采用 $Sr(NO_3)_2$ 作为主氧化剂，以 KNO_3 作为辅氧化剂，$Sr(NO_3)_2$ 含量达到 35% ~50%，KNO_3 含量达到 10% ~20%。

② 冷气溶胶：干粉灭火剂。

第一代气溶胶灭火系统——烟雾灭火技术；

第二代气溶胶灭火系统——K 型气溶胶灭火技术；

第三代气溶胶灭火系统——S 型气溶胶灭火技术。

（3）气体灭火控制系统　控制系统由灭火控制主机、警铃、声光报警器、气体释放指示灯、灭火控制单元（紧急止喷按钮、紧急释放按钮、隔离/正常转换开关）、感烟探测器、感温探测器等部分组成。两个不同车站控制系统与灭火管网系统示意图如图 7-5 所示。

3. 气体灭火系统工作原理

气体灭火系统是及时发现保护区的火情并在灭火控制主机上进行报警，同时将火警信号送到车站控制室的 FAS 主机上，在人员对火势情况进行确认后，FAS 发出联动指令打开或关闭相应的阀门，气体灭火系统在延时时间后发出开阀指令打开相应的阀门，灭火剂通过管道输送到保护区的喷嘴喷放气体实施灭火。

气体灭火系统有自动、手动和应急机械手动操作三种方式。

（1）自动控制方式　控制系统处于自动工作状态时，气体灭火系统自动完成防护区内的火灾探测、报警、联动控制及喷气灭火整个过程。防护区内的单一探测回路探测到火灾信号后，控制盘起动设在该防护区域内的警铃，同时向 FAS 提供火灾预报警信号。同一防护区内的两个回路都探测到火灾信号后，控制盘起动设在该防护区域内外的蜂鸣器及闪灯，并进入延时状态。在延时过程中，控制盘输出信号关闭防火阀等相关设备。延时结束，控制盘输出有源信号至钢瓶及选择阀上的电磁阀，气体通过管道进入防护区。压力开关将信号传至 FAS 和控制盘，由控制盘起动防护区外的释放指示灯。防护区域门内外的蜂鸣器及闪灯，在灭火期间将一直工作，警告所有人员不能进入防护区域，直至确认火灾已经扑灭。

（2）手动控制方式　在有人值班的情况下，将系统拨到手动挡，可自动接收火灾信号，发出相应的报警信号，人为起动灭火系统进行扑救。

（3）应急机械手动操作方式　在发现火灾后，系统自动、手动两种起动方式均失效的情况下，可在气瓶间内实行应急方式，人为开启起动装置，进行灭火。应急机械操作实际上是机械方式的操作，此时可通过操作设在气瓶间内气体钢瓶瓶头阀上的应急机械起动器和相应选择阀上的应急机械起动器，来开启整个气体灭火系统。

气体灭火系统工作流程图如图 7-6 所示。

由于气体灭火系统的工作特性，要求防护区域应该是一个封闭性良好的防火空间，门应朝外开启并能自动关闭。防护区的隔墙耐火极限不小于 3h，楼板的耐火极限不小于 2h，窗

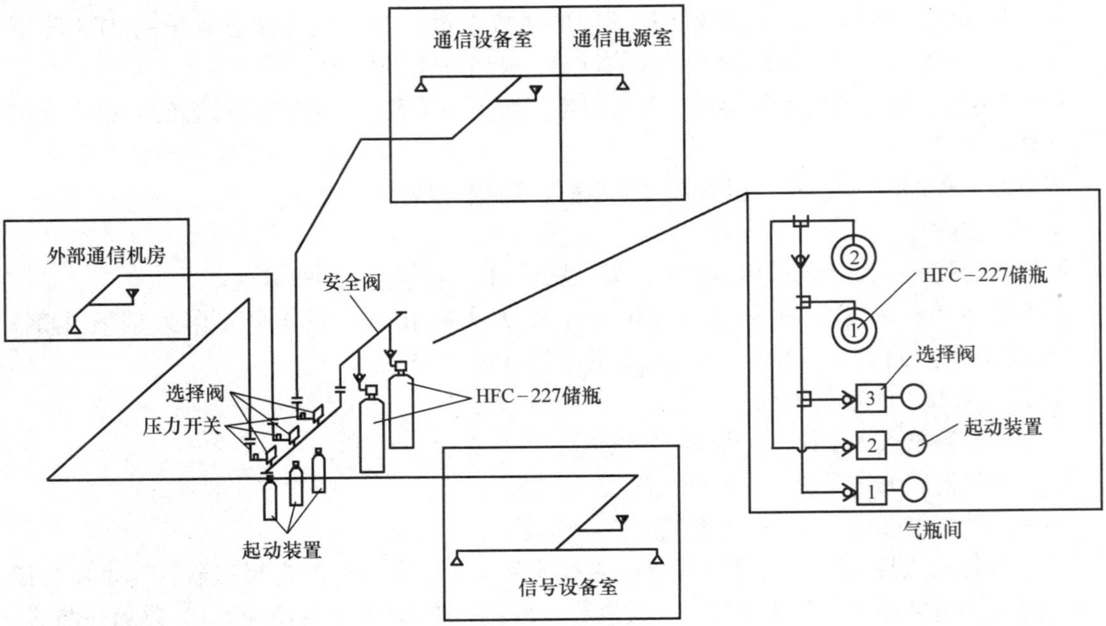

a)

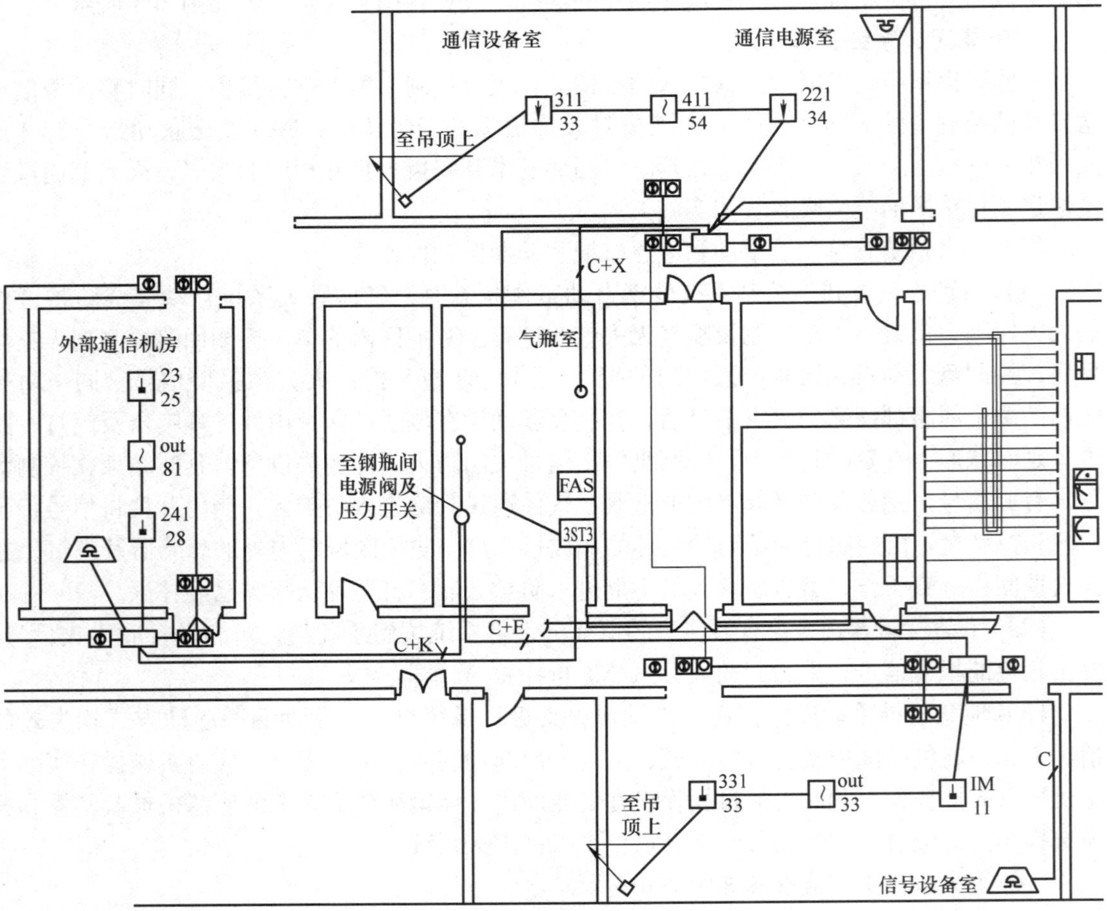

b)

图 7-5 不同车站控制系统与灭火管网系统示意图

户等构件的耐火极限不小于0.5h，吊顶的耐火极限不小于0.25h。防护区内的各种开口应设置自动关闭装置。气瓶间的隔墙耐火极限不小于3h；楼板耐火极限不小于2h，气瓶间采用甲级防火门，门应向外开启，耐火极限为1.2h。气瓶间及防护区耐压等级均不低于1.2kPa。气体灭火系统配电应提供AC220V/50Hz（一级负荷）的电源。

气体自动灭火系统和车站火灾自动报警系统（FAS）是两个相互独立的系统，每个防护区向火灾自动报警系统发送火灾报警信号、火灾确认信号、系统故障信号、气体释放信号、自动/手动状态信号等。

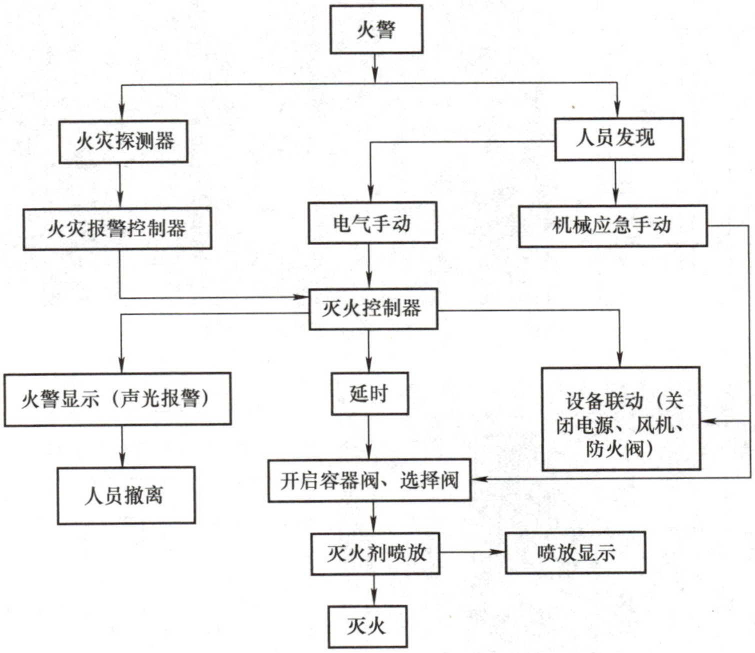

图7-6　气体灭火系统工作流程图

4. 气体灭火系统的操作

（1）气体灭火系统主机　气体灭火系统工作主机是接收火警信号、与FAS传递信号、控制灭火系统设备、搜集系统状态信息的控制器件。气体灭火系统主机操作界面如图7-7所示，采用交互式操作，按压相应的功能键即可以实现系统控制状态转换并查看火警、故障信息。

（2）灭火控制单元　在每一处气体灭火保护区均设置一个灭火控制单元（REL），可以实现手动报警，隔离气体灭火系统，在气体灭火主机处于手动控制方式状态时，按压REL相应控制按钮可以起动气体灭火系统，控制单元操作界面如图7-8所示。按下手动释放按钮，在气体灭火主机和FAS主机上同时报火警。功能隔离旋钮一般处于正常位置，当处在隔离位置时，气体灭火系统只是报警，不联动放气。如果在气体灭火系统起动延时时间内发现为误报警（人为或施工原因造成），则将隔离旋钮切换到隔离位置，在气体灭火主机上复位后再将隔离开关切换到自动状态。如果在延时时间内发现有人员未撤离保护区，则将隔离旋钮切换到隔离位置，待人员撤离后将保护区门关好，将隔离开关切换到自动状态。

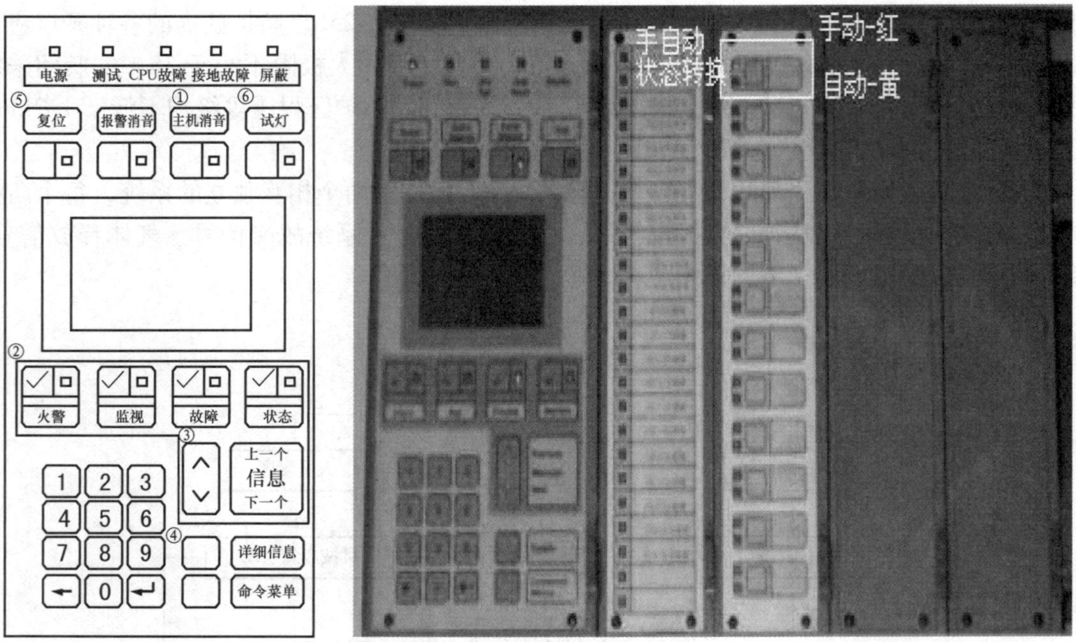

图 7-7 气体灭火系统主机操作界面

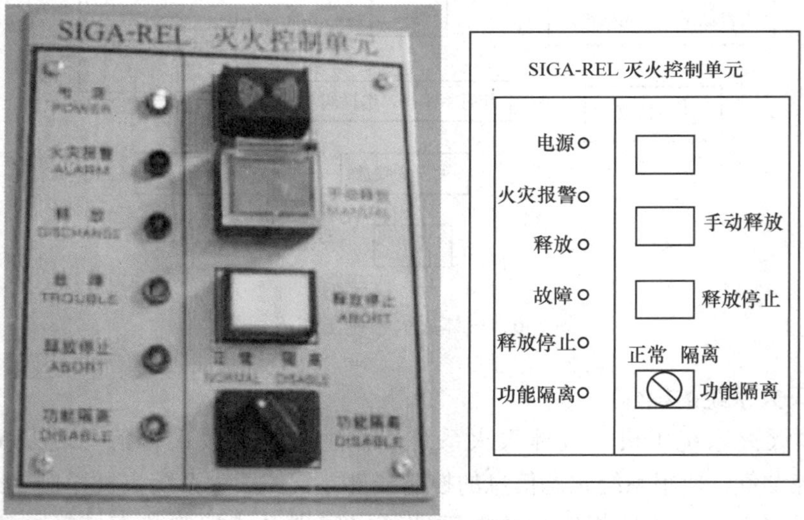

图 7-8 气体灭火控制单元操作界面

二、自动喷水灭火系统

“自动喷水灭火系统”是一个专业术语，特指由洒水喷头（开式/闭式）、报警阀组、水流报警装置（水流指示器或压力开关）等组件，以及管道、供水设施组成的自动灭火系统。此系统应能在初期火灾阶段自动起动喷水，以达到灭火或控制火势发展蔓延的目的。自动喷水灭火系统是目前国际上应用范围最广、用量最大、灭火成功率最高、造价最为低廉的固定灭火设施，并被公认是最为有效的建筑火灾自救设施。按照系统的组成与技术特点，此系统可划分为湿式、干式两大类。

1. 湿式灭火系统

湿式系统（水喷雾系统）的自动喷水是由玻璃喷头（见图7-9、图7-10）的动作而完成的，当发生火灾时装有热敏液体的玻璃球由于受热，因压力增加而爆裂，密封垫脱外，喷出压力水，同时，压力开关动作，将水压信号变为电信号起动喷水水泵保持水压。喷水水流接通水流开关，其浆片随水流动作，接通延时电路，发出电信号给控制中心，以辨认发生火灾的区域。整个湿式自动喷水灭火系统示意图如图7-11所示。

干式系统的工作原理基本上与湿式系统相同，不同之处在于干式系统平时管道内不充水，适用于寒冷地区有冰冻的场所。

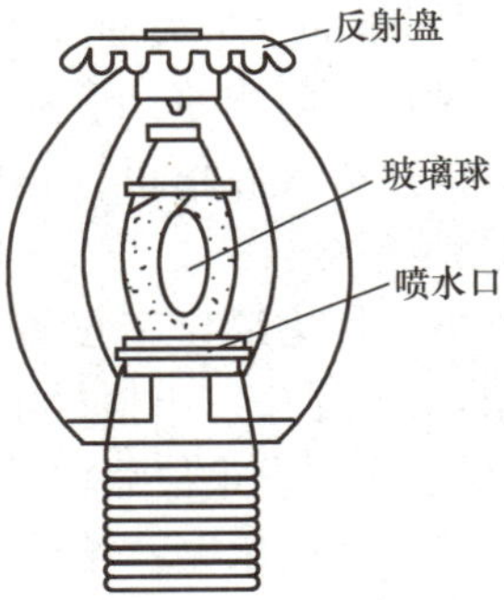

图7-9　玻璃喷头结构图

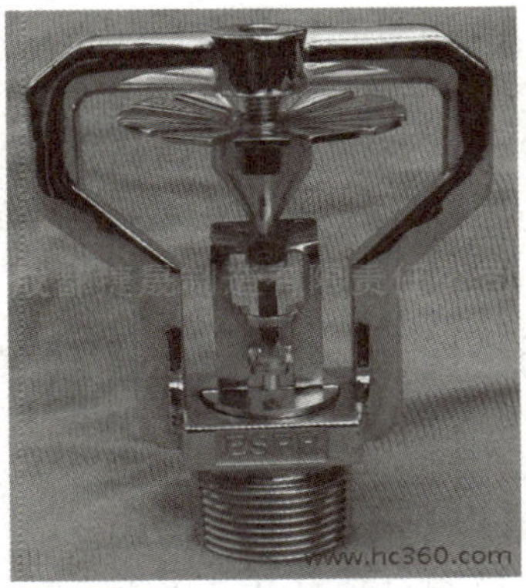
图7-10　玻璃喷头实物图

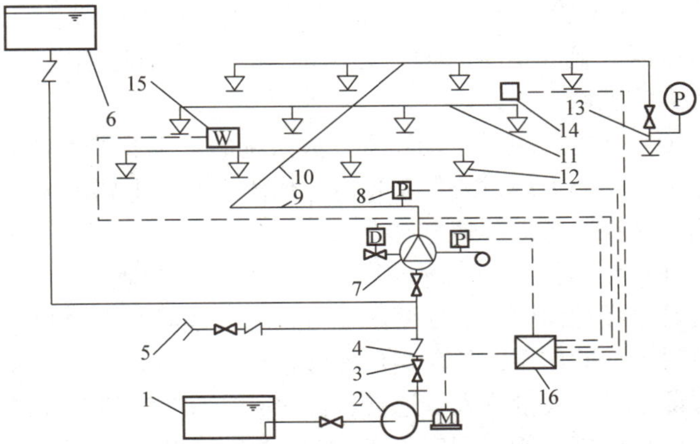

图7-11　湿式自动喷水灭火系统示意图

1—水池　2—水泵　3—闸阀　4—止回阀　5—水泵接合器　6—消防水箱　7—雨淋报警阀组　8—压力开关　9—配水干管　10—配水管　11—配水支管　12—开式洒水喷头　13—末端试水装置　14—感烟探测器　15—感温探测器　16—报警控制器

湿式自动喷水灭火系统管网内依靠高位消防水箱而充满压力水，长期处于备用工作状态，适用于4~70℃环境温度中使用。当保护区域内某处发生火灾时，环境温度升高，喷头的温度敏感元件（玻璃球）破裂，喷头自动将水直接喷向火灾发生区域，消防水箱水流流经报警阀，按以下步骤起动水泵。

1）报警阀输出报警水流→延迟器（延时30s）→水力警铃；延迟器（延时30s）→压力开关→电气控制箱→起动水泵。

2）手动按钮→电气控制箱→起动水泵。

3）火灾传感器→火灾收信机→电气控制箱→起动水泵。

4）水流指示器→火灾收信机（消防中心）→电气控制箱→起动水泵。

湿式喷水灭火系统主要由以下几部分构成。

1）水箱：在正常状态下维持管网的压力，在火灾发生的初期给管网提供灭火用水。

2）水力警铃：用于湿式、干式、干湿两用式、雨淋和预作用自动喷水灭火系统中，是自动喷水灭火系统中的重要部件。当火灾发生时，由报警阀流出带有一定压力的水驱动水力警铃报警。警铃流量等于或大于一个喷头的流量时立即动作。

3）湿式报警阀：安装在总供水干管上，连接供水设备和配水管网，一般采用止回阀的形式。当管网中有喷头喷水时，就破坏了阀门上下的平衡压力，使阀板开启接通水源和管网。同时部分水流通过阀座上的环形槽，经信号管道送至水力警铃，发出音响报警信号。

4）消防水泵接合器：用于给消防车提供供水口。

5）火灾收信机（消防控制中心）：在控制室内安装，用于接收系统传来的电信号及发出控制指令。

6）压力罐（未设置）：用于自动起动消防水泵。当管网中的水压过低时，与压力罐连接的压力开关发出信号给控制箱，控制箱接到信号后发出指令起动消防泵给管网增压。当管网水压达到设定值后消防水泵停止供水。

7）消防水泵：给消防管网中补水用。

8）闭式喷头：可分为易熔金属式、双金属片式和玻璃球式三种，其中以玻璃球式应用最多；正常情况下，喷头处于封闭状态。当有火灾发生且温度达到动作值时喷头开启喷水灭火。

9）水流指示器：其动作原理是，当水流指示器感应到水流动时，其电触头动作，接通延时电路（延时20～30s）。延时时间到后，通过继电器触发，发出声光信号给控制室，以识别火灾区域。

10）压力开关：自动喷水灭火系统的自动报警和控制附件，它能将水压力信号转换成电信号。当压力超过或低于预定工作压力时，电路就闭合或断开，输出信号至火灾报警控制器或直接控制起动其他电气设备。

11）延迟器：一个罐式容器，安装在报警阀与水力警铃之间。它用以对由于水源压力突然发生变化而引起的报警阀短暂开启，或对因报警阀局部渗漏而进入警铃管道的水流起一个暂时容纳的作用，从而避免虚假报警。只有真正发生火灾时，喷头和报警阀相继打开，水流源源不断地大量流入延迟器，经30s左右充满整个容器，然后冲入水力警铃发出报警。

12）试警铃阀：用于人工测试。打开试警铃阀泄水，使报警阀自动打开，水流充满延迟器后可使压力开关及水力警铃动作报警。

13）放水阀：用于检修时放空管网中的余水。

14）末端试水装置：设在管网末端，用于自动喷水灭火系统等流体工作系统中。该试水装置末端与相当于一个标准喷头流量的接头相接，打开该试水装置，可进行系统模拟试验调试。利用此装置可对系统进行定期检查，以确定系统是否能正常工作。

15）试验喷头：安装于屋顶，每年校验喷头性能。

16）压力表：观察系统水压是否正常。

17）水箱下止回阀：防止消防水进入水箱。

18）火灾信号传感器：感应火灾信号。

2. 雨淋系统

雨淋系统采用开式洒水喷头，是由火灾自动报警系统或传动管自动控制雨淋报警阀的开启和供水泵的起动，并由雨淋报警阀控制系统的喷水作用面积的自动喷水灭火系统。当设置场所火灾水平蔓延速度快或因室内静空高度大而使喷头感温条件恶化时，将使闭式喷头的开放滞后于火灾的水平蔓延，此时闭式系统将难以使喷水有效覆盖火灾范围，而不能保证有效控制连续蔓延的地面火灾。雨淋系统具备一旦起动，便可立即大面积喷水的技术特点，可补偿闭式系统不宜在上述场所中使用的弱点。

雨淋系统由开式喷头、雨淋阀、探测系统、传动控制组件、管路系统、给水设备、水流报警装置（水流指示器或压力开关）等组成。

雨淋阀是雨淋系统和预作用系统中用于控制水流和起报警作用的装置。在出现火灾时控制系统才使隔膜打开，让水流入系统管网内进行灭火，并使水力警铃报警。

雨淋阀上的隔膜室（控制腔）内的水压高低控制着隔膜的开或闭。当控制室内的水压等于供水压力时，隔膜关闭，水不能进入系统侧；当该处的水压比供水压力低时，则隔膜被供水压力顶开，水流入系统侧，进行喷水灭火。

隔膜室（控制腔）内的压力，由装在保护区内的探测系统来控制，这个探测系统同时也就是雨淋阀隔膜的驱动系统，此系统有电动控制、气动控制和液压控制三种控制方式。

雨淋系统在系统侧管网上都装有开式喷头并由雨淋阀供水。雨淋系统未起动和起动时的状态示意图及流程框图如图7-12、图7-13、图7-14所示。

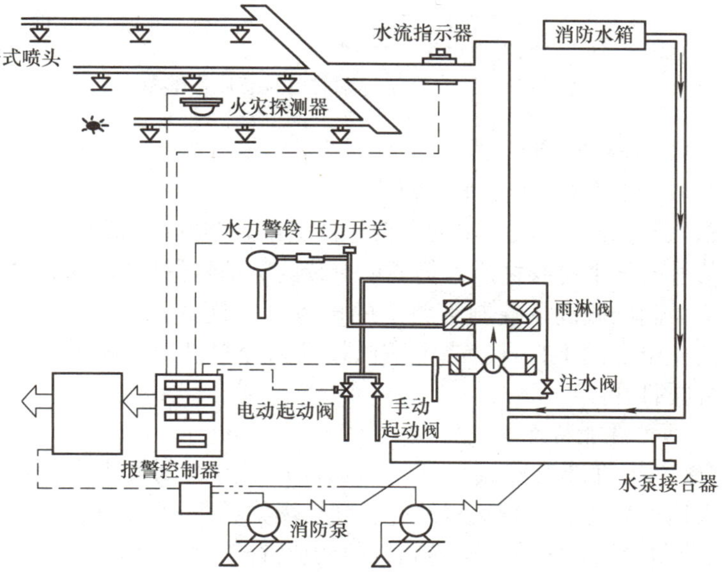

图7-12　雨淋系统未起动时的状态示意图

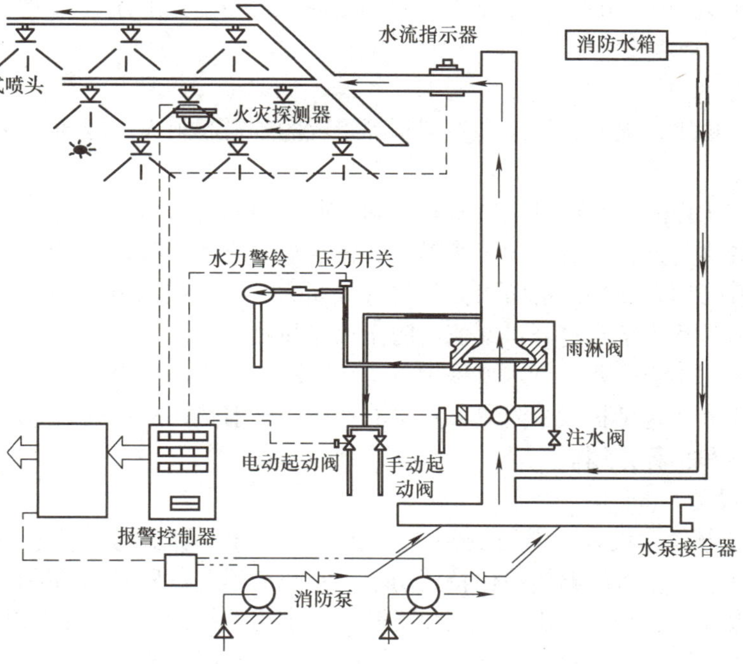

图7-13　雨淋系统起动时的状态示意图

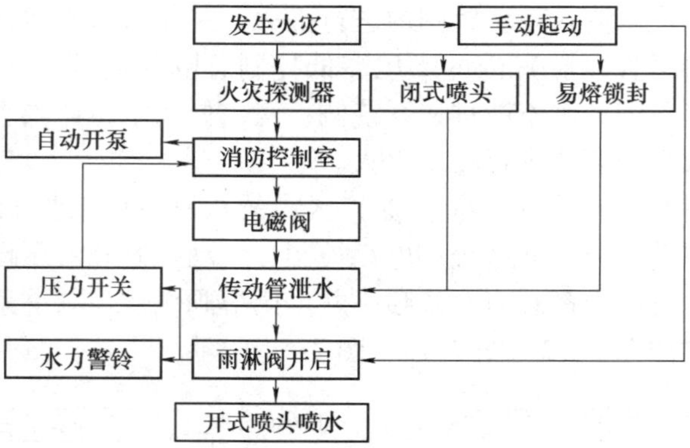

图 7-14 雨淋系统起动时的状态流程框图

（1）雨淋阀提供的两种报警方式

1）机械方式，即利用水流推动水力警铃报警。

2）电控方式，通过压力开关发出的电信号使电讯音器发出报警。

控制柜发出信号打开电磁阀之后，仍要求持续的电信号保持电磁阀的打开状态，直到接到关闭信号后才能关闭电磁阀。控制管路上的电磁阀关闭时保持雨淋阀隔膜室（控制腔）内的水压压力，能使雨淋阀不打开。当电磁阀接到命令打开时，隔膜室（控制腔）则通过泄压的方式使雨淋阀打开。

（2）雨淋阀的两种性能特点

1）在系统侧管网上都装有开式喷头，一旦打开雨淋阀则整个保护区的喷头都同时喷水，所以它能扑灭迅速蔓延、燃烧猛烈的有易燃易爆物场所发生的火灾。

2）用不同的控制探测系统打开雨淋阀，即构成湿式控制系统、干式控制系统或电控制系统。它们都能控制雨淋阀隔膜室（控制腔）内的压力，因而能控制雨淋阀的开闭。

雨淋阀也可以和泡沫系统组合成泡沫雨淋系统，用于扑救有爆炸性燃烧危险的液体火灾。

3. 水幕系统

水幕系统是由水幕喷头、管道和控制阀等组成的主要起阻火、冷却、隔离作用的自动喷水灭火系统。

水幕系统的工作原理与雨淋系统基本相同。所不同的是水幕系统喷出的水为水帘状，而雨淋系统喷出的水为开花射流。由于水幕喷头将水喷洒成水帘状，所以说水幕系统不是直接用来灭火的，其作用是冷却简易防火分隔物（如防火卷帘、防火幕），提高其耐火性能，或者形成防火水帘阻止火焰穿过开口部位，防止火势蔓延。

水幕系统主要用于需要进行水幕保护或防火隔断的部位，如设置在企业中的各防火区或设备之间，阻止火势蔓延扩大，阻隔火灾事故产生的辐射热，对泄漏的易燃、易爆、有害气体和液体起疏导和稀释作用。

4. 水消防设备

（1）消防变频供水设备　消防变频供水设备采用符合要求的消防水泵进行组合配置，确保了设备的性能。设备能够始终保持消防给水系统最不利点所需的消防流量和压力，一旦火情发生，消火栓或自动喷头出水，压力下降，发生报警从而立即起动消防主泵，也可与消防按钮、水流指示器、湿式报警阀的信号联网，由消防控制室控制起停。配套自动补气罐时，无需空压机，利用氮气瓶充气，即可自动调节以保证恰当的气水比例，从而高效利用气压罐总容积。消防变频供水设备实物图如图 7-15 所示。

其工作原理如下：

若系统处于稳定状态下，由于气压罐内的水排出时要带走一部分气体，因此罐内压力降低，当降低到一定压力时，压力传感器发出信号，通过电控箱开启电磁阀，排出罐内的水，当水位降到下限时，电磁阀关闭，液位传感器发出信号，控制补水泵开始工作，给气压罐补水补气。

图 7-15　消防变频供水设备实物图

当水位达到上限时，补水泵停止，但罐体内压力未达到所定的最高工作压力时，电磁阀开启，罐体排水。当水位达到下限时，补水泵再次起动，这样循环多次，直到罐内压力、水位都达到所规定的位置时补水泵停止，保证罐内随时保持额定工作压力和额定水位。

（2）全自动气压供水消防设备　当发生火灾打开消防栓时，立即喷出消防充实水柱，同时气压罐内储备的消防用水（10min）借助气体压力送入消防管网，满足 10min 消防流量和压力。

（3）全自动应急供水消防设备　当发生火灾打开消防栓时，立即喷出消防充实水柱，同时电触头压力表发出信号，起动消防泵，供给所需要的消防用水。若电网停电，主电路则自动切换到备用电源上起动消防泵，使设备正常运行。

（4）消防栓　消防栓是一种固定消防工具。它的主要作用是控制可燃物、隔绝助燃物、消除着火源。消防系统包括室外消火栓系统、室内消火栓系统、灭火器系统，有的还会有自动喷淋系统、水炮系统、气体灭火系统、火灾探测系统、水雾系统等。消防栓主要供消防车从市政给水管网或室外消防给水管网取水实施灭火，也可以直接连接水带、水枪出水灭火。所以，室外消火栓系统也是扑救火灾的重要消防设施之一。地面消火栓和室内消火栓实物图如图 7-16、图 7-17 所示。

图 7-16　地面消火栓实物图

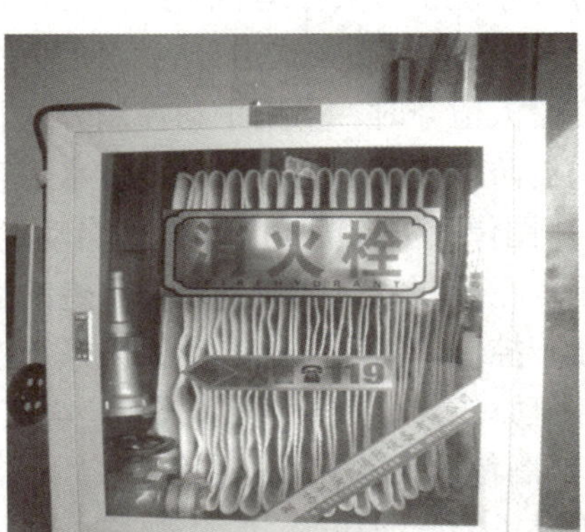

图 7-17　室内消火栓实物图

消防栓的使用方法如下：

1）打开消火栓门，按下内部火警按钮（按钮用来报警和起动消防泵）。

2）一人接好枪头和水带奔向起火点。

3）另一人接好水带和阀门口。

4）逆时针打开阀门，水喷出即可。

注：电气火灾时要确定先切断电源。

5. 数字图像型自动消防水炮灭火系统

消防水炮是以水作为介质，远距离扑灭火灾的灭火设备。

（1）工作原理　数字图像型消防水炮的整个探测、定位由三个过程组成，分别是图像采集、图像分析、图像定位。

（2）探测感知原理　平时起动探测器处于24h的监控状态，一旦被保护区域发生火情，图像火灾探测器就会将实时图像传输给系统控制主机，由系统主机进行图像分析得出火灾发生点在图像上的三维透视坐标，整个过程在5s以内完成，同时发出火灾报警信号及相关消防设备的联动信号。

（3）定位原理　系统主机经图像分析得到三维透视坐标并通过通信总线把图像上的三维透视坐标传输给相应消防水炮的现场控制器，现场控制器指挥消防水炮指向火灾发生点，同时炮头上的图像火灾探测定位器也在不间断地采集现场实时画面，重复着上述探测动作，当系统主机通过图像火灾探测器得到的三维透视坐标和炮头上图像定位器得到的三维透视坐标相重合时确定该水炮定位完成，同时可以通过图像主机上的图像确认此时炮头已经对准火灾发生点，图像火灾定位完成。火灾确认后，起动水泵，打开电动阀门，整个过程都在图像火灾监控器的监控中（如果水柱着地点不在火点中心，则可以通过中心手动盘进行微调）。火源扑灭后，消防水炮控制器再发出指令停止射水。若有新的火情，消防水炮重复上述过程，待全部火源扑灭后重新回到监控状态。

（4）系统设备组成及基本功能

1）系统组成：包括图像火灾探测报警系统及自动消防水炮系统。

① 图像火灾探测报警系统包括：图像火灾探测器、报警主机。

② 自动消防水炮系统包括：自动消防水炮控制装置、电动阀控制装置、消防水炮、电动阀等该系统正常安全运行所必需的设备和部件。

2）系统的起动方式：分为自动和手动两种。

在有人值守时，采用手动控制方式；在无人值守时，采用自动控制方式，根据着火点坐标，由消防水炮控制装置驱动消防水炮转动指向着火点，实现定点灭火。

3）图像火灾探测报警系统和自动消防水炮系统要结合起来，做到定点扑救，实现智能化控制，在控制室应能看到现场水炮的运动图像信息，对被保护场所进行无死角可视图像监控，便于控制。消防水炮自动灭火系统接收到火灾报警信号后应能自动起动两门水炮，使之自动/手动对着火点进行喷水灭火。火灾报警时，系统可通过硬盘录像机进行自动录像。

4）图像火灾探测报警系统和自动消防水炮系统可与传统的火灾探测报警系统集成，实现相关设备的联动功能。

5）系统能根据着火点远近及大小自动修正消防水炮的喷射角度，保证消防水炮的定位准确，喷射覆盖无盲区、无死角。

6）控制方式：具有现场控制和远程控制功能。

① 自动控制方式：当前端探测报警后，报警信号传给系统信息处理主机，起动对应着火区域的两台消防水炮进行自动火灾位置定位，自动起动消防泵，打开电动阀，向着火点根部喷水灭火，无喷射死角，定位准确，火源完全熄灭后自动关泵、关阀，整个过程一概免人力操作。

② 消防控制中心远程控制方式：当前端探测器报警后，值班人员在主机上强制切换消防水炮至手动状态，通过现场传过来的彩色画面，控制消防水炮瞄准着火点，手动起动消防泵，打开电动阀喷水灭火。

③ 现场电动控制：当现场人员发现火灾后，直接通过消防水炮现场手动控制盘，控制消防水炮瞄准着火点，起动消防泵，打开电动阀喷水灭火。

④ 现场手动控制具有优先权；为防止误操作，中心手动操作盘具有多级安全锁或操作权限设定功能。

（5）工作过程　图像火灾探测器实时监视火灾保护现场，火灾时，火灾图像被火灾探测器采集经视频线缆传输到中央控制室，图像信号经视频分配器分为两路，一路到图像处理主机，视频实时地被记录到磁盘阵列或硬盘录像机等记录设备，并在现场监视器上显示；另一路信号传输至火灾控制主机，图像信号经过主机内专业软件分析处理，排除现场干扰并确认火灾，分析出火灾在图像上的位置，计算出水炮定位坐标，通过现场控制总线把坐标值发送到现场控制器，现场控制器指挥消防水炮进行定位和灭火。该过程中，炮口摄像机实时地把运动图像记录下来传回中央控制室，显示在图像主机的显示屏上，使消防主机计算机和值班室监视人员对炮口火灾图像的定位进行实时的校正。确认火灾后发出控制信息的同时还起动消防报警设备进行声光报警，发出水泵控制信号进行水泵起停控制，发出联动控制信息进行联动控制等。

系统的控制灵活多样，分别有中央计算机自动控制、中央计算机辅助人工控制、中央手动操作盘全人工控制、现场手动控制等。这些控制方式完全能满足消防规范对消防系统控制的要求。

（6）系统结构　消防水炮及消防水炮灭火系统结构图如图 7-18 所示。

6. 防火卷帘

防火卷帘是一种适用于建筑物较大洞口处的防火、隔热设施，产品在设计上采用了卷轴内藏的特点，结构合理紧凑，其实物图如图 7-19 所示。

防火卷帘帘面通过传动装置和控制系统达到卷帘的升降。防火卷帘起到防火、隔火作用，广泛应用于城市轨道交通的防火隔断区，能有效地阻止火势蔓延，保障生命财产安全。

防火卷帘是一种活动的防火分隔物，一般用钢板等金属板材制作，以扣环或铰接的方法组成，平时卷起在门窗上口的转轴箱中，起火时将其放下展开，用以阻止火势从门窗洞口蔓延。

7. 火灾探测器

火灾探测器是组成各种火灾自动报警系统的重要组件，是消防报警系统的“感觉器官”。它的作用是监视环境中有没有火灾发生。一旦发生了火情，便将火灾的特征物理量如烟雾浓度、温度、气体和辐射光强等特征转换成电信号，并向消防控制主机发送及报警。

（1）火灾探测器的分类

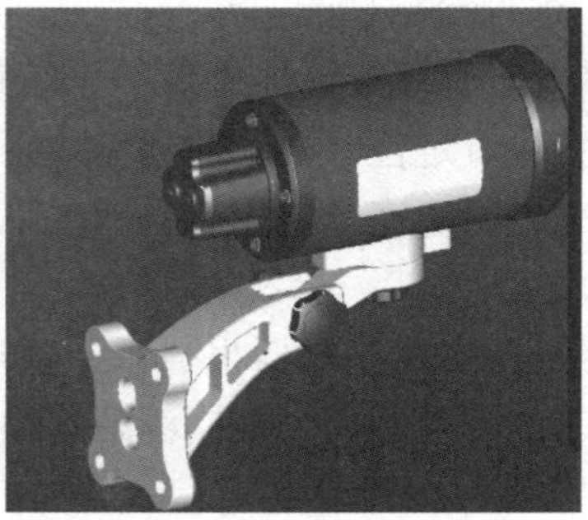

a)

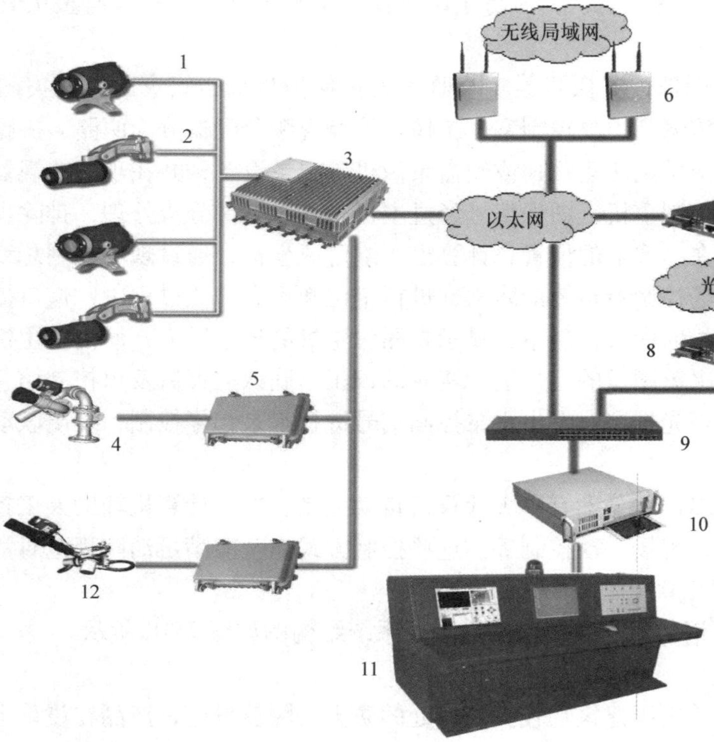

b)

图7-18 消防水炮灭火系统

a）消防水炮 b）消防水炮灭火系统结构图

1—图像火灾探测器 2—图像火灾定位探测器 3—图像火灾信号处理器 4—PSKD消防水炮 5—现场控制器 6—无线接入点（AP） 7、8—光纤收发器 9—图像火灾信号控制器 10—工业控制计算机 11—中控琴台柜 12—PPKD消防泡沫炮

1）根据监测的火灾特性不同，火灾探测器可分为感烟、感温、感光、复合和可燃气体五种类型，每种类型又根据其工作原理的不同而分为若干种。

2）根据感应元件的结构不同，可分为：

① 点型火灾探测器：对警戒范围中某一点周围的火灾参数做出响应。

② 线型火灾探测器：对警戒范围中某一线路周围的火灾参数做出响应。

3）根据操作后是否能复位，可分为：

① 可复位火灾探测器。

在产生火灾报警信号的条件不再存在的情况下，不需要更换组件即能从报警状态恢复到监视状态。根据复位的方式不同，又可分为以下三种。

自动复位火灾探测器：能自动地恢复到监视状态。

遥控复位火灾探测器：通过遥控操作能恢复到监视状态。

手动复位火灾探测器：通过手动调节能恢复到监视状态。

图 7-19　防火卷帘实物图

② 不可复位火灾探测器。

在产生火灾报警信号的条件不再存在的情况下，需调换组件才能从报警状态恢复到监视状态或动作后不能恢复到监视状态。

4）根据其维修保养时是否可拆，可分为：

① 可拆式火灾探测器。

② 不可拆式火灾探测器。

（2）火灾探测器的选用　根据火灾的特点选用探测器时，应符合下述要求：

1）对火灾初期阶段，产生大量的烟和少量的热，很少或没有火焰辐射的，选用感烟探测器。

2）对火灾发展迅速，产生大量热、烟和火焰辐射的，选用感烟探测器、感温探测器、火焰探测器或它们的组合。

3）对火灾发展迅速，有强烈的火焰辐射和少量烟、热的，选用火焰探测器。

4）对情况复杂或火灾形成特点不可预料的，可进行模拟实验，根据实验选用适宜的探测器。

火灾探测器的工作实质是将火灾中出现的质量流（可燃气体、燃烧气体、烟颗粒、气溶胶）和能量流（火焰光、燃烧音）等物理现象的特征信号，利用传感元件进行响应，并将其转换为另一种易于处理的物理量。

（3）火灾自动报警控制系统的组成及动作原理

1）光电感烟探测器。光电感烟探测器是一种检测燃烧产生的烟雾微粒的火灾探测器。光电感烟作为前期、早期火灾报警是非常有效的。对于要求火灾损失小的重要地点，火灾初期有阴燃阶段，产生大量的烟和少量的热，很少或没有火焰辐射的火灾，都适合选用。光电感烟探测器实物图如图 7-20 所示。

图 7-20　光电感烟探测器实物图

2）差定温式探测器。差定温式探测器是利用热敏元件对温度的敏感性来检测环境温度，特别适用于发生火灾时有剧烈温升的场所，与感烟探测器配合使用更能可靠探测火灾，减少损失。差定温式探测器实物图如图 7-21 所示。

3）手动火灾报警按钮。手动火灾报警按钮主要安装在经常有人出入的公共场所中明显和便于操作的部位。当有人发现有火情的情况下，手动按下按钮，向报警控制器送出报警信号。

手动火灾报警按钮比探测器报警更紧急，一般不需要确认。因此，手动火灾报警按钮要求更可靠、更确切，处理火灾要求更快。手动火灾报警按钮实物图如图7-22所示。

图7-21 差定温式探测器实物图

4）消火栓按钮。消火栓按钮安装在消火栓箱中。当发现火情必须使用消火栓的情况下，手动按下按钮，向消防中心送出报警信号，当主机设置在自动状态时，将直接起动消火栓泵。消火栓按钮实物图如图7-23所示。

图7-22 手动火灾报警按钮实物图

图7-23 消火栓按钮实物图

8. 其他的防火、防烟装置

1）喷淋头：动作温度为68℃，玻璃球充液颜色为红色。

2）排烟机：排烟系统是将烟气排出建筑物或隧道外，是人员安全疏散的重要保证。排烟机平时可以低速运行，用于通风换气；火灾时远程起动高速排烟。

3）排烟阀：在通风管上设排烟阀，平时关闭排烟阀，火灾时打开着火区的排烟阀。

4）正压送风机。在火灾时，人员逃生通道应是楼梯间或隧道。因此，保持楼梯间或隧道的正压使烟火不得入内就十分重要了。

正压送风机一般处于屋顶或隧道内，与各层或隧道的正压风阀联动。火灾初起时打开风阀，起动正压送风机，使楼梯间、电梯厅处于正压状态。

5）正压送风阀：阻止烟气进入疏散区域。

火灾时打开对应区域的正压送风机及对应的正压送风阀，令新鲜空气高压充入，达到阻止烟气的目的。

6）新风机组：室外新鲜空气由机组吸入，经过温度增减调节和加湿处理后，通过送风风道送到各个房间。

7）空调机组：少量的楼外新鲜空气和大量的室内回风由机组吸入，经过温度增减调节和加湿处理后，通过送风风道送到车站内。

8）防火阀：安装于空调风管回风口，当出现火情时关闭防火阀能阻断风管，起到两个作用。

① 往火灾现场输送空气，避免助燃。

② 阻止火源从风管往其他地方扩散。

防火阀实物图如图 7-24 所示。

9）消防电梯：火灾时，电梯无论在任何方向和位置，必须迫降到 1 层并自动开门以防困人。到达 1 层后，电梯转入消防状态，可由消防救援人员根据情况进行消防运行。

10）消防广播：用于指挥疏散。

11）消防电话：用于消防中心和现场之间的通信，可实现多方通话，并可报警、核对警情、指挥救援和故障联络。消防电话实物图如图 7-25 所示。

图 7-24　防火阀实物图

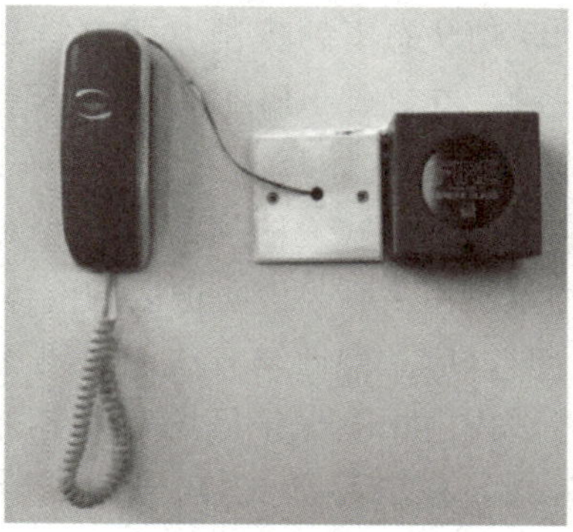

图 7-25　消防电话实物图

12）压力开关：在水的压力作用下，使其中的触头动作输出信号至消防中心主控制器。

13）控制器主机：火灾报警控制器，它是火灾自动报警控制系统的核心。

① 能接收探测信号，转换成声光报警信号，指示着火部位和记录报警信息。

② 可通过火警发送装置启动火灾报警信号，或通过自动灭火控制装置起动自动灭火设备和联动控制设备。

③ 自动监视系统的正确运行和对特定故障给出声光报警信号。

14）显示系统。

15）切断非消防电源：电火灾确定后，应能在消防控制室或配电室手动切断相关区域的非消防电源。

三、气体灭火系统的日常维护

1. 气体灭火系统的操作

（1）一般要求　气体自动灭火系统应 24h 正常工作。系统主机处于自动状态。在各保护区门口的灭火控制单元上，功能隔离旋钮位于正常位置，只有电源显示灯亮。功能隔离旋钮的钥匙由车站值班员负责保管，存放于车站控制室内。不同的灭火控制单元（REL）对应不同的保护区，当需要在 REL 内进行手动释放气体操作时，一定要确保需要的保护区所对应的 REL 是正确的。有气体灭火系统保护的设备用房无人时，要求防护区的所有防火门处于关闭状态。当人员在进入设备间前应将门口的灭火控制盘上的隔离/正常旋钮放在隔离位置，并保证通向外部的防火门处于打开状态。在离开设备间时，应确保防护区的所有防火门已经处于关闭状态。在离开设备间后，应将门口的灭火控制盘上的隔离/正常旋钮恢复到正常位置。防护区内禁止吸烟。平时在进出设备间，需要操作 REL 设备时，应到车站控制室借用 REL 钥匙。在火警需要操作 REL 设备时，可以直接打碎 REL 的玻璃进行操作。气体灭火系统在气体喷放后，一定要等到防护区内的气体全部排完才能进入设备间。

（2）气体灭火系统在自动联动状态下的操作　气体灭火系统有两种确认火警的方式：其一是防护区内的感烟、感温探测器都报火警后，系统确认火警，同时将火警信号报到车站控制室 FAS 主机和图形显示系统上，行车值班员将 FAS 切换到自动状态；其二是可以人工确认火警后，人工按压 REL 内部的手动释放按钮，系统确认火警，同时将火警信号报到车站控制室 FAS 主机和图形显示系统，需要车控室人员将 FAS 切换到自动状态。

自动联动状态下的控制方式有自动控制方式、REL 内的手动控制方式和机械应急操作方式三种。在确保 REL 内的隔离旋钮在正常位置时，自动确认火警后，系统延时 30～40s，该防护区的气体释放。手动确认火警，且系统延时 30～40s 后，该防护区的气体释放；当自动控制方式无法实现气体释放时，按下保护区门口 REL 内部的手动释放按钮，系统延时 30～40s 后，该防护区的气体释放；当保护区发生火情，自动控制和手动控制均无法进行时，应立即通知有关人员迅速撤离现场，并在 FAS 主机上启动相应的火灾联动模式，然后拔出相应保护区的起动钢瓶的电磁阀头上的止动簧片，压下手柄，即可开启电磁瓶头阀，释放起动气体，起动气体开启选择阀、瓶头阀，释放灭火剂，实施灭火。如果此时遇上电磁瓶头阀维修或起动气体储瓶充换氮气不能正常工作，可打开相应保护区的选择阀手柄，敞开压臂，打开选择阀，然后用瓶头阀上的手柄打开瓶头阀，释放灭火剂，实施灭火。

（3）气体灭火系统手动联动状态下的操作　若气体自动灭火系统处于手动联动状态下，在系统自动确认火警后，要在系统主机（EST）上将手动切换成自动。其余操作与自动联动状态下的操作方式相同。

2. 气体灭火系统的维护

气体灭火系统维护人员在生产作业过程中，应认真执行相应安全规章制度。维护前未联系登记好，不能动用设备；对设备性能、状态不清楚，不能动用设备；对正在使用中的设备未经行车值班员授权，也不能动用设备。在检修完成后，应复查使试验完好再离开；发现异响、异声的，应查明原因再离开。了解设备故障要做到设备故障时间清楚，设备故障地点确认清楚，设备故障原因清楚。设备维修的联系、要点和登记应到各作业地点办理，登记的工作时分、地点、作业性质、设备编号和影响范围等内容，一经车站值班员同意签认后，任何人不得任意涂改。登记要点的检修作业，一般应在给定的时间内完成，遇有特殊情况需要延长时间时，应在原给定时间到之前回到车站控制室说明情况，并重新办理要点登记手续。FAS 主机上和图形显示系统上如果发现有新的故障或信息出现，应及时做好登记并及时上报。如果有故障或信息未报或未及时上报，将会造成系统无法正常工作及设备的损坏。气体灭火系统的维护工作与 FAS 的维护应一同开展。

【应用与实践】

一、通用灭火设备的操作实践

1. 灭火器的使用操作

1）检查灭火器的有效期是否在有效期之内，一般灭火器的保质年限是五年，出厂日期标签张贴在瓶身。

2）检查灭火器的压力，当瓶头压力表指针处于绿色（压力正常）位置时可以使用。

注：压力指针处于红色区域时为压力不足，不能有效灭火；处于黄色为压力稍大，如图 7-26 所示。

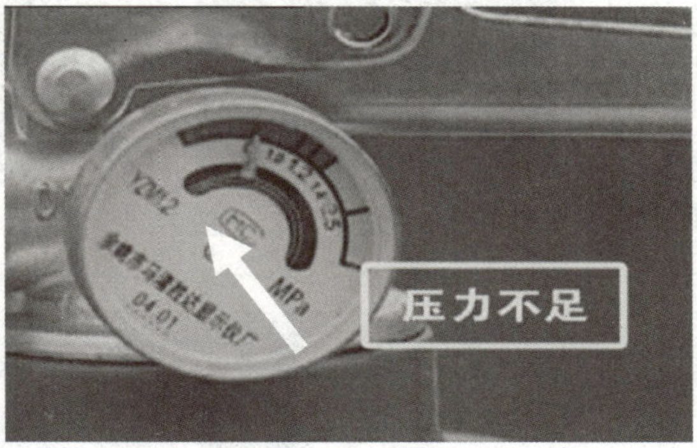

图 7-26　压力不足指示

3）正反颠倒干粉灭火器 3 ~ 4 次，防止干粉灭火剂沉淀影响灭火效果。

4）拔除瓶头保险插销，在火源 3 ~ 5m 处，瞄准火源根部压下瓶头喷气压把进行左右扫射，如图 7-27 所示。

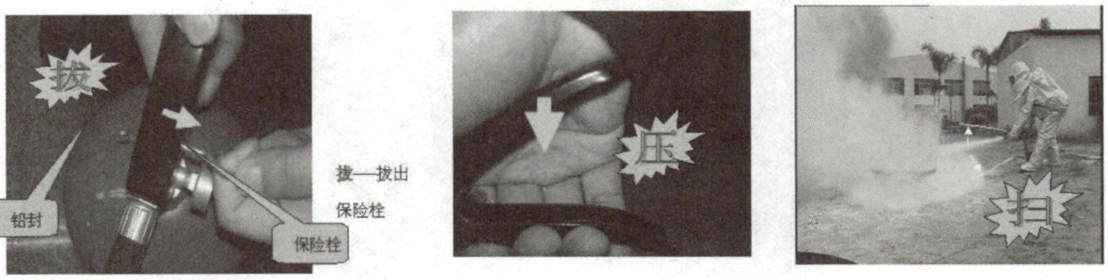

图 7-27　灭火器的使用操作

2. 消防结合器使用操作

消防结合器是在火灾发生、需要从建筑外部提供灭火水源时，消防车临时利用消防结合器连接至室内提供车内水源，将水压入消防管道的设备；消防员可以在建筑内任何一个消火栓处使用来自外部的水来灭火，如图 7-28 所示。

3. 消防栓使用操作

1）先将水带抛出，如图 7-29 所示。

2）将水管与水龙头连接，如图 7-30 所示。

3）一边赶往现场，一边将水枪头与水带连接，如图 7-31 所示。

4）一人持水枪到现场，另一人开启水龙头，如图 7-32 所示。

5）操作注意事项：

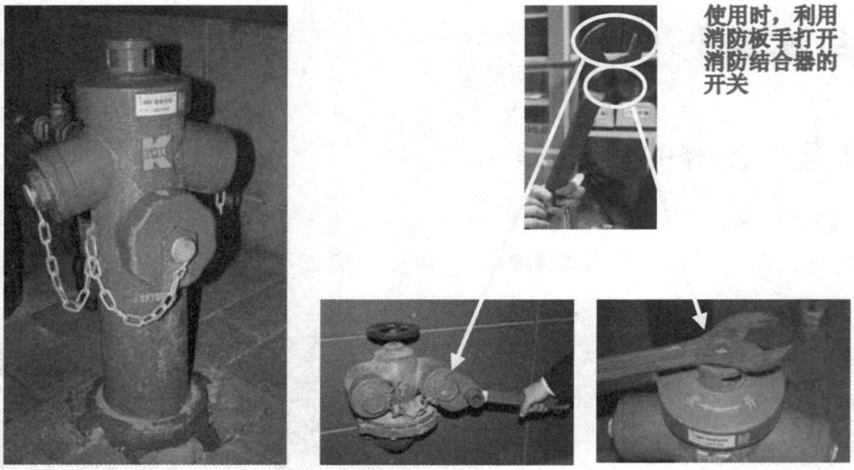

图 7-28 消防结合器使用操作

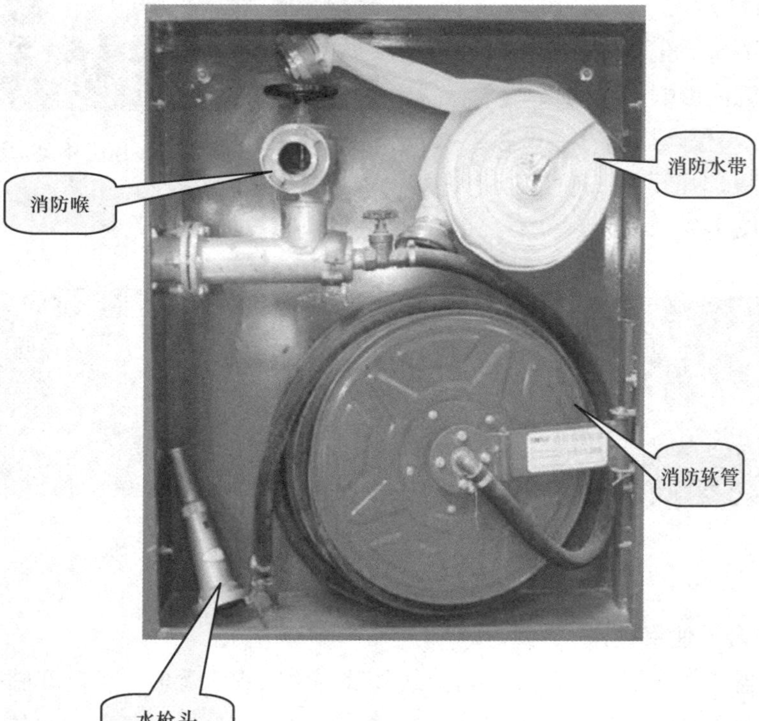

图 7-29 消防栓

① 注意火场与消防栓的距离，车站内消防水带和消防软管均为25m。

② 用消防栓（水）灭火时注意着火物品是否带电，若属带电物品，必须先切断电源方可用水灭火。

③ 定期检查消防栓，确保消防栓水压正常，物品齐全。

图 7-30　将水管与水龙头连接

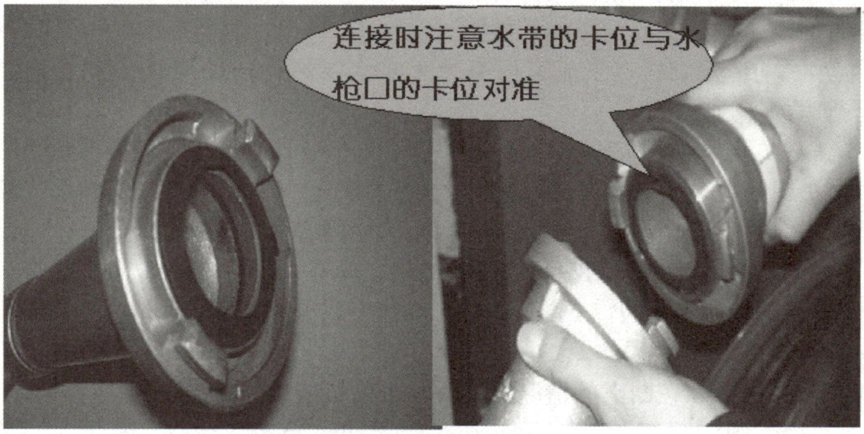

图 7-31　水枪头与水带连接

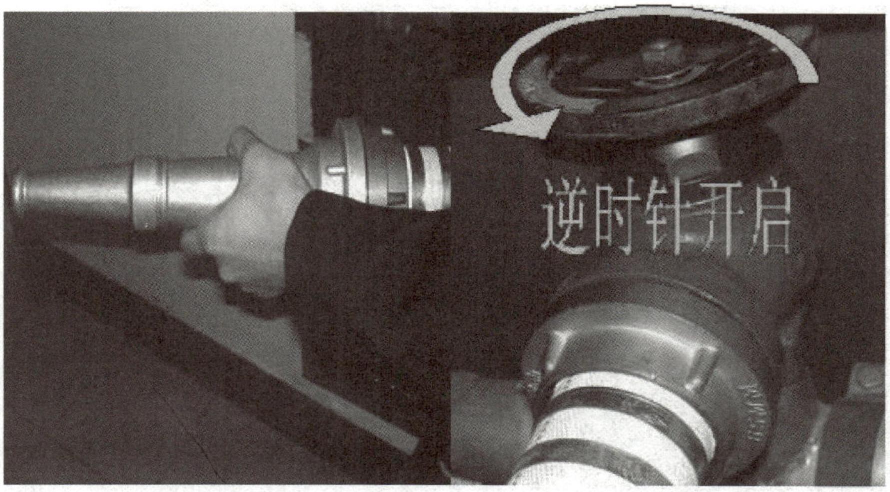

图 7-32　开启水龙头

二、消防水系统设备操作实践

1. 水泵日常巡检事项

1）水泵须运行平稳，无异常振动、噪声、泄漏。

2）要求泵运行在选定的工况点（泵工频运行时进、出口压差和铭牌扬程要一致）。

3）水泵轴承，正常使用温度不超过80℃。

4）水泵工频运行时流量不能低于铭牌参数的30%。

5）电机不允许超载，实际工作电流应小于铭牌额定参数。

6）F级绝缘的电机绕组最高耐温155℃，使用环境温度不允许超过40℃，其温升限值不能超过－173.15℃（100K），即绕组温度限值为－173.15℃＋40℃＝－133.15℃，保证性能的运行温度应该不超过120℃。轴承温度应不超过95℃，因温度太高会使油质发生变化和破坏油膜。

2. 消防泵安装事项

1）安装时管路重量不应承受在泵上，否则易损坏水泵。

2）安装时必须拧紧地脚螺栓，且每间隔一定时段应对机组进行检查防止其松动，以免水泵起动运行时发生剧烈振动而影响其性能。

3）安装水泵前应仔细检查泵流道内有无影响水泵运行的硬质物（如石块、铁砂等），以免水泵运行时损坏过流部件。

4）为了维修方便和使用安全，应在泵的进出口管路上各安装一只调节阀及在泵进出口法兰上各安装一只压力表，对于高扬程泵，为防止水锤，还应在出口闸阀前安装一只止回阀，从而确保水泵在最佳工况下运行，延长水泵的使用寿命。

5）为不使杂质进入泵内而堵塞流道影响性能，应在泵进口前面安装过滤器。

6）安装管路前转动水泵的转子部件，应无摩擦声或卡死现象，否则应将泵拆开检查原因。

3. 消防控制柜日常维护操作

所有的维护工作必须在断电的情况下进行，否则可能发生触电的危险。

（1）日常清洁操作　长时间运行后电气元件上可能会有灰尘等，特别是一些带有通风窗的控制柜，应定期除尘处理。

（2）电气连接螺栓紧固操作　电气连接螺栓会因为发热而松动，应定期检查，发现松动的螺栓及时紧固，否则可能烧坏元件。

4. 常用消防设施图例符号应用

常用消防设施图例符号见图7-33。

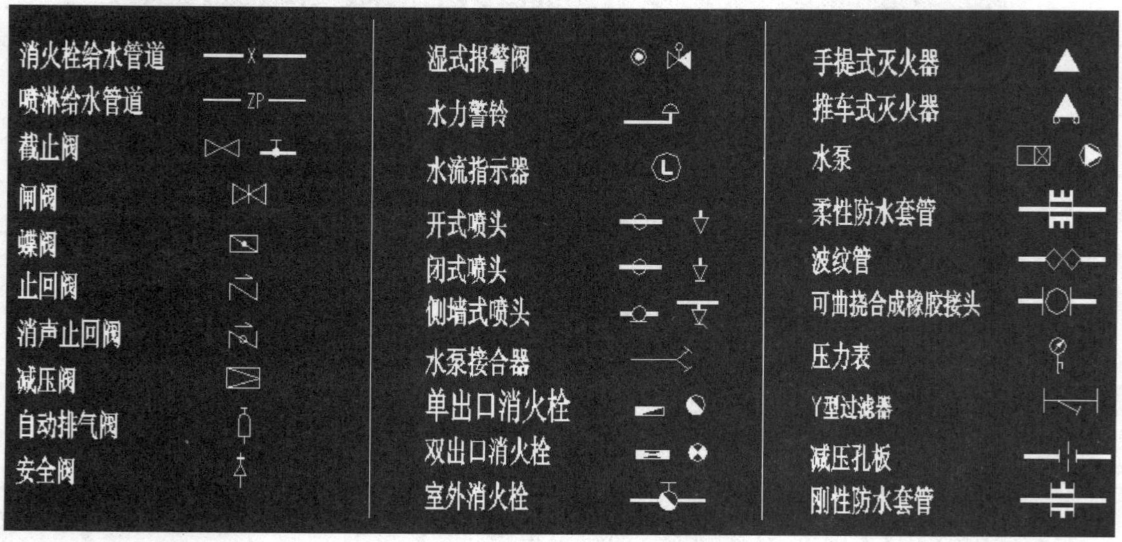

图7-33　常用消防设施图例符号

三、水消防故障处理

1. 轨道交通水消防一般故障现象

1）爆管，如图 7-34 所示。

2）连接处漏水，如图 7-35 所示。

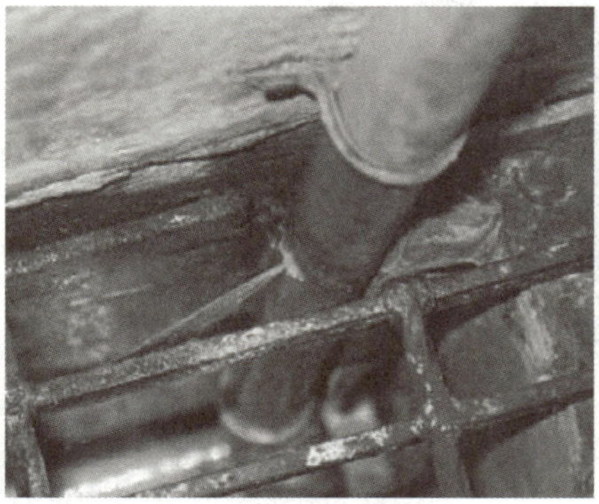

图 7-34　爆管

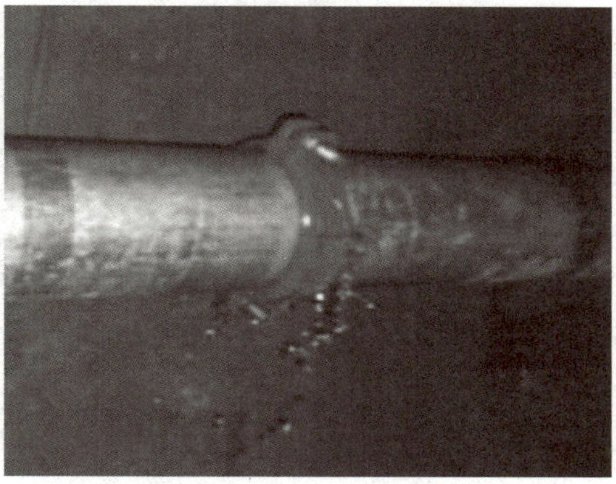

图 7-35　连接处漏水

3）地面沉降造成管道拉裂、断裂，如图 7-36 所示。

图 7-36　地面沉降造成管道拉裂、断裂

4）阀门锈蚀造成不能关闭或开启，如图 7-37 所示。

5）锈蚀和橡胶垫老化造成消火栓漏水，如图 7-38 所示。

2. 故障应急处理操作

（1）消防管道爆管　消防管道爆管，经相关部门同意后，立即关闭阀门（有分区阀先关闭分区阀，观察后再关闭总阀），切断水源，有条件的打开附近消火栓放水减压。

（2）喷淋头无故损坏、爆裂漏水等产生喷淋设备误动作

1）现场人员立即确认喷淋损坏、爆裂漏水情况，是否误动作。

2）关闭分区阀隔离水流指示器和关闭报警阀信号蝶阀。

3）打开末端试水阀放完余水。

图 7-37 阀门锈蚀造成不能关闭或开启

4）重新更换喷淋喷头。

5）关闭末端试水阀，开启信号蝶阀和分区阀，补水到正常压力。

图 7-38 锈蚀和橡胶垫老化造成消火栓漏水

四、气体灭火控制系统应用操作

1. 气体灭火控制器（REL）的操作方法

1）当有人进入气体保护区时必须将 SIGA－REL 灭火控制单元的“手动/自动转换”开关置于“手动”位置，手动指示灯点亮。退出保护区时将“手动/自动转换”开关置回“自动”位置，自动指示灯点亮，如图 7-39 所示。

2）当保护区内发生火灾时，按压 SIGA－REL 灭火控制单元的“紧急启动”按钮 3s 以上，系统将延时 30s 启动灭火程序，释放七氟丙烷灭火气体。

3）系统在“自动”状态下，当气体保护区内发生火灾，且系统进入 30s 延时阶段时，若按下“紧急停止”按钮可停止系统进入喷气灭火模式，让保护区内的工作人员马上撤离或人工灭火；若火势无法控制，需要进行气体灭火时，应持续按压“紧急启动”按钮 3s 以上，系统立即释放七氟丙烷进行灭火，保护区门口放气指示灯将被点亮。

4）工作人员要熟悉灭火保护区及相应的“紧急启动”按钮、“手动/自动转换”开关和“紧急停止”按钮的位置，防止误操作。

5）非气体保护区内发生火灾，严禁按压“紧急启动”按钮。

2. 边门气体灭火控制盘（X 箱）的操作

当气体保护区有多个门时，在边门设置有如图 7-40 所示的边门气体灭火控制盘（X 箱）。

边门气体灭火控制盘的操作方法如下：

1）手/自动转换开关：使用专用钥匙将手/自动开关旋转到左侧时系统为自动状态；手/自动开关旋转到右侧时系统进入手动状态，手动指示灯点亮。

2）紧急停止按钮：持续按压红色开关位置 3s 以上，系统自动停止倒计时，停止执行喷气灭火程序。

3）“紧急启动”按钮（紧急释放开关）：向上翻开“紧急启动”按钮的玻璃面盖，用力往下拉“紧急启动”开关，系统启动声光报警器，并在延时 30s 后启动电磁阀释放气体进行灭火。

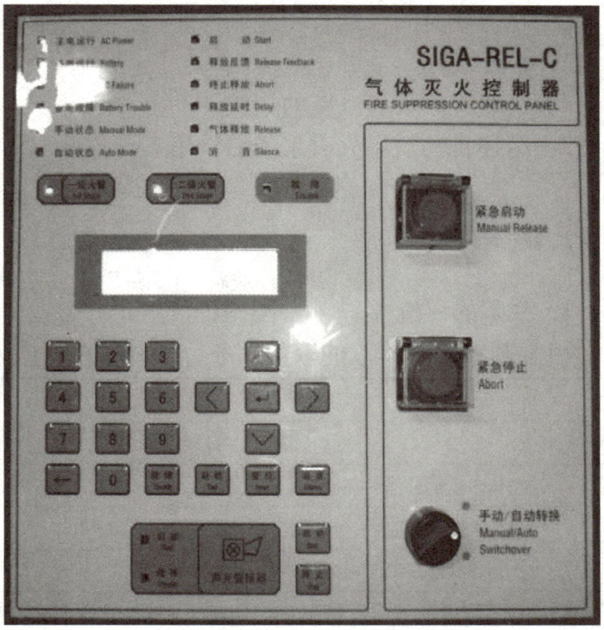

图 7-39　气体灭火控制器操作

3. 气体灭火系统机械应急操作

1）当气体灭火控制系统瘫痪或有其他特殊情况时，需要采用机械应急操作。此时车站人员应在气瓶间内，通过按压启动瓶上的紧急机械启动器，人工开启气体灭火系统。

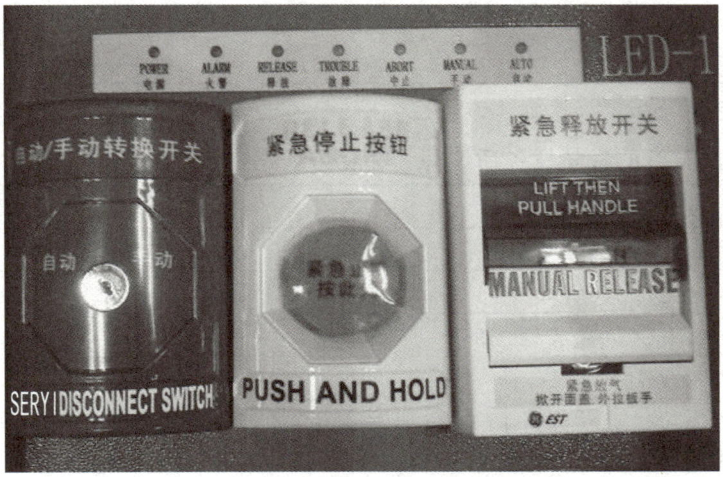

图 7-40　边门设置

2）由于紧急机械操作方式属于紧急状态下的一种操作方式，操作员应严格按照现场的操作指引进行系统操作，确保按压的启动器正确无误，且保护区内无人员。

【实践操作】

1. 操作练习

1）根据本章所学的知识，掌握城市轨道交通自动灭火系统的操作。

2）在课余时间，结合所在城市轨道交通车站参观学习，了解自动灭火系统。

2. 书面练习

1）简述气体灭火系统的构成。

2）简述自动喷水灭火系统的作用。

【评价跟进】

1. 教师的评价

由教师在完成本章的教学任务后填写，在相应表格中画“√”。

评 价 项 目		教师的评价			
序号	题 目	好	较好	一般	较差
1	对本章教学过程的控制				
2	在本章教学过程中，学员的参与情况				
3	学员对本章知识学习后的效果反馈				
教师对本章教学的总结评价意见及跟进措施					

2. 学员的评价

由学员在完成本章的教学任务后填写，在相应表格中画“√”。

评 价 项 目		学员的评价			
序号	题 目	好	较好	一般	较差
1	在本章教学执行过程中教师的表现				
2	本章教学内容与社会实际需求的联系情况				
3	自己在本章学习过程中的表现				
学员对本章教学的总结评价意见及跟进措施					

3. 知识跟进

（1）从互联网上了解自动灭火系统的现状如何。

（2）从互联网上了解城市轨道交通自动灭火系统的发展。

第8章　火灾报警系统

问题导入

城市轨道交通火灾报警系统是由触发装置、火灾报警装置、火灾警报装置以及其他辅助功能装置组成的，它能在火灾初期将燃烧产生的烟雾、热量、火焰等物理量，通过火灾探测器变成电信号，传输到火灾报警控制器，并同时显示出火灾发生的部位、时间等，使人们能够及时发现火灾，并及时采取有效措施，扑灭初期火灾，最大限度地减少因火灾造成的生命和财产的损失，是城市轨道交通同火灾做斗争的有力工具。

学习目标

1. 能掌握火灾报警系统的组成。
2. 能掌握火灾报警系统的功能及运作模式。

教学建议

1. 教学场地：在普通教室、能连接互联网的多媒体教室及城市轨道交通系统的各种模型实训室中进行，课后可实地参观。

2. 设备要求：城市轨道交通车站的火灾报警系统仿真模型1套，或能播放视频投影的设备及相关课件、视频。

3. 课时要求：共6课时，其中课堂讲授4课时，模拟操作2课时。

【理论知识】

一、火灾报警系统简介

城市轨道交通中可能发生的灾害主要有火灾、水灾、风灾、雷击、地震、行车事故等。

对雷击和行车事故很难事先报警，只能在设计时采取预防措施，以提高运行的可靠性和安全性。

对水灾、风灾、地震一般可直接接收有关部门的预报信息，不另设轨道交通专用的报警系统。

火灾发生的几率高，且危害严重、损失大，为了尽早探测到火灾的发生并发出警报，在城市轨道交通中通常都设有火灾报警系统，同时配备相应的灭火装置。消防水系统是实施灭火的主要设备。火灾报警全线系统构成示意图和基本示意图如图 8-1、图 8-2 所示。

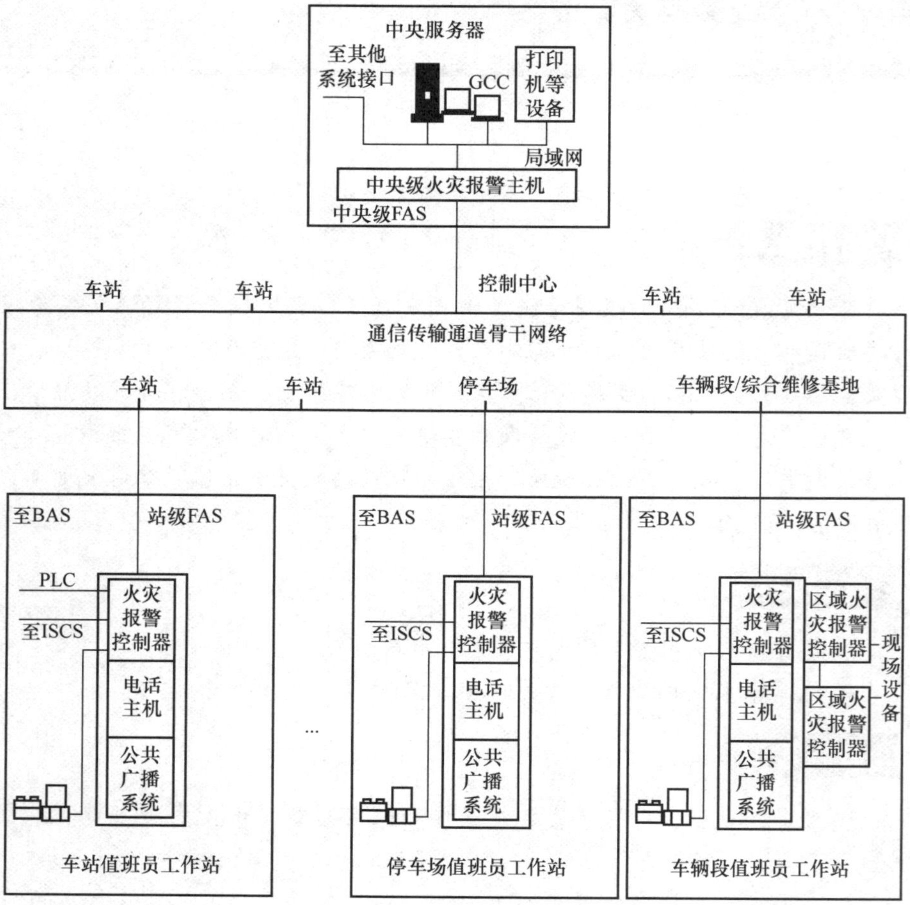

图 8-1　火灾报警全线系统构成示意图

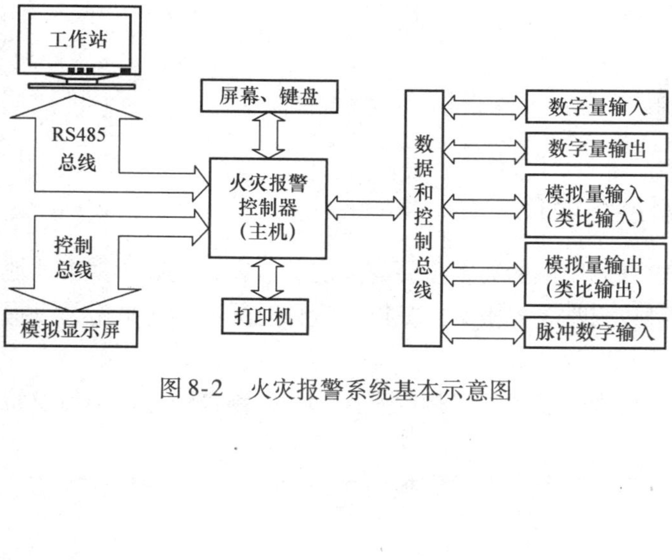

图 8-2　火灾报警系统基本示意图

1. FAS 的组成

FAS 的设计应贯彻“预防为主，防消结合”的方针，以达到报警早、损失少、保护人身和财产安全的目的。系统应具有可靠性、实用性、先进性、经济性，并应符合国家现行的有关强制性条文的规定。

FAS 用来探测包括城市轨道交通车站、区间隧道、车辆段等与城市轨道交通运营有关的建筑和设施的火灾信息，并发出火灾报警，起动有关防火、灭火装置，目的是保障城市轨道交通正常有序地运营，避免或降低灾害情况下造成的人员和财产损失。

FAS 主要由探测器和控制器及信号线组成。气体自动灭火系统由储气钢瓶组、喷头、释放装置及气体输入管道等组成。

火灾报警控制装置是火灾报警系统的心脏，是系统运行的指挥中心，担负着整个系统监视、报警、控制、显示、信息记录和档案存储等功能。正常运行时，自动监视系统的运行状态和故障诊断报警；有火灾时，接受探测器、手动报警按钮的报警信号，并将其转换成声光报警信号，指示报警部位，记录报警信息，通过自动灭火控制装置起动自动灭火设备和消防联动控制设备。

一旦发生火情，火灾探测器通过信号传输系统把火灾发生的信号传输到火灾报警控制装置，由报警控制装置发出报警的声光信号。火灾报警装置包括区域火灾报警器和集中火灾报警器，前者是将一个防火区的火警信号汇集到一起，进行报警显示，并输出火灾信号给集中报警器；而后者是将所监视的各个探测区的区域报警器所输出的电信号以声光的形式显示出来，并向消防联动控制系统设备发出指令。对于大型地下车站，由于其站厅较多（包括地面、中间和地下三层），控制设备和房间布置复杂，因此需要将多台区域报警控制器所警戒的区域进行集中管理，即与集中报警控制器配套使用，组成集中报警系统，便于火灾发生时集中指挥灭火，其系统示意图如图 8-3 所示。

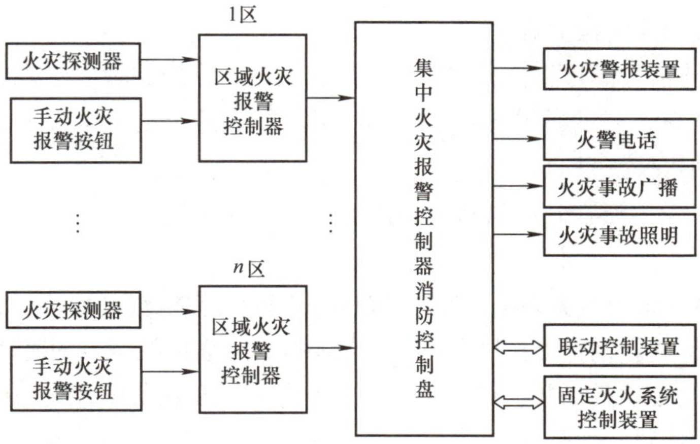

图 8-3　集中报警系统示意图

火灾警报装置是火灾发生时以声、光、语音等形式给人以警示的一种消防设备，常用的有警铃、警笛、声光报警器等。

城市轨道交通火灾报警系统主要设置在各车站站厅、站台、区间隧道、车辆段、一般设备用房和管理用房等处，由中央监控管理级、车站（车站与车辆段）监控管理级和现场控制级三级组成。

FAS 作为三级控制系统，第一级为中央级，是整个 FAS 的集中监控中心，设置于全线控制中心大楼内；第二级为车站级，是 FAS 的基本结构单元，设置于各车站的综合控制室以及车辆段等的消防值班室；第三级为现场就地控制级。

2. FAS 的配置

FAS 一般由局域网、报警、控制、防灾通信、时钟、消防电源、接地等子系统组成。

（1）FAS 局域网　FAS 在各车站、车辆段（停车场）和控制中心应分别设置一台火灾报警控制器和一台专用消防联动控制设备，全线组成局域网。

1）系统应采用独立的传输网络，网络宜采用环形网，网络传输宜采用光纤，网络节点间的光纤宜与通信系统统一敷设。

2）控制中心应设置模拟屏，模拟屏宜与其他系统综合设置。

3）车站宜设置 CRT 显示器，电源宜由 UPS 装置提供。

（2）报警子系统　报警分为自动和手动两类，自动报警采用火灾探测器向控制室报警，手动报警采用手动报警按钮或电话向控制室报警。

1）控制中心楼的各种设备机房、配电室（间）、电缆通道、电缆竖井、电缆夹层、走廊、会议室、办公室、控制室及其他管理用房应设置火灾探测器。

2）地下车站的公共区、人行通道、各种设备机房、配电室（间）、电缆通道、电缆竖井、电缆夹层、走廊、办公室、控制室及其他管理用房应设置火灾探测器。

3）地面和高架车站的各种设备机房、配电室（间）、电缆通道、电缆竖井、电缆夹层、控制室及其他重要管理用房应设置火灾探测器。

4）车辆段（停车场）的停车库、检修库、变电所、存储可燃物品的库房、信号楼、重要文件档案室应设置火灾探测器。

5）在车站的走廊、站厅层公共区、站台层公共区，在控制中心的走廊等公共区，在地下区间隧道、超过 60m 长的封闭行人通道，在车辆段（停车场）中设置火灾探测器的建筑物内均应设置手动报警按钮。

（3）控制子系统　控制分自动和手动两类，自动控制通过模块实现，手动控制通过硬线、开关和继电器实现。

FAS 的控制电源采用直流 24V，为避免在同一瞬间控制电流过大，一般采取以下措施：

1）软件编制时将控制命令按序分开，尽量不要有太多的控制点同时动作。

2）当采用一个模块控制几个被控对象时，不宜采用并联动作，应采用串联动作。即当第一个被控设备动作后，用第一动作完成后的反馈信号去起动下一个被控设备的动作，直至最后一个被控设备的动作完成并输出最终的反馈信号。采用串联动作的设备数量不要太多，最好控制在 2～5 个，且分布不宜太散、太远。

消火栓泵起动按钮的动作信号应接入 FAS，而在车辆段（停车场）的有些建筑物内未设置火灾自动报警，这些建筑物内消火栓泵起动按钮的动作信号可不接入 FAS。

(4) 防灾通信子系统　防灾通信包括有线电话、无线电话、防灾应急广播、电视监控等。

1）有线电话应包括防灾调度电话、消防对讲电话和报警的外线电话。

全线防灾调度电话应在控制中心设调度电话总机，在各防灾控制室、防灾直线管理部门应设调度电话分机。

消防对讲电话在防灾控制室内应设对讲电话总机，变配电值班室、消防泵房、防排烟风机房、设置气体自动灭火装置的房间门外、气体自动灭火钢瓶间等与防灾救灾直接相关的场所，应设置对讲电话分机。手动报警按钮和消火栓按钮处宜设置对讲电话插孔。

控制中心、车站和车场的防灾控制室应设可直接向消防部门报警的外线电话。

2）无线电话包括控制中心和车站防灾控制室设置的可与列车司机对讲的无线电话分机。

地下车站及区间应设置公安、消防无线引入系统，将公安、消防无线调度专用信号引入地下车站和区间，且满足公安、消防统一调度的要求。

3）防灾应急广播的扬声器应与车站公共广播合用；广播功放机及控制器宜与车站公共广播合用；防灾控制室内应有强切的功能。

在设置了自动报警设施而未设置防灾应急广播的场所，如车辆段（停车场）的部分建筑物应设置火灾警报装置（一般采用警铃）。

4）电视监控的要求是防灾系统与行车调度等可共用一套电视监控系统。

在车站防灾控制室内，应能监视站台层乘客上下车、楼梯口和疏散通道的情况。在控制中心的防灾控制室内，可人工选择车站的相关画面显示。

电视监控应与防灾报警系统联动，自动将灾害场面切换到车站和控制中心的防灾控制室的监视器上显示，并自动录像。

(5) 时钟子系统　FAS 的时钟应与全线其他系统的时钟一致，一般采取控制中心的火灾报警控制器接收全线时钟系统校时信号，并对车站的火灾报警控制器提供时钟校时信号的方式。

(6) 消防电源子系统　系统应设有主电源和直流备用电源。系统的主电源应按一级负荷供电，由两个独立的电源在防灾控制室进行自切。直流备用电源宜采用火灾报警控制器内的专用蓄电池。

(7) 接地方式　系统接地宜采用共用接地方式，接地电阻值应不大于1Ω。

3. FAS 控制装置的要求

FAS 控制装置应结合其他控制系统综合设置。

1）车站的 FAS 控制装置宜与 BAS 等系统同设于车站控制值班室内。FAS 的专用面积不应小于 8m^2，在该区域内严禁与其无关的电气线路及管线穿过。

2）车辆段（停车场）的 FAS 控制装置宜设于信号楼的调度值班室内，其他要求同车站的 FAS 控制室。

3）控制中心的 FAS 控制装置应设在全线的中央控制室内。

4. FAS 的控制模式

在城市轨道交通系统中，火灾报警系统一般为两级管理、三级控制模式。两级管理为在城市轨道交通中央控制中心（OCC）设置消防指挥中心，在各车站、车辆段、主变电所等处设置防灾控制室作为车站级消防控制中心。三级控制为主控制级、分控制级、就地级消防控制。

（1）主控制级　在控制中心配备2台互为备用的消防工作站，通过专用网络卡与控制中心局域网联网，作为局域网的网络节点。工作站由通用型工业控制机作为主机，外接ZIP驱动器、UPS等设备。每台控制主机通过一套通信控制器环入整个FAS网，这样保证主机作为网络的一个节点。全线FAS控制中心负责城市轨道交通全线防救灾设备的集中监控管理，火灾时负责全线的统一调度和指挥。

防灾控制中心可根据城市轨道交通发生灾害的实际情况，及时向公安消防等部门报告灾情，选择预定的救灾方案，通过公共广播、闭路电视系统向各车站防灾控制室发出消防救灾指令和旅客安全疏散命令，指导全线执行消防指令；并通过电话向有关部门或有关车站通报灾情，编制、下达全线FAS运行模式，监视运行工况；并具有报表打印功能，包括日表和月表及其他管理报表的打印；还可存储操作人员的各项操作记录，并可输出至打印机。

（2）分控制级　车站分控制级负责管理车站及相邻区间隧道一半里程范围的防救灾工作；车辆段消防值班室集中管理停车库等重要用房的防火救灾工作；控制中心大楼的消防值班室负责管理大楼的防火救灾工作。车站级与中央级联网工作，并对其所管辖范围独立地进行消防监控管理。车站分控制级由火灾报警分机、图形监视计算机（GCC）、打印机、消防联动柜、紧急电话主机等构成。火灾报警分机通过总线与现场设备相连组成所辖站点的火灾报警子系统，同时各火灾报警分机均作为FAS网络的一个节点，与其他站点及防灾指挥中心进行通信和信息交换。火灾报警子系统通过RS232/485通信接口与本站点内的EMCS进行信息交换，当火灾信息确认后，FAS向EMCS发出火灾报警信息和消防控制模式，通过EMCS和FAS直接控制的消防设备，实施消防处理。

车站GCC设备由通用型工业控制机作为主机，与防灾报警分机采用RS232接口连接，GCC不作为全线报警网络的一个节点，它的故障不会对全线网络和车站级报警回路造成影响。在车站消防控制室设置消防控制柜，用于消火栓泵、消防泵、回排风机、TVF风机、UPE/OTE风机、组合式空调箱等火灾工况下运行设备的直接手动控制，联动柜采用硬线方式直接连接所控制设备的控制回路。每个车站设置一套独立的消防电话网路，隧道内的电话插孔及相邻的主变电所纳入车站消防电话网络中。消防专用设备如防火卷帘门、消防泵、喷淋泵、防火阀等由车站级FAS直接控制。

（3）就地级　就地级包括各类探测器件，如感烟探测器、感温探测器、就地监视控制模块等，负责感知现场信息并传送到车站分控制器及接受车站控制命令控制现场设备。

（4）FAS网络　中央消防控制指挥中心操作工作站与各车站火灾报警控制器之间通过FAS专用网络接口组成FAS独立的环网。火灾报警控制器与中央操作工作站直接通信，不受其他系统网络负荷和设备故障的影响，网络通信方式响应速度较快，安全可靠。FAS网络构成图如图8-4所示。

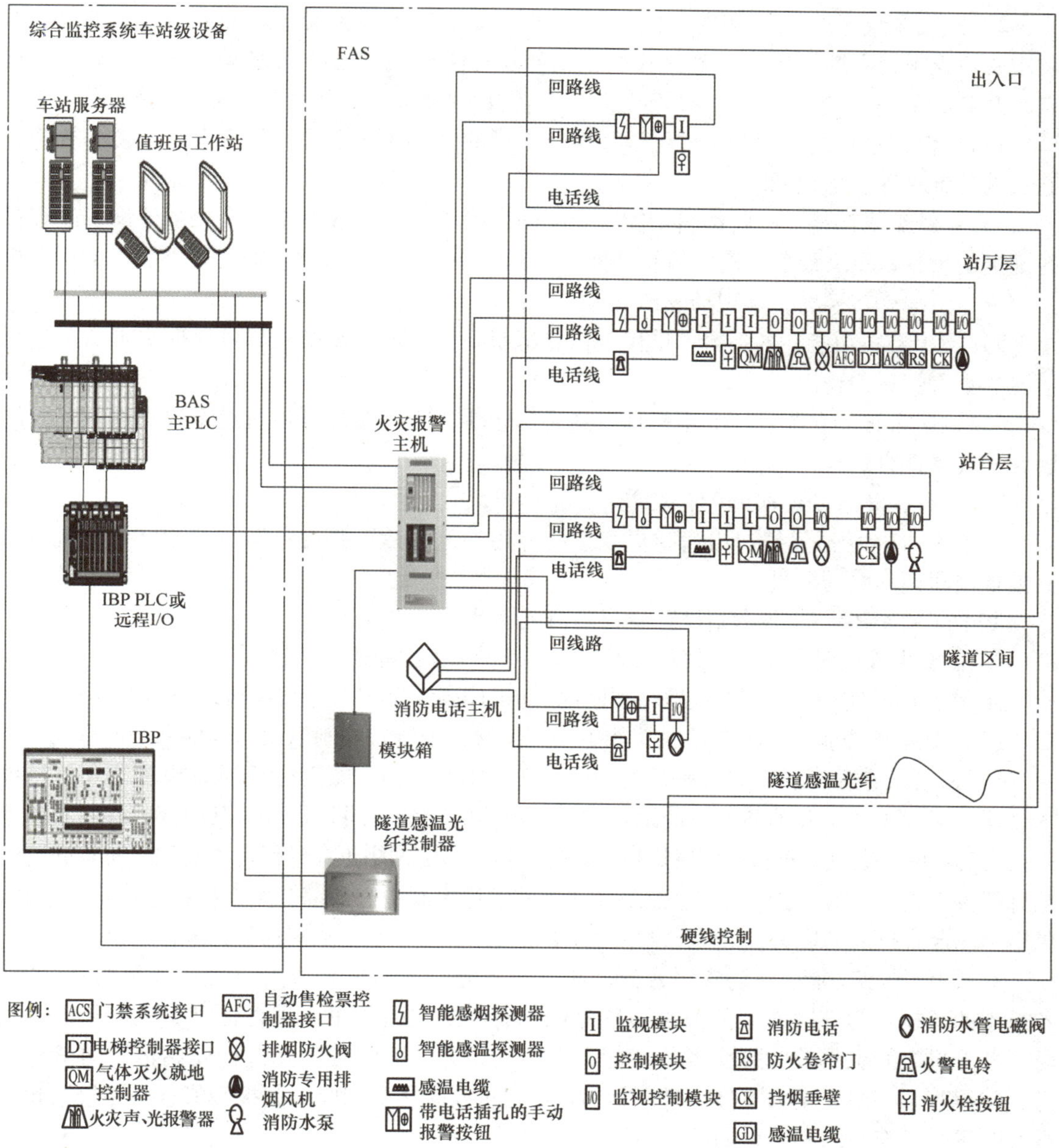

图 8-4　FAS 网络构成图

二、火灾报警系统的功能及运作模式

1. 系统的功能

城市轨道交通火灾报警系统的功能分为中央级功能、车站级功能和就地级功能。

（1）中央级功能　FAS 中央级功能主要是监视城市轨道交通全线各车站、区间隧道、控制中心大楼、车辆段、主变电站等下属所有区域的火灾报警、消防联动和故障情况，在火灾发生时承担全线防灾指挥中心功能。

1）通过火灾报警网络接受并储存全线消防设备的运行状态信息，远程监视就地级消防设备的运行状态。主机通过显示画面和数据表格提供现场的监视信息。

2）接受全线车站、车辆段、主变电站、控制中心的火灾报警信息并显示报警部位，控制中心声光报警系统发出声、光火灾警报信号；打印机实时打印火灾报警发生的时间、地点、火灾类型等；通过网络向火灾所属区域的消防设备发布命令，指令进入火灾报警处理模式。

3）存储记录功能：存储事件记录和操作人员的各项操作记录，包括火警监视、故障状态、设备维修等信息记录。

4）系统编辑功能：在线编辑功能，全线的维护人员可通过工作站添加系统设备或直接在现场编辑，自定义设备；离线编辑功能，现场设备的定义和参数修改可在办公室的计算机上完成，经编译转换后，到现场发送到火灾报警控制器上。

5）历史档案功能：各报警、事件等信息记录归档处理。操作人员可根据要求随时进行信息的查看和打印输出。

6）网络自诊断功能：FAS 主机具有网络自诊断功能，可及时判断网络故障的位置及原因，并按事件方式进行报警。

7）与其他子系统的协调配合功能：

① 防灾指挥中心设置与市消防局联系的专用外部电话，并设置消防调度电话总机，车站设置消防调度电话分机。

② 防灾指挥中心、各车站设置与列车司机联系的无线电话。

③ 在发生火灾时，防灾指挥中心将广播系统强制转入消防广播状态。

④ 在消防控制中心设置与闭路电视监视系统的切换装置和显示终端时，切换为防灾监视。

（2）车站级功能　FAS 车站级功能主要有监视、报警、控制以及与其他系统的联动等。

1）监视及警报模式。在正常情况下，设在各车站的防灾报警分机通过探测器和信号输入模块，对火灾状态和消防设备的运行状态进行实时监测。同时 FAS 对其内部的部件状态也进行实时监测。通过火灾报警网络连接的各控制器和通信网络也在进行自动监测。所有的监测信息都将传送到控制中心的消防监控工作站，并通过控制中心的综合监控网络形成实时信息，供整个综合监控系统共享。在火灾发生后，通过自动和手动确认火灾信息，进行报警。

2）网络通信功能。各防灾报警分机通过环形光纤，构成全线火灾自动报警网络系统。各站点的分机均为该网络上的节点，各分机具有与防灾指挥中心进行信息交换的功能。同时，各分机之间也具有信息交换的功能，特别是相邻站之间可相互进行火灾报警的信息传送，使得当某一站发生火灾报警时，相邻车站也可同时接受到此火灾报警信息，并根据此信息及时进行行车组织和必要的救灾措施。

3）监控功能。

① 对气体灭火系统的监视。

防灾报警分机接受气体灭火系统的五个反馈信号（预报警、火灾确认、系统故障、气体释放、手动/自动状态），监视气体灭火系统保护区内的防火阀动作，通过 LCD 和显示面板上的 LED 显示，并被传送至防灾指挥中心。

② 对防火卷帘门的监控。

疏散通道的防火卷帘门按下列控制程序进行控制：感烟探测器动作后，控制防火卷帘门下降至距地（楼）面 1.8m；感温探测器动作后，控制防火卷帘门下降到底；用作防火隔断的防火卷帘门在探测器动作后，控制防火卷帘门下降到底。以上控制和卷帘门位置信号将在 LCD 和显示面板上的 LED 显示，并被传送到防灾指挥中心。

③ 对其他消防设备的监控。

火灾确认后，通过接口命令 EMCS 切断非消防电源，该控制信号将在防灾报警分机的 LCD 和控制显示面板上的 LED 显示，并传输到防灾指挥中心；监视防火阀、消防泵的运行状态，其位置状态信号将在防灾报警分机的 LCD 和控制显示面板上的 LED 显示，并传输到防灾指挥中心；监视破碎玻璃按钮和消防栓泵的状态，在接受破碎玻璃按钮动作信号后，自动发出控制命令，起动消防加压泵，并监视加压泵的运行信号，点亮破碎玻璃按钮上的指示灯；该控制和位置状态信号将在防灾报警分机的 LCD 和控制显示面板上的 LED 显示，并被传输到防灾指挥中心。

④ GCC 的功能及配置。

GCC 的功能与中央控制中心的功能完全相同，但其显示和控制的范围仅限于所管辖的站点范围内，作用范围仅限于本站和相邻站。

（3）就地级现场设备的功能

1）智能型光电感烟探测器的功能如下：

① 自诊断及历史记录功能：探测器持续不断地进行自诊断，以提供重要的维护保养数据，其结果自动更新并存储到探测器的存储器中；结果及数据可在防灾报警分机、GCC 和便携机上显示和查看。

② 内置微处理器（CPU）能独立运行，如果探测器与回路控制器之间的通信故障超过 6s，则该回路中的所有探测器均转为独立运行模式。这个回路的作用就像传统报警接受电路一样，每个探测器继续采集并分析其周围的信息，如探测器周围达到顶先设定的烟雾浓度，则探测器报警。

③ 能对环境自动补偿：探测器中的传感元件能对因灰尘、潮湿、老化等因素引起的长期缓慢变化做出相应的调整，即环境补偿。

④ 能设置早期警告和预报警值：预报警功能在有可能发生火灾时预先通知管理人员进行调查，在确认确实发生火灾之后才进入全报警状态。探测器的灵敏度范围为 0.2% ~ 1.15% obs/m（烟雾灵敏度/米），预报警值可根据报警设定值的 75% 进行设定。

⑤ 具有自动昼、夜灵敏度调整功能：探测器可通过编程设置不同的灵敏度在昼/夜期间自动切换。在夜晚没有人员活动等因素影响时，探测器周围环境中的粉尘和烟雾的浓度降低，可自动调整探测器的灵敏度。

⑥ 具有稳定性：探测器的微处理器（CPU）设在探测器的探头内，底座不带电路板，并采取防水、防潮、防腐蚀等处理措施。

⑦ 可通过控制器远程调整有关参数：FAS 控制主机提供强大的网络功能，可在网络的任意节点对全线的控制器进行访问并通过其对站点报警网络的所有智能型设备进行参数的下载和查看。

⑧ 具有除尘报警功能：探测器所独具的相对环境补偿功能包括脏污补偿。同时，当探测器的脏污检测达到预定值时，探测器将发出脏污报警，提醒维修人员。当脏污达到最大设定位时，系统将发出故障信号，并在误报之前自动隔离探测器。

⑨ 便于维修和安装，可直接拆卸。

2）手动火灾报警按钮：防灾报警系统用来以手动方式监视报告火警的按钮。

3）破碎玻璃按钮：破碎玻璃按钮正常保持在断开状态。当玻璃被击碎时，开关释放，向回路控制器发送一个报警信号，同时可直接起动消火栓泵（引入管电动蝶阀）。玻璃片上有一层塑料保护膜防止玻璃片伤人和四处溅落。

4）感温电缆：感温电缆及感温电缆监视模块设置在站台板下的电缆廊道，为不可恢复型感温电缆，按正弦波布置；每段长度为100m左右，监视电缆是否超过额定温度，超过额定温度时报警；报警额定温度为（70±2）℃。

5）消防联动控制柜：在车站控制室设置消防控制柜，用于消火栓泵（引入管电动蝶阀）、消防泵、回排风机（兼排烟风机）、TVF风机、UPE/OTE风机、组合式空调箱、变风量空调器、小系统回排风机及送风机等火灾工况下运行的设备进行消防联动控制。该消防柜采用硬线的方式直接作用于所控制的消防设备的控制回路上。

6）声报警器音响效果达到98dB。它可发出比警铃更为容易接受的音响效果。

7）消防通信：每个车站设置一套独立的消防电话网络，由消防电话主机、固定电话分机、插孔电话构成，消防电话主机设置在各分控制级的综合控制室。

8）在各车站、OCC大楼的综合控制室、值班室、消防水泵房、气体消防气瓶间、高低压配电室、通信设备室、信号设备室、环控电控室、屏蔽门设备室和通风空调机房等重要设备间设置消防直达通话电话机。消防分机一经提起，主机上即有声光信号及分机地址显示，在主机上按下该电话的选择按钮，主、分机即可通话。当主机需与分机联络时，按下主机上的分机选择按钮，分机上即有声信号通知接听。

9）在隧道内的适当位置设置一定数量的电话插孔。当手提式电话插入插孔时，主机上即有声光信号及地址显示，在主机上按下相应的选择按钮，即可通话。电话插孔面板上有“消防电话”字样。

2. 系统的运作模式

根据火灾自动报警系统的功能和职责，火灾自动报警系统运作模式分为：正常情况下对系统设备的监视管理模式、发生火灾时的报警确认模式及火灾被确认后的消防联动模式。

（1）监视管理模式　在正常情况下，火灾报警控制器及车站级现场设备等均处于监视状态，图形监视计算机显示车站各防火分区、防烟分区的探测器及车站、区间现场设备状态，并将状态及状态改变情况实时上报控制中心。

（2）报警确认模式　在任何一个报警区域，如果有一个火灾探测器报警或一个手动报警按钮报警，则火灾自动报警系统自动确认为火警，并将信息上传至控制中心。

（3）消防联动模式　火灾报警控制器报火警后，在闭路电视监视的区域内，车站控制室的站长或值班站长将闭路电视的显示切换到报警的防火分区进行报警确认；不在闭路电视监视区域内的一个火灾探测器报警，则由车站控制室的站长或值班站长用对讲电话通知现场值班人员，到报警现场进行报警确认。一旦确认发生火灾后，对防救灾设施的控制模式为

1）车站发生火灾：当确认站内火灾发生的地址和类型后，车站火灾报警控制机自动发出预定模式指令，控制相应防火、防烟分区火灾报警系统直接管辖的消防设备，如控制相应防火卷帘门下降，监视防救灾设施的工作状态；同时按预定模式向BAS发送救灾指令，命令BAS优先将有关设备转入预定火灾运行模式，并接收命令执行的反馈信号。

2）区间隧道发生火灾：控制中心确认区间隧道火灾发生的地址和列车着火部位，按预定模式对邻近车站控制室发出指令，实现联动控制。

（4）气体自动灭火系统的监视、控制模式　气体自动灭火系统为独立系统，车站火灾

报警系统只接收火灾报警信号、系统故障信号、气体释放信号、自动/手动状态信号、阀门动作信号等。在报警、喷射阶段，车站控制室应有相应的声、光报警信号，并能手动切除声响信号。火灾报警系统的运作模式见表 8-1。

表 8-1　火灾报警系统的运作模式

发生火灾的建筑类别	报警设备	确认方式	处理方式
车站、变电所	同一区域的两个探测器	自动确认	FAS 自动向 BAS 发模式指令
	一个感烟或感温探测器、一个手动报警按钮	自动确认	FAS 自动向 BAS 发模式指令
	自动灭火系统发出确认报警信号	自动确认	FAS 自动向 BAS 发模式指令
	一个手动报警按钮	人工确认	人工向 BAS 发模式指令
车辆段、控制中心	同一区域的两个探测器	自动确认	FAS 自动联动消防泵及其他消防设备并激活警铃
	一个感烟或感温探测器、一个手动报警按钮	自动确认	
	一个消火栓起泵按钮或手动报警按钮	人工确认	
区间	车载通信设备	人工确认	由控制中心向相邻车站综合监控系统下达区间火灾联动模式

三、火灾报警系统的人机接口

1. 操作显示面板

主机操作盘是火灾报警控制器的操作显示面板，在城市轨道交通车站控制室内均有主机操作盘，这里以 CS11 系统主机操作盘为例，如图 8-5 所示。

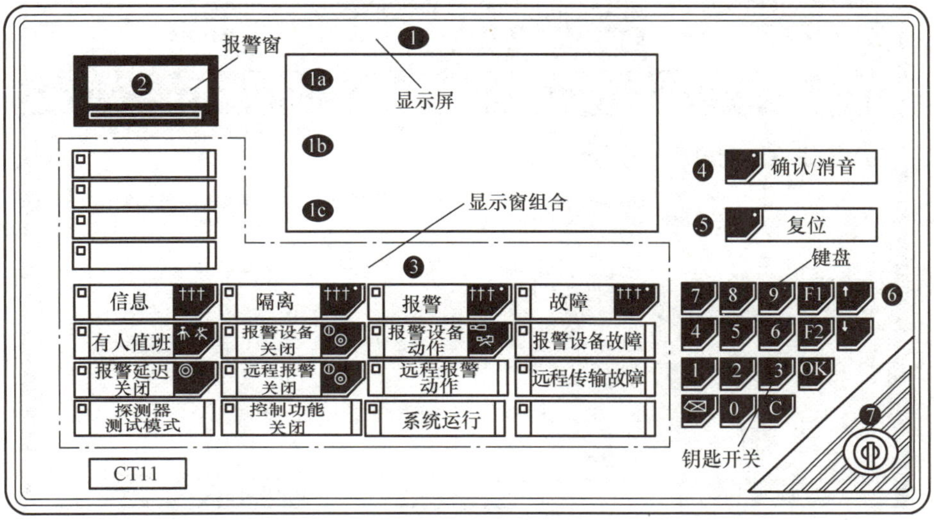

图 8-5　CS11 系统主机操作盘

主机操作盘有三种操作级别：普通级、值班级、管理级。普通级面向所有人员没有操作密码，可以操作确认/消音键以及功能滚动条；值班级面向值班人员需要密码；管理级面向管理人员需要密码，输入密码即可获得操作权。

在显示窗组合中，有四类信息，分别是“信息”“隔离”“报警”“故障”。系统规定，

“报警”为第一优先级，“故障”为第二优先级，“隔离”为第三优先级，“信息”为第四优先级。“系统运行”指示灯亮，没有“隔离”、“报警”、“故障”灯光表示，“信息”指示灯亮表明系统在正常运行。

主机操作盘采用交互式操作，在正常模式下，显示屏会显示报警信息以及操作提示，相关人员根据操作手册即可完成报警确认、报警处理、设备检测、故障隔离等功能。

2. 图形工作站

图形工作站（LMS）与火灾报警系统（FAS）相连，FAS 会将数据定时发送给 LMS。如果设备发生不正常情况，LMS 会自动记录并发出事件信息，通知操作员。LMS 与 FAS 的网络连接示意图如图 8-6 所示。

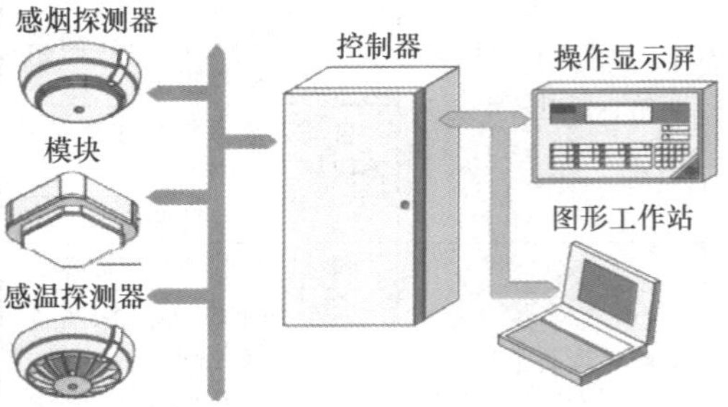

图 8-6　LMS 与 FAS 的网络连接示意图

因事件的紧急程度不同，LMS 将事件分为五类，每类事件由一种颜色代表。“严重警报”由红色表示，“警报”由深红色表示，“故障”由黄色表示，“警告”由浅蓝色表示，“不正常”由白色表示。系统采用交互式操作界面，由站务人员（车站）或环控调度员（控制中心）使用登录名及密码登录，登录后的 LMS 界面如图 8-7 所示。

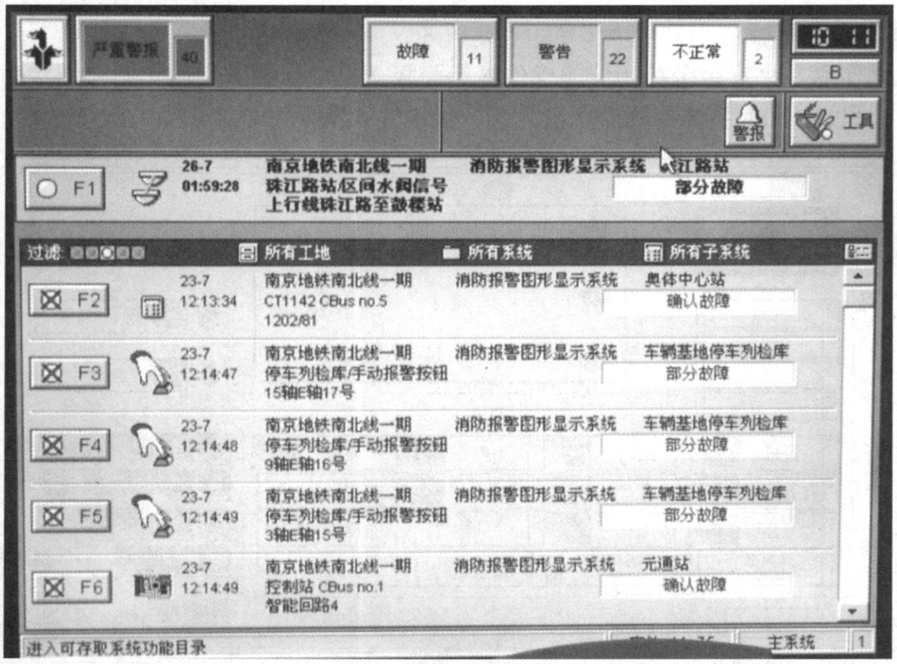

图 8-7　LMS 界面

通过操作事件列表，即可根据事件的优先级对事件警报进行处理。根据操作级别的不同，LMS 可对系统所连接的任一区域内的所有设备报警信息进行确认、隔离、测试、复位操作，亦可浏览系统涉及区域的平面示意图，以便于火灾发生后的事故救援。

3. 多线集中控制盘

多线集中控制盘是消防联动系统的后备保证，它是当报警主机因某种原因无法正常工作而又发生人为确认的火灾，需要起动某些设备时才使用的控制盘。它与控制设备一一对应，采用硬触头方式连接，相当于设备的现场起、停按钮。它主要针对排烟机、正压送风机、消防泵等火灾联动控制设备。多线集中控制盘上的控制点数根据排烟机、送风机、消防泵、喷淋泵等火灾联动控制设备的数量而定。如图 8-8 所示，多线集中控制盘上对防火卷帘门、排烟风机、消防泵、喷淋泵（部分车站有全部或部分上述设备）实行远程监控，当现场设备动作时，位置 3 上对应的红色带灯按钮将会点亮。按下蓝色按钮 2 可消除报警声音。FAS 有两种联动状态，分别为手动联动状态和自动联动状态。手动联动状态下，现场有火情只在 FAS 主机上报警，而不联动任何设备。目前，车站的联动状态是手动联动状态，如图 8-8 所示。多线集中控制盘上的广播切换——手动指示灯亮，系统切换——手动指示灯亮，按钮未复位——系统封锁指示灯亮。

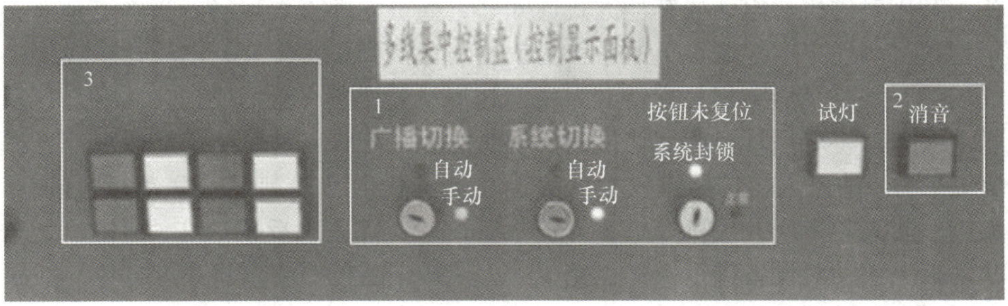

图 8-8　多线集中控制盘

四、火灾报警系统的日常维护

1. FAS 的操作

（1）一般要求　FAS 的维修保养单位是城市轨道交通公司机电设备中心，其日常作业管理由控制中心、车站控制室相关人员进行操作，操作时必须严格按规程执行。操作人员必须使用专用钥匙对设备进行操作，操作完毕后应将钥匙交由专人保管，不得留在开关上，除指定操作、维修人员之外，不得借出。操作人员接班时应了解上一班设备运行情况，每日必须填写设备运行情况记录。发现不安全因素时，应立即关停设备，并通知维修人员。设备故障或维修时必须在施工地点放置警示牌或护栏。爱护 FAS 设备，保持清洁，为设备正常运转创造良好环境。

FAS 要求值班室（车站控制室）24h 有人值班，系统在正常情况下处于广播、系统手动联动状态，在人员暂时离开时根据现场情况需要以及相关要求分别将控制显示联动板上的广播切换和系统切换旋钮切换到自动联动状态。

1）广播手动联动状态。多线集中控制盘上的广播手/自动切换旋钮在手动位置，系统封锁灯不闪。当 FAS 确认现场有火警后只进行报警，不进行相应的广播联动。如果需要将广播手动联动状态切换到自动状态，首先人为用钥匙将多线集中控制盘上的广播切换旋钮切换到正常位置，然后在多线集中控制盘上人为用钥匙将广播切换旋钮切换到自动状态，系统将会在 FAS 确认现场有火警后自动起动消防广播。

2）系统手动联动状态。多线集中控制盘上的系统手/自动切换旋钮在手动位置，系统封锁灯不闪。当 FAS 确认现场有火警后只进行报警，不进行相应的系统设备联动。如果需要将系统手动联动状态切换到自动状态，首先人为用钥匙将多线集中控制盘上的系统封锁旋钮切换到正常位置，然后在多线集中控制盘上人为用钥匙将系统封锁切换旋钮切换到自动状态，系统将会在FAS确认现场有火警后起动系统联动设备。

3）广播自动联动状态。多线集中控制盘上的广播手/自动切换旋钮在自动位置，系统封锁灯不闪。当FAS确认现场有火警后进行报警并自动进行消防广播。系统自动联动状态（多线集中控制盘上的系统手/自动切换旋钮在自动位置，系统封锁灯不闪）下，当FAS确认现场有火警后进行报警并自动进行相应的系统设备联动。

（2）车站级FAS报火警相关操作　在FAS正常运行期间，CS11操作盘有声报警，报警灯长亮，红色报警灯全亮，另有长响蜂鸣声，同时确认/复位处灯闪烁，为报火警。出现此种情况首先在LMS中文图形显示上或CS11操作盘上的报警栏内查看火警位置，再按确认键进行确认。利用对讲机、电话或其他方式通知邻近人员立即查看现场。当确定是火灾后，首先人为用钥匙将多线集中控制盘上的系统封锁旋钮切换到正常位置，然后在多线集中控制盘上根据现场情况需要及消防相关规定人为用钥匙将系统切换旋钮切换到自动状态，系统将起动系统联动设备；将广播切换旋钮切换到自动状态，系统将起动消防广播。在信息栏内要求有正常反馈信号。值班人员按照火灾模式表，在信息栏内和控制显示联动板上确认BAS模式、防火阀、防火卷帘门及风机等是否有正常反馈。若无正确反馈，在CS11操作盘上或控制显示联动板上手动对设备进行操作，完成灭火及排烟后按照要求将系统复位。如果发现是假火情，则按复位键进行复位。

（3）FAS联动设备的手动操作　消防泵、喷淋泵、排烟风机的手动操作：可以在控制显示联动板上远程实现手动打开、手动关闭，并显示设备的工作状态。如果要打开防火阀、电梯迫降、三级负荷、区间水阀、BAS模式等联动设备，可以在CS11主机上，进入主菜单，输入输出联动，XX站联动设备，按下部位起动。如果要关闭以上联动设备，可进入子栏目，按下解除部位起动。

2. FAS的运行管理

（1）中央级调度人员的职责　FAS中央级设在控制中心，由环控调度人员兼任消防系统中央调度。使用的消防设备包括一主一备两台LMS、全线车站广播、全线车站闭路电视、调度电话等。中央级调度人员的主要职责是负责管理全线的消防设备，监视全线的火灾报警。具体做法是通过闭路电视确认火灾灾情，或者通过有线或无线调度电话，通知车站值班人员到达现场确认火灾灾情，然后根据火灾发生的实际情况选择预定的处理方案，并向车站控制室发出消防救灾指令和安全疏散命令，指挥救灾工作的开展。与此同时，应立即直拨119向消防局通报火灾灾情。

（2）站级消防人员的职责　在车站，站长是消防主要责任人；值班站长及站务人员兼任消防值班员。除车站之外的其他建筑物，保安人员兼任消防值班员。消防值班员的主要职责是监视本站的火灾报警，确认火灾灾情，组织本站工作人员进行救灾以及乘客疏散，同时向控制中心及有关领导报告火灾灾情，并执行其下达的救灾指令。消防值班员的日常工作包括对消防设备设施的监护和巡视，确保消防设备设施不被挪用、破坏，在发生火灾灾情时，使用消防设备设施进行报警、救灾以及乘客疏散。

（3）相关规定　消防值班人员是消防系统设备的使用者，有责任和义务对消防系统的所有设备进行监护和管理。严禁擅自切断FAS控制盘、气体灭火系统控制盘、消防联动盘、

LMS 计算机等消防设备的使用电源。消防值班员是发生火警并进行处理的第一责任人。在收到火灾报警时，值班人员在 FAS 控制盘或 LMS 计算机确认后，应立即携带对讲机、插孔电话等通信工具，迅速到达报警点确认，然后根据火灾事故处理流程进行处理。

3. FAS 的维护

（1）一般要求　FAS 维护人员在生产作业过程中，应认真执行相应的安全规章制度。维护前未联系登记好，不能动用设备；对设备性能、状态不清楚，不能动用设备；对正在使用中的设备未经行车值班员授权，不能动用设备。在检修完成后，必须复查试验好才能离开；发现异响、异声的，必须查明原因才能离开。了解设备故障要做到设备故障时间清楚，设备故障地点确认清楚，设备故障原因清楚。设备维修的联系、要点和登记应到各作业地点办理，登记的工作时分、地点、作业性质、设备编号和影响范围等内容，一经车站值班员同意签认后，任何人不得任意涂改。登记要点的检修作业，一般应在给定的时间内完成，遇有特殊情况需要延长时间时，应在原给定时间到之前回到车站控制室说明情况，并重新办理要点登记手续。

（2）车站级 FAS 故障处理方法　FAS 出现故障应及时上报，如果有故障或信息未报或未及时上报，则会影响系统的正常工作并有可能造成设备的损坏。若 LMS 上出现新的故障，桌面窗口栏会有闪光提示，需在事件表中读取新的内容，做好记录并进行确认（如果所报事件与 FAS 主机是重复的，应按照 FAS 主机显示的信息内容进行登记）。若 FAS 主机出现新的故障，如有声报警，并且“确认/消声”键有指示灯闪烁。出现此类情况，首先应在操作盘上读出相应的信息或故障，并做好记录。如果在信息栏内查询到的是探测器警告，则表明该区域有预警，利用对讲机或其他方式通知邻近人员立即查看现场。按消音键对新的信息或故障进行确认消声。应将故障及时报告环调，由环控调度员（环调）报设备维修调度员（设调），由设调通知相关专业的人员进行检修。FAS 网络故障在 FAS 主机上无法显示，只有在 LMS 上有显示，对于网络故障应按照 LMS 的显示进行登记并报告环调，由环调报告设调。

【应用与实践】

一、FAS 的应用

全线各车站、地下区间隧道、车辆段都有 FAS 保护。全线 FAS 分为中央和车站两级管理，并通过通信光缆连成环形网络，中央级接收车站级上送的实时监控信息，也可下达控制指令给车站级。

1. 中心级控制及设备布置

在中央调度大厅内设立“中央控制级”系统，作为全线火灾报警系统的一级管理和一级中央控制系统。对 FAS 系统、感温光纤和气体灭火控制系统实行集中管理和控制。

全线各站所设置的火灾报警控制器等设备均作为网络节点，与设置在 OCC 的网络控制工作站 NCS，通过通信专业提供的独立光纤，组成一个独立的无主从对等式双环令牌网络，网络资源共享。每一个火灾报警控制器在网络通信中具有同等的地位，每个节点都应独立完成所管辖区域内设备的监视、检测、报警与控制，各节点之间是互相平等的，无论哪个节点出现新的报警点网络上都有优先权。如果节点之间短路、开路或者故障，节点会自动隔绝，网络通信不会中断。当网络发生单点故障时，将自动隔离故障设备或相应的回路，不影响整个系统正常通信，并在控制中心主机及车站报警分机上显示故障位置；系统具有消防网络自动重组功能，当网络发生多点故障时，可自动重组生成多个子网络保持通信，确保系统的安全性和可靠性。

在中央调度大厅设置中央 FAS 监控工作站，作为全线消防报警控制器主机。FAS 与控制中心大屏幕（大屏幕由买方提供）相接，在大屏幕显示各类信息。

2. 车站级控制及设备布置

全线各站不设专门的防灾控制室。“车站控制级”系统，作为二级管理和二级分控制中心，实现对本站的 FAS、气体灭火控制系统等的自动监视与控制以及对重要设备的手动控制。

车站级工程范围为车站及相邻半个区间的消防设备。

车站级防灾报警控制器通过通信接口与车站级 BAS 系统 PLC 控制器相连接，完成火灾模式的起动。同时 FAS 将信息送至控制中心级。

车站级火灾报警控制器、图形显示终端、所管辖范围内的各种类型探测器（包括气体灭火房间的探测器）、手动报警按钮、电话插孔、消防专用电话、控制联动设备、防灾报警系统输入和防灾报警系统输出模块等现场设备组成车站 FAS 报警网络，构成车站级防灾报警系统。火灾报警控制器通过控制总线将现场设备连接起来，控制回路采用环形闭合式回路。

区间感温光纤监测系统由设在部分车站的光纤测温主机、感温光纤车站级工作站、软件、与车站通信系统的以太网接口、与火灾报警控制器的继电器编码接口及安装在区间隧道内的感温光纤组成。

气体灭火系统由控制系统和管网系统两部分组成。每个保护区以固定的封闭空间划分，且每一保护区内的管网和报警控制系统两部分自成独立系统。气体灭火系统的报警控制部分，纳入车站火灾自动报警系统中。防灾报警系统接收气体灭火系统的系统故障信号、手动/自动状态信号、气体喷放信号。

车站级火灾报警控制器，与车站管辖范围内火灾自动报警探测器、手动火灾报警按钮（带电话插孔）、各种输入输出模块等联网，组成车站级火灾报警系统。

各站的车站综控室内，配置 1 套火灾报警控制器（联动型）、1 台车站级 GCC、1 套消防电话主机等设备。

车辆段的消防值班室内，配置 1 套火灾报警控制器（联动型）、1 台车站级 GCC、1 套消防电话主机、1 套在线式 UPS 电源、联动盘（Table－14）、4 套区域火灾报警控制器等设备。区域火灾报警控制器负责所管辖建筑单体火灾信息的监视和控制，并与车辆段火灾报警控制器联网。

3. 就地级控制及设备布置

在各站、车辆段、主变电所等的公共建筑现场、设备间、区间等部位，设置各种探测器、手动报警按钮、消防电话插孔等构成“就地控制级”。

车站的站厅、站台、附属用房等设置智能光电感烟探测器、智能光电感温探测器，站台板下电缆通道、变电所电缆夹层设置缆式线性感温探测器；站厅层两端附属用房、公共走廊设警铃；区间内设备用房设置智能光电感烟探测器；公共区每隔 30m 设置手动火灾报警按钮（带消防电话插孔）；区间结构外侧墙每隔 50m 设手动火灾报警按钮（带消防电话插孔）。

车站内消火栓箱内设消火栓按钮并带启泵指示灯，区间消火栓旁设消火栓按钮并带启泵指示灯。

模块采取集中与分散相结合的方式设在接受 FAS 监控的风机、风阀、水泵、非消防电源等设备附近，控制设备起、停和采集运行状态、故障等信号。模块箱主要设置在环控电控室、照明配电室、空调机房、消防泵房、变电所、气瓶间等位置。

车辆段火灾自动报警控制系统设置：车辆停放和各类检修车库的停车部位、燃油车库、可燃物品仓库等设备智能型光电感烟探测器、红外光束感烟探测器、防爆型可燃气体探测器、防爆型火焰探测器、消防电话、消火栓按钮、手动火灾报警按钮（带电话插孔）、输入输出模块等设备。

二、火灾自动报警系统的维护操作

火灾自动报警系统的维护工作是整个消防系统正常运行工作不可缺少的环节。为了更好更有效地对整个火灾自动报警系统进行维护保养工作，要求日常系统维护工作人员应对整个系统的工作原理以及设备资料熟悉理解。

整个火灾自动报警系统的维护工作主要分为两大类：控制主机维护及图文管理系统维护。

对于系统维护人员及值班人员的要求：熟悉消防电气基础知识；熟悉消防系统的工作原理；对计算机有初步的认识及操作经验；经专业培训后能理解技术资料及能独立处理日常工作运行中的故障；对主机系统进行熟练操作。

在对火灾自动报警系统进行日常维护工作时，应具有如下工具及资料。

1）万用表：准确性$\leqslant 2\%$；内部阻抗$\geqslant 20k\Omega$；测量范围 1 ~ AC/DC 500V，100mA ~ DC 5A，$10\Omega \sim 10M\Omega$。

2）电池测量装置：负载电阻 5Ω。

3）探测器测试仪：烟感测试仪（DZ1193）、温感测试仪（RE6T）。

4）线路测试仪：S1131 系列测试仪（DZ1131）、S1151 系列测试仪（DZ1195）。

5）工程竣工资料：设备安装平面图、主机及现场接线箱接线详细图、回路地址码表、设备联动控制方案、控制原理图及系统操作手册。

1. 控制主机维护操作

（1）控制主机检查操作

1）查看控制主机外壳及硬件和电池外观。

2）检查安装螺钉、端子及其他连接件是否完好。

（2）操作盘检查操作

1）观察面板硬件是否损坏。

2）检查接地是否连接。

3）面板按键标签是否清晰。

4）进行功能检测：输入用户操作密码；执行试灯操作；进行有人/无人值班切换操作；

打开/关闭一个分区；触发一个报警，确认并复位；触发一个故障，确认并复位（处理好故障）；退出操作；确认以上操作和显示是否正常。

5）选用中性肥皂清洗显示盘及面板按钮，不可使用溶剂类液体。

（3）电源检查操作

1）检查电池工作状态。

2）检查主电工作状态。

3）进行断电检查：主电故障断开主电；电池故障断开电池。

4）检查消防电源在用户配电箱内是否有明显标识及进电部分是否有熔丝保护。

5）检查电源保护是否工作正常，断开电源15min并检查辅助锂电池工作状态，重新送电后，检查日期、时间及故障信息，如有任何数据遗失，则应更换锂电池。

（4）系统功能测试操作 探测器测试——可选择两种不同的测试方法：

1）探测器测试模式（报警装置及控制设备需隔离）。如探测器动作后，面板显示探测器测试起动10s。

2）安装测试模式（所有控制设备正常工作，报警装置及控制功能均不隔离）。如探测器动作后，系统触发报警，指示灯闪亮。

（5）操作面板标准用户文字解释

1）自动火警：由消防报警探测器报警产生的火警信息。

2）手动火警：手动报警器玻璃破碎后产生的火警信息。

3）非编址火警：由于某一探测器或手动报警器遗失了地址或回路上尚未调试开通的报警元器件报警产生非编址火警信息。

4）水流指示器报警：由水流指示器动作后产生的报警，告知某一楼层或区域的水系统支管内有水流动。

5）控制器配置：控制主机内部编写的程式与现场安装的实际情况不符。

① 有部分探测器、手动报警器或输入/输出模块（一个或一个以上）尚未调试，但程式已被下载至控制主机内。

② 有部分探测器安装的型号与系统预设程式不符。

（6）控制器通信中断操作

控制主机与操作面板之间的通信总线（C-BUS）中断，操作面板无法接收控制主机的信息。请查看信息的详细文本以确认是哪台控制主机出现问题。

2. 控制主机常见故障的排除操作

控制主机回路开路操作处理：在一条回路线上，有一处开路情况发生，系统给出开路故障，所有元器件仍正常工作。如有两处或两处以上线路开路，则给出开路及两处开路之间的所有元器件故障。

1）所需工具及资料：万能表、螺钉旋具、工程平面图、端子接线图。

2）一处开路操作处理：

① 查看CT11操作面板，确认是哪条探测器回路开路。

② 若此开路回路上无其他元器件故障，则可确认为一处开路情况。

③ 在端子箱处将此回路的入线拆除。

④ 查看CT11面板上新增加的元器件故障，结合平面图，在一条回路上最前位置的故障

元器件即为开路点处。

⑤ 排除线路故障，并在端子箱处接好回路入线。

⑥ 在 CT11 面板上对此回路进行 D－总线重新配置，约 1min 后，如开路故障消失，则故障已排除。

3）多处开路操作处理：

① 查看 CT11 操作面板，确认是哪条探测器回路开路。

② 若此开路回路上有其他元器件故障，则可确认为多处开路情况。

③ 查看 CT11 面板上新增加的元器件故障，结合平面图，在一条回路上最前位置及最后端位置的故障元器件即为开路点处。

④ 排除线路故障，查看 CT11 面板上元器件故障是否减少或消除；若仍存有元器件故障，则可按前第 3 步进行检查。若无元器件故障时，则可执行下一步骤。

⑤ 在 CT11 面板上对此回路进行 D－总线重新配置，约 1min 后，如开路故障消失，则故障已排除。

3. 控制主机回路短路操作处理

在一条回路线上，有一处短路情况发生，系统给出短路故障及短路处两端最近的具有隔离元器件之间元器件故障信息，回路上其他元器件仍能正常工作。

（1）所需工具及资料　万能表、螺钉旋具、工程平面图、端子接线图。

（2）短路操作处理

1）查看 CT11 操作面板，确认是哪条探测器回路短路及查看此回路上是否有元器件的故障，同时结合工程平面图以初步确认短路的范围。

2）在端子箱处将该回路的入线拆除，同时将该探测回路中间点向后的线路断开。

3）在 CT11 面板上对此回路进行 D－总线重新配置。如过 1min 后短路信息消失，则说明短路点在断开点向后的位置。如短路信息未消失，则说明短路点在断开点向前的位置。

4）向前或向后取中间点，断开向后的线路，重复步骤 3）直至找到短路点。

5）排除线路故障。

6）在端子箱处接好回路线的入线。

7）在 CT11 面板上将短路的回路进行 D－总线重新配置。约过 1min 后，如短路故障信息消失，则故障已排除。

4. 控制主机回路对地短路操作处理

对地短路一般情况下分为两种：正线对地及负线对地。负线对地可能造成对地点部位工作失常，正线对地则有可能造成整条探测回路工作失常。对地故障排除后，信息自动消除，无需重新配置探测回路总线。

（1）所需工具及资料　万能表、螺钉旋具、工程平面图、端子接线图。

（2）对地短路操作处理

1）查看 CT11 操作面板，确认是哪条探测器回路对地短路。

2）在端子箱处将该回路的入线拆除，同时将该探测回路中间点向后的线路断开。

3）查看 CT11 面板。如对地短路故障消失，则说明对地短路点在断开点向后的位置，如对地短路信息未消失，则说明对地短路点在断开点向前的位置。

4）向前或向后取中间点，断开向后的线路，重复步骤 3）直至找到短路点。

5）排除线路故障。

6）在端子箱处接好回路线的入线。

【实践操作】

1. 操作练习

1）根据本章所学的知识，掌握城市轨道交通火灾自动报警系统的操作。

2）在课余时间，结合所在城市轨道交通车站参观学习，了解火灾自动报警系统。

2. 书面练习

1）简述火灾自动报警系统的构成。

2）简述火灾自动报警系统的功能和基本原理。

【评价跟进】

1. 教师的评价

由教师在完成本章的教学任务后填写，在相应表格中画“√”。

评 价 项 目		教师的评价			
序号	题　目	好	较好	一般	较差
1	对本章教学过程的控制				
2	在本章教学过程中，学员的参与情况				
3	学员对本章知识学习后的效果反馈				
教师对本章教学的总结评价意见及跟进措施					

2. 学员的评价

由学员在完成本章的教学任务后填写，在相应表格中画“√”。

评 价 项 目		学员的评价			
序号	题　　目	好	较好	一般	较差
1	在本章教学执行过程中教师的表现				
2	本章教学内容与社会实际需求的联系情况				
3	自己在本章学习过程中的表现				
学员对本章教学的总结评价意见及跟进措施					

3. 知识跟进

1）从互联网上了解城市轨道交通火灾自动报警系统的现状如何。

2）从互联网上了解城市轨道交通火灾自动报警系统的发展。

第9章 给水排水系统

问题导入

给水排水系统是城市轨道交通必不可少的重要组成部分。一般城市轨道交通建筑物的给水排水系统包括生活给水系统、生活排水系统和消防水系统，这几个系统都是城市轨道交通系统重要的监控对象。

学习目标

1. 能掌握生产、生活和消防公用的给水系统组成。
2. 能掌握生产及生活给水系统。
3. 能掌握消防给水系统。
4. 了解排水主要处理的各种废水。

教学建议

1. 教学场地：在普通教室、能连接互联网的多媒体教室及城市轨道交通系统的各种模型实训室中进行，课后可实地参观。

2. 设备要求：城市轨道交通车站的给水排水系统包括生活给水系统仿真模型1套，或能播放视频投影的设备及相关课件、视频。

3. 课时要求：共6课时，其中课堂讲授4课时，模拟操作2课时。

【理论知识】

一、给水排水系统的组成及功能

城市轨道交通的车站和车辆段给水排水系统分别由给水系统和排水系统两部分组成。其中给水系统包括生活给水系统、生产给水系统和水消防给水系统，其功能是满足生产、生活和消防用水对水量、水质和水压的要求；排水系统则包括污水系统、废水系统和雨水系统，其功能是保证车站和车辆段排水畅通，为轨道交通安全运营提供服务。

城市轨道交通车站的给水排水及消防设计有一般建筑工程的共性，也有作为城市轨道交通工程的特点。

1. 车站给水排水系统的组成及功能

（1）车站给水系统的组成及功能　车站给水系统采用城市自来水作为供水水源，在车站两端的风亭处，分别用两条进水管将城市自来水引进车站，管径为 *DN*150～*DN*200，与城市自来水的接管点处水压要求不低于 0.2MPa。两条给水引入管上的电动蝶阀及隧道两端的消防电动蝶阀由车站控制室 BAS 实行监控，两条引入管互为备用，进站前设置水表和水表井，每条进水管水表前设置室外消火栓和水泵接合器。生产、生活和消防采用分开的直接给水方式，由城市自来水引入水管接出生产、生活及消防水管。生活和生产给水在站内采用枝状或环状管网；消防给水在站内采用环状管网。

1）生产、生活给水系统的组成及功能。生产、生活给水系统由水源（城市自来水）、水池、水泵、水塔（水箱）、气压罐、管道、阀门、水龙头等组成，其功能是满足车站生产、生活用水对水量、水质和水压的要求。

城市轨道交通车站用水量包括车站工作人员生活用水量、车站冲洗用水量、环控系统所需冷却补充水量。城市轨道交通车站位于地下，市政水压一般能满足生产、生活给水系统的水压要求，采用市政给水直接供水给水系统。生产、生活给水干管在站厅层、站台层呈枝状布置，满足各用水点要求，其特点如下：

① 用水量标准。工作人员生活用水量 50L/（班·人），时变化系数为 2.5；冲洗水量 3L/（m^2·次）；冷却补充水量按循环水量的 2% 计。

② 进出车站的给水排水管道布置。给水排水管道不能穿过连续墙，宜在出入口或风井部位布置。因为城市轨道交通车站连续墙厚度近 1m，预留空洞会给结构工程带来不便。

③ 管道绝缘。由于城市轨道交通车辆采用接触网供电，对于这种直流牵引供电系统，要防止杂散电流对给水排水管道的腐蚀。进出车站的给水排水管道均需进行绝缘处理后引入或引出，可在进出车站的给水排水管道靠车站主体外侧安装 1m 长的绝缘短管。

④ 管材。要防止杂散电流对给水排水管道的腐蚀。一般情况生产、生活给水管管径小于等于 *DN*100 的采用新型塑料给水管，大于 *DN*100 的采用镀锌钢管或可延性铸铁管。

⑤ 生产、生活给水管线布置注意事项。给水管道严禁跨越通信和电气设备用房。给水干管最低处设置泄水阀，最高处设置排气阀，排气阀一般设于设备用房端部没有吊顶的部位。给水干管穿越沉降缝处，宜设置波纹伸缩器。由于生产、生活给水管一般采用塑料管材，塑料管材的线胀系数大，城市轨道交通车站站厅、站台层长度一般在 100m 以上，管线布置时要有效地减少或克服管道线性变化值。在可能暗敷的场所尽量采用暗敷的安装方式，管道直线长度大于 20m 时应采取补偿管道涨缩的措施，支管与干管、支管与设备的连接应利用管道折角自然补偿管道的伸缩。当不能利用自然补偿或补偿器时，管道支架均应为固定支架。管道支架不仅起管线固定的作用，还要求能承受管线因线性膨胀而产生的膨胀力，其间距应比传统的镀锌钢管小得多。

⑥ 冲洗栓箱的设置。考虑到城市轨道交通运营中需要对车站进行清扫，因此站厅、站台层两端和长度大于 20m 的通道内均设置冲洗栓箱，暗敷于侧墙内。为便于更换洒水栓栓头，应在栓前设置闸阀。

⑦ 给水立管的设置。从站厅层至站台层的给水立管宜设置在端部风井内，避免给水立管影响接触网供电系统。

2）消防给水系统的组成、功能及设置要求。消防给水系统由水源（城市自来水）、消防地栓、水泵接合器、消防水泵、管道、阀门、消火栓（喷头）、水流指示器等组成。车站站厅、站台、区间隧道和设备区域均按规范设置具有手动报警按钮和电话插孔的消防栓箱。

站厅、站台及通道的消防栓箱内放置两个 *DN*65 单头单阀消火栓、两盘 25m 长的水龙带、两支 *DN*19 多功能水枪、一套 *DN*25 自救式软管卷盘；车站设备区域的消火栓箱，箱内放置一个 *DN*65 单头单阀消火栓、一盘 25m 长的水龙带、一支 *DN*19 多功能水枪和一套 *DN*25 自救式软管卷盘，区间隧道每隔 50m 距离设置一个消防箱，箱内放置两个 *DN*65 单头单阀消火栓、两盘 25m 长的水龙带、一支 *DN*19 多功能水枪，或每隔 50m 设一个消火栓头，隧道两端各设两个 900mm×600mm×240mm 的消防器材箱，里面装有 25m 长的水龙带及 *DN*19 多功能水枪等消防器材。消防给水系统的管网压力能满足消防水压、水量要求时，不另设加压系统，否则需设消防水泵进行加压。车站的消防干管布置成环状，并与区间消防管网连接。按消防要求，车站两条与市政供水管网连接的引水管上设闸阀，水表前设室外消火栓。区间消防管端头设电动蝶阀和手动蝶阀旁路，平时电动蝶阀关闭，手动蝶阀开启 2%，一旦区间发生火灾，BAS 开启电动蝶阀，以保证区间的消防水压、水量。消防地栓为消防车提供水源，根据环境条件，可分为地上式、地下式和墙壁式。水泵接合器一端由室内消火栓给水管网引至室外，另一端井口可供消防车或移动水泵站加压向室内管网供水，保证断电或消防水泵故障时的车站消防给水，与室外消防地栓的距离在 15～40m 内。

消防时可直接从城市管网抽水，不设消防水池。若城市管网不能满足消防要求，则必须设消防泵和消防水池。确定消防水池容积时，自动喷水灭火系统的火灾延续时间按 1h 计，消火栓系统的火灾延续时间按 2h 计，但应减去火灾延续时间内连续补充的水量。消火栓给水系统经增压后在车站内形成环网，区间隧道消防供水由相邻车站消火栓管网引入，双向区间形成环路。消火栓给水系统用水量按同一时间内发生一次火灾考虑。消火栓的水压应保证水枪充实水柱不小于 10m，栓口处的静水压力不大于 80MPa。消火栓给水系统服务范围除车站本身外，还包括两城市轨道交通车站之间隧道和车站附属的各种连通通道。两城市轨道交通车站之间隧道和车站附属的各种连通通道（长度大于 25m）内均需布置消火栓。

消防给水系统设置要求：

① 消火栓箱的形式。根据城市轨道交通车站的建筑特点和不同的设置部位选用不同形式的消火栓箱。一般站厅层和连通通道选用单阀单出口消火栓箱，站台层选用双阀双出口消火栓箱，弯曲隧道内消火栓箱宜设在与轨道距离较远的内侧，隧道内消火栓箱上应有电话插孔。车站及折返线消火栓箱内应设火灾报警按钮和消防泵起动按钮。

② 消火栓箱间距：按 2 股水柱同时到达任一着火点布置。车站内消火栓箱最大间距为 50m，折返线内消火栓箱最大间距为 50m，区间内消火栓箱最大间距为 100m。

③ 设置水泵接合器及室外消火栓。城市轨道交通车站出入口或通风亭的口部应设置水泵接合器，并在 40m 范围内设置室外消火栓。

④ 具备自动巡检功能。因为消防泵平时很少运行，为加强消防泵给水的可靠性，要求消防泵具有自动巡检功能。在设定的时间周期内自动地起动消防泵，对消防泵的运行进行检查，有利于及时了解消防泵的实际性能，解决消防泵的锈蚀问题，保持消防泵的良好工况。

（2）车站排水系统的组成及功能

1）污水排放系统的组成及功能。车站污水排放流程如图 9-1 所示，此系统主要由集水井、压力井、化粪池等组成。用排水管道将车站内的厕所、盥洗室、茶水间冲洗水等生活污水汇集到集水井，经潜水泵提升到压力井消能、地面化粪池简单处理后，排入城市污水管网。压力井是排水进入市政排水管网前的消能设施，其构造要求进、出水管道不得在同一高

图 9-1　车站污水排放流程

程上且侧壁有防冲洗的措施，车站化粪池采用国标4#化粪池（1#化粪池的有效容积是2m^3、2#化粪池的有效容积是4m^3、3#化粪池的有效容积是6m^3、4#化粪池的有效容积是9m^3、5#化粪池的有效容积是12m^3）。

2）废水排放系统的组成及功能。车站废水排放流程如图9-2所示，此系统主要由集水井、压力井等组成。用排水管道或排水沟将车站内的生产、消防废水、结构渗漏水汇集到集水池，经潜水泵提升到压力井消能后排入城市污水管网。区间隧道设置独立的排水系统，其泵房设在区间隧道的最低处，明挖隧道的废水泵房设在隧道外侧或联络通道内，盾构隧道则利用联络通道作为废水泵房。压力井内进、出水管道要求与污水系统一样。雨水系统的组成和功能基本上和废水系统相同。隧道排水系统是将结构渗漏水、冲洗水及消防废水，通过线路排水沟集中到线路坡度最低点的排水泵站，排入城市雨水排水系统。局部排水系统是将自动扶梯下机坑、折返线车辆检修坑及车站盾构端头井等低洼处的集水，通过排水泵排入城市雨水排水系统。

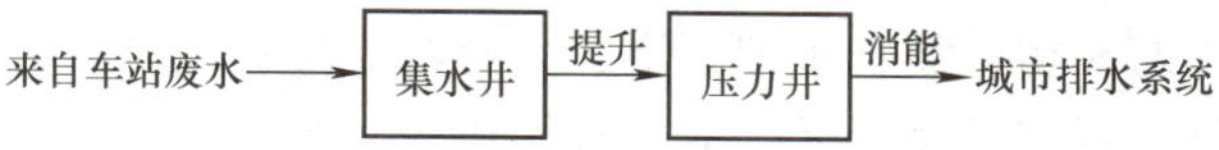

图 9-2　车站废水排放流程

在折返线车辆检修坑端部、出入口和局部自流排水有困难的场合需设置局部排水泵房，在城市轨道交通洞口及敞开出入口处应设雨水泵房。

3）车站排水系统设置要求。

① 排水量标准。工作人员生活排水量按生活用水量的90%计；消防废水量与消防用水量相同。冲洗排水量为3L/（m^2·次），结构渗漏水量为1L/（m^2·昼夜）。

② 排水点设置。城市轨道交通车站属于地下建筑，污废水一般不能自流排出，需用泵提升后排出，所以在设计时排水点要考虑周到。除各排水点汇流集中到废水泵房、污水泵房的污废水用泵提升后排入市政排水系统外，还需考虑出入口处电梯基坑排水和站台底板下的结构渗漏水。为排除站台底板下的结构渗漏水，需在站台层端部设集水坑，坑内设潜污泵将积水定期提升后排至线路排水沟内，由该沟流至废水泵房的集水池内。在折返线车辆检修坑端部、出入口和局部自流排水有困难的场合需设置局部排水泵房。

③ 排水泵。排水泵应设计成自灌式，采用水位自动、就地和距离三种控制方式，并要求在车站控制室显示排水泵的工作状态和水位信号。

④ 集水池有效容积的确定。确定集水池有效容积时，既要防止增加工程造价，又要防止频繁开动水泵。废水泵房集水池的有效容积可按不小于10min的渗水量与消防废水量之和确定，但不得小于30m^3。污水泵房集水池的有效容积不应小于最大一台泵5min的流量，但不得大于6h的污水量，防止污水停留时间过长而沉淀、腐化。

⑤ 设置排水泵房与雨水泵站。车站露天出入口的雨水不能自流排除时，宜单独设置排水泵房；地下铁道隧道洞口的雨水宜采用自流排水，当不能自流排水时必须在洞口设雨水泵

站。如果雨水涌进城市轨道交通车站，将影响地下铁道安全运营，甚至造成事故。为保证地下铁道安全运营，地下雨水泵站的暴雨重现期取30年。

⑥ 车站站厅、站台层地面及设备用房要求。这些地方根据需要应设排水地漏，出入口通道与站厅接合处，需设置排水横截沟。地漏和排水横截沟的排水立管应接至道床排水沟。

⑦ 废水泵房、污水泵房要求。废水、污水泵房内应设置通气管道，与环控系统空气管道连通，避免臭气污染其他房间。

（3）人防给水排水　城市轨道交通工程除在平常作为重要的交通枢纽外，作为地下工程还兼有人防工程的特点，在战时可作为人员掩蔽的场所。在给水排水工程中也应考虑到相应的人防要求。给水采用城市自来水作为给水水源，战时水箱进水管从车站内的给水管上接入。战时水箱应设在通风良好靠近集中用水的清洁区，可在战时临时修建，但应设计到位，施工时预留孔洞、预埋管道，并有明显标志，以便临战时在规定时间内修建完毕。战时水箱的结构最好采用不锈钢成品水箱或食品级玻璃钢水箱，施工方便且在人防时不容易出现裂缝和破坏。战时水箱应贮存战时的生活用水和洗消用水。人防出入口内设置一个供墙面和地面冲洗用的水龙头，可从生产生活给水管或消火栓给水管上接出。水箱排水至水箱附近的地漏，地漏排向废水泵房，由废水泵房内的泵提升至室外市政排水系统。人防口部设洗消污水集水井，集水井宜与平时排水集水井相结合。人防口部各房间内应设洗消排水口，收集洗消污水排向洗消污水集水井，集水井内的污水应设机械排出，采用自起动方式，且应设透气管。

1）防爆地漏设计。简易洗消间、防毒通道等需冲洗的房间及通道内应设置直径不小于75mm的防爆地漏（地漏是地面与排水管道系统连接的排水器具，它排除的是地面水，水质比其他任何器具都差，固体物、纤维物多，有毛发、易沉积物等）。人防口部供墙面、地面冲洗排水用的防爆地漏可排到清洁区的集水井内，洗消排水用的防爆地漏只能排向染毒区内的集水井。防爆地漏有法兰堵板和丝堵两种形式，平时处于封闭状态，需要排水时开启。

2）给水排水管道。给水排水管道穿越人防外墙时应采取“三防措施”，即防震、防不均匀沉降和防水措施。给水管穿人防外墙与土壤相接处设接头井防震和防不均匀沉降，并设置防水套管防水；排水管穿人防外墙与土壤相接处设挡土套管防震和防不均匀沉降，并设置防水套管防水；管道穿过密闭墙时，应采取密闭措施。

3）防爆波阀。给水管、消防管、排水管、透气管等穿人防顶板处和人防外墙处内侧均应设防爆波阀，并尽量靠近顶板或外墙。防爆波阀具有安全防护的作用，可防止冲击波沿着管道进入人防内部，以保护设施正常运转。在正常状态下防爆波阀处于常开状态，当冲击波传入阀门时迅速关闭，防爆波阀无手动开启、关闭功能，设计时需调节控制的管道应在防爆波阀前设置公称压力大于1MPa的可控阀门，并应有明显的启闭标志。

2. 车辆段给水排水系统的组成及功能

（1）车辆段给水系统的组成及功能　车辆段供水水源为城市自来水，两条管径为*DN*200的进水管分别接在城市自来水管网的不同干管上，互为备用以保证供水安全。根据设计工艺的不同，可采用水泵-水塔联合供水方式和变频恒压供水方式等工艺。前一种是城市自来水进入水池后，经水泵提升至水塔（水箱），由水塔向车辆段内的室外给水管网供水，室内各用水点从室外环状管网引入。后一种是城市自来水进入水池后，由变频恒压给水设备直接送至车辆段室外给水管网，室内各用水点从室外环状管网引入。为保证供水安全，无论采用哪种给水工艺，室外给水管网均采用环状。

1）生活、生产给水系统的组成及功能。生活、生产给水系统主要由水源、蓄水池、水泵、水塔、管道、阀门、气压罐及水龙头等设备或构筑物组成，一般采用枝状管网。本系统的功能是满足车辆段生产、生活用水对水量、水质和水压的要求。水泵-水塔联合供水和变频恒压供水主要工艺流程如图 9-3、图 9-4 所示。

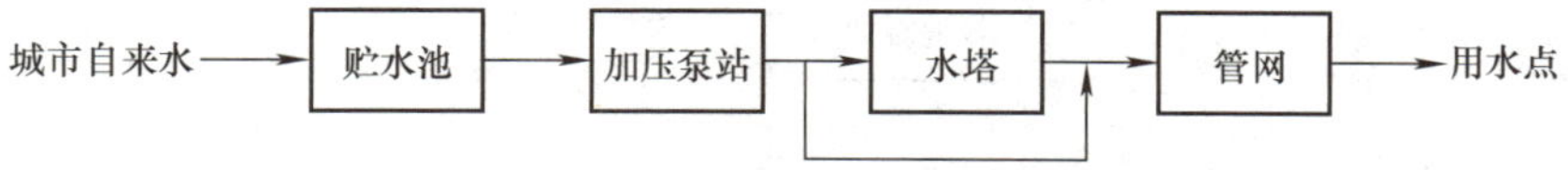

图 9-3　水泵-水塔联合供水主要工艺流程

图 9-4　变频恒压供水主要工艺流程

2）消防给水系统的组成及功能。消防给水系统主要由水源、蓄水池、消防水箱、水泵、水塔、管道、阀门、气压罐及消火栓等设备或构筑物组成，一般采用环状管网。车辆段水消防系统的功能是当车辆段内发生火灾时，提供满足消防要求的水量、水压。

（2）车辆段排水系统的组成及功能　车辆段排水系统包含车辆段污水排放系统、废水排放系统和雨水排放系统，采用分流制的排水方式。

1）污水系统的组成及功能。车辆段的污水包括厕所冲洗水及生活污水，经化粪池简单处理后，排入车辆段内污水处理站的调节沉淀池，经潜水泵提升至污水处理一体化设备，经过厌氧、好氧、缺氧和消毒处理达标后，排入附近河流。车辆段生活污水处理工艺流程如图 9-5 所示。

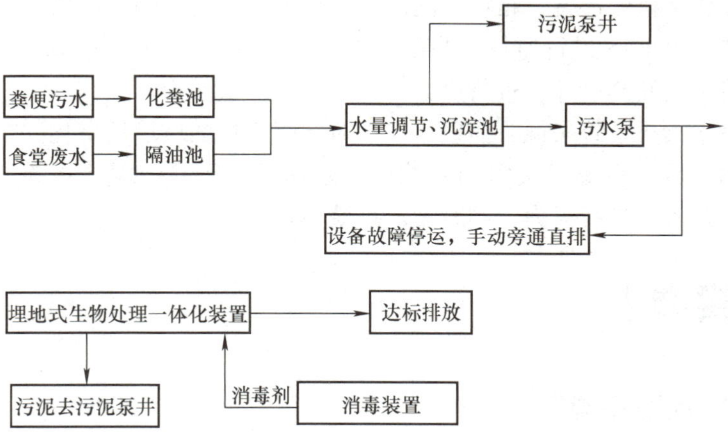

图 9-5　车辆段生活污水处理工艺流程

2）废水系统的组成及功能。车辆段的废水包含淋浴废水，餐厅、食堂、汽车维修及洗车等含油污水。淋浴废水排入毛发聚集井；餐厅、食堂、汽车维修及洗车等含油污水就近排入隔油池或油水分离设备，经简单处理后统一排入沉淀池，经潜水泵提升至气浮处理装置处理达标后排入附近河流。处理工艺流程如图 9-6 所示。

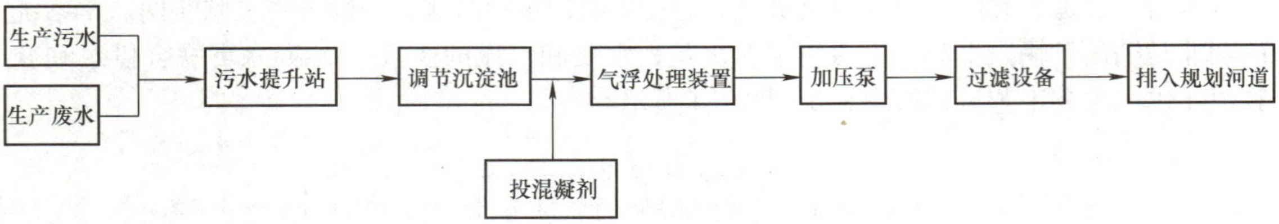

图 9-6　车辆段生产废水、污水处理工艺流程

3）雨水系统的组成及功能。雨水系统由室外排水明沟（或埋地雨水沟）、PVC 排水管、排水检查井等组成。雨水不做处理，汇集后直接排入附近河流。

二、给水排水系统运行管理

1. 潜水泵的运行管理

车站泵房集水池内一般设两台潜污泵，一用一备轮换运行，必要时可同时运行。集水池一般设有超高、中、低、超低 2~4 个终端液位控制器，根据水位高、低自动控制排水泵的起停，并通过 BAS 进行监视。当水位达到超低水位时，两台泵均停止工作，手/自动都无法起动；当水位达到低水位时，开动第一台泵；当水位达到中水位时，两台同时开动；由液位控制器失灵引起水位报警时，BAS 将会发出报警信号，通知站务人员到现场，将转换开关拨到手动位置，手动起动排水泵。

2. 水消防设备运行管理

消防水管上的阀门应保持常开。工作人员发现火灾时，应及时按下消防栓箱的手动报警器或通过箱体上的报警电话向车控室报警，并取出消防水带，接上消火栓及水枪后，打开阀门，持枪喷水灭火。火灾扑灭后，关闭消火栓阀门，取下水枪、水带，在冲净、晾干后将器材放回原位，并在转盘的摇臂、箱锁、阀门等处涂上 2 号钙基酯，以便再次使用。区间消防管道上的电动蝶阀由 BAS 进行监控。当区间发生火灾时，电动蝶阀自动开启，同时操作人员迅速到现场将手动蝶阀打开，进行灭火，灭火操作方法同上。

对于自动喷水灭火系统来说，当发生火灾时，喷头口的玻璃球熔化并自动喷出水雾，由于系统内水压的突降，在湿式报警阀两端产生水压差，压差使湿式报警阀打开，延时 30s 后，自动起动消防水泵进行灭火，同时发出报警声。

【应用与实践】

一、给水排水设备操作

1. 消防水泵应用操作

1）系统设有两台消防泵，一用一备，一级负荷，由 FAS 进行监控，当工作泵发生故障时，能自动切换开启备用泵。

2）控制方式：就地控制、车站控制室集中手动控制、FAS 系统自动控制。消火栓箱内设消防水泵起动按钮控制，设稳压装置时由管道压力开关自动控制。

3）车控室显示消防泵的起、停、故障状态信号、管网吸水管的压力信号、管网扬水管的压力信号。扬水管、吸水管上应安装电触头压力表。消防泵房应设电话或电话插孔。

4）消防泵控制柜能对消防主泵进行定期自动巡检（按消防要求），并能将巡检结果反馈给电控柜、车站车控室和控制中心。

5）一般情况下，消防泵应考虑本站及相邻两侧的各半个区间，即：本站发生火灾时，本站消防按钮或消防控制室起动本站消防加压设备，不考虑车站之间的备用。

2. 排水泵应用操作

车站所有潜污泵控制箱采用一控二的方式，水泵通过控制箱实现液位自动控制及现场手动控制方式。

（1）车站废水泵房、敞口风亭及出入口雨水泵站应用设置　设两台排水泵，一用一备，定期轮换工作，必要时两台同时使用。废水泵为一级负荷，由 BAS 进行监控。集水池设投入式液位变送器。废水池内设五个水位，分别是：超低报警水位、停泵水位、第一台泵启泵水位、第二台泵启泵水位、超高报警水位。其控制要求如下：

1）超低水位报警，同时控制回路应保证水泵均处于停泵状态。

2）当水位上升到达 1 泵开泵水位时，第一台泵开启。

3）当水位继续上升到达 2 泵开泵水位时，控制回路应保证两台泵都处于运行状态。

4）水位继续上升，到达警戒水位时发出超高报警信号。

5）液位传感器输出液位信号给本站车控室的 BAS，提供水位信号，实现本站车控室远程控制泵的起、停，以及紧急起、停。车控室 BAS 显示排水泵的起、停、故障状态信号。

6）紧急起动、紧急停止控制不受转换开关的制约。主排水泵房设电话或电话插孔。

（2）车站污水泵房应用设置 污水池内设潜污泵两台，平时一用一备，依次轮换工作。污水泵为二级负荷，由 BAS 进行监控。污水池内设四个水位，分别是：超低报警水位、停泵水位、启泵水位、超高报警水位。其控制要求如下：

1）超低水位报警，同时控制回路应保证水泵均处于停泵状态。

2）当水位达到停泵水位时，水泵停止工作。

3）当水位上升达到启泵水位时，一台水泵开启。

4）当水位继续上升达到超高报警水位时，发出报警信号。

5）液位传感器输出液位信号给本站车控室的 BAS，提供水位信号，实现本站车控室远程控制泵的起、停，以及紧急起、停。车控室 BAS 显示排水泵的起、停、故障状态信号。

6）紧急起动、紧急停止控制不受转换开关的制约。污水泵房设电话或电话插孔。

（3）局部排水泵房应用设置　集水池内设潜污泵两台，平时互为备用，依次轮换工作。局部排水泵为二级负荷，由 BAS 进行监控。集水池内设三个水位，分别是：停泵水位、第一台泵启泵水位、第二台泵启泵水位（同时为超高报警水位）。其控制要求如下：

1）停泵水位，此时控制回路应保证水泵均处于停泵状态。

2）当水位上升到达 1 泵开泵水位时，第一台泵开启。

3）当水位继续上升到达 2 泵开泵水位时，控制回路应保证两台泵都处于运行状态，同时发出超高报警信号。

4）车控室 BAS 显示排水泵的起、停、故障状态信号。

（4）洞口雨水泵站应用设置　设三台排水泵，互为备用，定期轮换工作，必要时三台同时使用。雨水泵为一级负荷，由 BAS 进行监控。集水池设置投入式液位变送器。废水池内设六个水位，分别是：超低报警水位、停泵水位、第一台泵启泵水位、第二台泵启泵水位、第三台泵启泵水位、超高报警水位。其控制要求如下：

1）超低水位报警，同时控制回路应保证水泵均处于停泵状态。

2）当水位上升到达 1 泵开泵水位时，第一台泵开启。

3）当水位继续上升到达 2、3 泵开泵水位时，控制回路应保证三台泵都处于运行状态。

4）水位继续上升，到达警戒水位时发出超高报警信号。

5）液位传感器输出液位信号给本站车控室的 BAS，提供水位信号，实现本站车控室远程控制泵的起、停，以及紧急起、停。车控室 BAS 显示排水泵的起、停、故障状态信号。

6）紧急起动、紧急停止控制不受转换开关的制约。雨水水泵房设电话或电话插孔。

二、给水排水系统应用

给排水系统为轨道交通运营提供所需的生活、生产、消防用水；收集生产、生活、消防废水及雨水等，通过车站排水泵站提升后排出车站。

1. 给水系统应用

车站给水系统包括生产、生活给水系统和消防给水系统，其水源均来自城市自来水供水管网。

（1）生产、生活给水系统应用　生产、生活用水由城市自来水管道接入车站，送至站内卫生间、冲洗栓、空调系统等用水点，生活给水系统在车站内为枝状形式布置。冲洗栓位于车站两端，供车站冲洗用；卫生间在站台层和站厅层各设置一处。

（2）消防给水系统应用　地铁内的车站和区间水消防系统主要为消火栓灭火系统，在车站和区间均设有消火栓。消防给水系统由城市自来水管引入两路 *DN*150 的给水管接入车站，因市政自来水管网为低压运行，不能满足消防时水压要求，所以这两路自来水管经过消防泵加压后，引出一路水管在车站内连通成独立的消防环状管网。车站消防泵房设两台消防泵，一台工作，一台备用。区间的消防水管由车站消防环状管网上接出，并由站台层两端进入区间，每个车站的消防泵的服务范围为该车站和与其相临隧道内的消火栓系统。车站和区间消防管连接处设手动电动阀门。

2. 排水系统应用

（1）污水排水系统应用　污水排水系统主要是将车站生活污水集中到污水泵房，经水泵排入城市污水排水系统。污水泵房设有两台潜污泵，一用一备。

（2）废水排水系统应用

1）车站废水泵房设置应用。每个车站的线路坡度低点的一端设有废水泵房，排除结构渗水、冲洗水和消防废水。废水经线路排水沟汇至废水泵房内的废水池，由排水泵排入城市排水系统。一般车站内设置一至两座废水泵房，废水泵房内设有两台排水泵，一用一备。

2）主排水泵站设置应用。在区间线路纵坡最低点设主排水泵站，一般设在线路前进方向隧道洞体左侧。区间主排水泵站设两台排水泵，平时一用一备，消防时同时开启。

3）局部排水设施设置应用。

① 在出入口自动扶梯基坑下设集水坑，内设两台排水泵，一用一备。集水坑一般设在步行梯一侧，上设检修孔，便于维修。

② 在车站垂直电梯基坑下设集水坑，考虑临时排水，在集水坑附近预留电源插座，由手提式潜水泵临时将积水排至站外。

③ 为排除从风井进入车站敞开风道处的雨水，在车站风道处设集水坑，集水坑内设置两台潜水泵，一用一备。

【实践操作】

1. 操作练习

1）根据本章所学的知识，掌握城市轨道交通给水排水系统的结构。

2）在课余时间，结合所在城市轨道交通车站参观学习，了解城市轨道交通给水排水系统的结构。

2. 书面练习

1）简述城市轨道交通车站排水系统的流程。

2）简述城市轨道交通车站排水主要处理哪些废水。

【评价跟进】

1. 教师的评价

由教师在完成本章的教学任务后填写，在相应表格中画“√”。

评价项目		教师的评价			
序号	题　　目	好	较好	一般	较差
1	对本章教学过程的控制				
2	在本章教学过程中，学员的参与情况				
3	学员对本章知识学习后的效果反馈				
教师对本章教学的总结评价意见及跟进措施					

2. 学员的评价

由学员在完成本章的教学任务后填写，在相应表格中画“√”。

<table>
<tr><td colspan="2">评 价 项 目</td><td colspan="4">学员的评价</td></tr>
<tr><td>序号</td><td>题　　目</td><td>好</td><td>较好</td><td>一般</td><td>较差</td></tr>
<tr><td>1</td><td>在本章教学执行过程中教师的表现</td><td></td><td></td><td></td><td></td></tr>
<tr><td>2</td><td>本章教学内容与社会实际需求的联系情况</td><td></td><td></td><td></td><td></td></tr>
<tr><td>3</td><td>自己在本章学习过程中的表现</td><td></td><td></td><td></td><td></td></tr>
<tr><td colspan="6">学员对本章教学的总结评价意见及跟进措施</td></tr>
<tr><td colspan="6"></td></tr>
</table>

3. 知识跟进

1）从互联网上了解城市轨道交通给水排水系统的现状如何。

2）从互联网上了解城市轨道交通给水排水系统有哪些改进。

第10章　出入口控制系统

问题导入

城市轨道交通车站通过设置门禁点，可有效控制房门或门锁具的开闭，保证被授权人员正常通行，限制未授权人员进入，对强行闯入行为予以报警，分类记录和管理出入人员、出入区域、出入时间等信息。

学习目标

1. 能掌握门禁系统在城市轨道交通中的应用。
2. 能说出门禁系统的组成。

教学建议

1. 教学场地：在普通教室、能连接互联网的多媒体教室及城市轨道交通系统的各种模型实训室中进行，课后可实地参观。
2. 设备要求：城市轨道交通车站的门禁系统仿真模型1套，或能播放视频投影的设备及相关课件、视频。
3. 课时要求：共6课时，其中课堂讲授4课时，模拟操作2课时。

【理论知识】

一、门禁控制系统

门禁控制系统即ACS，一般简称为门禁系统。

门禁又称出入口控制，是在人进出重要通道的时候，进行适当级别的权限鉴别，以区分是否能通过的一种管理手段。

门禁系统一般可以通过卡片、指纹、虹膜（眼睛）来识别来人的身份，从而判断来人是否有权限进入。

城市轨道交通门禁系统属于大型门禁系统，它具有控制点数多、数据通信量大、数据传输距离远、联动设备多、安全性能要求高等特点。

设置门禁系统对车站设备管理区通道门和设备管理用房进行统一监控和管理，同时可用于工作人员的考勤自动化管理，提高运营管理水平。

随着网络技术的发展和广泛的应用，门禁系统的发展也由传统的主从式智能门禁系统模式转换为基于 Internet 的远程、网络控制模式。

门禁管理系统由单一的门禁控制管理功能发展到集计算机技术、通信技术、自动识别技术、机械工程和安全管理的大型门禁综合管理系统。

1. 城市轨道交通门禁系统的特点及通信网络

(1) 城市轨道交通门禁系统的布置

1) 由于城市轨道交通站点与普通建筑物不同，具有站点多、分布广、管理人员具有流动性的特点，因而需采用联网型门禁系统，以便对这条线甚至这个网络中的各个点进行统一的管理。

2) 城市轨道交通门禁系统由四大部分构成：第一，系统通信网络；第二，中央级门禁管理系统；第三，车站级门禁管理系统；第四，现场级门禁设备。在运营中形成了两级管理三级控制的管理模式。

3) 城市轨道交通门禁系统采用中央和车站两级管理，中央级门禁管理层、发卡授权中心设置在控制中心，车站级门禁管理层设置在车站、停车场、车辆段、控制中心大楼等防护区。中央管理级与车站管理级通过 TCP/IP 以太网通道连接，车站管理级与现场设备间通过 TCP/IP 或现场总线方式连接。

4) 城市轨道交通门禁系统是以车站为单位，由车站控制室的车站级门禁系统工作站对车站内设备房门禁设备进行统一管理。各车站的车站门禁系统管理工作站通过光纤通信网络将各站点的数据信息上传至中央级门禁系统。中央级门禁系统统一管理全线门禁系统。

(2) 系统通信网络　系统通信网络由两部分构成：第一，全线骨干网络，即各站点门禁系统工作站由光纤网络连接进行全线通信；第二，车站级网络，车站级网络采用现场总线方式将车站内各现场门禁设备连接。

1) 全线骨干网。门禁系统数据传输的骨干网采用的是基于工业以太网技术。工业以太网是以太网技术在控制网络延伸的产物，协议组包括了物理层的以太网物理层、链路层的以太网 MAC、网络层的网络互联协议 IP、传输层的传输控制协议 TCP 和用户数据协议 UDP 等。

工业以太网的物理层与链路层采用 IEEE 802.3 标准。

城市轨道交通门禁系统是基于工业以太网进行数据通信，车站门禁系统管理工作站通过工业级千兆光纤交换机可以直接上全线光纤以太网，通信速率达 10Mbit/s 或 100Mbit/s，系统任何一台车站门禁系统工作站可以直接以 TCP/IP 或 IPX 协议与客户内部服务器进行数据交换，实时共享全系统的所有资源。特点是：数据传输、交换、共享以及远程访问容易、方便，数据处理速度快，动作响应速度快。城市轨道交通门禁系统网络示意图如图10-1所示。

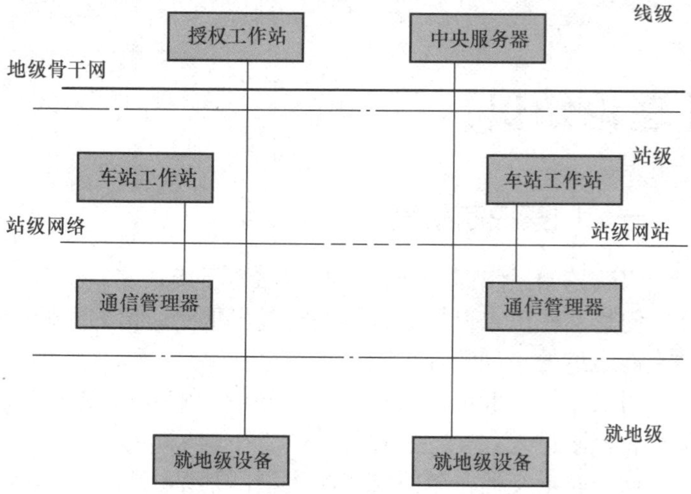

图 10-1　城市轨道交通门禁系统网络示意图

2) 车站级门禁系统网络。车站级门禁系统网络采用的是现场总线方式，将多台门禁网络控制器分别挂在 RS485 现场总线上，通过 ATM 方式进行数据通信，所有设备的信息通过 RS485 转 RS232 的转换器与车站的工作站连接。特点是通信距离远，RS485 现场总线在不加中继的情况下有效通信距离是 1200m，门禁网络控制器的每个 RS485 口，可带多台门禁控制器设备。车站级门禁系统包括各车站级的门禁系统和控制中心站级的门禁系统。

（3）管理方式

1）中央级门禁管理系统。中央级门禁管理系统可集中处理下级门禁系统的数据信息，即通过中央级门禁系统对控制中心大楼、各车站级门禁系统的下一级进行操作管理。主要的设备有中央级门禁管理服务器、管理工作站、数据服务器、数据库软件、门禁系统管理操作软件以及交换机。

2）车站级门禁系统。车站级门禁系统由车站级门禁系统管理工作站对本站门禁进行数据管理、处理，监视现场设备状态、故障等。车站级门禁系统由车站系统管理工作站、门禁网络控制器、车站级门禁系统管理软件构成。

① 车站级门禁系统管理工作站。通过车站级门禁系统管理工作站，车站门禁系统可实现对本车站系统内的所有门禁终端的监控，满足系统运作、授权、设备监测与控制、网络管理、数据库管理、维修管理以及系统数据的集中采集、统计、保存、查询等功能。

② 门禁网络控制器。门禁网络控制器是将电源、控制、驱动、通信集成为一体的设备，可通过提供 RS232 转 RS485 的通信接口与车站级的门禁控制器连接。门禁网络控制器提供了多个 RS485 通信接口，一般有 2～8 个通信接口，每条 RS485 总线可以驱动多个门禁控制器。理论上，每条 RS485 总线可以携带 256 台门禁控制器，但是考虑到工程实施的实际情况，一般携带的门禁控制器不大于 32 台。

③ 车站门禁系统管理软件。此管理软件可实现通信管理功能，即能接收中央级管理工作站下达的系统参数，同时将参数下达到相关门禁终端；车站管理工作站与中央级系统管理工作站之间产生网络中断时，车站门禁系统也能正常工作，在通信网络连通时，可将网络中断时间内的数据上传至中央级系统管理工作站。门禁系统示意图如图 10-2 所示。

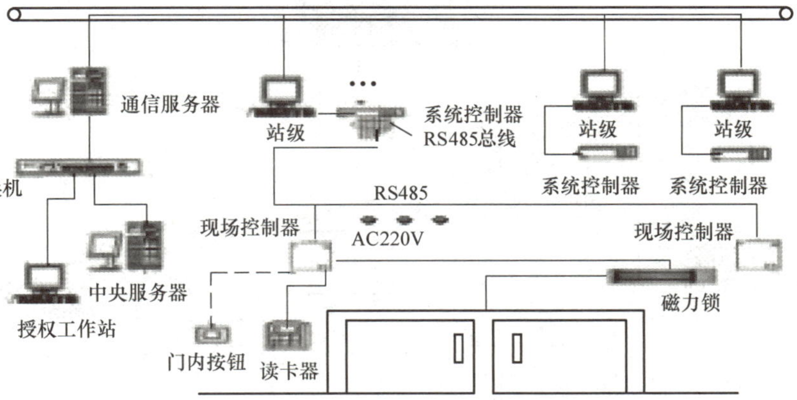

图 10-2　门禁系统示意图

2. 城市轨道交通门禁系统的功能

城市轨道交通门禁系统可保证授权人员在受控情况下方便地进入设备及管理区域，防止非授权人员进入限制区域，同时通过对进出人员信息的采集实现考勤、巡更、人员定位等管理，并且可以与自动售检票系统、公交卡系统、监控系统、火灾报警系统等实现联动，从而实现智能化管理与防护。

3. 城市轨道交通门禁系统的组成

城市轨道交通门禁系统由门禁控制器、读卡器、出门按钮、锁具、网络设备、智能卡、电源、管理软件组成。城市轨道交通门禁系统示意图及全线系统架构图如图10-3a、b所示。

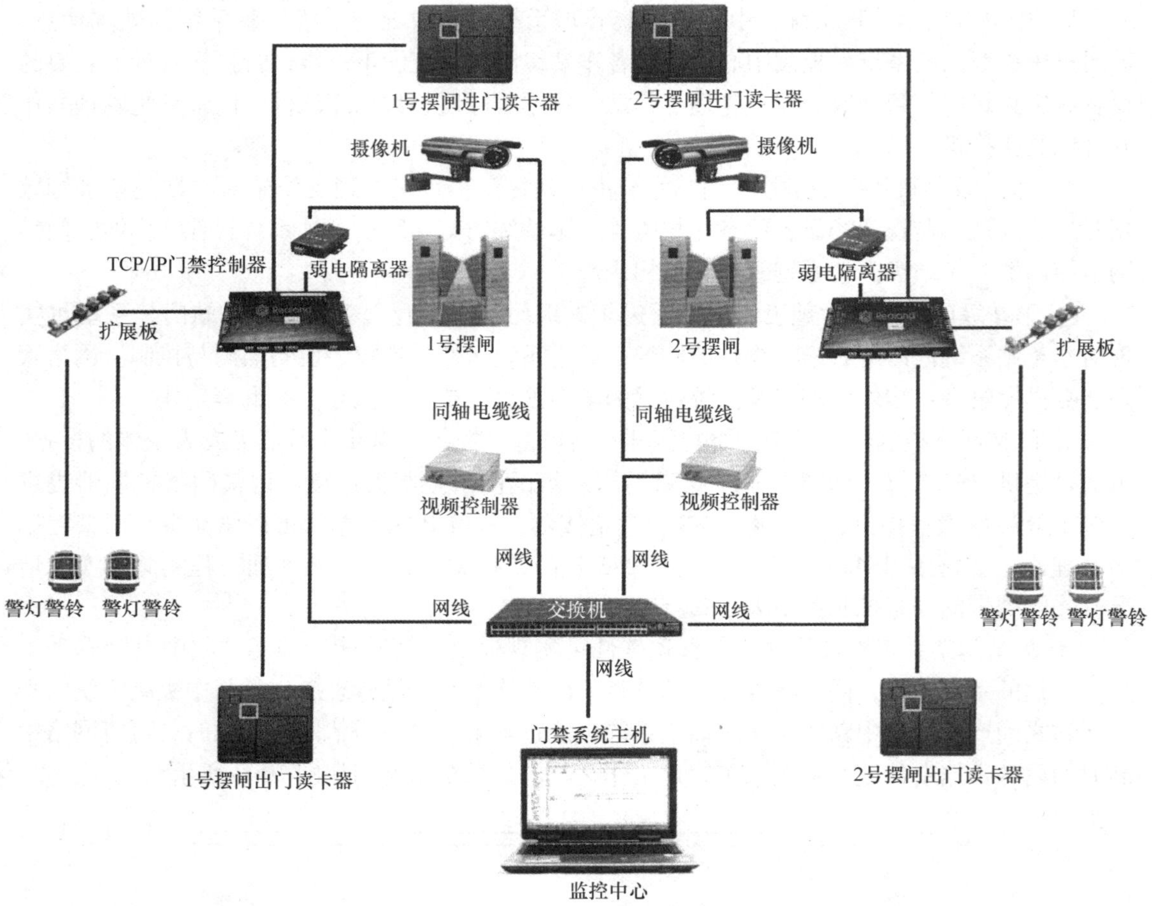

a)

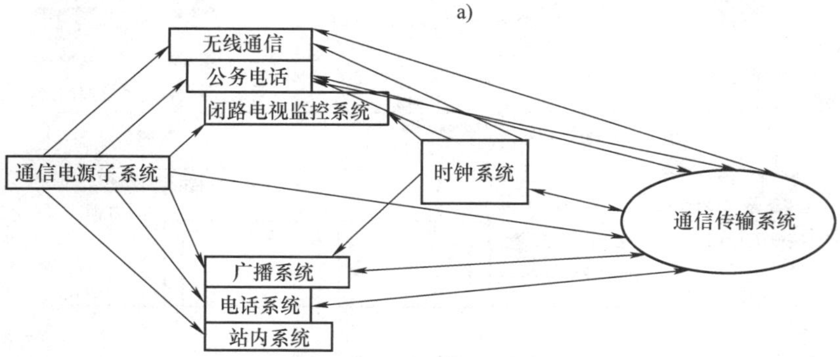

b)

图10-3 城市轨道交通门禁系统示意图及全线系统架构图

a）门禁系统示意图 b）全线系统架构图

中央管理级设于线路的控制中心，包括门禁服务器、授卡工作站、网络设备、打印机及系统软件等。

车站管理级设于各车站控制室或客服中心（停车场设于信号楼控制室、控制中心大楼设于大楼值班室），包括车站级门禁工作站、主控制器、打印机、接口转换设备及系统软件等。

现场级设备设于现场各处，包括现场控制器、电控锁具、读卡器、出门按钮、紧急破碎玻璃按钮等。

（1）读卡器　读卡器是将读取到的卡片信息进行鉴证、识别，并将数据处理上传至门禁控制器，由门禁控制器发出相关工作指令，门锁执行动作。

卡片通过读卡或读卡加密方式来识别进出权限，按卡片的种类可以分为磁卡和射频卡两种卡片；从材质和外形上讲，又分为薄卡、厚卡、异形卡。

（2）卡片　磁卡：采用接触式读取卡片的信息，其特点是成本低、读卡设备易磨损、使用寿命短、卡片易复制、卡片信息容易在外界磁场下丢失，导致卡片无效。

射频卡：射频卡采用非接触方式与读卡设备进行数据交换，一般采用13.56MHz的频率进行数据交换。射频卡的特点是方便安全、使用寿命长、卡片很难被复制、卡片信息能保存10年。射频卡可以分为Mifare1卡、Motorola卡、EM卡、HID卡、Legic卡等。

（3）控制器　控制器是整个系统的核心，负责整个系统信息数据的输入、处理、存储、输出，控制器与读卡机之间的通信方式一般均采用RS485、RS232及韦根格式。

1）控制器监控车站级工作站的运行状态，收集车站级工作站的运行状态数据，以及对数据库建立、备份、清除；门禁卡授权管理功能设置车站系统运作参数，下达运作命令及设置系统运行模式到各个车站；紧急状态下可以解除车站门禁状态。

2）卡片管理功能：发卡、退卡、挂失卡。

3）记录管理功能：对操作信息、报警信息进行实时记录、历史记录；进行故障查询和分析，可以自行编辑报表，也可自动生成日、周、月、年的报表；进行档案资料的记录和存储。

4）网络监视管理功能：对系统及网络具有在线监视、自诊断、自恢复及在线修复功能，并可显示网络负荷情况。

（4）门禁控制器　门禁控制器通常可分为一体式和分体式。一体式即控制器与读卡器连成一体的门禁设备，它具有体积小、功能简捷、安装简易等特点，在民用建筑上使用较多；分体式即控制器与读卡器分散独立安装，特点是接线较多、复杂，体积较一体式大。

（5）锁具　锁具是整个系统中的执行部件，目前有三大类：电锁口、磁力锁、电插锁。一般根据用户的要求和门的材质进行选配，电锁口一般用于木门，磁力锁用于金属门、木门，电插锁相对来说应用较为广泛，各种材质的门均可使用。作为执行部件，锁具的稳定性、耐用性是相当重要的。

电子锁易采用断电释放式的磁力锁及可起到防盗作用的电子阴阳锁，在火灾时全部断电释放。

（6）紧急开门按钮　紧急开门按钮直接接在电锁的供电回路里，安装方式与门锁的安装有关，在打碎玻璃后应保证电锁处于打开状态，在紧急情况下能保证疏散通道畅通。

（7）电源　电源设备是整个系统中非常重要的部分，如果电源选配不当或出现问题，整个系统就会瘫痪或出现各种各样的故障，但许多用户往往会忽略电源的重要性。门禁系统一般都选用较稳定的线性电源。

二、车站设备管理区通道门和设备管理用房门禁设备原理

门禁系统功能原理图如图 10-4 所示。

工作人员使用自身的员工卡作为门禁卡，由发卡工作站读取该卡的序列号，对该序列号的使用权限进行授权，并通过网络下载到各控制器。这样员工卡就可以作为门禁卡使用了。

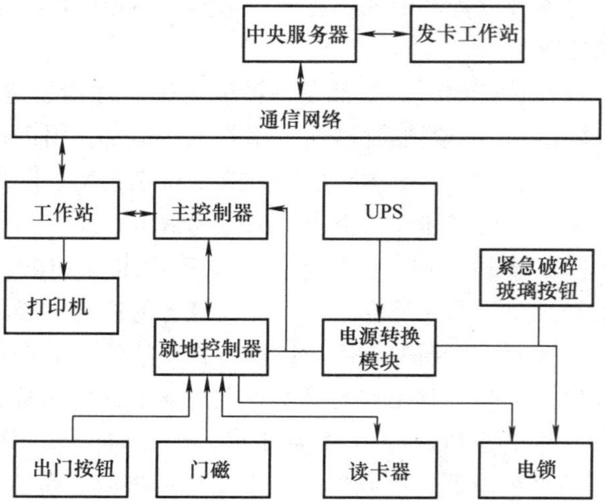

图 10-4 门禁系统功能原理图

1. 控制器组成

控制器一般由输入模块、输出模块、读卡器接口模块、通信模块、电源转换模块、CPU 模块、存储模块等组成。

车站设备管理区通道门和设备管理用房门禁设备系统图和各部分名称如图 10-5、图 10-6 所示。

（1）电源转换模块 电源转换模块把从 UPS 供来的 220V 交流电转换成 12/24V 直流电，再分别供给控制器与电锁。

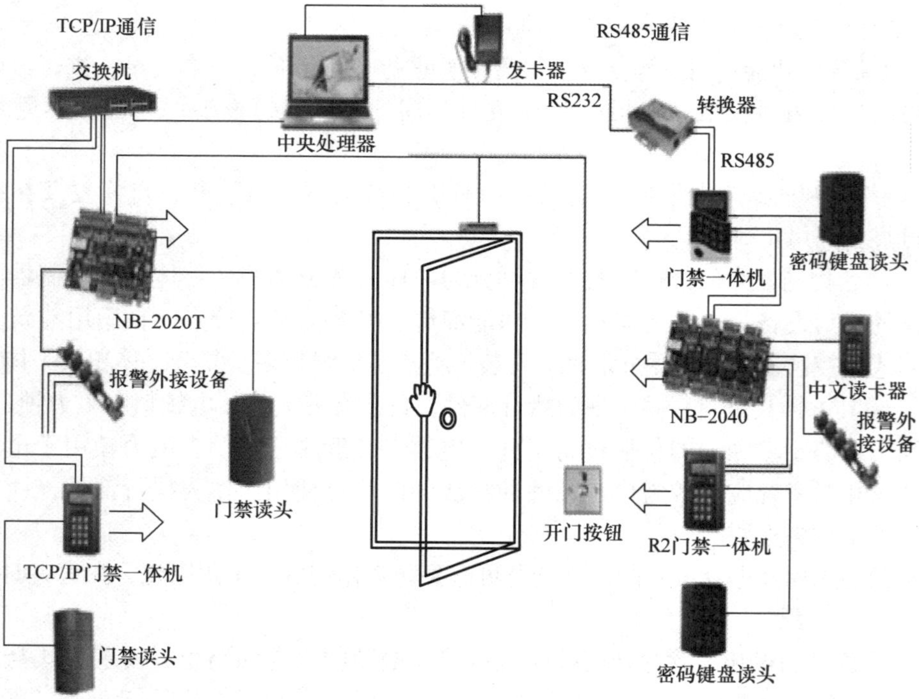

图 10-5 车站设备管理区通道门和设备管理用房门禁设备系统图

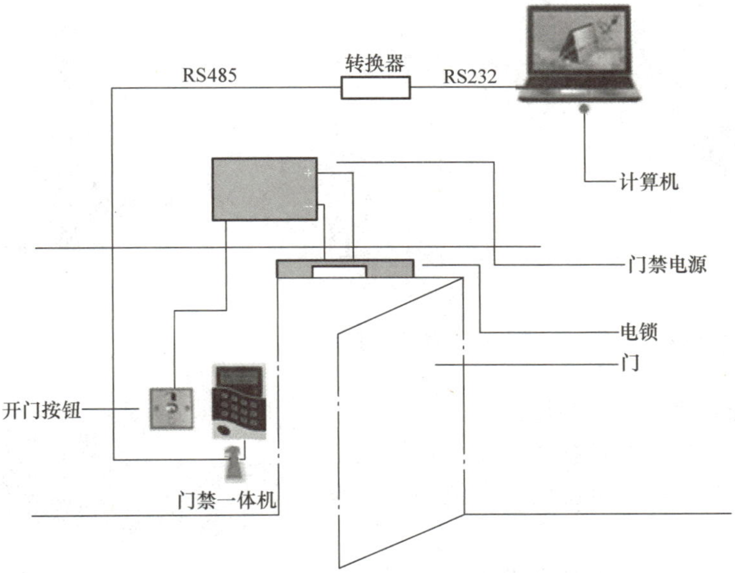

图 10-6　车站设备管理区通道门和设备管理用房门禁设备各部分名称

（2）输入、输出模块　电锁占控制器的一个输出点，控制器输出模块的两个接线端子串入电锁的供电回路，断电开门，如图 10-7 所示。

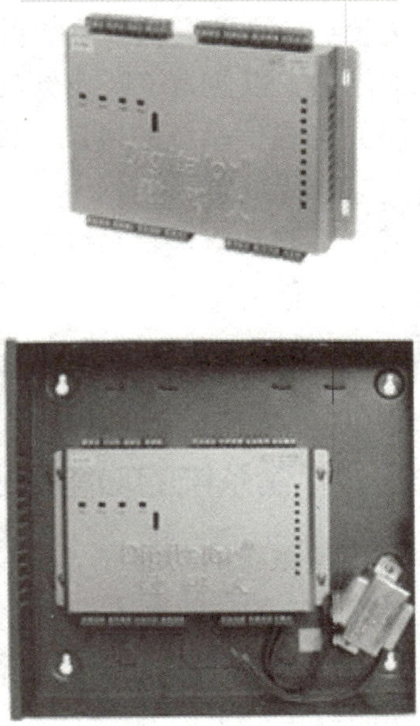

图 10-7　门禁设备控制器

出门按钮占控制器的一个输入点，当按下出门按钮的时候，也就是短接按钮输入的两个端子，控制器便可以打开电锁。密码键盘、普通读卡器和虹膜识别设备如图10-8、图10-9、图 10-10 所示。

门磁占控制器的一个输入点，当门磁输入点短接的时候表示门关闭，当门磁输入点断开的时候表示门打开。

（3）读卡器接口模块　读卡器接口有 4 条线：两条电源线、两条数据线，都与控制器相连。一般另外还有两条线，功能分别是接向 LED 和 BUZ，可以用来控制读卡器的灯光和声音。

其他的输入输出触头可接报警的输入输出等。另外，紧急破碎玻璃按钮串入电锁的供电回路，于紧急时刻可断电开门。门禁电锁如图 10-11 所示。

2. 工作原理

工作人员刷卡时，读卡器把读到的卡信息上传到控制器，与控制器中的信息比对，如是已授权的卡就控制电锁打开，并反馈给读卡器正确刷卡信息，可通过读卡器的声光来显示。如此卡为非权限卡则不打开电锁，并通过读卡器的声光进行反馈。员工从门内向门外走，只需按出门按钮，通过控制器打开电锁开门。另外，通过门磁可监视门的状态。

以上每个动作都会产生相应的记录。

图 10-8 密码键盘

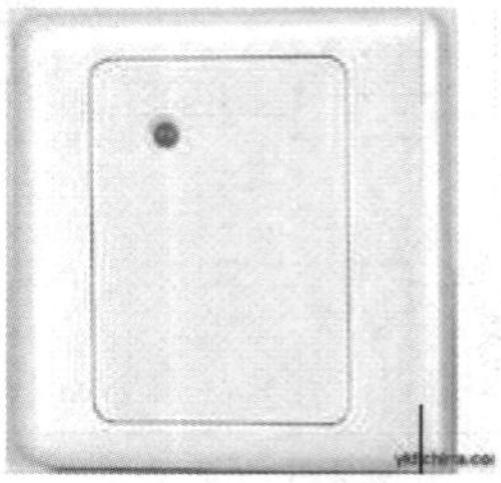

图 10-9 普通读卡器

图 10-10 虹膜识别设备

3. 门禁设备与相关专业的接口

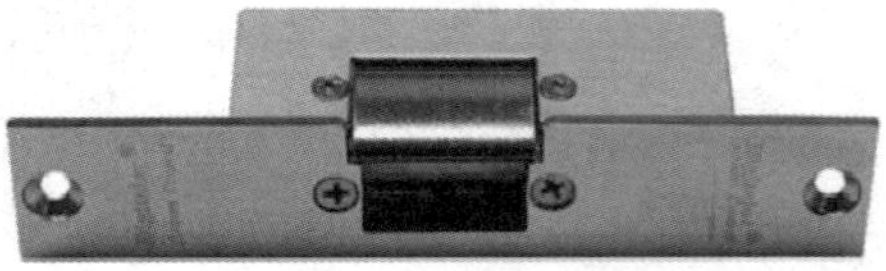

图 10-11 门禁电锁

（1）与设备监控系统的接口 接口位置在车站级，具体为每个车站的设备监控系统网络交换机接线端子上。

（2）与 IBP 的接口 IBP 上设置有切断门禁电锁总电源的按钮，紧急情况下，可手动切断电磁锁总电源，打开所有门，便于疏散。

（3）与防灾报警系统的接口 防灾报警系统提供门禁系统交流电源，接口位置在每个车站、控制中心大楼、车辆段、停车场防灾报警系统配电箱输出接线端子。

门禁系统与消防联动采用硬线连接时，每个站点设置 3～5 个消防分区，当某个分区内发生火警后，由防灾报警系统根据防火分区发出火灾确认信息，门禁系统依此打开相应疏散通道的门锁，以便为该区人员在紧急情况下的安全撤离提供通道。

（4）与通信系统的接口 接口位置在每个车站、控制中心大楼、车辆段、停车场通信设备室综合配线架。

（5）与自动售检票系统的接口 接口位置在每个车站车控室或客服中心的紧急按钮控制器上，紧急情况下，按下自动售检票系统紧急按钮，可联动门禁系统打开站厅专用通道门。

（6）与建筑装修专业的接口 此接口可配合设备的安装与管线的敷设。

三、门禁系统的功能及现场设备运作模式

1. 门禁系统的功能

门禁系统的功能有中央级、车站级和就地级功能三种。

（1）中央级功能 中央级管理工作站实现对各车站（区域）内的所有门禁终端的监控。主要功能包含：

1）监视、控制车站级设备的运行。

2）门禁卡授权管理及发卡功能。

3）利用不同的操作密码，实现不同级别的操作权限。

4）系统报表生成。

5）实现维修管理功能。

6）具有与中央主时钟同步的功能。中央级管理工作站实景图如图 10-12 所示。

（2）车站级功能

1）每个车站设置一台门禁工作站，对本站范围内的门禁设备进行实时监控管理。

2）车站级工作站应能模拟门禁终端的布置，图形化地监控各门禁终端的通信状态、运行状态及故障情况。

3）当非法操作及故障时，车站级工作站上应能及时给出报警信息。

图 10-12　中央级管理工作站实景图

（3）就地级功能

1）就地控制器读取车票内的授权信息，向电子锁发出动作信号，由电子锁执行门的开启和锁闭操作。同时应具有本地存储功能。

2）检测电子锁及门的开启状态，就地设备应能接受时钟信息。

3）具有通信口的现场设备通过现场总线和就地控制器相连接，实现数据的通信。

4）当就地控制器不工作时，门的状态必须为开启，以此避免发生火灾或控制器损坏而使门无法开启的情况发生。

2. 门禁系统的现场设备运作模式

（1）在线模式　在线模式下，全线各车站处于正常的运行状态，门禁系统的所有设备都处于正常的工作状态。门禁控制器将信息上传到车站级设备，并接收车站级设备的指令。

（2）离线模式　离线模式是指根据所保存的安全参数进行分析判断，使门的正常开启不受影响。在与车站级设备通信中断的情况下，现场设备自动转为离线模式工作，且离线后重新在线时，离线的信息可以重新上传到车站级设备。

图 10-13　门禁系统现场管理设备图

（3）灾害模式　当发生火灾时，现场设备自动转为灾害模式。将使所有设备房电锁均处于开门状态，与此同时，自动售检票系统的闸机门也处于打开状态。门禁系统现场管理设备图如图 10-13 所示。

四、自动售检票系统

自动售检票系统 AFC 是国际化大城市轨道交通运行中普遍应用的现代化联网收费系统，随着自动售检票系统的启用，乘客现在可以通过各入口处的自动售票机购买电子票。

自动售检票系统可实现轨道交通售票、检票、计费、收费、统计、清分、管理等全过程的自动处理。

自动售检票系统通常包括自动控制、计算机网络通信、现金自动识别、微电子计算、机电一体化、嵌入式系统和大型数据库管理等高新技术的运用，是乘客直接面对和使用的一套系统，一定程度上代表着运营企业的形象。

自动售检票系统的自助服务功能有：

1）在原有人工售票的基础上，增设了自动购票机，实现了乘客自助购票，并可减少排队等候时间。

2）增加了自动查询机的数量，方便乘客自助查询。

3）增设了一卡通卡自动充值机，实现自助充值，方便乘客。

自动售检票系统主要由线路中央 AFC 系统、车站 AFC 系统、终端设备和车票四部分组成，其示意图如图 10-14 所示。

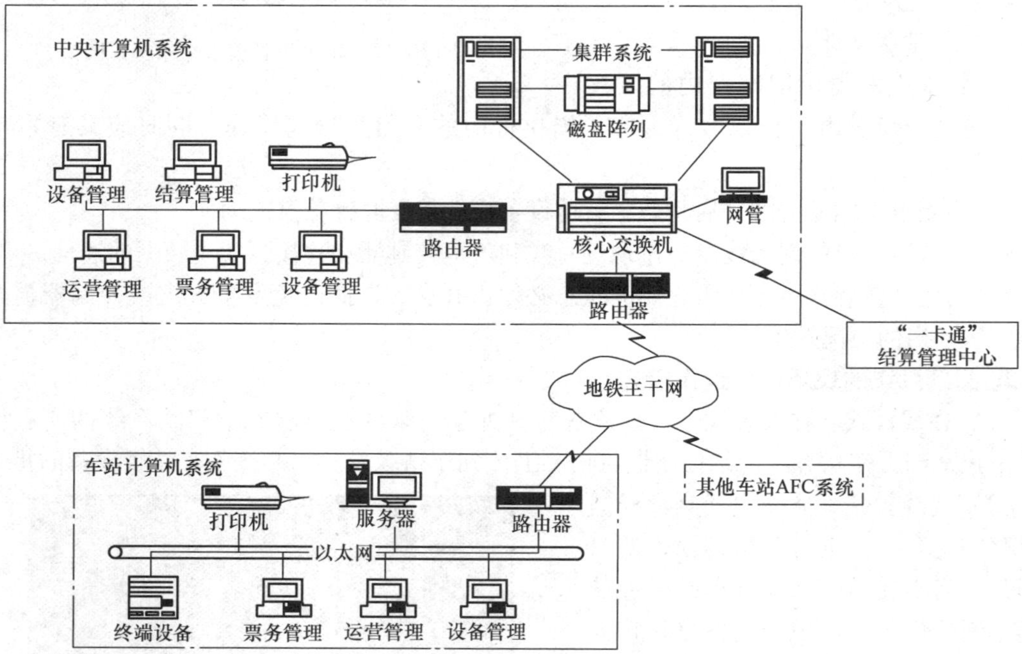

图 10-14 自动售检票系统组成示意图

1. 中央 AFC 系统

中央计算机系统（CC）是中央 AFC 系统的首脑机关，它是由一组计算机组成的几个服务器和几个工作站，共同完成服务器功能和系统运营管理的各项功能，主要包括中央主机（数据库服务器）、通信服务器、远程拨号服务器、中央工作站（监控、系统设置、数据库、网管工作站等），这些计算机通过集线器和网卡相连接。中央计算机系统的主要功能如下：

1）收集及保存车站计算机上传的各类有关票务、账务、客流、车站设备运行状态等数据。

2）监视和控制所有车站设备的运行状态。

3）设置系统运营参数及系统运行模式，并下达给车站计算机和车站设备。

4）按照设定的周期（日、月、季、年）处理和统计收集到的各类数据，生成相应的各类报表并打印。

5）时钟同步功能。

2. 车站 AFC 系统

车站计算机系统（SC）是车站 AFC 系统的核心，主要负责把一个车站的自动售票机、人工售票机、人工补票机、进/出口闸机等 AFC 车站终端设备联系在一起。

车站计算机系统的主要功能如下：

1）对车站设备的操作控制，包括关闭、开启及设置工作模式等。

2）监视车站 AFC 设备运行状态。

3）采集、保存相关信息。

4）提供车站一级的票务统计，能以要求的格式和内容进行车站报表打印。

5）自动完成与中央计算机及各终端设备的时钟同步。

6）与中央计算机实时通信，实现实时中央数据下载、下发和车站数据上传。中央计算机系统（CC）、车站计算机系统（SC）构成示意图如图 10-15 所示，系统构成五层架构图如图 10-16 所示。

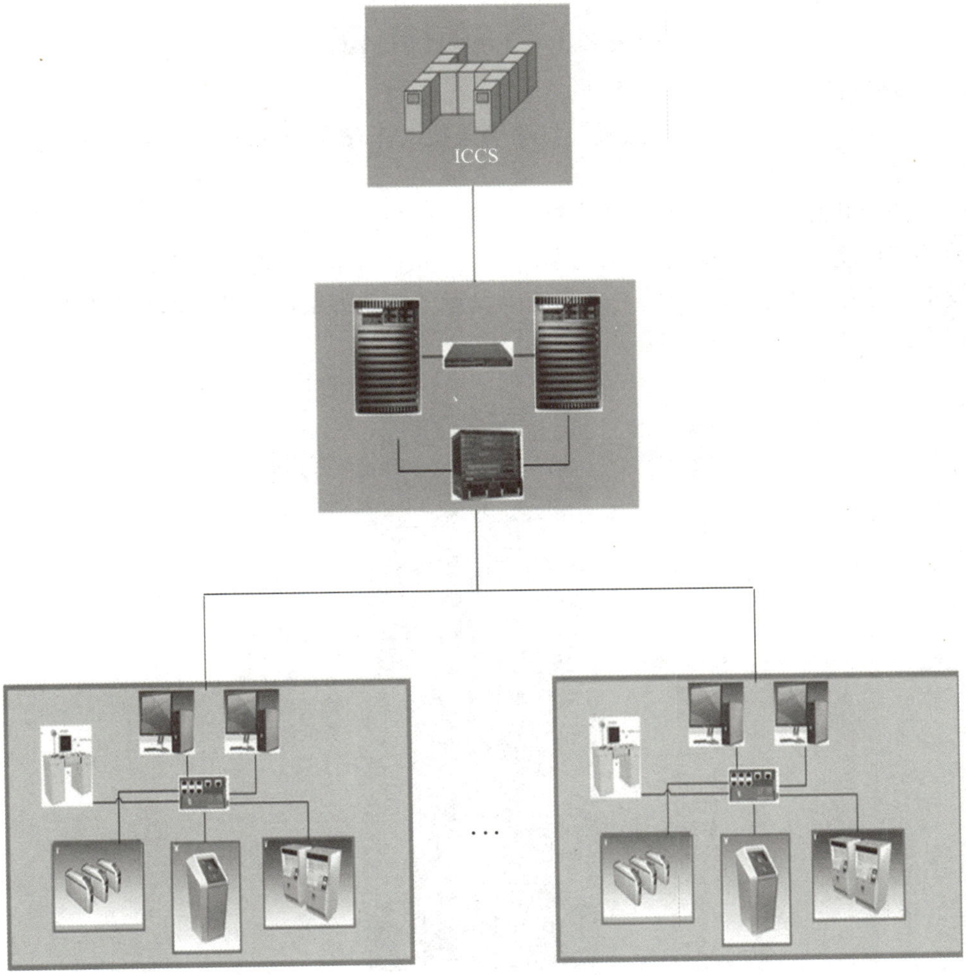

图 10-15　中央计算机系统（CC）、车站计算机系统（SC）构成示意图

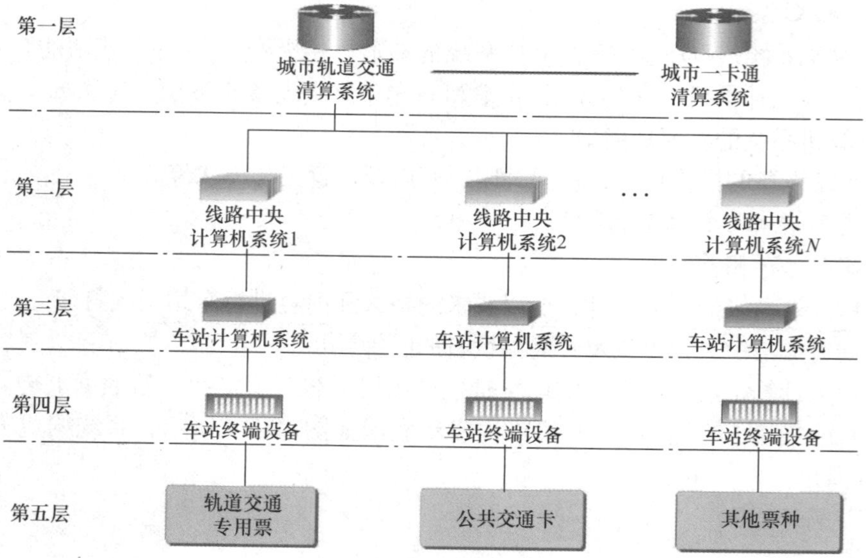

图 10-16　系统构成五层架构图

3. 终端设备

终端设备包括出/入站检票闸机、自动售票机、车站票务系统、自动充值机、自动验票机等现场设备。

（1）自动售票机　自动售票机（TVM）是乘客自行操作的自动售票设备，主要完成单程票的发售功能。乘客可根据目的地票价，在设备上选择相应的票价键，同时投入相应的钱币，设备即可自动将已格式化的卡进行编码发售。自动售票机和其内部结构如图 10-17、图 10-18 所示。

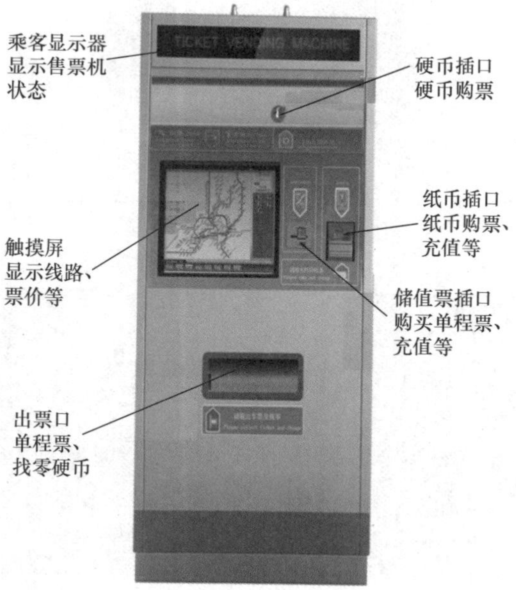

图 10-17　车站终端设备——自动售票机（TVM）

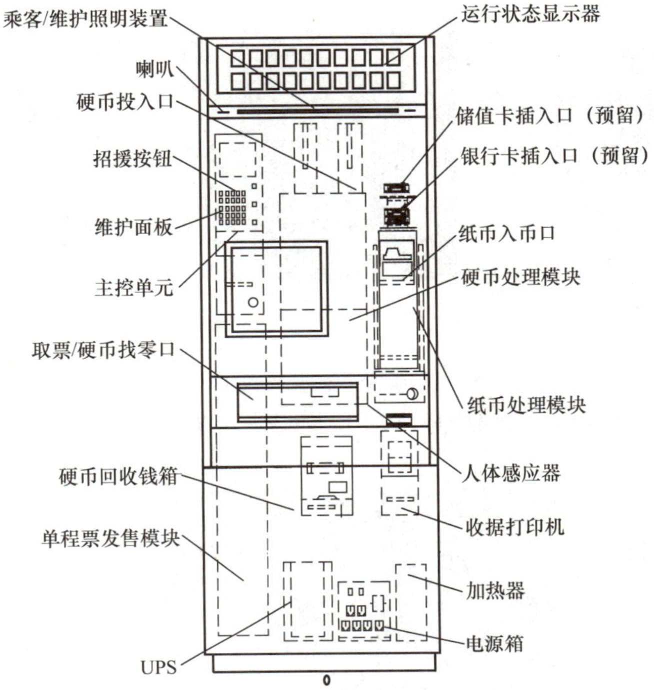

图 10-18　TVM 内部结构

（2）人工售补票机　人工售补票机（BOM）也称窗口式售票机（由人工参与的售票机），是由售票员负责操作设备发售车票。它的主要功能是发售所有种类的车票，还可对所有车票进行充值、分析、更新等处理。人工售补票机如图 10-19 所示。

图 10-19　车站终端设备——人工售补票机（BOM）

（3）闸机　闸机（GATE）也称检票机，主要有进站检票机、出站检票机、双向检票机三种。检票机的主要功能是检查乘客所持车票的有效性，即检查该车票是否为本运输系统的车票，是否有值，是否在有效期内，是否有信息码等。如果检查结果符合上述条件，则检票机在该车票上记录时间、站号、设备号、编上信息码等，提示乘客是进站、出站还是去补票亭更新。各式检票机及各部分名称图和内部结构图如图 10-20、图 10-21、图 10-22 所示。

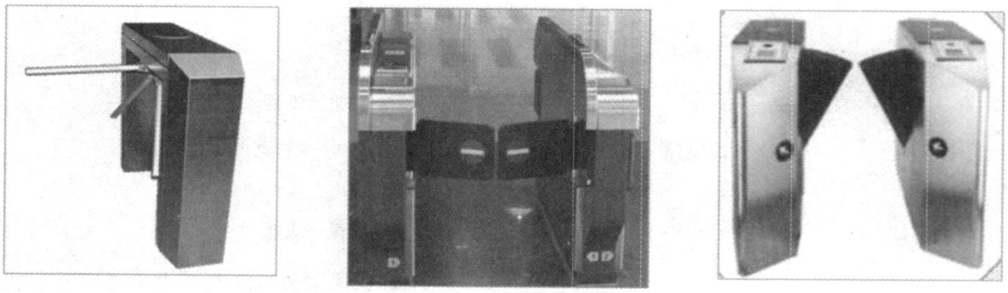

a) b) c)

图 10-20 各式检票机

a）转杆式检票机 b）拍打门式检票机 c）剪式扇门式检票机

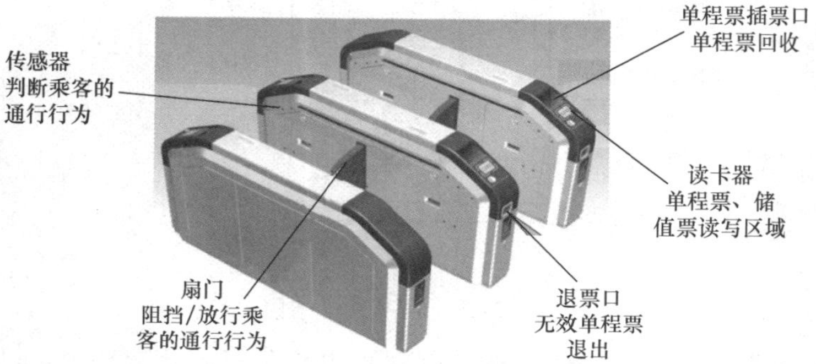

图 10-21 自动检票机各部分名称图

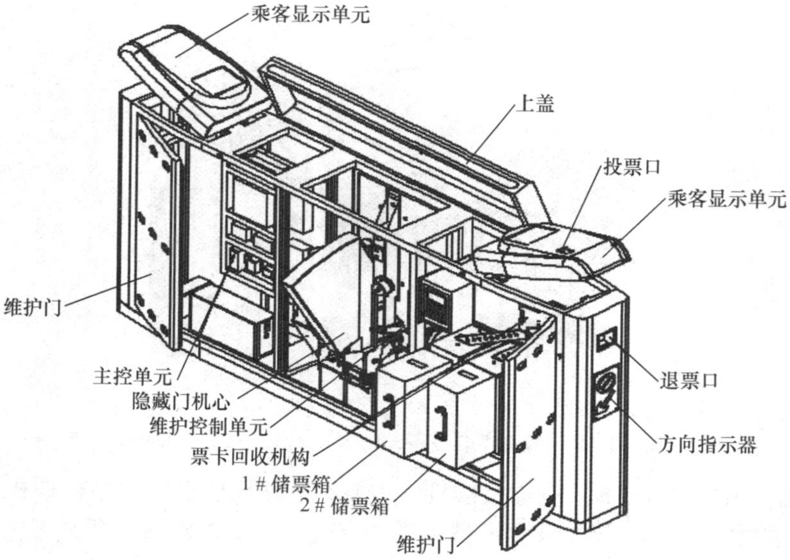

图 10-22 自动检票机内部结构图

（4）编码/分拣机 编码/分拣机通常安装在票务系统的制票中心，其主要功能如下：

1）对新购入的票卡按各种类型进行初始化编码，即对购入的票卡编入本运输系统所持有的密码，只有经过编码/分拣机初始化的车票，才能被认作有效票。

2）根据运营需求，还可以对票卡进行赋值，以满足各种各样的运营需求。这类车票可直接出售使用。

3）对从车站回收来的车票，如果各种类型的车票混杂在一起（有单程票、储值票、老人票、儿童票、多程票等），设备将自动对这样混杂在一起的车票进行分拣分类，可根据票种、票值，以及车票的批号进行分拣。编码/分拣机如图 10-23 所示。

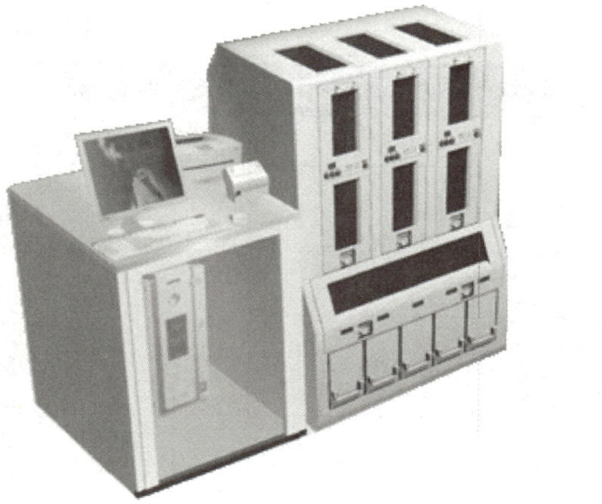

图 10-23　编码/分拣机

4. 车票

车票有单程票、储值票、特殊票。各类车票式样如图 10-24、图 10-25 所示。

代币式TOKEN

薄卡式

图 10-24　代币式、薄卡式车票式样

一卡通普通储值卡

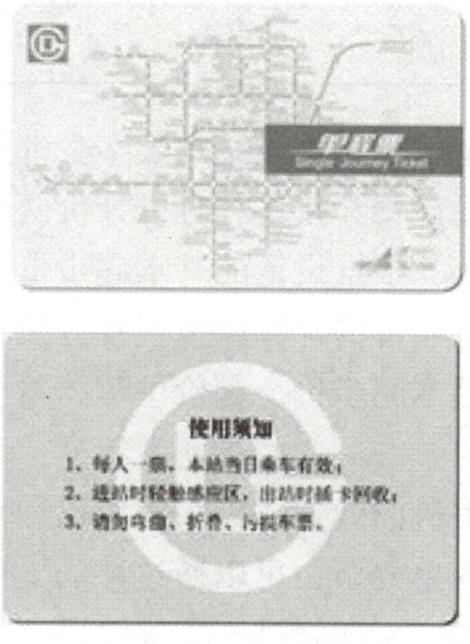

一票通单程票

员工卡

图 10-25　各类车票式样

票制及使用方法见表 10-1。

表 10-1　各种车票使用方法一览表

类别	票种	介质	提供单位	使用方法	备　注
可回收车票	单程票	非接触式IC	ACC	进站刷卡，出站回收	当日一次乘车使用
	福利票				适用于持可免票证件的乘客在半自动售/补票设备换取的车票，使用方式同单程票
	出站票			出站回收	用于乘客在付费区补票出站。仅限发售出站票的车站当日出站时使用
不可回收车票	定值纪念票			进站刷卡，出站经回收、扣费后原处退还给乘客	已限定票值总额，在有效期内，每次一人使用有效
	车站工作票			进、出站均刷卡	由车站工作人员持有，仅限指定车站使用，不检查进出站次序
	其他预留票种			—	带行李单程票、往返票、一日票、区段票、计次纪念票、定期纪念票、员工票、储值票
	普通储值卡		一卡通公司	进、出站均刷卡	1. 有效期内限单人使用。收取押金，可充值 2. 异形卡的使用方法相同，以一卡通公司提供的样式为准
	学生卡				
	纪念卡				
	员工卡				只限系统内部员工使用，每次扣除次数一次
	其他预留卡种			—	定期卡、计次卡等
应急纸票	单程票	纸质车票	运营企业	进站经人工检票，出站无需验票	根据相关规定，满足应急起动条件时使用

单一票价制是指不论乘客乘坐里程长短或站点数多少都实行一种价格的票价制度。

计程票价制又分为按区间分段计价和按里程分段计价两种。按区间分段计价是指按乘客乘坐的车站区间数量实行多级票价，根据设定的基本起步价、起价区间、每个计价段所包含的区间数、每一计价段价格等进行票价的计算。按里程分段计价是指按乘客乘坐的运营里程长短实行多级票价，根据设定的基本起步价、起价里程、每个计价段所包含的里程数、每一计价段价格等进行票价的计算。

手机付费是直接将芯片装在手机内的方式，手机可以和储值票一样使用，用手机即可直接过 AGM（自动检票机），可以购单程票，可以通过移动支付账户充值。目前，日本已推出这种手机，手机付费在轨道交通的应用即将进入实施阶段；韩国的移动通信运营商也已经将“汉城通” T-Money 应用放到手机上，一方面作为用户身份识别，另一方面是要用于无线移动支付。国内广州和重庆已经开始试点。手机付费示意图如图 10-26 所示。

车票的使用流程如图 10-27 所示。

图 10-26　手机付费示意图

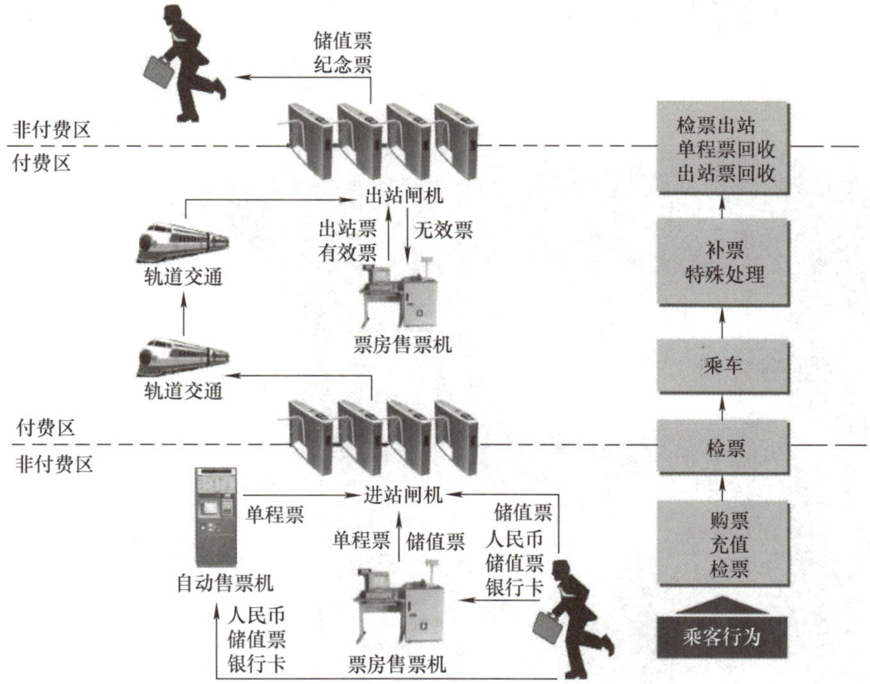

图 10-27　车票的使用流程

【应用与实践】

一、售票设备应用实践

1. 售票机操作

（1）售票机机柜门打开操作

1）侧门的开启与关闭操作，如图 10-28 所示。

2）上门的开启与关闭操作，如图 10-29 所示。

（2）售票机打开操作

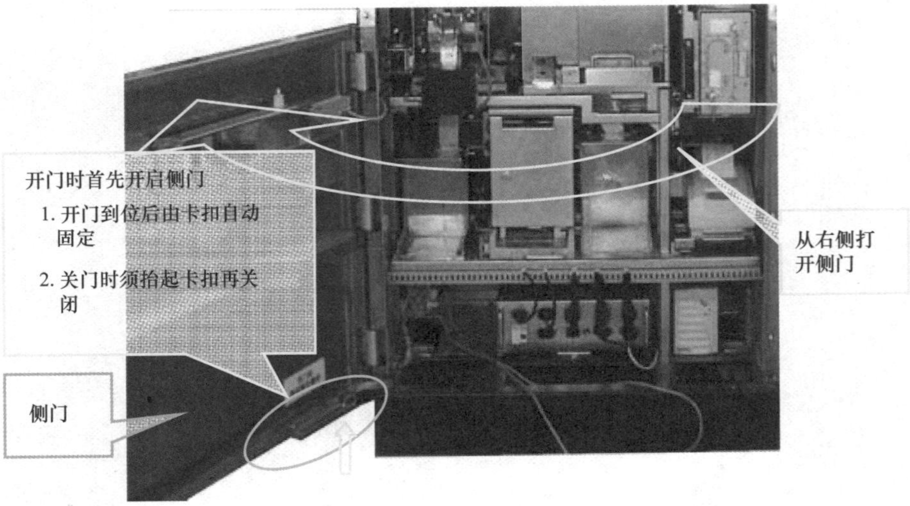

图 10-28　侧门的开启与关闭

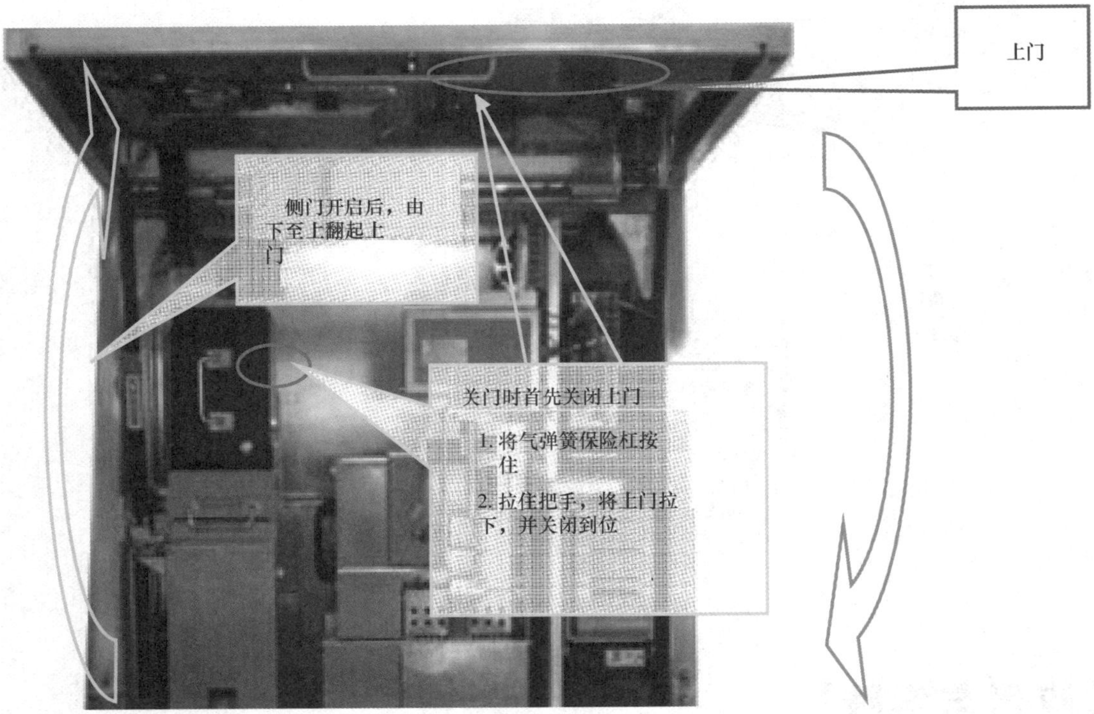

图 10-29　上门的开启与关闭

1）开机准备工作：

① 用钥匙打开 TVM 样机侧门，然后检查纸币识别处理模块（包括纸币回收箱）、硬币识别处理模块、单程票售票模块、硬币回收箱、票据打印机、工控机上各个串口是否连接正常，到位。

② 确认各个组件到位并确认 220V 电源正确连接。

③ 到位并确认 220V 电源连接正确。

2）售票机打开操作步骤，如图 10-30 所示。

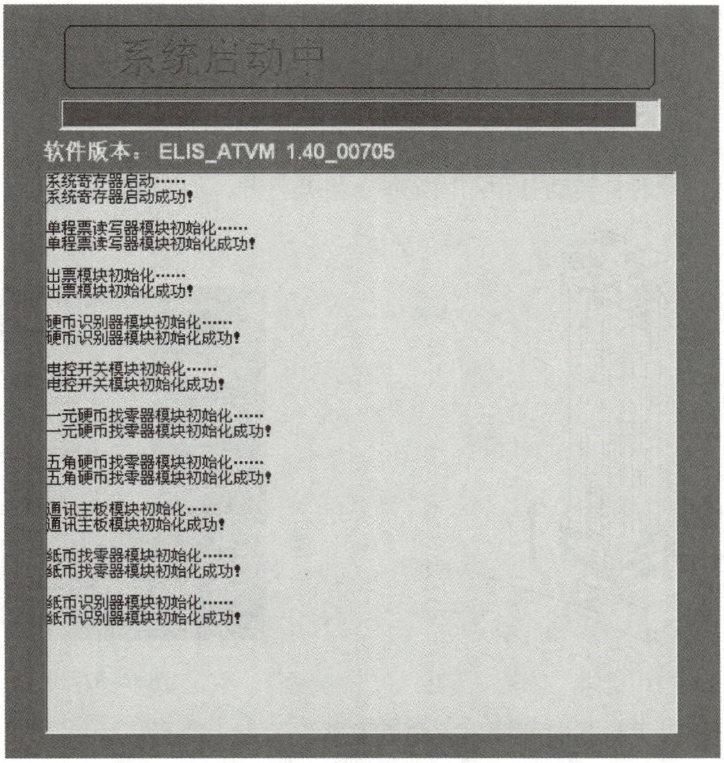

图 10-30　打开工控机

① 打开 TVM 总电源控制模块开关（断路器）。

② 打开 UPS 后备电源。

③ 打开电源控制箱开关。位置为 TVM 内底部 UPS 中间位置，打开后按钮上的红色电源指示灯将立即被点亮。

④ 打开工控机。打开工控机电源开关，启动操作系统，售票机的应用程序将会随着系统的启动而自动启动。启动的界面如图 10-30 所示，在这个启动界面上用户可以清楚、直观地看到售票机的各个功能模块的自检状态，帮助用户确认这些组件处于正常工作状态；当出现问题时，在这个启动界面上会有明确的提示信息，也可以帮助用户快速地确定故障部件，使用户可以及时有效地排除故障。

（3）售票机关闭的步骤

1）正确打开售票机的维护门。

2）登录维护面板，输入关闭系统命令。

3）按照与刚才开机相反的顺序，依次关闭 UPS、电源总开关。

注意：请严格按照以上步骤操作，否则可能损坏电气设备。

2. 发卡模块操作

1）按箭头方向将票箱卡口扳开。

2）单手握住票箱向上提。

3）松开票箱卡扣，使其自动复位。

4）插入票箱，也是先将票箱卡扣扳开，放入票箱，然后松开票箱卡扣，卡扣自动复位，将票箱“抱”住，如图 10-31 所示。

注意：放置票箱时，一定要按上端多出的尖端靠近门的方向放置，如果票箱方向放反，刮票刮不出。

3. 硬币模块操作

（1）补币箱取放操作

1）插入钥匙，顺时针转动补币箱固定锁，将其打开，如图 10-32 所示。

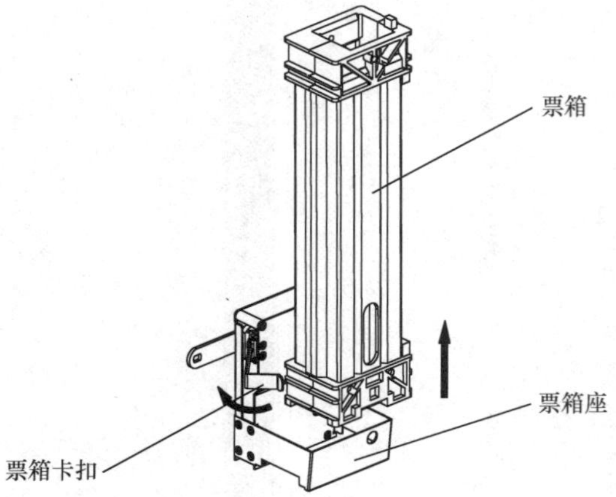

图 10-31 票箱

图 10-32 补币箱

2）手握补币箱提手将其向外拉出或向里推进。

3）逆时针转动补币箱固定锁，将其锁住。

注意：售票程序启动的情况下，操作补币箱要先输入相应指令才可正常操作，否则属于非法操作，系统将报警提示。

（2）循环找零模块取放操作（见图 10-33）

1）拆卸操作：

① 打开循环找零模块锁。

② 拉出循环找零模块。

③ 拨动导轨上的卡扣，并将模块拉出。

图 10-33 循环找零模块取放

2）安装操作：

① 对准轨道插入循环找零模块。

② 将模块插到底后反复抽拉检查卡扣是否已经到位。

（3）循环找零器取放操作（见图 10-34）

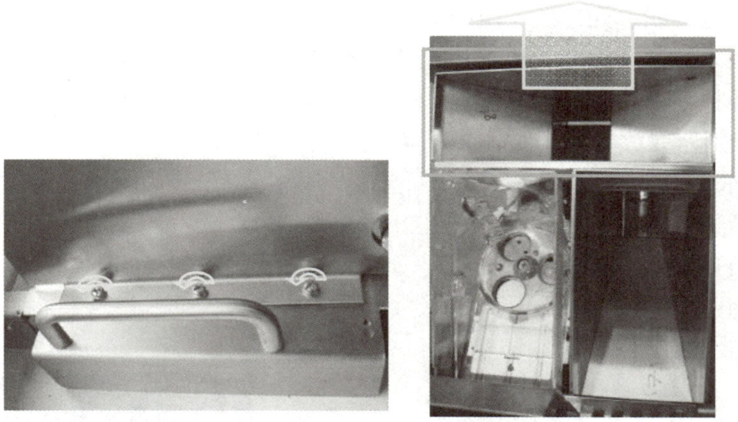

图 10-34　循环找零器取放

1）拆卸操作：

① 拆下循环找零模块。

② 拔掉模块上的电源线、电缆线以及光感线。

③ 卸下面板下方的三颗固定螺钉。

④ 移走面板和清币闸模块。

⑤ 卸下位于循环找零模块底部的紧固螺钉，如图 10-35 所示。

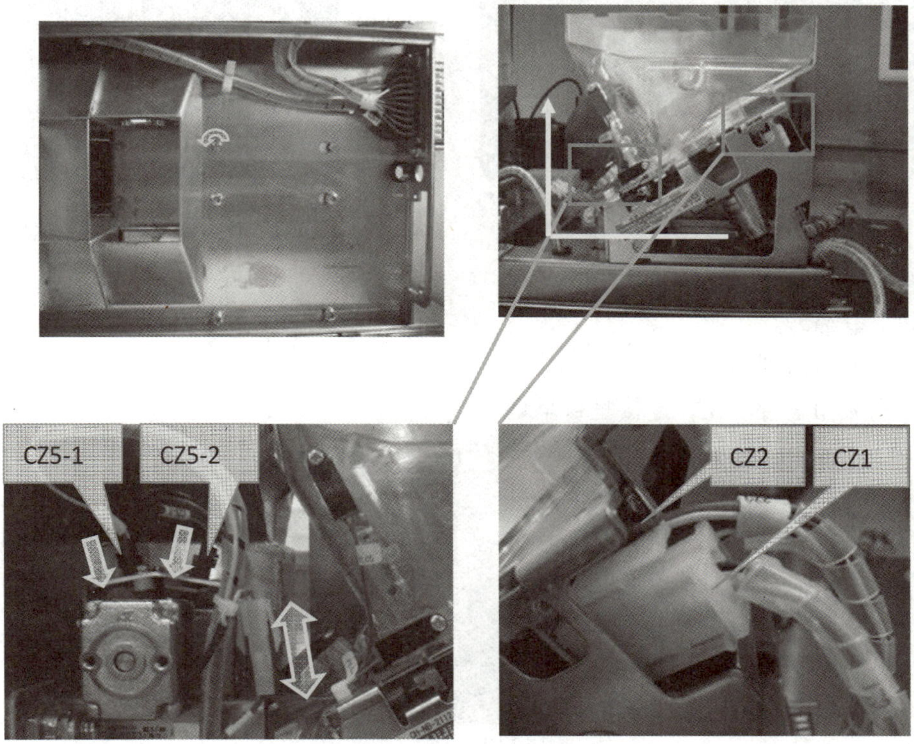

图 10-35　卸下紧固螺钉

取走循环找零器，按箭头方向推拉。

2）安装操作，如图 10-36 所示。

① 装上循环找零器。

② 装上清币闸模块及面板。

③ 插上所有电源线、光感线、电缆线。

④ 拧上面板下的紧固螺钉，边拧边调整面板位置，保证面板位置正确。

⑤ 拧上循环找零模块下的紧固螺钉，边拧边调整循环找零器位置保证位置正确。

（4）硬币识别器取放操作（见图 10-37）

1）拆卸操作：

① 抬起硬币识别器的卡扣。

② 拉出硬币识别器。

③ 拔下电缆。

图 10-36　安装

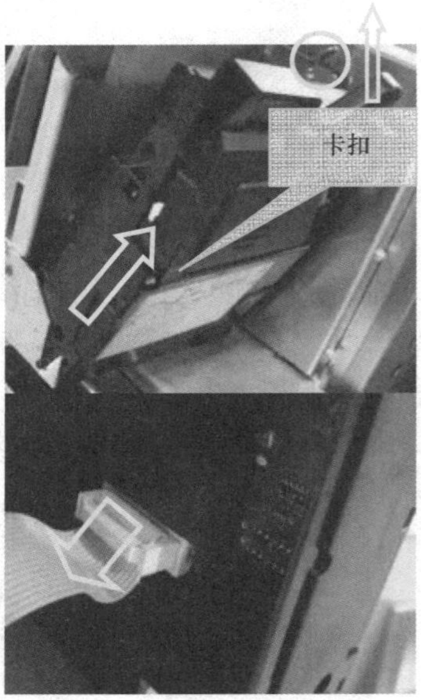

图 10-37　硬币识别器投放

2）安装操作，如图 10-38 所示。

① 插上电缆。

② 装上硬币识别器。

③ 检查卡扣是否卡住，连接是否牢靠。

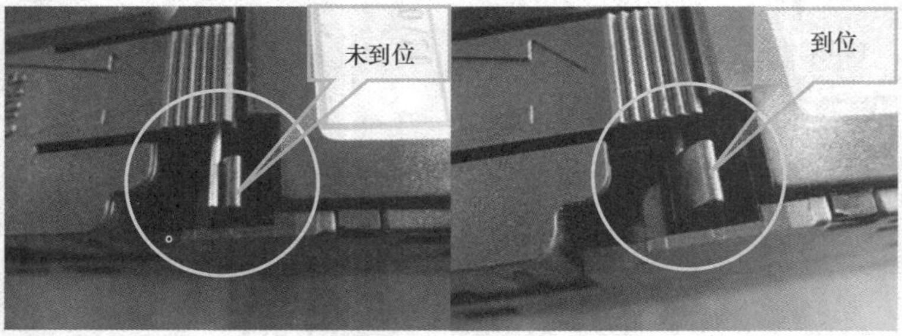

图 10-38　安装操作

注意：向上拉出硬币识别器时，一定不要太快，放置磨坏硬币识别器下方的插线。拔下硬币识别器的插线时也不能过猛，防止接线脱落。

（5）硬币回收箱取放操作

1）箱体插入时，箱体上滑槽自行导入支架上导轨片，将箱体完全推入，此时打开封门锁，封门被打开，同时箱体上的锁扣插入支架导轨片上的锁槽，箱体被固定在支架上，取出钥匙。

2）当需要取出硬币回收箱时，关闭封门锁，封门被关闭，同时箱体上的锁扣脱离支架导轨片上的锁槽，此时可将箱体拉出。

3）当需要倒出硬币时，打开上盖锁，上盖打开即可倒出硬币。

4）上盖锁除打开/关闭钱箱上盖外，另有锁定封门锁的功能。关闭封门后，不能再次打开封门，必须打开上盖锁后，才能再次打开封门锁，如图10-39所示。

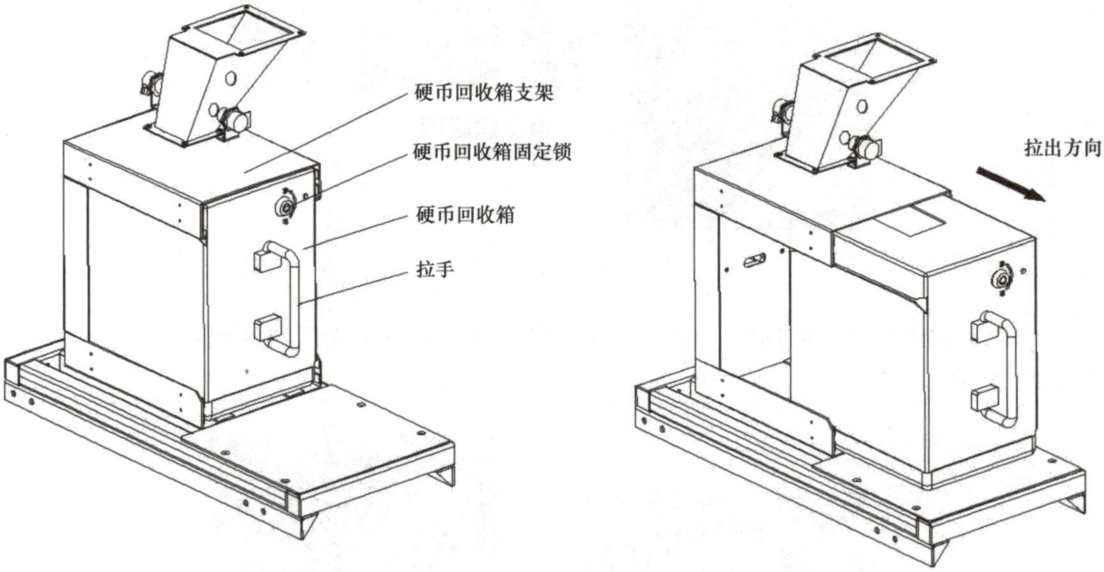

图10-39　硬币回收箱取放

注意：售票程序开启的情况下，如果要动硬币钱箱一定要先输入指令，否则属非法操作，系统将报警提示。具体步骤为：正确登录自动售票机在维护面板输入99和Enter；输入88和Enter，再输入881和Enter；使用封门钥匙关闭钱箱封门，取下硬币钱箱。

4. 纸币回收箱取放操作

纸币回收箱操作：

1）抬起把手向右搬动。

2）插入钥匙，顺时针转动纸币钱箱固定锁。

3）手握钱箱拉手。

4）将钱箱向前拉出。

5）若需要取出纸币，打开侧边盖锁（封门状态显示绿色），取出纸币；侧边盖锁除打开/关闭钱箱盖外，另有锁定封门锁的功能；关闭封门后（封门状态指示红色），不能再次打开封门，必须打开侧门盖锁后（封门状态指示绿色），才能再次打开封门锁。

5. 通道维修门的打开和关闭操作

（1）通道维修门打开操作

1）打开通道电源所在维修门。

2）将钥匙插入维修门的钥匙孔，按顺时针方向转动。

3）打开锁之后抓住维修门把手，向上提起打开维修门，如图 10-40 所示。

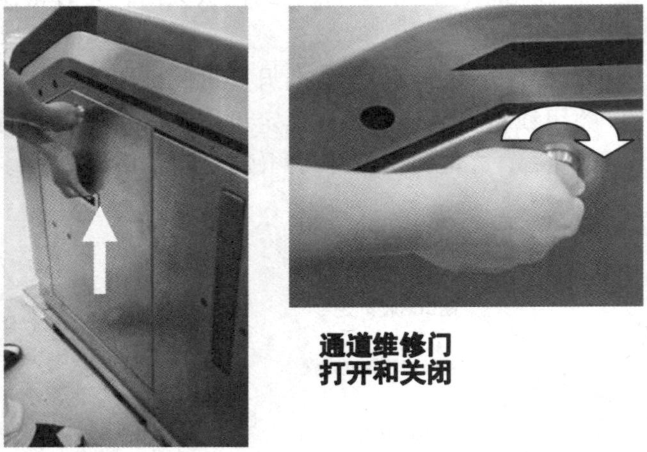

图 10-40　通道维修门打开

（2）通道维修门拆卸操作　将前一步垂直方向提起的维修门向外倾斜，提起并拆卸，如图 10-41 所示。

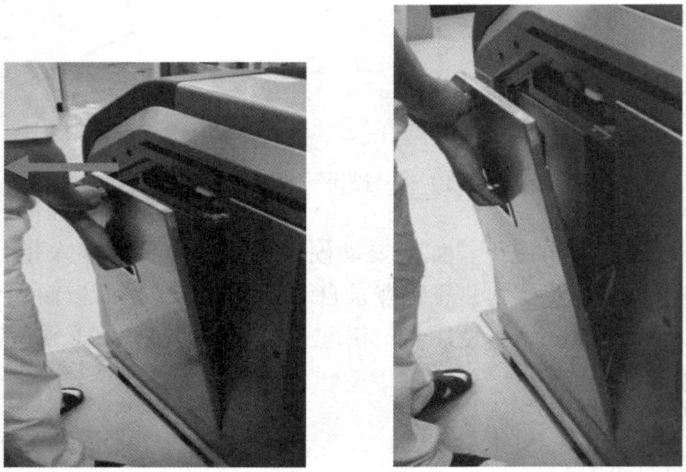

图 10-41　通道维修门拆卸

（3）通道维修门安装操作

1）将钥匙插入钥匙孔。

2）倾斜维修门，维修门底部装入闸机底托中。

3）将维修门推入，并按逆时针方向转动钥匙关闭维修门。

（4）维修门打开操作

1）将钥匙按顺时针方向转动，打开维修门的锁，如图 10-42 所示。

2）打开维修面板后，30s 内不输入操作员 ID 和密码，闸机将会报警。

3）输入正确的操作员 ID 和密码，闸机进入设备维护模式。

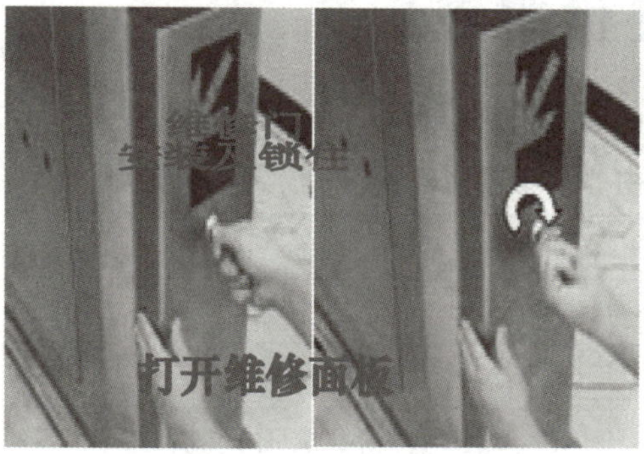

图 10-42　维修门打开

二、检票机的常见维护操作

闸机在断电时应先关闭工控机的操作系统，然后再断电，在 SC 的模式控制里有一键关机功能（或者按下电源箱的红色开关也可关闭），这样可以延长工控机的使用寿命，并且可以防止应用程序损坏。

1. 闸机的扇门不出

先按控制板的复位键，在板子的中下边位置，上面写着“Reset”字母，然后关上维护门重试。

2. 扇门刷卡不开门

首先打开维护菜单的“扇门测试”，如果正常开关，则再使用“传感器测试”，去检测是否有传感器被遮挡。如发现被遮挡则去检查该传感器是否有电、位置是否正确以及是否太脏了。

3. 读卡器工作不正常

进入维护菜单的读卡器测试或者查看设备状态哪里检测读卡器，如若出现故障等异常信息，可尝试断电重启闸机。

【实践操作】

1. 操作练习

1）根据本章所学的知识，掌握城市轨道交通门禁系统的结构。

2）在课余时间，结合所在城市轨道交通车站参观学习，了解城市轨道交通门禁系统的组成。

2. 书面练习

1）简述门禁监控有哪些等级划分。

2）简述门禁系统的功能。

3）简述门禁系统的运行模式。

【评价跟进】

1. 教师的评价

由教师在完成本章的教学任务后填写，在相应表格中画“√”。

评价项目		教师的评价			
序号	题　目	好	较好	一般	较差
1	对本章教学过程的控制				
2	在本章教学过程中，学员的参与情况				
3	学员对本章知识学习后的效果反馈				
教师对本章教学的总结评价意见及跟进措施					

2. 学员的评价

由学员在完成本章的教学任务后填写，在相应表格中画“√”。

评价项目		学员的评价			
序号	题　目	好	较好	一般	较差
1	在本章教学执行过程中教师的表现				
2	本章教学内容与社会实际需求的联系情况				
3	自己在本章学习过程中的表现				
学员对本章教学的总结评价意见及跟进措施					

3. 知识跟进

1）从互联网上了解城市轨道交通门禁系统的现状如何。

2）从互联网上了解城市轨道交通门禁系统的各种模式。

第11章　车站行车技术设备

问题导入

在城市轨道交通行车调度控制中，应用电子计算机通过信息传输通道实时地收集有关行车的各种信息，经计算机应用程序进行处理，最后向区间和车站的各列车及地面信号发出控制指令（包括安排列车进路，控制列车速度，定点停车监视和调整列车运行），在调度控制室内同时显示行车实际情况，并自动记录行车实迹。

学习目标

1. 能说出车站行车技术设备的基本功能。
2. 能掌握车站行车技术设备的构成。

教学建议

1. 教学场地：在普通教室、能连接互联网的多媒体教室及城市轨道交通系统的各种模型实训室中进行，课后可实地参观。

2. 设备要求：城市轨道交通车站的车站行车技术设备仿真模型1套，或能播放视频投影的设备及相关课件、视频。

3. 课时要求：共6课时，其中课堂讲授4课时，模拟操作2课时。

【理论知识】

一、车站

在运输生产活动中，车站起着极为重要的作用。车站是线路上供列车到发、通过的分界点，某些车站还具有折返、停车检修和临时待避等功能；车站是客流集散的场所，是乘客出行乘坐列车的始发、终到及换乘地点，也是运营企业与服务对象的主要联系环节；车站还是轨道交通各工种联劳协作的生产基地。

车站的运输生产活动主要由行车作业和客运作业两部分组成。车站行车作业包括接发列车作业、列车折返作业等。车站客运作业包括售检票、组织乘客乘降和换乘作业等。

车站主要包括线路、道岔、通信、信号、环控、自动售检票、自动扶梯、电梯、照明、给水排水、消防、防灾报警、设备监控等系统，由出入口、通道、站厅层、站台层、设备用房、管理用房及生活用房等几部分构成。有些简易车站无站厅层。

1. 车站的线路

（1）正线　正线是连接车站并贯穿或直股伸入车站的线路。正线为载客运营线路，包括区间正线和车站正线。正线中车站两端墙间内方的线路为站内线路，简称站线；两相邻车站相邻端墙间的线路范围称为区间。城市轨道交通线路的正线一般为全封闭线路，按双线设计，采用右侧行车制。正线与其他交通线路相交时，一般采用立体交叉。

（2）辅助线　辅助线是为保证正线运营而配置的线路，是为列车提供折返、停放、检查、转线及出入段作业的线路。辅助线包括折返线、渡线、联络线、出入段线、存车线等。

2. 车站的分类

（1）按车站客流量大小

1）大车站。大车站是指高峰每小时客流量在3万人次以上的车站。

2）中等车站。中等车站是指高峰每小时客流量在2~3万人次之间的车站。

3）小车站。小车站是指高峰每小时客流量在2万人次以下的车站。

（2）按车站的运营功能不同

1）终点站。终点站是指线路两端或列车交路两端的车站，除供乘客上下车外，通常还具有列车折返、停留或临时检修等运营功能。

2）中间站。中间站一般只供乘客上下车，是线网中数量最多的车站。有的中间站设有配线，可供列车越行；也有的中间站设有折返设备，可供列车折返。

3）折返站。折返站是终点站与中间站中设有折返线、渡线等折返设备，可供长、短交路列车进行折返作业的车站。

4）换乘站。换乘站设在不同线路的交汇地点，除供乘客上下车外，还供乘客由一条线路的列车换乘到另一条线路的列车上去。

（3）按车站设置的位置

1）地下站。地下站是指线路、主体建筑和设备设施设置在地下隧道的车站，又可分为浅埋式车站和深埋式车站两种。

2）地面站。地面站是指线路、主体建筑和设备设施设置在地面的车站。

3）高架站。高架站是指线路、主体建筑和设备设施设置在高架桥上的车站。

（4）按是否具有站控功能

1）集中站。集中站是指具有站控功能的车站，集中站车站值班员根据调度命令，可监控集中站管辖线路上的列车运行、办理电话闭塞行车和执行扣车、催发车等列车运行调整措施。集中控制站通常为有道岔车站。

2）非集中站。非集中站是指不具有车站控制功能的车站。非集中站通常为无道岔车站。

（5）按站台形式

1）岛式站台车站。此站台的特点是上、下行线分布在站台的两侧，站台面积可以得到充分利用，岛式车站结构紧凑，乘客

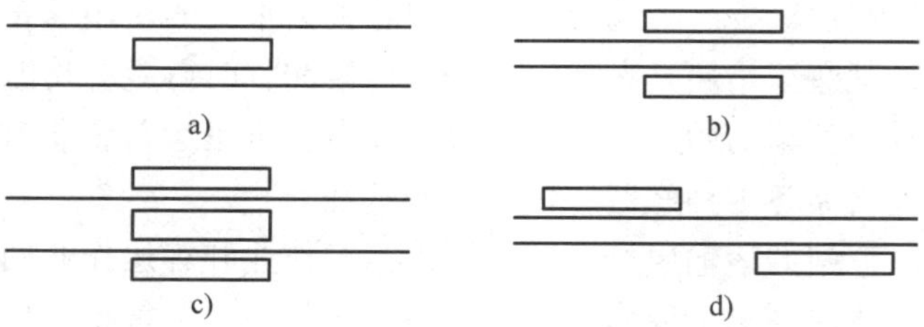

图11-1　站台形式示意图

a）岛式站台　b）侧式站台　c）混合式站台　d）纵列式站台

换乘方便，如图 11-1a 所示。

2）侧式站台车站。此站台的特点是站台分布在上、下行线一侧，列车进站无曲线，运行状态好。乘客乘降车互不干扰，不易乘错方向，站台横向扩展余地大，如图 11-1b 所示。

3）混合式站台车站。此站台是既有岛式站台、又有侧式站台的混合形式，一般多为始发/终到站，设有道岔和信号联锁等设备，如图 11-1c 所示。岛式站台与侧式站台的比较见表 11-1。

另外还有一种纵列式站台车站，如图 11-1d 所示。

表 11-1　岛式站台与侧式站台的比较

比较项	岛式站台	侧式站台
站台利用	较高	较低
乘客服务	折返方便、可能乘错方向	折返不便、不会乘错方向
客运管理	管理集中	管理分散
工程投资	较大	较小
站台延长	困难	容易

二、车站技术设备

车站每天要办理大量的行车作业与客运作业。为此，根据车站的运营功能和客流量的不同，车站上应设置各种不同种类和容量的行车设备与客运设备。

1. 行车设备

（1）线路　车站线路包括正线、配线、折返线和存车线等。正线是列车在站内到发、通过及停留的线路；配线是供列车待避、越行的线路，为了降低工程投资，轨道交通车站一般不设置配线；折返线是供列车折返的线路，折返线的布置应尽可能保证线路最大通过能力的实现；存车线是临时停放列车的线路，存车线的设置应兼顾运营功能需要与车站造价控制。车站辅助线的长度一般按远期列车长度加 30m 设计。

地下车站的线路通常采用“高站台、低区间”设计，如图 11-2 所示。列车在进站前上坡缓行、出站后下坡加速。这种凸形纵断面设计对行车安全、节约电能、减少加减速时间、降低乘客出入站升降高度、降低造价和缩短工期都是有利的。

图 11-2　高站台、低区间设计

地下车站的线路坡度，考虑排水因素与防止列车溜逸，一般设计为 2‰。地面车站与高架车站的线路一般设置在平道上。

（2）道岔与渡线

1）道岔：道岔是使列车、车辆由一条线路转入另一条线路的连接设备，通常设置在车站上和车辆段内，是轨道的组成部分。道岔有单开道岔、双开道岔和交分道岔等类型，单开道岔是最常用的道岔。

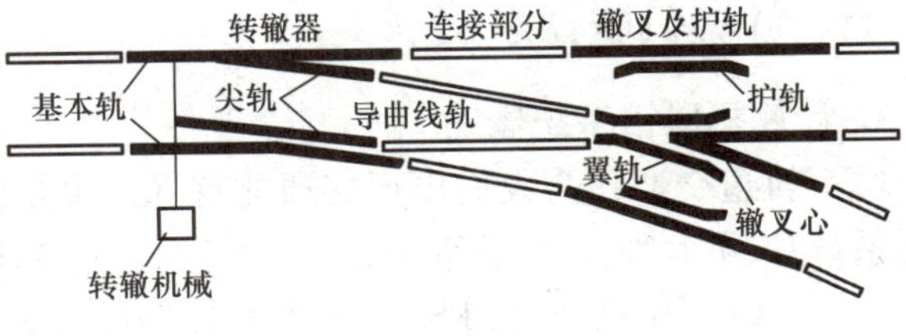

图 11-3　单开道岔的组成

单开道岔由转辙器（包括尖轨、

基本轨和转辙机械）、连接部分（包括直轨和导曲线轨）、辙叉及护轨（包括辙叉心、翼轨和护轨）三部分组成，如图 11-3 所示。

道岔号数以辙叉号数表示，辙叉角口越小，辙叉号数越大，列车通过道岔的速度，尤其是侧向通过道岔的速度也越高。轨道交通正线和辅助线一般采用 9 号道岔，车辆段线路一般采用 7 号道岔。

2）渡线：为使列车、车辆能从一条线路转入另一条线路，应设置渡线。渡线有单渡线和交叉渡线两种。

单渡线由两副单开道岔和道岔间的直线段组成，交叉渡线由四副单开道岔和一副菱形交叉组成，如图 11-4 所示。

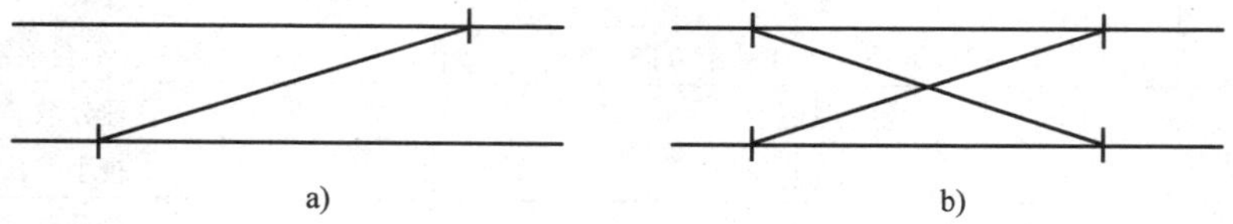

图 11-4　单渡线和交叉渡线

a）单渡线　b）交叉渡线

（3）信号与通信设备　为保证行车作业安全和提高行车作业效率，车站设置信号、联锁和通信设备。

1）信号设备：车站信号设备通常有出站信号机、发车表示器、防护信号机和阻挡信号机等。

车站联锁设备在道岔、信号机、进路之间建立起一种相互制约的联锁关系，是保证列车站内运行或折返作业安全的设备。联锁设备设置在有道岔车站，分电气集中联锁设备和微机联锁设备两种类型。

在采用列车自动控制（ATC）系统的情况下，车站还设置 ATC 系统有关设备，如车站 ATS 设备等。

2）通信设备：用于车站行车作业的通信设备主要有站间行车电话、集中电话和无线调度电话等。

2. 客运设备

客运设备主要有环控、自动售检票、自动扶梯、电梯、照明、给水排水、消防、防灾报警、设备监控等系统的机电设备。

客运建筑设备主要由出入口、通道、站厅层、站台层、设备用房、管理用房及生活用房等几部分构成。

三、计算机联锁系统

1. 计算机联锁系统概述

城市轨道交通作为人们出行交通的首选，也是由一个庞大的系统所组成的，在城市轨道交通系统中分为很多个子系统，如：实现环境和设备监控系统（EMCS）、火灾报警系统（FAS）、气体灭火系统（FES）、电力监控系统（SCADA）、自动售检票系统（AFC）、调度监督系统（DSS）等。其中 DSS 是最为重要的系统，它是一个分布式系统，包括调度中心子系统、电务维护子系统、通信网络子系统和车站子系统。DSS 的核心系统就是城市轨道交通信号联锁系统。该系统的可靠性、安全性、稳定性和实时性决定了列车运行的安全性。

在车站上，铺设有许多条线路，线路之间用道岔连接。列车在车站内运行的路径，叫作进路。进路由道岔位置决定。进路要有信号机防护，道岔位置不对，或者进路上有车，防护此条进路的信号机就不能开放，从而保证列车的运行安全。道岔、进路和信号三者之间相互制约、相互依存的关系称为联锁。实现联锁的设备叫作联锁设备。

图 11-5 所示为联锁设备原理图。

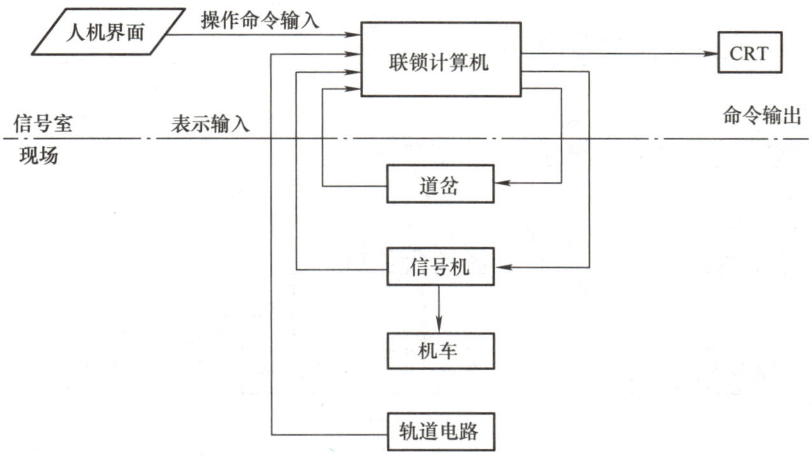

图 11-5　联锁设备原理图

2. 计算机联锁的主要功能

计算机联锁有电气集中联锁和电气非集中联锁。

列车自动防护和电气集中联锁系统是防止列车碰撞和脱轨，保证列车安全运行的重要运营设备。该系统包括以下主要功能：

1）控制列车进路设置和联锁；列车占用检测；按照闭塞法控制原则，实现列车安全间隔控制，避免出现列车追尾、迎面或侧面冲撞等恶性事故发生。

2）向列车发送行车指令，实现超速防护。

3. 计算机联锁的分级

系统第一级为控制监视级，也称为人机对话级（在车站值班员室），实现对系统的控制过程的信息显示和系统控制命令的输入。第二级为联锁逻辑处理级，实现信号联锁关系运算处理；第三级为执行表示级，实现现场设备运行状态的采集和实时控制。值班员使用的控制台由计算机实现按钮命令的采集，具有语音提示和报警功能。第三级是计算机采用串行数据通信连接，协调控制，实现对铁路车站信号、道岔、进路等方面的实时控制。系统运行时每个分级均独立工作，一旦发生故障即运行分机自动退出系统，或立即在线进行维修，系统仍能照常运行，但电气集中计算机联锁在执行以上各级的操作命令时，联锁系统都以以下五个层次的关系进行工作，如图 11-6 所示。

（1）人机对话层　将来自键盘、鼠标等操作输入，经串口送达联锁计算机，同时在图形显示器上显示站场表示信息。在站场规模较大致使联锁计算机负担较重或需要多终端操作

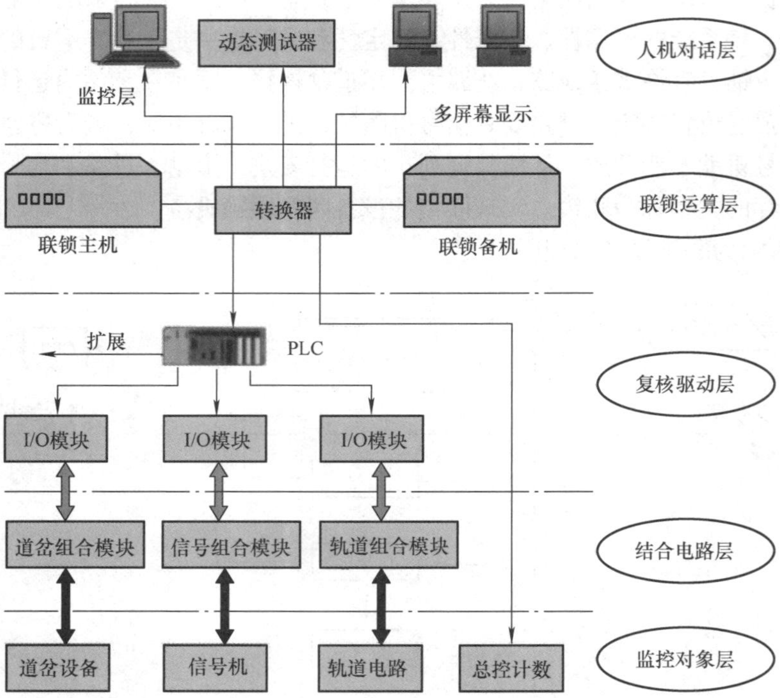

图 11-6 计算机联锁的分层示意图

的情况下，可设置操作命令采集机进行操作命令输入的有效性判别并转换成约定格式传送给联锁计算机。

（2）联锁运算层　联锁微机是系统的核心部分，承担着操作输入的判别、联锁信号的调理及分析、逻辑运算、控制命令生成、故障诊断等任务，其可靠性、安全性对系统的总体故障—安全性能有较大影响，系统中设置了两台联锁微机，其中一台为冷备机，可进行人工切换。

（3）复核驱动层　复核驱动层承担着采集表示信息并将联锁微机下达的操作命令转化为故障—安全的控制信号的任务，具有对联锁微机形成的操作命令进行复核检查的屏障作用。

（4）结合电路层　结合电路的任务之一是实现现场监控设备表示信息与 PLC 输出的驱动信号的安全逻辑转换，使 PLC 的输入、输出信息均具有故障—安全性能；任务之二是用专用电路规范监控设备的测控过程，即包括表示信息采集机制与设备驱动流程。

（5）监控对象层　监控设备是指联锁系统的现场设备，即道岔、信号机与轨道电路。

4. 信号机、进路和进路上的道岔相互制约的要求

1）进路上的有关道岔开通位置不对或敌对信号机未关闭时，防护该进路的信号机不能开放。

2）防护该进路的信号机开放后，该进路上的道岔即不能扳动，其敌对信号机均不能开放。

3）主体信号机未开放时，预告信号机不能开放，正线上的出站信号机未开放时，进站信号机不能显示正线通过信号。

4）列车或机车车辆驶入进路后，防护该进路的信号机立即关闭，禁止其他列车或机车车辆再驶入。

车站联锁从1856年英格兰的布列克勒叶·阿姆斯（Brickloyer Arms）车站装设由萨克斯倍（Sax by）首创的萨式联锁机开始，至今已有100多年的历史，经历了机械联锁、电机联锁、电气联锁、电气集中联锁、计算机联锁的发展过程。

随着科学技术的进步，旧的联锁设备不断地被安全可靠性更高、操纵和维护更简单、技术更先进的联锁设备代替。从发展角度看，计算机联锁是发展的方向；从经济角度看，电气集中联锁在相当长的一段时间内仍被广泛采用。

目前中国使用的联锁设备按操纵的方式可以分为集中联锁和非集中联锁，按主要设备工作方式的不同可分为电锁器联锁、继电联锁和计算机联锁。

5. 操作方法

计算机联锁的操作方法与继电联锁相似，由于它实现了从有触头到无触头的变革，操作人员办理进路时，只需先按压进路的始端按钮，再按压进路的终端按钮即可完成。

此时计算机就可以执行操作输入程序和联锁处理程序。根据输入的按钮代码，从进路矩阵中找出相应的进路，然后检查是否符合选路条件，只有完全满足选路条件后，程序才能转入选路部分。之后，先检查对应道岔是否在规定位置，再将需要变换位置的道岔转换位置，接着锁闭进路，并建立对应的运行表区。

在执行信号开放程序时，可根据运行表区内容，连续不断地检查各项联锁条件，条件满足时信号机才能开放。当列车进入信号机后方时，信号机即自动关闭，随着列车的运行，进路可顺序逐段解锁。

计算机联锁运作速度快，信息量大，操作方便，安全性高，设备体积小、重量轻，便于调试和维修，提高了自动化程度和作业效率。计算机联锁是目前最先进的车站联锁设备，有着广阔的发展前途。今后应使其执行器件电子化、系统构成标准化。

四、TYJL系列计算机联锁控制系统

TYJL系列计算机联锁控制系统是中国铁道科学院研制的车站信号控制系统，主要产品包括：TYJL-Ⅱ型双机热备结构计算机联锁控制系统和采用3取2安全计算机的TYJL-TR9型计算机联锁控制系统。

1. TYJL-Ⅱ型系统的结构及功能

TYJL-Ⅱ型计算机联锁系统是一个分布式多处理系统，系统采用模块化结构，可根据站场的实际需要，进行拼装连接，构成大小不一的系统，如图11-7所示。

1）监视控制系统——由控制台和监控机构成，是系统的操作界面和人机接口。

2）主控系统——由联锁机、执行表机组成，是联锁控制系统的核心，完成系统的调度、通信、诊断以及现场信息的采集，联锁逻辑的运算和控制命令的输出等功能。

3）接口系统——该系统对内与主控系统相连，对外与现场设备相连，主要由采集结合电路、动态驱动设备和继电器控制电路组成。

4）辅助电路——主要由电务维修机等组成，电务维修机存储记录计算机联锁控制系统的全部运行信息，并为电务维修人员提供人机界面。

5）电源系统——主要由配电柜或综合柜组成，负责给系统各组成部分供电。

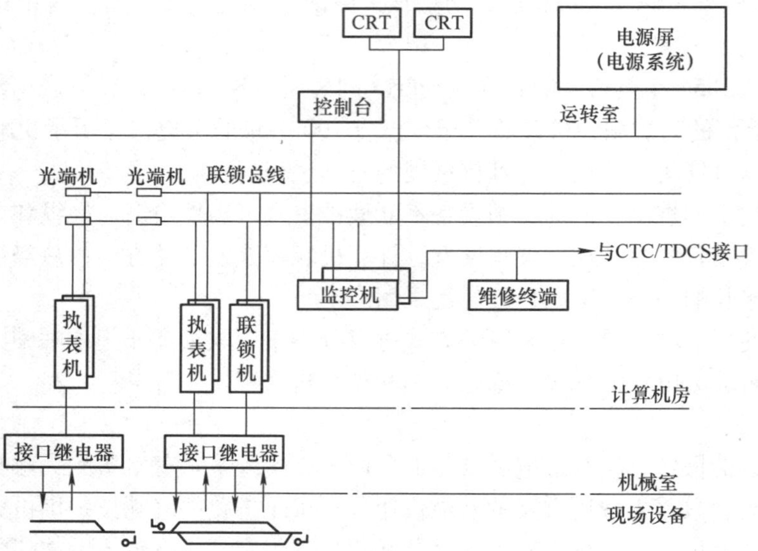

图 11-7 TYJL-Ⅱ型系统结构示意图

2. TYJL-Ⅱ型软件系统及其功能

TYJL-Ⅱ型计算机联锁软件一般划分为三个子系统：监控机软件系统、主控机软件系统、维护及检测软件系统。

软件间的沟通用系统管理软件（专用通信软件）实现。

（1）监控机软件系统　由于不涉及行车安全，因此采用单软件结构，其主要功能如下：

1）对值班员的所有操作进行提示、处理并记录，接收值班员的有效操作命令，向主控系统发出相应的执行命令。

2）接收主控系统提供的站场表示信息，向值班员提供站场图像的实时显示。

3）向值班员提供整个系统的工作状态信息、报警信息和简要的故障信息。

4）记录系统的全部操作和运行信息。

5）向辅助系统提供记录信息，并提供与其他必要信息系统的接口。

（2）主控机软件系统　采用双版本软件结构，系统内两套相互独立版本的联锁程序同时运行，联锁逻辑运算结果在控制命令输出级进行比较，比较一致时，方可发出驱动命令，主要包括以下模块。

1）调度管理模块：实现系统软件的整体管理，形成专用的小型操作系统。

2）通信模块：完成系统设备间的通信。

3）选路模块：完成选路运算。

4）采集控制模块：完成信息采集和控制驱动功能。

5）锁闭模块：完成进路锁闭功能检查。

6）信号检查模块：完成对信号开放条件的检查。

7）解锁模块：完成进路解锁功能检查。

8）站场描述数据模块：完成站场结构静态数据描述。

（3）维护及检测软件系统　主要功能有：

1）站场状态的跟踪与回放，操作命令记录和故障记录。

2）远程诊断功能。

3）监控系统时钟调校功能。

4）与其他信息系统接口功能。

3. TYJL-Ⅱ型硬件系统结构及功能

TYJL-Ⅱ型硬件系统包括以下几个部分：监视控制系统、主控系统、接口系统、主备双机切换系统、电源系统和辅助系统。

（1）监视控制系统　监视控制系统由控制台和监控机构成。

监控机选用工业 PC，主要实现人机对话、进路初选，一般采用双套配置同时运行，可实现人工切换或自动切换。

（2）主控系统　主控系统主要由联锁机和执行表机组成，其联锁机和执行表机的硬件结构完全相同，包括微处理器系统、信息采集及控制驱动和电源装置三大部分，如图 11-8 所示。

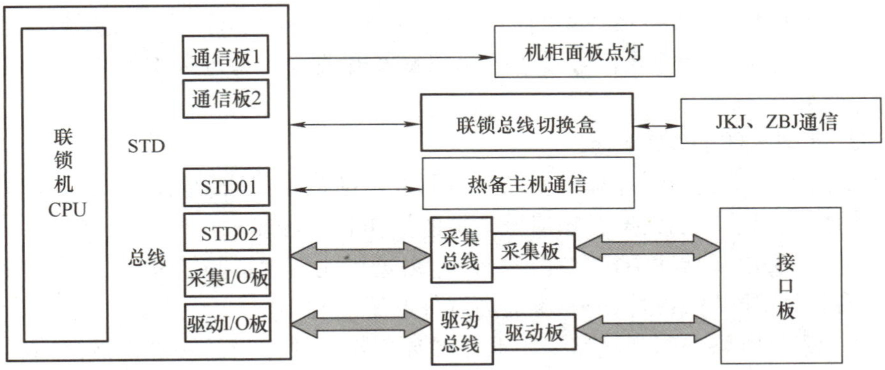

图 11-8　TYJL-Ⅱ型主控系统结构图

1）微处理器系统：选用 STD 标准总线工控机，主要由 STD5093 微处理器板、通信板以及接口板组成。

2）信息采集和控制驱动：通过信息采集板和控制驱动板完成现场设备表示信息的采集以及控制命令的输出驱动与执行。

3）电源装置：主要供给 STD 微机系统、采集板和驱动板等各种所需电源。

（3）接口系统　接口系统是指机械室内对外与现场设备相连，对内与主控系统相连的电路系统，可分为两大部分：

1）采集电路。由主控系统通过对相关继电器触头的数字量采集完成的。

2）输出驱动电路。沿用电气集中使用安全型继电器控制现场设备的方式，由主控系统驱动板给出的动态脉冲需经功率放大方能输出驱动电路实现此功能，主要由动态驱动电源、动态驱动电路和偏极 1000 的安全型继电器组成。

（4）主备双机切换系统　在 TYJL-Ⅱ型计算机联锁控制系统中，联锁机、执行表机和监控机均为 A、B 两套，两套设备通过切换实现主备关系的交换，以保证一套设备发生故障时系统能不间断运行，主要由两部分构成：

1）切换控制电路。包括联锁机切换电路、执行表机切换控制电路、监控机及控制台切换控制电路，实现对联锁机、执行表机、监控机的主备切换，也可通过人工或自动控制实现。

2）切换校核电路。包括联锁机切换校核电路和执行表机切换校核电路，主要用来校核切换手柄、LQHJ、ZQHJ 及其复示继电器间动作和状态是否一致，实现对切换电路的检查，一旦发现错误，可及时切断输出，以保证系统安全。

（5）电源系统　系统需要电源屏提供两路经过隔离变压器的 220V 电源，经过配电柜隔离电压、抗干扰处理后分配给各个设备使用，除此之外，还有以下几类电源。

1）采集、驱动电源：DC12V，由联锁机和执行表机机柜输出，作为采集回线和驱动回线电源。

2）计算机工作电源：DC5V，供联锁机、执行表机工作使用。

3）切换电源：DC24V，由配电柜输出，供切换电源使用。

4）直流稳压电源：DC28V 或 32V，供动态继电器或动态驱动盒使用。

（6）辅助系统　辅助系统一般由电务维护终端和微机检测系统构成，电务维修机采用标准工业机。

1）电务维修机自动记录计算机联锁控制系统的工作状态及现场作用情况，并可以实现记录回放，便于维修人员进行在线诊断和远程诊断，实现与 TDCS 等信息系统的接口。

2）微机检测用来检测记录信号设备的模拟量及开关量，为电务维修人员提供设备的工作状态信息。

4. TYJL-Ⅱ型系统的技术特点

系统采用高可靠工业控制计算机，以热备双冗余结构组成联锁处理系统，可实现双套联锁控制系统的快速同步功能，不影响值班人员的操作和现场显示。

1）联锁程序采用双软件结构，在控制命令级进行比较，提高了联锁运算的安全性，同时程序设计采取分层网络结构，进一步提高软件的安全性。

2）系统的采集电路和驱动电路采用动态脉冲工作方式，当任一部件故障时，均能导致信息脉冲中断，保证故障—安全。

3）系统严格采用闭环控制原理，通过对输出控制命令分层双重回读的闭环控制，可对驱动混线、驱动板故障、I/O 故障等进行有效检查，保证故障—安全。

4）系统设有切换校核电路，可对切换电路的一致性进行检查，校核有误时联锁机将停止输出，以保证系统安全。

5）系统具有强大的故障诊断能力，并通过维修机记录下来，供电务维修人员参考。

5. TYJL-TR9 型硬件系统及其功能

TYJL-TR9 型硬件系统包括以下几个部分：联锁子系统、监控子系统、输入/输出子系统、维护子系统和电源系统。

（1）联锁子系统　主处理器模块：采用 3 取 2 表决完成逻辑运算。

1）电源模块：冗余的电源模块提供计算机工作的内部电源。

2）采集模块：采集现场信息，并传递给处理器模块。

3）驱动模块：执行处理器的命令，驱动现场继电器。

4）通信模块：完成联锁机和其他设备之间的通信。

（2）监控子系统　监控子系统由工控机、光端机、视频复视器和集线器组成。它主要完成的功能为：实现人机对话，操作人员利用鼠标进行操作，办理接发车进路、调车进路等。

（3）输入/输出子系统　此系统完成对现场设备信息的采集和对有关设备的驱动。

1）每个输入模块都有相同的分电路（A、B、C）。每一分电路相互完全隔离并独立操作，任一条分电路的故障不会扩散到其他分电路。

2）每个输出模块也有三条相同的隔离分电路。每条分电路由各 I/O 微处理器通过相应的 I/O 总线从相应的主处理器中获取输出数据。

（4）维护子系统　维护子系统主要由维修机组成，给电务人员提供系统工作信息，实现与其他信息系统的接口。

（5）电源系统　此系统提供系统所需的各类工作电源，包括联锁机电源、控制台电源、维修机电源、I/O 电源。

6. TYJL-TR9 型系统的技术特点

关键部件采用三重冗余，提高了系统的可靠性与安全性。

采用 TRISTATION1131 编程环境，提供了很好的文档管理，提高了联锁软件的可靠性和安全性。主要特点如下：

1）联锁安全性软件与联锁功能软件相互分离，降低了软件设计的复杂性。

2）通用联锁模块库与定制特殊功能模块相结合，提高了联锁软件的通用性和灵活性。

3）完善的自我诊断能力、清晰的故障显示、在线的故障模块替换使系统便于维护。

【应用与实践】

一、道岔应用与转换操作

道岔是一种使机车车辆从一股道转入另一股道的线路连接设备单开道岔的转辙器，是引导机车车辆沿主线方向或侧线方向行驶的线路设备，由两根基本轨、两根尖轨、各种连接零件及道岔转换设备组成。连接部分是转辙器和辙叉之间的连接线路，包括直股连接线和曲股连接线（亦称为导曲线）。

1. 道岔的位置的判断

1）立于轨道中央，面对尖轨（人距尖轨不超过 1m）；开通右位时，左侧尖轨密贴基本轨，右侧尖轨与基本轨有空隙，如图 11-9 所示。

2）开通左位时，右侧尖轨密贴基本轨，左侧尖轨与基本轨有空隙，如图 11-10 所示。

图 11-9　道岔的位置判断（一）

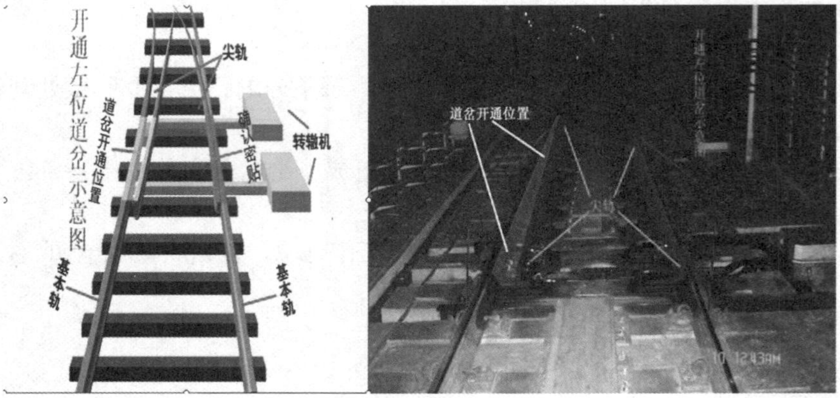

图 11-10 道岔的位置判断（二）

2. 转辙机外形

转辙机外形如图 11-11 所示。

图 11-11 转辙机外形

3. 双转辙机线路

双转辙机线路如图 11-12 所示。

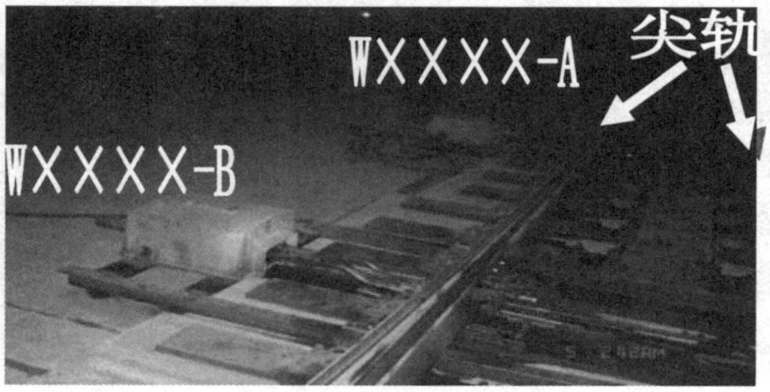

图 11-12 双转辙机线路

4. 手摇道岔操作

（1）一看　看道岔开通位置是否正确；是否需要改变开通位置；是否有勾锁器；尖轨与轨道间的空隙是否有异物，如图 11-13 所示。

（2）二开　打开道岔盖孔板锁及钩锁器锁（五号线道岔必须先断电再打开盖孔板），拆下钩锁器，如图 11-14 所示。

（3）三摇　摇道岔转向所需的位置，在听到转辙机“咔嚓”落槽声后停止；如摇动时间较长都未听到“咔嚓”落槽声，则先将道岔摇回去听到“咔嚓”后再摇回来。如道岔有主、副两台转辙机则有两次“咔嚓”落槽声发出，如图 11-15 所示。

图 11-13　一看

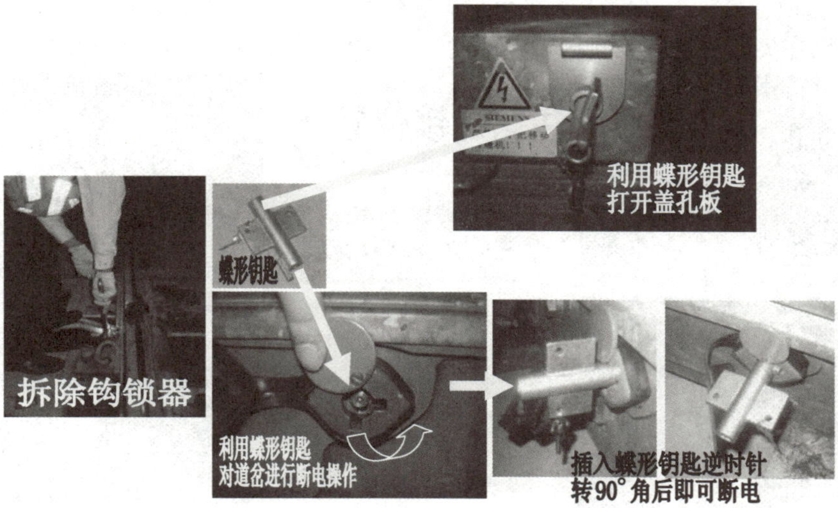

图 11-14　二开

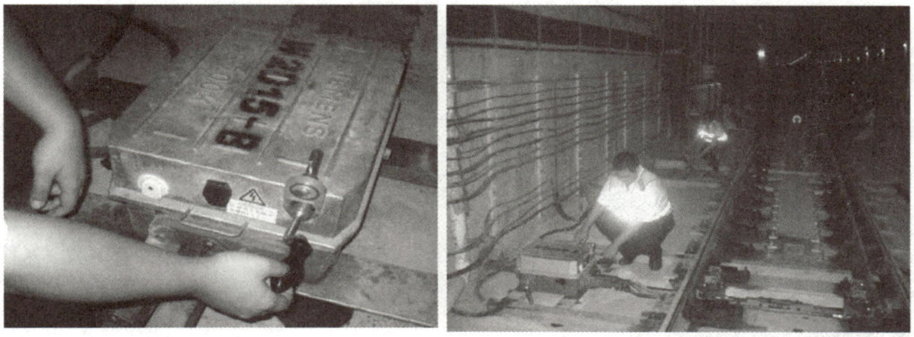

图 11-15　三摇

（4）四确认　手指尖轨：“尖轨密贴，开通左/右位”，并和另一人共同确认，如图 11-16

所示。

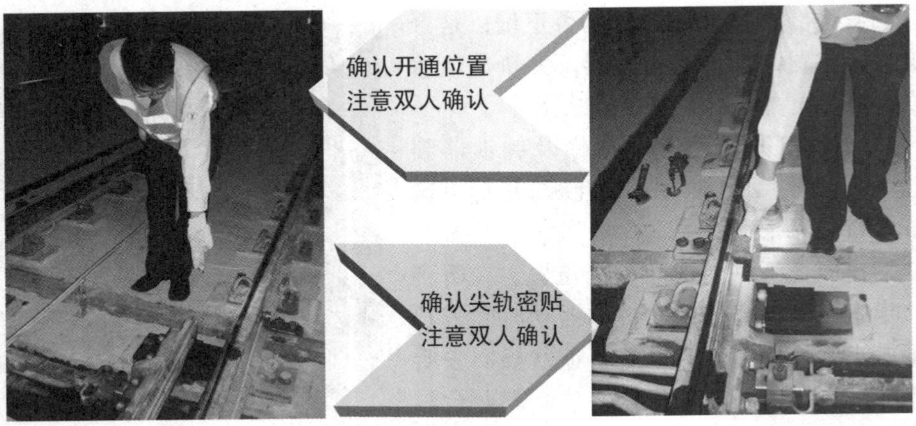

图 11-16　四确认

（5）五加锁　另一人在确认道岔开通正确位置后，用钩锁器锁定道岔尖轨；双转辙机加锁位置分别在尖轨后第二、三枕木，第七、八枕木之间，如图 11-17 所示。

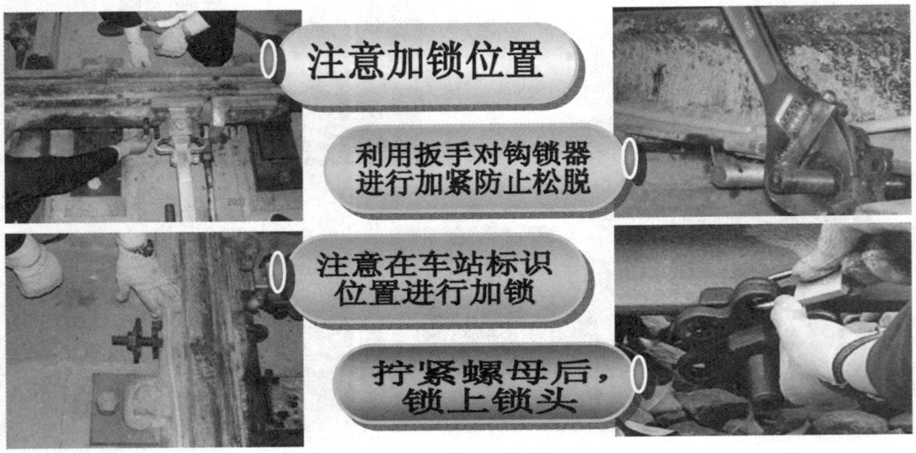

图 11-17　五加锁

（6）六汇报　向车控室汇报道岔开通位置正确，如图 11-18 所示。

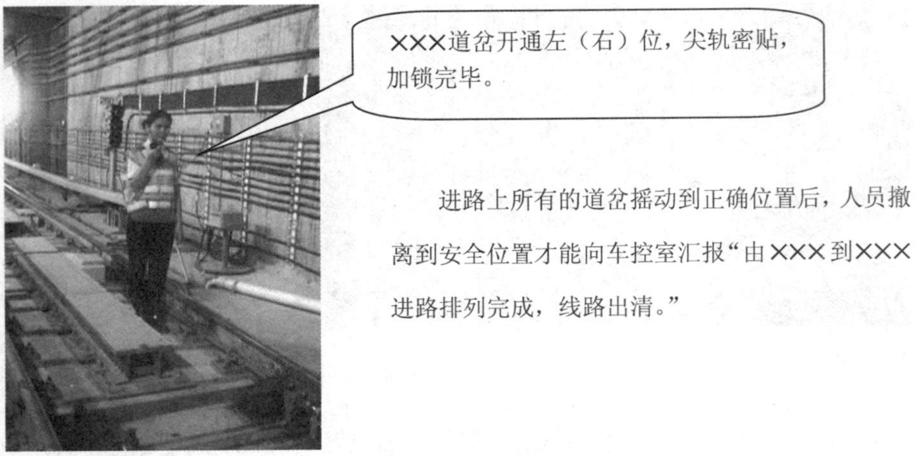

图 11-18　六汇报

二、信号系统备用控制区（IBP 盘）操作

信号系统备用控制区一共分为上下行，上下行的按钮都是相对应一样的。分别有扣车、终止扣车、灯泡试验、切断报警、取消紧停、紧急停车、蜂鸣器，如图 11-19 所示。

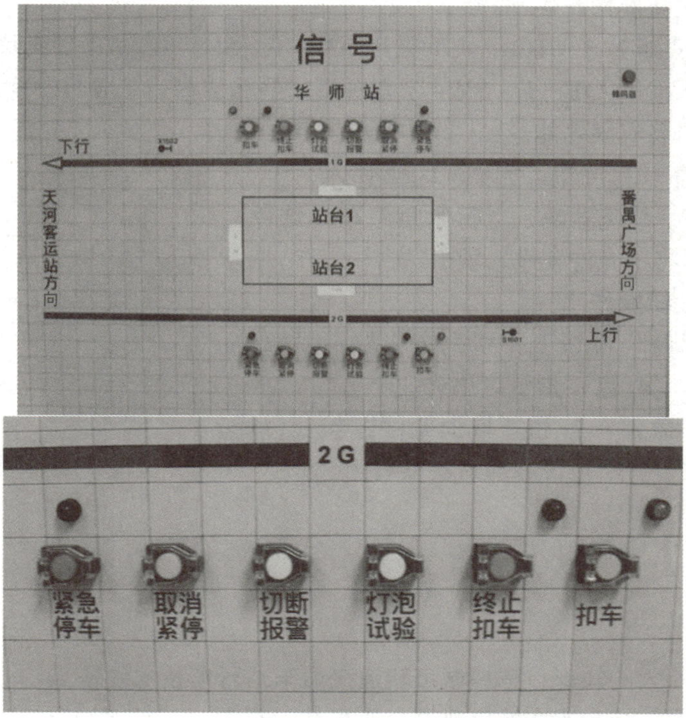

图 11-19　IBP 盘

1. 扣车操作

1）“扣车”操作只对处于 CTC 模式下采用 AM、SM 驾驶模式的装备列车有效。

2）当上行扣车允许（黄色）表示灯亮起的时候，按下“扣车”按钮可以将上行线的列车扣下。此时上行扣表示灯亮起（闪烁为车站扣车、常亮为行调扣车），列车将停留在站台不允许离开。（注意：黄灯灭时不能扣车）

2. 终止扣车操作

按下“终止扣车”→“扣车”→“终止扣车”，红色扣车表示灯熄灭，如图 11-20 所示。（注意：取消扣车时一定要谁扣谁放）

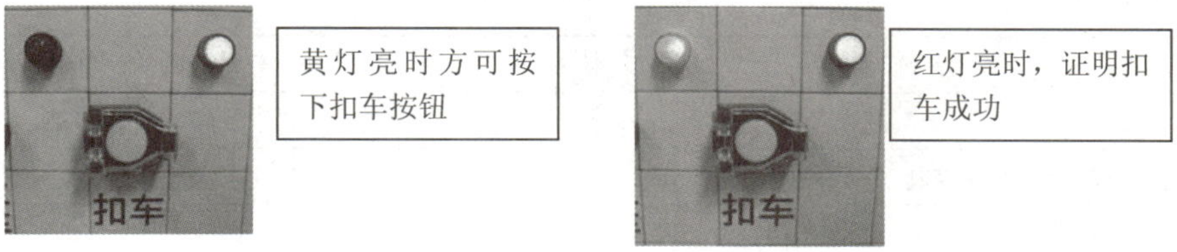

图　11-20

3. 灯泡试验按钮操作

按下此按钮IBP盘上信号系统的指示灯将全部亮起，以便检查指示灯是否正常。

4. 切断报警按钮操作

停止报警声响，按下此按钮后蜂鸣器不响。

5. 紧急停车按钮操作

“紧停”操作只对处于CTC模式下采用AM－C、SM－C、AR驾驶模式的装备列车有效；对CTC模式下采用AM－Ⅰ、SM－Ⅰ驾驶模式的非装备列车或ITC模式下采用AM－Ⅰ、SM－Ⅰ的列车只具备有限功能。

按下“紧急停车”按钮，如图11-21所示，上行线列车将紧急停车。蜂鸣器响，上行紧急停车（红色）指示灯亮起，列车将不允许驶进、驶出站台。

注意：按压“紧急停车”按钮时要按住4s后才会生效

图11-21 紧急停车按钮

6. 取消紧停按钮操作

按下“取消紧停”按钮上行线列车将取消紧急停车，上行紧急停车（红色）指示灯熄灭。

注意：按“紧急停车”和“取消紧停”按钮，蜂鸣器都会报警，按下切断报警后蜂鸣器不响。

【实践操作】

1. 操作练习

1）根据本章所学的知识，掌握城市轨道交通车站行车技术设备。

2）在课余时间，结合所在城市轨道交通车站参观学习，了解城市轨道交通车站行车技术设备的组成。

2. 书面练习

1）简述车站行车设备的整体构成。

2）简述TYJL-Ⅱ型硬件系统的结构及功能。

3）简述信号机、进路和进路上的道岔相互制约的要求。

【评价跟进】

1. 教师的评价

由教师在完成本章的教学任务后填写，在相应表格中画“√”。

评价项目		教师的评价			
序号	题目	好	较好	一般	较差
1	对本章教学过程的控制				
2	在本章教学过程中，学员的参与情况				

（续）

评价项目		教师的评价			
序号	题目	好	较好	一般	较差
3	学员对本章知识学习后的效果反馈				
教师对本章教学的总结评价意见及跟进措施					

2. 学员的评价

由学员在完成本章的教学任务后填写，在相应表格中画“√”。

评价项目		学员的评价			
序号	题目	好	较好	一般	较差
1	在本章教学执行过程中教师的表现				
2	本章教学内容与社会实际需求的联系情况				
3	自己在本章学习过程中的表现				
学员对本章教学的总结评价意见及跟进措施					

3. 知识跟进

1）从互联网上了解城市轨道交通车站行车技术设备的现状如何。

2）从互联网上了解城市轨道交通车站行车技术设备的组成。

第12章　通信系统与设备

问题导入

城市轨道交通通信系统是构成城市轨道交通各部门之间有机联系，实现运输集中统一指挥、行车调度自动化、列车运行自动化，提高运输效率的必备工具与手段。城市轨道交通通信系统按其用途来分，可分为地区自动通信、城市轨道交通专用通信、有线广播、闭路电视、无线通信以及子母钟报时系统、会议系统、传真及计算机通信系统；按信息传输的媒介可分为有线通信和无线通信，有线通信又可分为光缆和电缆通信。城市轨道交通通信是既能传输语言，又能传输文字、数据、图像等各种信息的综合数字通信网。

学习目标

1. 能掌握城市轨道交通通信系统的构成。
2. 能掌握城市轨道交通通信系统的各子系统构成。
3. 能说出城市轨道交通通信系统按传输媒介的分类。

教学建议

1. 教学场地：在普通教室、能连接互联网的多媒体教室及城市轨道交通系统的各种模型实训室中进行，课后可实地参观。

2. 设备要求：城市轨道交通车站的城市轨道交通通信系统仿真模型1套，或能播放视频投影的设备及相关课件、视频。

3. 课时要求：共6课时，其中课堂讲授4课时，模拟操作2课时。

【理论知识】

一、概述

城市轨道交通通信系统是直接为轨道交通运营和管理服务的，是指挥列车运行、进行运营管理、公务联络和传递各种信息的重要手段，是保证列车安全、快速、高效运行的不可缺少的综合系统。

这是一个复杂的大系统，各个部分互相结合、协调，以完成具体的功能。现代城市轨道交通之所以具有快捷、高效、可靠、安全等众多的优点，是与完善而先进的通信系统分不开的。

城市轨道交通通信系统将向两个方向发展：

一是宽带化趋势。为了提高各种业务的质量，势必要增加带宽。

二是各种新系统的开发应用。为了不断完善城市轨道交通的服务，相应功能的分系统将不断融入现有的城市轨道交通通信系统中。

1. 城市轨道交通通信系统的构成

城市轨道交通通信系统按设备可分为主干传输网（传输系统）、电话系统、广播系统、电视监控系统、时钟系统、无线通信系统。

城市轨道交通通信系统按使用用途可分为通信传输系统、电话系统、调度系统、时钟系统、闭路电视系统、广播系统、商用通信系统和旅客信息系统。调控中心画面如图 12-1 所示，城市轨道交通通信网络示意图如图 12-2 所示。

图 12-1　调控中心画面

2. 通信传输系统的结构

通信传输系统是系统各站点与中心及站与站之间的信息传输、不同线路的信息交换的通道。因为担负着城市轨道交通几乎所有通信系统信息传输的重任，所以通信系统在城市轨道交通中的地位非常重要。

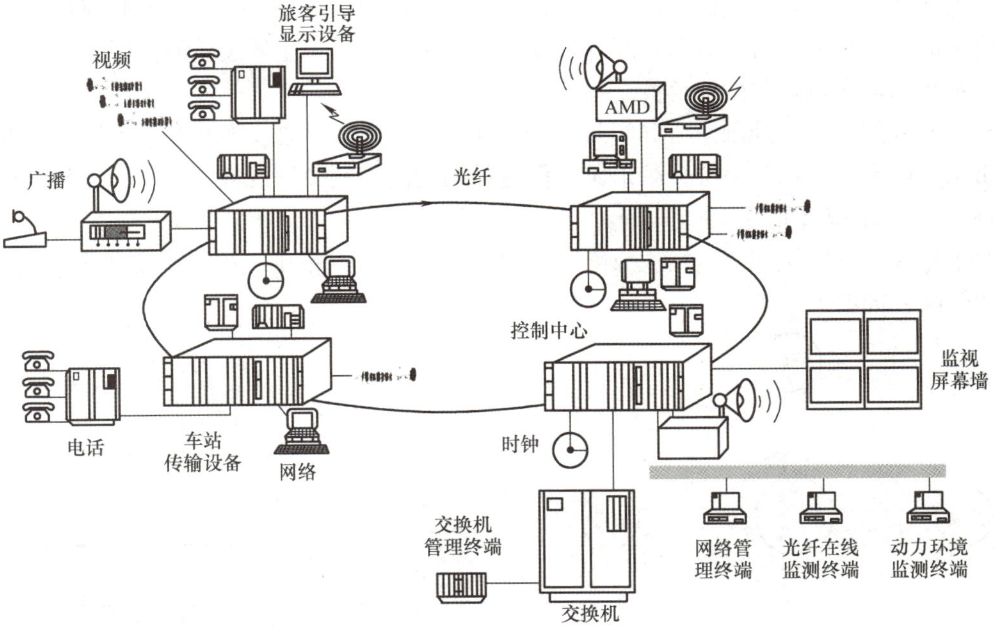

图 12-2　城市轨道交通通信网络示意图

（1）传输系统结构　通信传输系统由光纤骨干网、网络节点、用户接口卡、网络管理系统组成，如图 12-3 所示。

光纤骨干网贯穿整个传输介质，它有光纤、电缆两种传输介质。短距离连接使用电缆或多模光纤和 LED 光源；长距离只能使用单模光纤。

网络节点是用户访问网络、使用网络的途径，可为用户接口卡提供电源，接收用户接口卡信息并发送到光纤网络，同时接收光纤网络信息并传送到用户接口卡。

用户接口卡是用户接入系统的硬件工具，可使自身系统无限向外延伸。它有硬件和软件两种形式：硬件，即通过板卡自身跨接线和微动开关实现；软件，即通过网络中心实现。

网络管理系统基于主流、成熟的操作系统和友好的操作界面，可对传输网络进行配置、扩展、管理和维护。

（2）网络结构　城市轨道交通通信传输系统要为其他系统提供灵活可靠的传输通道。城市轨道交通的网络一般采用环形网络结构，如图 12-4 所示。

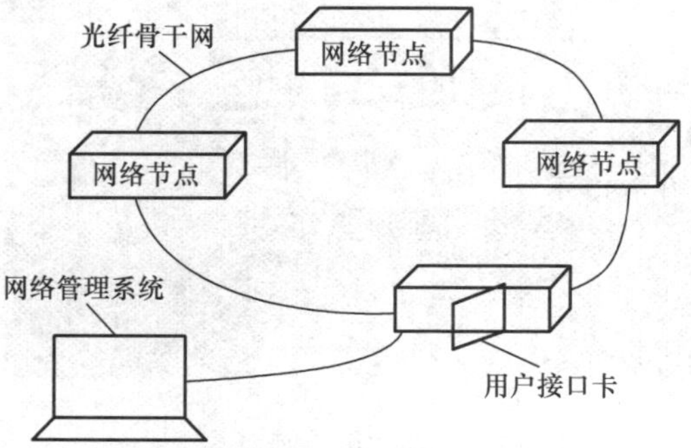

图 12-3　通信传输系统结构

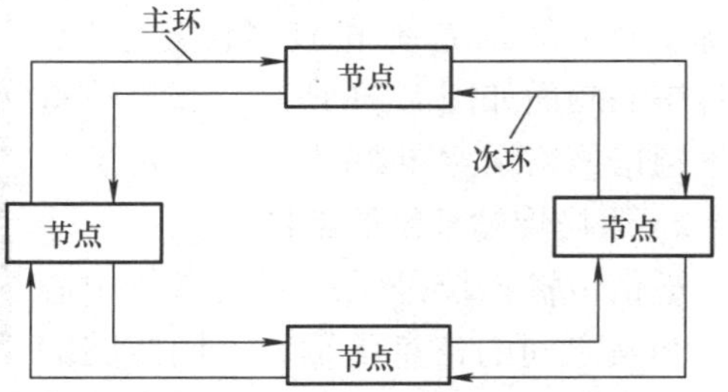

图 12-4　环形网络结构

这种结构由两个环路连接：一个环路运行，负责传送信息，称为主环；另一个环路备用，称为次环。两个环路功能一致，系统运行时不断监测次环，确保次环能随时起动。如果主环出现故障，次环就可立即起动。这种结构需要电缆少，当主环发生故障时，能自动切换到另一个环路以保持正常的通信。

根据业务的不同，控制中心和车站业务点的连接还可能有总线型和星形的网络结构。星形网络结构以中心节点为中心，很形象，但这种结构需要更多的设备、电缆，并且受地理环境影响大，如图 12-5 所示。

对于总线型网络结构，当发生故障时，故障节点即从网络中去除，但受地理条件限制，其成本较高，如图 12-6 所示。

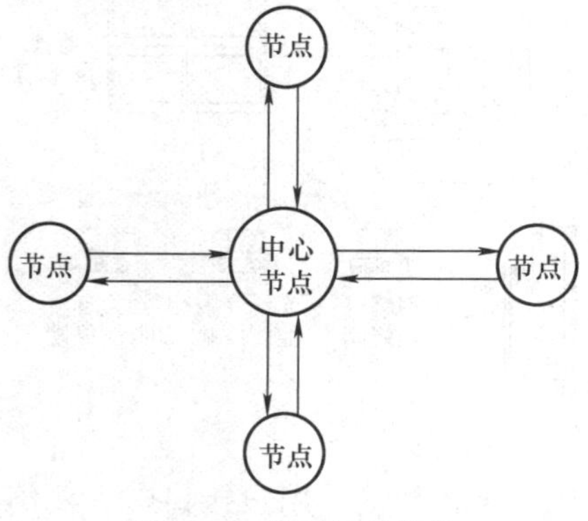

图 12-5　星形网络结构

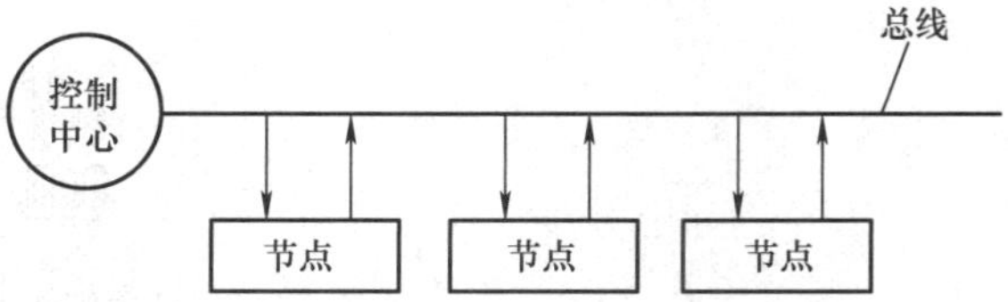

图 12-6　总线型网络结构

（3）节点间的连接方式　节点间的连接方式有两种：环路连接和链路连接。

环路连接方式：每个光/电收发器模块分别和前一节点和后一节点通信，如图 12-7 所示。

链路连接方式：一个光/电收发器负责与前一节点通信，而另一个光/电收发器负责和后一节点通信，如图 12-8 所示。

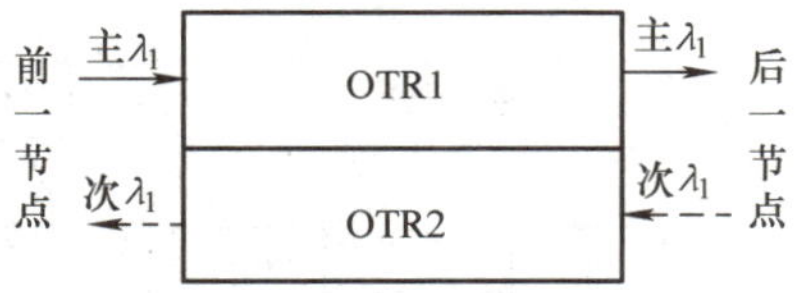

图 12-7　环路连接方式

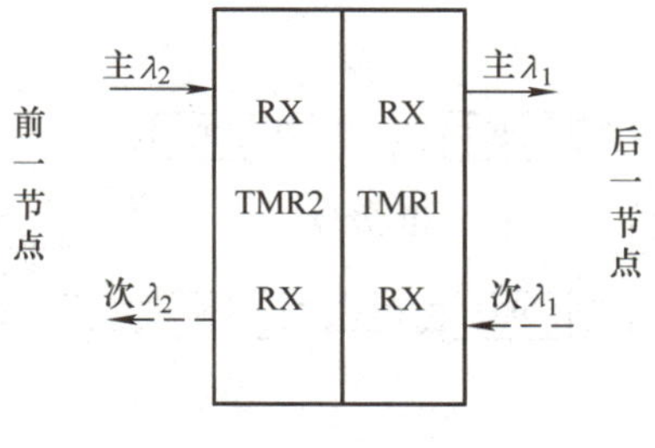

图 12-8　链路连接方式

链路与环路连接方式相比，链路连接方式可以在同一节点针对不同连接距离采用不同的波长或收发器模块（光或电）。例如，短距离传输使用 850nm 的光收发器模块，而长距离传输使用 1300nm 的光收发器模块；或者在长距离传输使用光收发器模块而在短距离传输使用电收发器模块。

（4）传输系统的运行方式和故障恢复　通信传输系统采用双环路运行方式：一个环路（主环）运行，负责传送信息；另一个环路（次环）备用。两个环路功能一致，系统运行时，不断监测备用环路，确保备用环路能随时起动，主路若出现故障，备用环路将立即起动。

为了保证系统的可靠性，当系统发生故障时，系统自动重新配置线路的传输路径，使其仍然正常工作。

1）当主环故障时，系统自动将信息传输通道切换到备用环路，如图 12-9 所示。

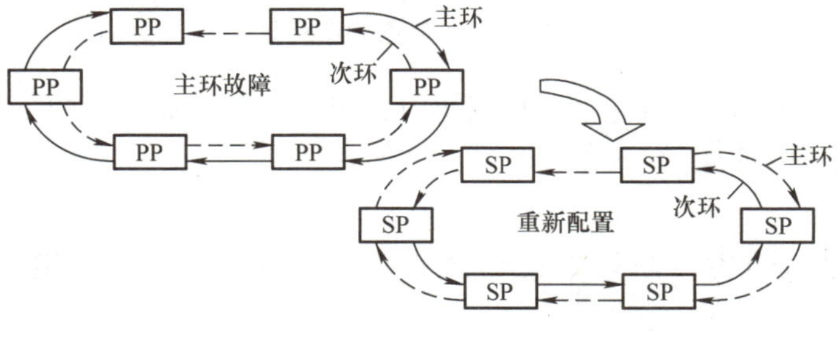

图 12-9　主环故障配置

其中，PP 为通信传输环路的节点，SP 为通信传输环路主环路段，切换到备用环路的节点，其他类同。

2）当次环故障时，系统不采取网络重组动作，但是会将次环路状况信息报告控制中心，如图 12-10 所示。

3）双环路故障（同点）时，采用回环措施，即一节点将输出的主环信息接入次环，另一节点将次环信息接入主环，如图 12-11 所示。

4）节点故障时，也可使用回环措施，如图 12-12 所示。

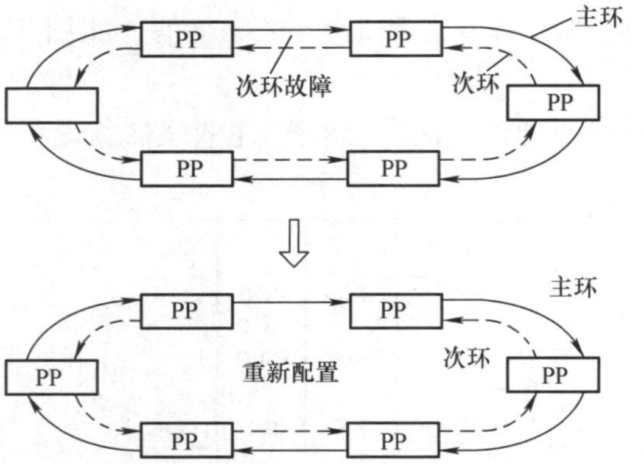

图 12-10 次环故障配置

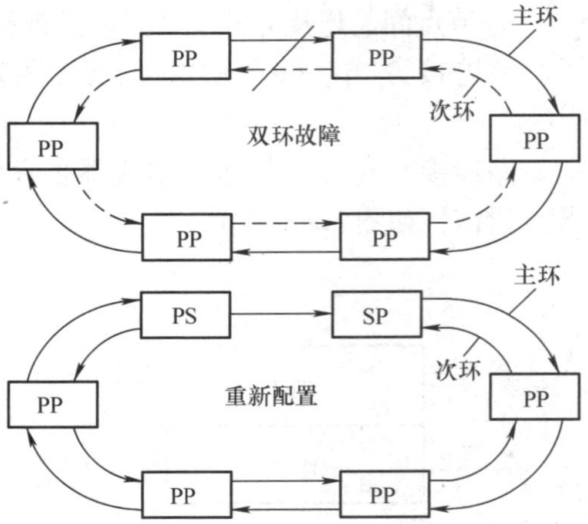

图 12-11 双环路故障（同点）配置

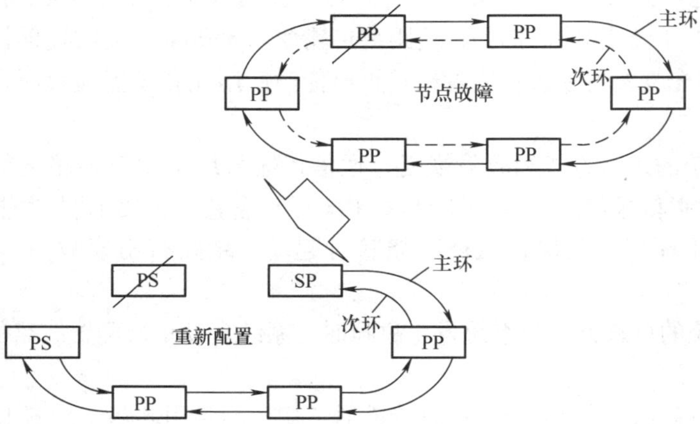

图 12-12 节点故障配置

5）多故障同时发生时，自动恢复机制执行，将系统分隔成独立的子系统，各子系统进行正常操作，如图 12-13 所示。

3. 传输介质

城市轨道交通通信传输系统的传输介质有双绞线电缆、同轴电缆、光导纤维和微波波导。

（1）双绞线电缆 双绞线电缆是将一对或一对以上的双绞线封装在一个绝缘外套中而形成的一种传输介质，是目前局域网最常用的一种布线材料。为了降低信号的干扰程度，电缆中的每一对双绞线一般由两根绝缘铜导线相互绕制而成，双绞线也因此而得名。双绞线电缆如图 12-14 所示。

双绞线分为非屏蔽双绞线（UTP）和屏蔽双绞线（STP）两大类，前者线径细而后者线径粗。屏蔽双绞线在双绞线与外层绝缘封套之间有一个金属屏蔽层。屏蔽层可减少辐射，防止信息被窃听，也可阻止外部电磁干扰的进入，使屏蔽双绞线比同类的非屏蔽双绞线具有更高的传输速率。

双绞线常见的有三类线、五类线、超五类线以及最新的六类线。

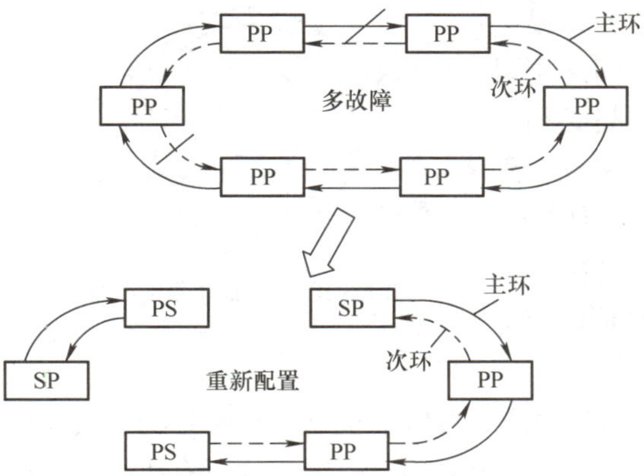

图 12-13　多故障同时发生配置

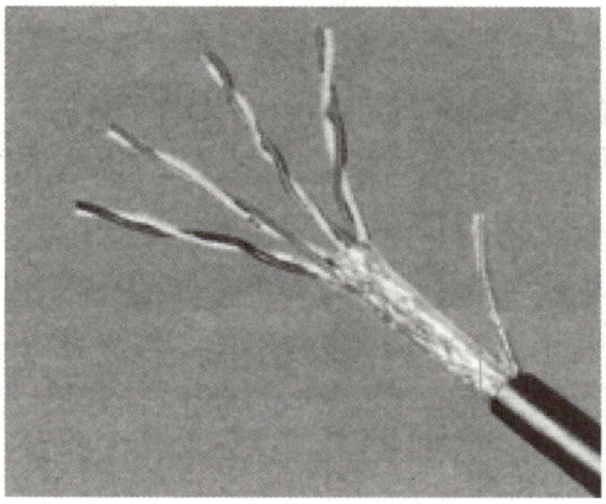

图 12-14　双绞线电缆

1）一类线：主要用于语音传输（一类标准主要用于 20 世纪 80 年代初之前的电话线缆），不用于数据传输。

2）二类线：传输频率为 1MHz，用于语音传输和最高传输速率为 4Mbit/s 的数据传输。

3）三类线：传输频率为 16MHz，用于语音传输及最高传输速率为 10Mbit/s 的数据传输。

4）四类线：传输频率为 20MHz，用于语音传输和最高传输速率为 16Mbit/s 的数据传输。

5）五类线：该类电缆增加了绕线密度，外套一种高质量的绝缘材料，传输频率为 100MHz，用于语音传输和最高传输速率为 100Mbit/s 的数据传输，这是最常用的以太网电缆。

6）超五类线：此类线衰减小、串扰少，并且具有更高的衰减与串扰的比值和信噪比，以及更小的时延误差，性能得到了很大提高。此类线主要用于千兆位以太网（1000Mbit/s）。

7）六类线：该类电缆的传输频率为 1 ~ 250MHz。六类线系统在 200MHz 时综合衰减串扰比应该有较大的余量，它提供 2 倍于超五类的带宽。六类线的传输性能远远高于超五类标准，最适用于传输速率高于 1Gbit/s 的应用。

（2）同轴电缆　同轴电缆是由相互绝缘的同轴心导体构成的电缆，内导体为铜线，外导体为铜管或网。电磁场封闭在内外导体之间，故辐射损耗小，受外界干扰影响小。同轴电缆如图12-15所示。

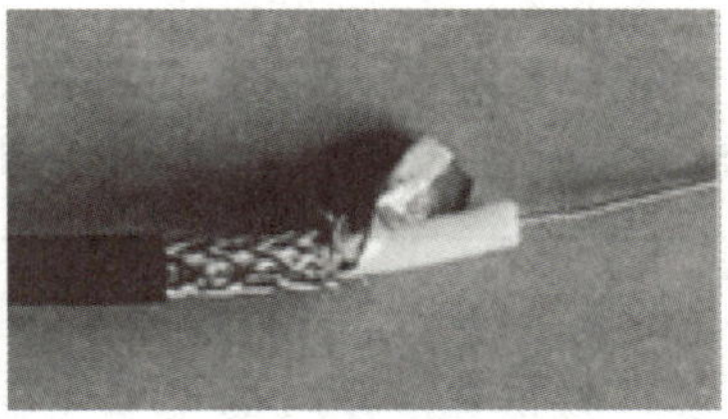

图 12-15　同轴电缆

同轴电缆的得名与它的结构相关。同轴电缆也是局域网中最常见的传输介质之一。它用来传递信息的一对导体是按照一层圆筒式的外导体套在内导体（一根细芯）外面，两个导体间用绝缘材料互相隔离的结构制造，外层导体和中心轴芯线的圆心在同一个轴芯上，所以叫作同轴电缆。同轴电缆之所以设计成这样，也是为了防止外部电磁波干扰异常信号的传递。同轴电缆的构成如图 12-16 所示。

同轴电缆根据其直径大小，可以分为粗同轴电缆（简称“粗缆”）与细同轴电缆（简称

"细缆")。粗缆适用于比较大型的局部网络，它的标准距离长，可靠性高，由于安装时不需要切断电缆，因此可以根据需要灵活调整计算机的入网位置，但粗缆网络必须安装收发器电缆，安装难度大，所以总体造价高。相反，细缆安装则比较简单，造价低，但由于安装过程要切断电缆，两头须装上基本网络连接头（BNC），然后接在T形连接器两端，所以当接头多时容易产生隐患，这是目前运行中的以太网所发生的最常见故障之一。

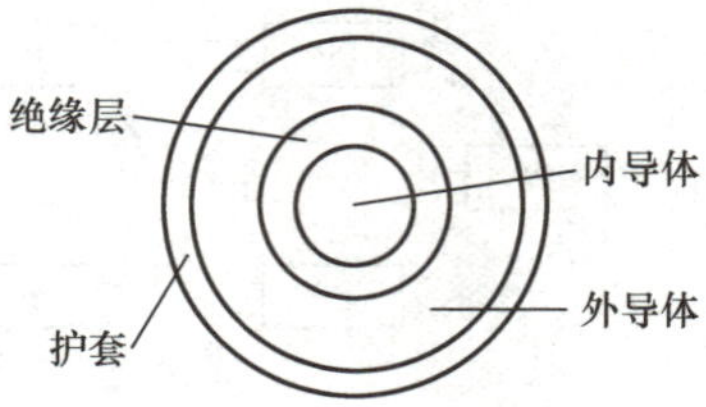

图 12-16 同轴电缆的构成

无论是粗缆还是细缆均为总线型网络结构，即一根缆上接多部机器，这种结构适用于机器密集的环境，但是当一个触头发生故障时，故障会串联影响到整根缆上的所有机器，故障的诊断和修复都很麻烦，因此，同轴电缆将逐步被非屏蔽双绞线或光缆所取代。

同轴电缆的优点是可以在相对长的无中继器的线路上支持高带宽通信，而其缺点也是显而易见的：一是体积大，细缆的直径就有3/8in（1in＝0.0254m）粗，要占用电缆管道的大量空间；二是不能承受缠结、压力和严重的弯曲，这些都会损坏电缆结构，阻止信号的传输；三是成本高。而所有这些缺点正是双绞线能克服的，因此在现在的局域网环境中，同轴电缆基本已被基于双绞线的以太网物理层规范所取代。

（3）光导纤维

1）光导纤维（光纤）的概念及其优点。光纤是光导纤维的简写，是一种利用光在玻璃或塑料制成的纤维中的全反射原理而达成的光传导工具。微细的光纤封装在塑料护套中，使得它能够弯曲而不至于断裂。通常，光纤一端的发射装置使用发光二极管（Light Emitting Diode，LED）或一束激光将光脉冲传送至光纤，光纤另一端的接收装置使用光敏元件检测脉冲。

在日常生活中，由于光在光纤的传导损耗比电在电线传导的损耗小得多，因此光纤被用作长距离的信息传递。光纤和其他几种介质的比较见表12-1。

表12-1 光纤和其他几种介质的比较

名称	带宽/MHz	衰减系数/（dB/km）	中继距离/km	敷设安装	接续
对称电缆	6	20	1～2	方便	方便
同轴电缆	400	19	1.6	方便	方便
微波传输	40～120	2	10	特殊	传输介质
光纤光缆	$>10^4$	0.2	>50	方便	特殊

从表12-1中可以看出，光纤具有以下一些优点：

① 频带宽。频带的宽窄代表传输容量的大小。载波的频率越高，可以传输信号的频带宽度就越大。在VHF频段，载波频率为48.5～300MHz，带宽约250MHz，只能传输27套电视和几十套调频广播。可见光纤的频率达100 000GHz，比VHF频段高出一百多万倍。尽管由于光纤对不同频率的光有不同的损耗，使频带宽度受到影响，但在最低损耗区的频带宽度也可达30 000GHz。目前单个光源的带宽只占了其中很小的一部分（多模光纤的频带约几百兆赫，好的单模光纤可达10GHz以上），采用先进的相干光通信可以在30 000GHz范围内安排2000个光载波，进行波分复用，可以容纳上百万个频道。

② 损耗小。在同轴电缆组成的系统中，最好的电缆在传输 800MHz 信号时，每公里的损耗都在 40dB 以上。相比之下，光纤的损耗则要小得多，传输 1. 31μm 的光，每公里损耗在 0. 35dB 以下；若传输 1. 55μm 的光，每公里损耗更小，可达 0. 2dB 以下。这只是同轴电缆功率损耗的 1 亿分之一，使其能传输的距离要远得多。

③ 重量轻。因为光纤非常细，单模光纤芯线直径一般为 4 ~ 10μm，外径也只有 125μm，加上防水层、加强筋、护套等，用 4 ~ 48 根光纤组成的光缆直径还不到 13mm，比标准同轴电缆的直径 47mm 要小得多；另外，光纤是玻璃纤维，密度小，因此它具有直径小、重量轻的特点，安装十分方便。

④ 抗干扰能力强。因为光纤的基本成分是石英，只传光，不导电，不受电磁场的作用，在其中传输的光信号不受电磁场的影响，故光纤传输对电磁干扰、工业干扰有很强的抵御能力。

⑤ 保真度高。光纤传输一般不需要中继放大，不会因为放大引入新的非线性失真。只要激光器的线性好，就可高保真地传输电视信号。

⑥ 工作性能可靠。一个系统的可靠性与组成该系统的设备数量有关。设备越多，发生故障的机会越大。因为光纤系统包含的设备数量少（不像电缆系统那样需要几十个放大器），可靠性自然也就高，加上光纤设备的寿命都很长，无故障工作时间达 50 万 ~75 万 h，其中寿命最短的是光发射机中的激光器，最低寿命也在 10 万 h 以上。因此，一个设计良好、正确安装调试的光纤系统的工作性能是非常可靠的。

⑦ 成本不断下降。目前，有人提出了新摩尔定律，也叫作光学定律（Optical Law）。该定律指出，光纤传输信息的带宽，每 6 个月增加 1 倍，而价格则变为原来的 1/2。光通信技术的发展为 Internet 宽带技术的发展奠定了非常好的基础。这就为大型有线电视系统采用光纤传输方式扫清了最后一个障碍。由于制作光纤的材料（石英）来源十分丰富，随着技术的进步，成本还会进一步降低；而电缆所需的铜原料有限，价格会越来越高。显然，今后光纤传输将占绝对优势，成为建立全省以至全国有线电视网的最主要传输手段。

2）光导纤维的组成及均匀光纤导光原理。光导纤维由两层折射率不同的玻璃组成，如图 12-17 所示。

光纤内层为光内芯，直径在几微米至几十微米，外层的直径为 0. 1 ~0. 2nm。一般内芯玻璃的折射率比外层玻璃大 1%。根据光的折射和全反射原理，当光线射到内芯和外层界面的角度大于产生全反射的临界角时，光线透不过界面，将会全部反射。这时光线在界面经过无数次的全反射，以锯齿状路线在内芯向前传播，最后传至纤维的另一端。均匀光纤导光原理图如图 12-18 所示。

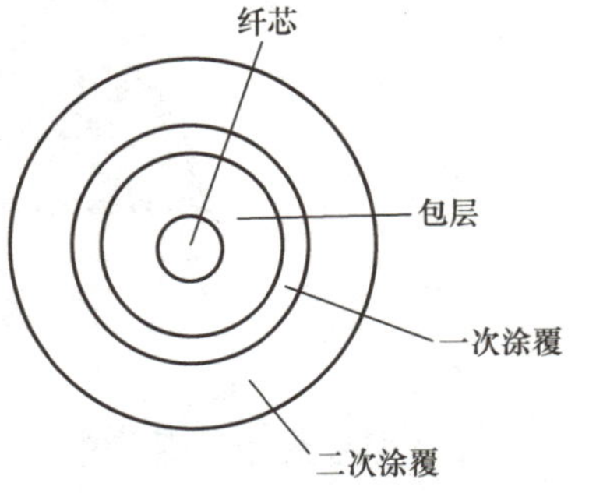

图 12-17　光纤的结构

3）光导纤维的种类及其区别。

多模光纤：中心玻璃芯较粗（50μm 或 62. 5μm），可传输多种模式的光，但其模间色散较大，这就限制了传输数字信号的频率，而且随距离的增加会更加严重。例如：600MB/km 的光纤在 2km 时则只有 300MB 的带宽了。因此，多模光纤传输的距离就比较近，一般只有几公里。

单模光纤：中心玻璃芯较细（芯径一般为 9μm 或 10μm），只能传输一种模式的光。因此，其模间色散很小，适用于远程通信，但其色度色散起主要作用，这样单模光纤对光源的谱宽和稳定性有较高的要求，即谱宽要窄，稳定性要好。

一般单模光纤跨接线用黄色表示，接头和保护套为蓝色，传输距离较长；一般多模光纤跨接线用橙色表示，也有的用灰色表示，接头和保护套用米色或者黑色，传输距离较短。

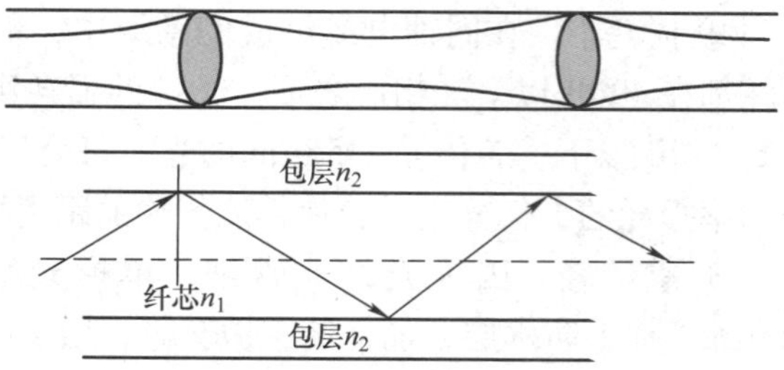

图 12 -18　均匀光纤导光原理图

4）光导纤维传输的过程。光纤传输系统通常是将传输的信息加载到激光上，将激光调制传输到目的地后再解调出来。光端机及时对来自信息源的信号进行处理，发送光端机将光源通过电信号调制成光信号，输入光纤传输到远方；接收端的光端机内有光检测器，将来自光纤的光信号还原成电信号，经过放大、整形，再恢复原形，输送到电端机的接收端。对于长距离的传输还需要中继器，将经过长距离光纤衰减和畸变后的微弱光信号放大、整形，再生成一定强度的光信号，继续送向前方以保证良好的通信质量。目前的中继器多采用光—电—光形式，即将接受到的光信号用光电检测器变换为电信号，放大整形再生后再调制光源将电信号转化成光信号重新发出，而不是直接放大光信号。近年来，适合作为光中继器的光放大器的研制成功，将使得用光纤放大器的全光中继变为现实。

5）使用光导纤维的注意事项。光纤在使用的过程中需要注意自身的安全，光纤及其接收器中传输的是激光，所以不要试图调整或改变激光设备及其控制电路，也不要用眼睛直接去看光端口或光纤末端，在准备好连接的电缆不要拆除或插掉防护帽，处理使用过的光纤时要注意破碎纤维非常尖锐，可能会导致眼睛或皮肤损伤。图 12-19 所示为光纤使用的特殊警示标识。

图 12-19　光纤使用的特殊警示标识

二、通信主干传输网

现代城市轨道交通的专用通信网应是一个能传输语音、图像、数据等各种类型信息的综合业务数字通信网。为了使各子系统能够相互联系，协同工作，一个可靠、合理、先进的传输主干及组网结构是必不可少的。传输主干及组网结构的优劣，直接关系到各个通信子系统的运行效能。目前广泛使用的有以下集中主干网。

1. SDH 传输技术

光同步数字传送网（SDH）是由一些网元（NE）组成、在光纤上进行同步信息传输、复用和交叉连接的网络。这种网络技术今天已经十分成熟。

SDH 的分插复用器（ADM）可以通过软件方式上下电路，不但省去了大量复用设备，还具有一定的交叉能力。数字交叉连接设备（DXC）可在软件的控制下完成电路的交叉、调度，在电路出现阻断时，通过交叉方式进行路由迂回，实现网络恢复功能，而且，ADM和 DXC 网管功能较强时，可通过网管信道在远距离对其进行配置。

2. ATM（异步传输模式）技术

异步传输模式（ATM）技术是未来宽带综合业务数字网的基本传送方式，它是在同步传输模式（STM）技术基础上发展起来的，且进一步改进了 SDH 传输和业务连接方面的弱点，并集传输、交换、复接及有效支持各种业务接入于一体。

在以 ATM 为基础的网络上，信元的复用与交换处理方式和所传送的信息类型（语音、数据、视频等）无关。因为 ATM 网络所处理的是形式相同的固定长度信元，所以可省去许多不必要的检验，能直接运用硬件加快处理速度，并提高交换与复用效率。信元的复用与交换处理方式与实际信息类型无关这一特性，使相同设备理论上可处理低频宽和高频宽的信息。因此，ATM 可以按需分配频宽。同时，由于使用很短的信元和高速传输速率，使得传输延迟及延迟抖动量都非常小，故 ATM 的服务范围非常广泛。

3. 开放式传输网络（OTN）传输技术

西门子公司的开放式传输网（OTN）是一种灵活和支持多协议的开放式网络。它根据语音、数据、LAN 以及视频等业务的相关标准设计了接口卡，从而使符合这些标准的设备可以通过 OTN 节点机毫无限制地直接互连。若能直接接入普通电话机、数据终端设备、影像设备（摄像机、显示器等），还可与交换机用户电路或 2Mbit/s 的 E1 口连接。此外它还提供带宽达 15kHz 的音频接口，在网络方面支持 10M/100M 以太网的接入。

4. 一体化 SDH

一体化 SDH 是基于时分复用模式（TDM）、吸收了 SDH 标准传输机制、自愈环保护盒 OTN 的丰富通信协议接口类型的优点，它克服了传统 SDH 设备在城市轨道交通应用中的不足，在光纤网络上直接传输语音、宽带音频、数据、视频和 LAN 业务。

轨道交通系统的不同业务对系统的带宽、时延、可靠性等各不相同，这就要求传输系统有足够的灵活性和可靠性以保证各种业务的顺利完成。业务按不同的类型可分为：车站—中心业务和邻站业务两种。

在轨道交通系统中，需要通信业务的一般是控制中心、车场和各个车站。由于车场和车站业务比较相似，可将其归为同一类业务。控制中心、车场和各个车站业务流程如图 12-20 所示。

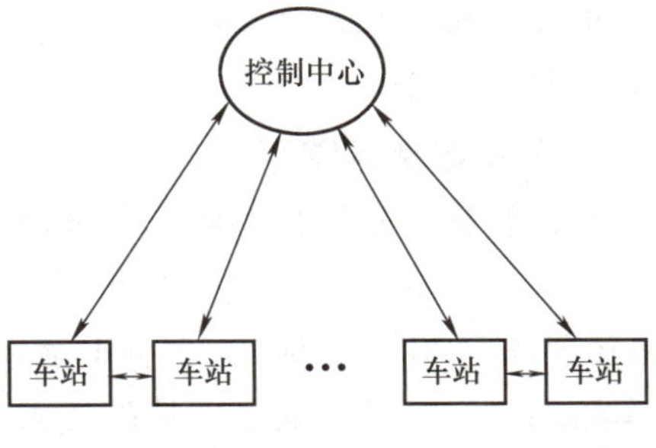

图 12-20　控制中心、车场和各个车站业务流程

在物理上为了保证传输系统的安全可靠，须采取环形组网的方案，以利于自动保护的需要。这样，控制中心连同所有的车站和车场组成一个自愈环，即使某段光纤坏掉，也可保证业务在备用通道上正常进行。光纤自愈环实现机制如图 12-21 所示。图中，传输环一般由两个光纤环组成，当一个环中断时，系统自动跳到另一个环上，如图 12-21a 所示；而当两个环在同一个地方断开时，则两侧的节点自动打开，形成图 12-21b 所示的通路。

城市轨道交通信息系统通信可分为两部分：传输部分和接入部分。其中，传输层只负责提供各种通道，保证各种业务能安全可靠地从一个节点传到另一个节点；接入层需完成业务的接入和业务的汇聚两个基本功能，然后把汇聚好的业务交由传输节点完成传输，如图12-22所示。

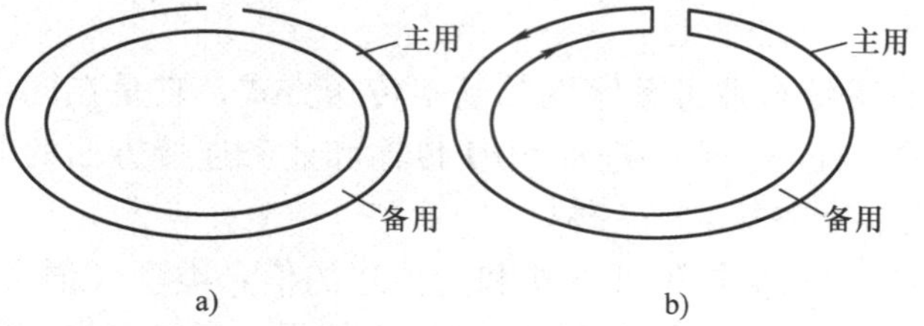

图 12-21 光纤自愈环实现机制

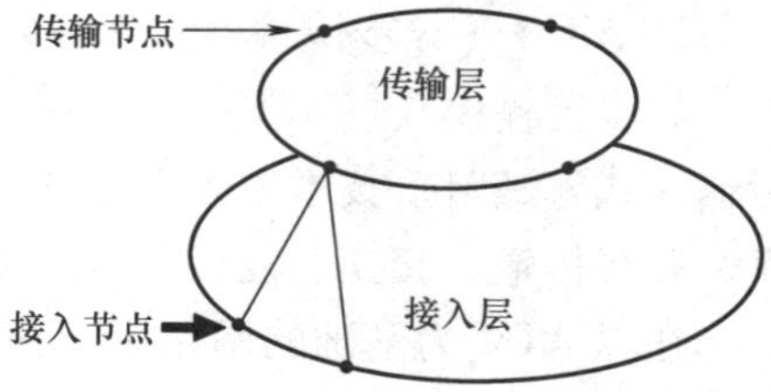

图 12-22 信息系统传输层、接入层

三、电话系统

电话系统为城市轨道交通的管理、运营和维修人员提供语音服务。电话系统主要分为公务电话系统和专用电话系统。

公务电话相当于企业的内部电话网，其核心是程控数字交换机，再通过中继线路与城市市话网相连，实现城市轨道交通内部对外通话。程控交换机的分机分布在城市轨道交通的各办公管理部门、OCC、车站、设备室等需要通话的区域。

专用电话包括调度、站内、站间和轨旁电话。调度电话是为城市轨道交通的调度人员，如行调、维修调度（维调）、环调、电力调度（电调）等提供专用的直达通话，具有单呼、组呼、全呼、紧急呼叫等功能，并配备维护终端和数字录音等设备。站内电话主要满足车站内部的通话需要，提供站内各区域和车站值班员之间的直达通话。站间电话主要是为车站值班员提供与相邻车站、联锁站值班员之间的直达通话。轨旁电话安装在隧道内，主要满足系统运营和维护及应急需要，为列车司机和维修人员在紧急情况下及时联系车站及相关部门提供通话。

目前，部分新建城市轨道交通线路采用公务、专用电话系统合并设计的方案，即公务、专用电话系统软、硬件分别设置，具有功能独立、运营独立、管理维护独立等系统隔离特性。但两系统又处在同一个交换平台上，共享电话交换机公共部件，共享中继链路和网络管理系统。

1. 公务电话系统

城市轨道交通通信系统的公务电话子系统是轨道交通运营控制的重要通信工具。一般公务电话系统根据轨道交通的规模具有不同的容量。通常情况而言，一个车站基本上为一个2Mbit 通路（30 个电话）。公务电话系统可设 1 ~2 个交换局，通常交换机置于控制中心，各个车站通过远端模块实现电话的接入。此时，需应用传输系统提供的 2Mbit 通道。

程控数字交换机是公务电话的核心，它实质上是一部由计算机软件控制的数字通信交换机，按用途可分为市话、长话和用户交换机。交换机在硬件上采用全模块化结构，提供高集成度、高可靠性、高功能、低成本的硬件产品；软件上采用高级语言，具有多种为数据交换和连接而设计的系统软件，功能强大。程控数字交换机的结构示意图如图 12-23 所示，公务电话系统如图 12-24 所示。

2. 专用电话系统

专用电话系统由枢纽主系统和车站分系统两级结构组成。枢纽主系统和车站分系统通过数字传输设备提供 2Mbit 数字通道，将调度电话、站间电话、站内集中电话和紧急电话等业务综合起来，便于安装、调试、使用、维护和管理。2Mbit 数字通道同样由传输系统提供，考虑到专用系统的小容量特点，为了节约带宽，可采用多个车站组成一个 2Mbit 环合用一个 2Mbit 通道的方案，如图 12-25 所示。

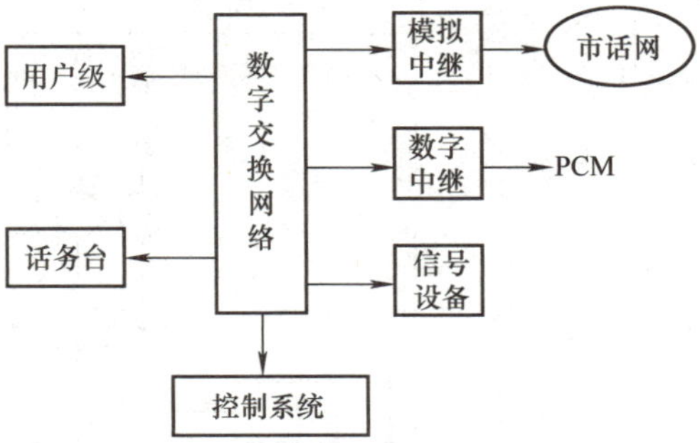

图 12-23 程控数字交换机的结构示意图

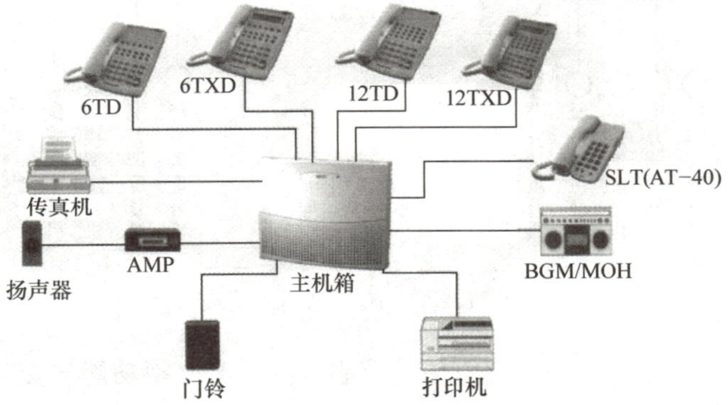

图 12-24 公务电话系统

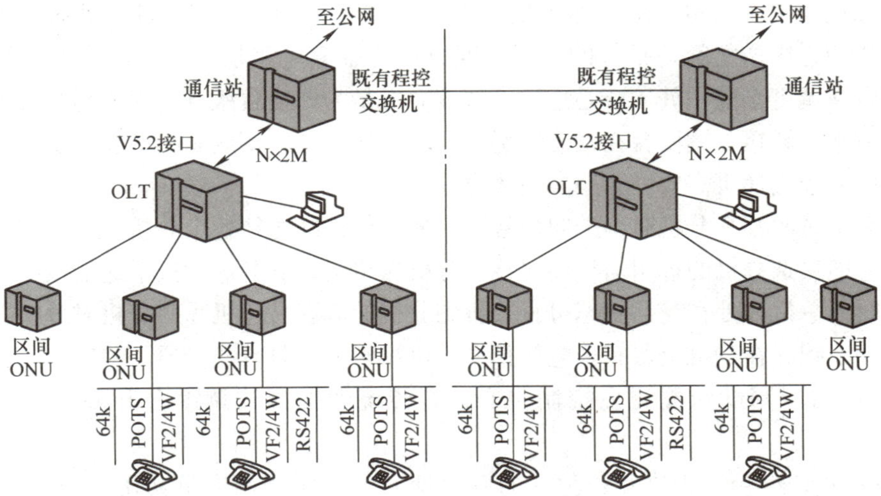

图 12-25 专用电话系统

城市轨道专用电话包括调度电话、站内电话、站间电话和轨旁电话。

（1）调度电话 城市轨道交通调度电话由调度总机、调度台和调度分机组成，并通过传输系统电缆相连。调度电话的组成如图 12-26 所示。

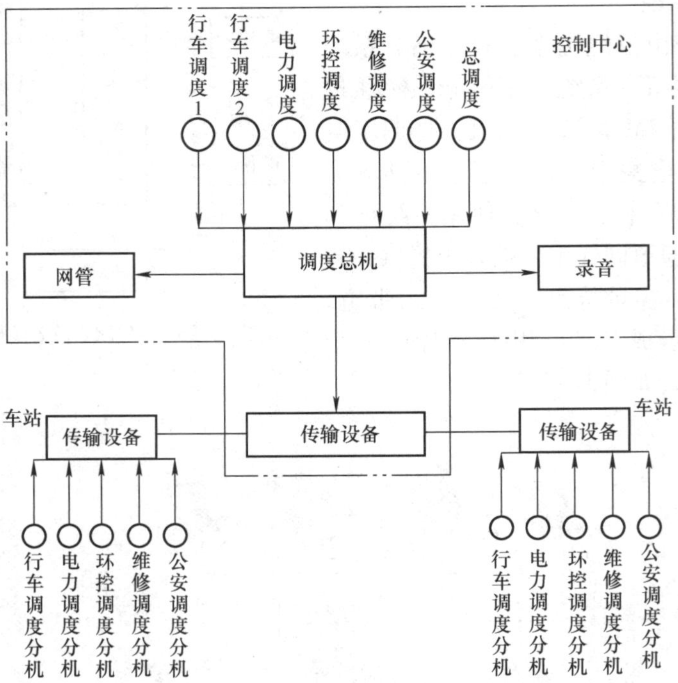

图 12-26 调度电话的组成

1）调度总机。调度总机是调度电话的核心，由具有交换功能的交换机组成，设置在控制中心，为调度人员提供专用的通信服务。城市轨道交通中一般设置行车调度、电力调度、环控调度、维修调度、公安调度等调度。调度总机还配有录音设备。

调度总机在硬件上和程控交换机相同，只是功能上有比较大的区别：程控交换机是为广大公众服务的，用户之间是平等的，而调度总机的服务对象是一个有严格上下级关系的整体；调度台在调度系统中处于核心地位，调度总机是为调度台服务的，而程控交换机的话务台只是完成来话转接；调度台在紧急情况下要求快速接通，调度总机的操作要求简单，如一键通等，而程控交换机需要一方一方地拨号呼出。

调度总机选叫某一分机时，选叫信号同时通过传输线送往各个分机，但只有相应被选的该部分机才能接选总机的选叫信号而振铃。分机振铃后，拿起话柄按下送话按钮便可对总机讲话。此时，总机如处在受话状态可直接听到分机的应答。总机呼叫分机时分机振铃三次无应答则自动断线，在分机上留有来电信息，分机呼叫主机时自动接通。

2）调度台。调度台配置在控制中心，有传统的按键式调度台和基于 PC 屏幕的软调度台。

① 按键式调度台：提供互相独立的双手柄，可由两个调度员共用一个调度台进行调度。调度台可单键完成单呼、固定组呼和全呼功能，并有会议功能，能对分机进行任意的编组呼叫。调度台配置有液晶显示屏，用以显示时间、引导操作提示、来话信息、通话信息等。调度台一般有热线键、拨号键和功能键。热线键的一个热键对应一个用户、一组用户或全部用户，可以实现“一键通”；拨号键和传统的电话号盘一样，可在热线键损坏时拨出电话号码或拨出外线电话；功能键有通话保持、重拨、免提、翻页等。按键

式调度台如图12-27所示。

② 基于PC屏幕的软调度台：在PC中加入调度台应用软件，外接扬声器和电话手柄等。软调度台改进软件和增加摄像头可以组成多媒体调度台，提供可视调度电话。基于PC屏幕的软调度台如图12-28所示。

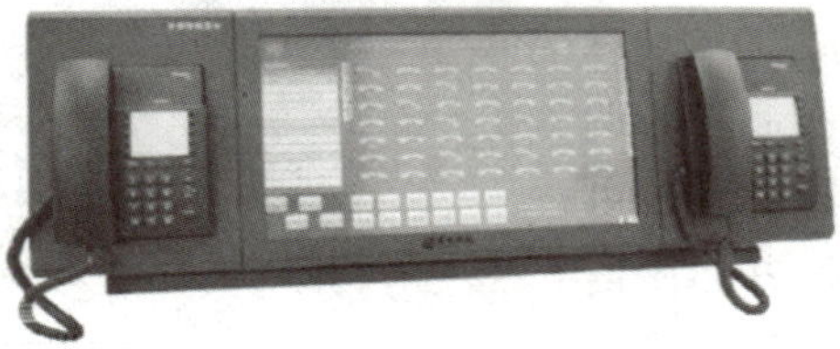

图12-27　按键式调度台

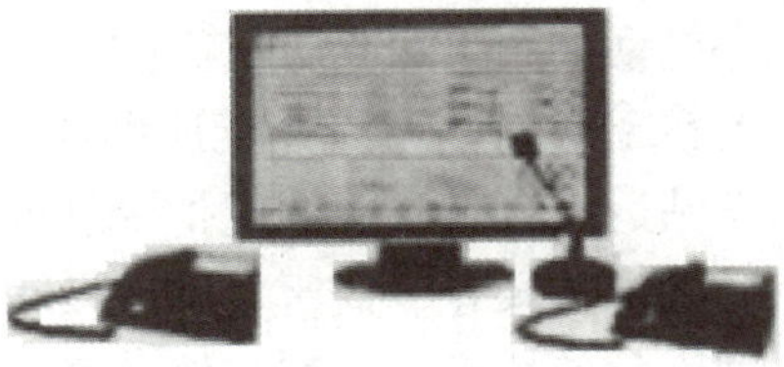

图12-28　基于PC屏幕的软调度台

3）调度分机。调度分机配置在车辆段和各车站，通常采用普通话机或数字话机。调度总机与分机间点对点连接，分机接到中心调度员的选叫时铃响，业务员拿起话机手柄、按下送话按钮即可与调度员通话；分机呼叫总机，摘机后无需按键即可直接接通总机，分机设有单工通话按钮和紧急呼叫键。

（2）站内电话

1）站内电话的必要性及连接方式。在车站内的站厅、站台、售票厅、客服中心和站控室等不同的工作地点，工作人员之间通常有频繁的通信联系，在这些车站内通信时通过公务电话会加重公务电话交换机和传输系统的负荷，二则拨号连接的方式不适合站内通信，所以在车站内部配置相对独立的电话交换系统。站内电话可以用普通拨号方式建立连接，各分机与车站值班台采用热线通话方式，分机间的通话由车站值班室转接，热线方式比较常用。还有延时热线方式，分机摘机后等待5s不拨号即呼叫车站值班室；若摘机后5s内拨了其他号码则与其他分机通话。

2）站内电话的作用。站内电话可提供车站内部人员的直接通话和本站值班员与相邻车站或大区间值班员的双向热线通话；同时也能使乘客或车站工作人员在紧急情况下使用紧急电话。

3）站内电话的组成。站内电话由车站电话交换机、车站值班台和电话分机组成。车站电话交换机通常采用小型程控交换机实现，与公务电话交换机相连；车站值班台设在车站控制室，供值班人员使用，一般用数字电话实现；电话分机可使用普通电话机，站内用户通过电话分机实现通话，一般一个车站有几十门分机。

（3）站间电话　站间电话是供相邻车站值班员之间联系的直通电话，行车电话机的双方任何一方摘机即可与对方通话；站间行车电话通话的范围限于两个车站值班员之间，不允许越站通话。站间电话如图12-29所示。

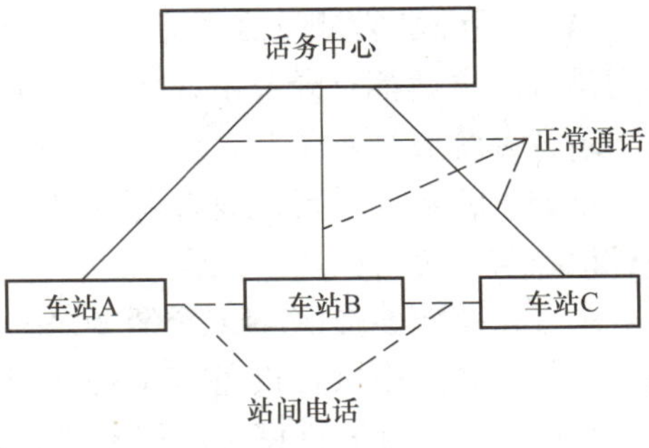

图12-29　站间电话

（4）轨旁电话　轨旁电话是为系统运营和维护及应急需要，安装在隧道里的电话，它是列车司机和维修人员在紧急情况下及时联系车站及相关部门的一种手段。轨旁电话由轨旁电缆与站内交换机连接，轨旁电话机具有抗冲击性和防潮等特性，区间内150～200m安装一部电话，3～4部轨旁电话机并接使用同一号码，并且用多部电话交叉配置的方式以增加可靠性。轨旁电话可同时接站内电话和公务电话，通过插座或开关实现号码转换。轨旁电话如图12-30所示。

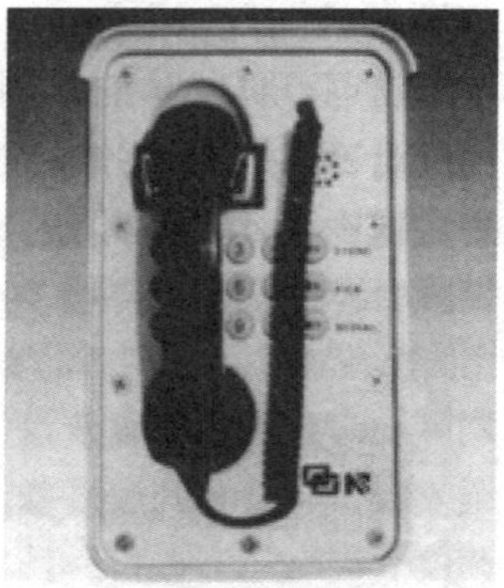

图12-30 轨旁电话

（5）录音系统 录音系统应确保城市轨道交通控制中心调度员与车站运营人员之间调度指令和安全指令的正确保存，可对每个话路进行录音、监听、回放及识别来电号码，并运用信息化、网络化的技术，为城市轨道交通调度提供现代化的管理手段，提高管理部门信息的收集、处理能力，联动及反应能力，为各级管理人员提供准确、及时的分析数据，提高管理的工作效率。

录音系统采用控制中心综合设备室的集中录音方式，采用带各种接口的双机热备数码4式录音系统。在控制中心综合设备室设置集中录音系统、网管服务器和录音查询终端，车辆段通信信号车间设置集中录音系统远程维护网管终端。各车站、车辆段（含综合基地）和停车场需录音的电话（含公务、专用、无线电话）和广播语音，通过PCM音频通道上传至控制中心，进行集中录音。集中录音示意图如图12-31所示。

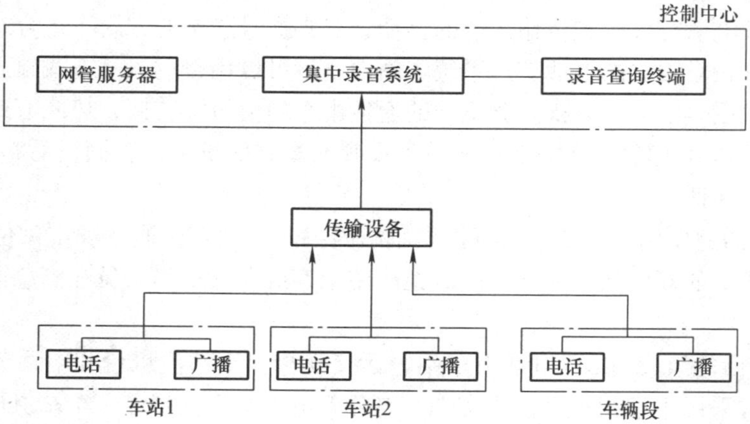

图12-31 集中录音示意图

录音系统虽然是通信系统中一个独立的系统，但是它和电话系统关系密切，电话系统特别是调度电话都有录音系统接口，以便实现调度员与分机、调度员之间通话的录音。

录音系统应具有录音、监听、通话统计、分级密码管理、来电显示等功能，可对各个录音节点的录音数据进行快速查询与回放；集中录音系统与时钟系统定时进行校时服务，确保录音记录与实际时间的一致性。

录音系统应能提供24h、365天不间断录音服务，应能保存3个月记录数据，并可外置储存。数字式集中录音设备有多路实时录音和记录功能，以便随时重放通信实况，可靠性高，复原度高，保密性好，不可删改，查询方便。数字式集中录音设备应为双机热备份，在故障情况下可自动转换，并具有手动转换功能；数字式集中录音设备需要满足多信道同时24h不间断录音、不漏录的要求。在维护人员进行查询、监听或维护操作时，不影响设备的正常录音功能；对录音设备查询、检索、监听、输出录音需使用分级密码权限管理，以方便对录音的管理。

四、广播系统

在城市轨道交通运营中，广播系统主要用于控制中心调度人员、车站值班员、站台值班员向车站旅客进行如下服务：

1）公众语音广播。

2）通告城市轨道交通列车运行状况。

3）提供安全、向导等服务信息。

4）向工作人员发布作业通知。

5）当车站发生火灾等灾难时，广播系统可兼作消防广播，包括防灾内容紧急广播。

广播系统采用二级广播控制方式，由控制中心一级和车站一级组成。

广播系统一般分为三个部分：控制中心广播系统、车站广播系统（可根据实际需要连接多个车站子系统）和停车场广播系统。控制中心通过综合接入系统提供的 RS422 或 RS485 通道与车站广播系统互连。一般情况下，广播业务为中心到车站的点到多点业务，而中心对车站系统的监控维护通道则为点对点业务。广播系统的构成如图 12-32 所示。

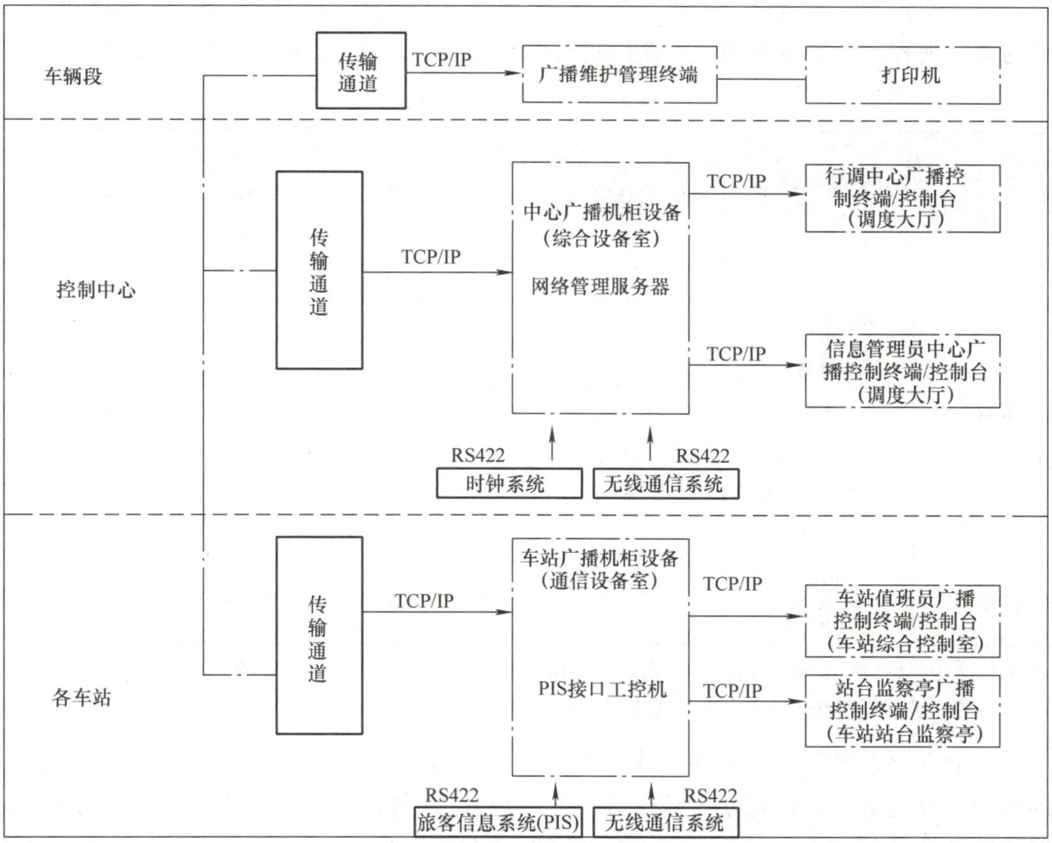

图 12-32 广播系统的构成

1. 广播系统的功能

广播系统的功能分为以下 13 种：

（1）操作功能　控制中心行车调度员通过中心广播控制终端可对全线、任意一个车站或多个车站、任意车站的任一选区或多个选区进行话筒、语音、线路等选择广播。车站值班员可通过车站广播控制终端对本站所有管辖范围的全选区、多个选区或单个选区进行话筒、语音、线路广播，通过车站广播控制台对本站所有管辖范围的全选区、多个选区或单个选区进行话筒、背景音乐广播。

（2）多级优先广播功能　本系统的优先级可根据用户需求灵活设置，包括现场广播、选择广播、紧急广播、最后班车广播、服务中止广播、站台自动广播、背景音乐广播。以上除现场广播外，其他广播内容均为系统预先录制的语句。若在同一广播区（群）需要进行不同的广播，系统可按表 12-2 所示的广播优先权处理。

车站广播设备能处理多个语句同时在相同或不同的广播区（群）作广播。当广播区正在广播时，后来广播的语句可排队广播。

广播语句排队的位置由提出广播的时间及广播语句的广播优先权决定，见表 12-2。若广播语句有时间性要求（如站台自动广播）而在相同的广播区正在广播，则系统应自行忽略有时间性的广播要求，以避免造成时间性误播。

广播操作控制终端能显示所有广播区的广播情况，包括占用情况、现正广播及正在排队广播的文字内容。值班员可通过广播控制台内的迷你型扬声器监听任何广播区的广播情况。

表 12-2　广播优先权处理

<table>
<tr><th colspan="2" rowspan="2">广播语句类型</th><th colspan="4">广播优先权</th></tr>
<tr><th>车站综控室值班员</th><th>站台值班员</th><th>无线广播</th><th>控制中心调度员</th></tr>
<tr><td colspan="2">现场广播</td><td>1</td><td>3</td><td>3</td><td rowspan="8">2</td></tr>
<tr><td rowspan="7">预先录制语句</td><td>紧急广播</td><td>2</td><td>×</td><td>×</td></tr>
<tr><td>服务中止广播</td><td>3</td><td>4</td><td>×</td></tr>
<tr><td>现场录制广播</td><td>4</td><td>4</td><td>×</td></tr>
<tr><td>车站控制广播</td><td>5</td><td>×</td><td>×</td></tr>
<tr><td>选择广播</td><td>5</td><td>×</td><td>×</td></tr>
<tr><td>最后班车广播</td><td>6</td><td>×</td><td>×</td></tr>
<tr><td>站台自动广播</td><td>6</td><td>×</td><td>×</td></tr>
<tr><td rowspan="2">其他</td><td>测试口</td><td>×</td><td>×</td><td>×</td><td>×</td></tr>
<tr><td>背景音乐</td><td>7</td><td>×</td><td>×</td><td>×</td></tr>
</table>

注：1. 表中“1”表示最高广播优先权，而“7”表示最低广播优先权，“×”表示不适用。
　　2. 当广播优先权相同时，以先来先处理的原则处理或排队。

（3）预示音功能　本系统在每次开始广播前均有标准的预示音发出。车站广播控制单元的语音合成模块（YH-MP）内设有预示音电路，在每次广播时，自动触发预示音电路，向选通的广播区播放预示音。广播预示音的开启和关闭，可通过车站广播控制终端进行控制。

（4）广播编组及设定功能　中心、车站广播控制终端及中心广播控制台均可设置 8 个编组，用户可按编组操作程序对任意站、任意广播区选择组合编组，广播时仅按编组序号图标（按键），即可对已存编组内的各广播区进行广播。本功能设定后，可以简化操作，实现快速地向多个广播区同时广播。

（5）平行广播功能　本系统具有平行广播功能，可将不同的信源通过不同的通道同时播向不同的广播区，即中心广播、行车广播、站台广播、列车到发自动广播等不同的信源，均可通过不同的通道将各音频信号同时连接到不同的广播区。

（6）应急广播功能　车站广播控制台设有“应急”广播按键，当车站广播控制单元出现故障时，可按下“应急”广播按键，将车站广播控制台的话筒广播音频通过应急通道直接送与功率放大器，对所有广播区进行应急广播。

（7）监听功能　在中心广播控制台、车站广播控制台内均具有监听电路和迷你型监听扬声器。车站值班员可通过车站广播控制终端及车站广播控制台选择监听本站任一广播区的广播内容。

（8）一键取消功能　在中心及车站的广播控制终端及控制台上均设有一键取消按键，当本地操作员误播或发现其他操作者误播时，均可按一键取消键，立即切断所有正在进行的广播。

（9）集中录音功能　中心广播控制台、车站广播控制台及站台广播控制终端控制台均具有录音输出接口，所有现场人工话筒广播内容送往中心通信集中录音系统进行自动录音，中心、车站广播控制终端、站台监察亭广播控制终端能记录通话日期、起止时间等管理信息。预先录制的语句、现场录制的语句及线路输入的广播内容不送往集中录音系统。

（10）列车到发自动广播功能　车站广播机柜内的系统交换控制工控机设有与旅客信息系统（PIS）的接口，系统交换控制工控机配置相应的语音存储器，通过 PIS 接收列车信息（包括列车接近、列车到达、列车离站等），当收到列车某一信息时，自动起动并播放相应的广播内容。

（11）无线广播功能　本系统在中心和车站均具有与无线系统的广播接口，控制中心调度员可使用广播控制终端（通过无线通信系统）对指定的列车进行广播；车站值班员可通过无线移动台（无线通信系统）对站内进行广播。

（12）广播与旅客信息系统联动功能　本系统具有与 PIS 的接口（系统交换控制工控机，形式为每站一个 RS422 接口），用于接收 PIS 提供的列车在车站运行的旅客服务信息，包括站台自动广播及列车服务信息（列车接近、列车到达、列车离站）、最后班车广播及站务信息、服务中止广播及站务信息、车站控制广播及站务信息等。当收到上述信息后，自动起动广播系统，播放相应的广播内容。

（13）双语广播功能　操作员在中心广播控制终端选取中文预制录音语句对车站进行广播时，系统能自动使用普通话及英语的相应录音语句进行广播。

广播系统各功能的转换及操作如图 12-33、图 12-34 所示。

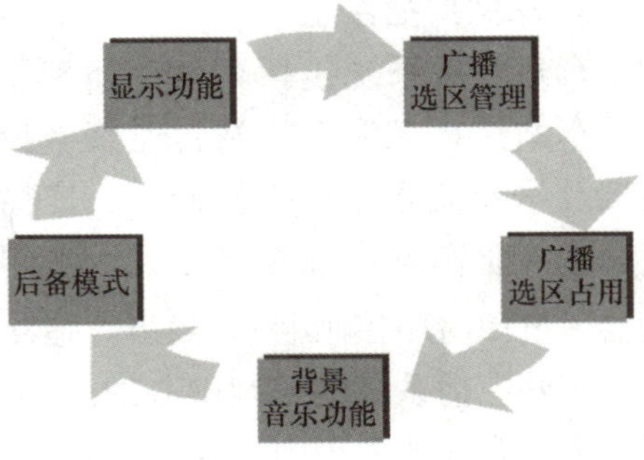

图 12-33　广播系统各功能的转换

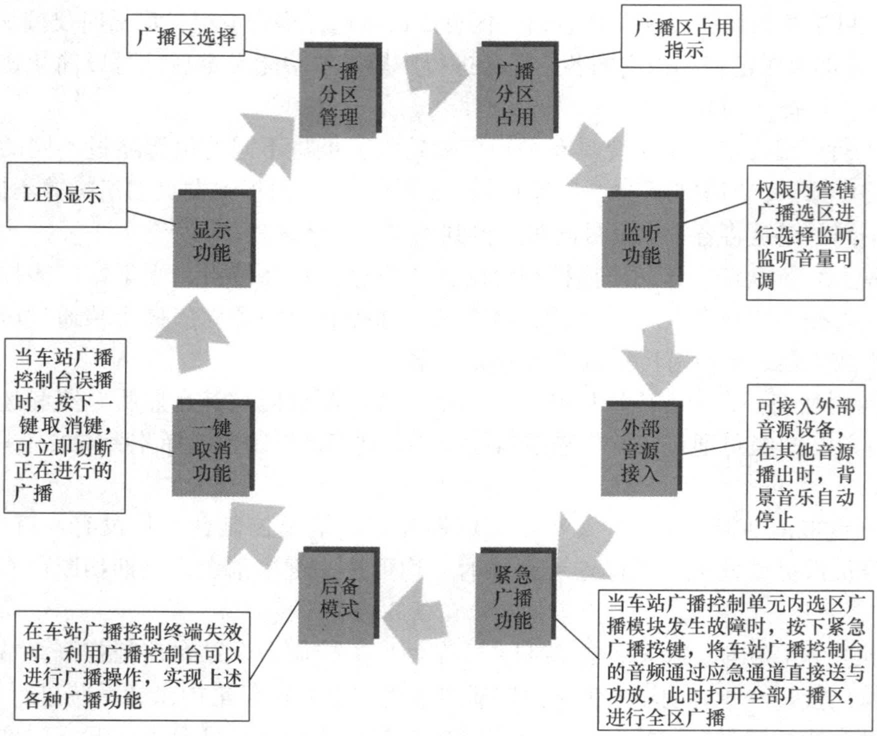

图 12-34　广播系统各功能的转换操作

2. 控制中心广播系统

控制中心广播系统包括中心广播控制终端、中心广播控制台、中心广播机柜设备、中心网络管理服务器。

控制中心行车调度员和环控调度员可对全线各站进行监听及选站和选区广播。当轨道交通发生故障或灾害时，广播系统自动转为抢险通信设备。停车场广播系统由值班员、运转值班员和检修库值班员向工作人员播放车辆调度、列车编组等有关作业音讯。控制中心广播系统实物图如图 12-35 所示。

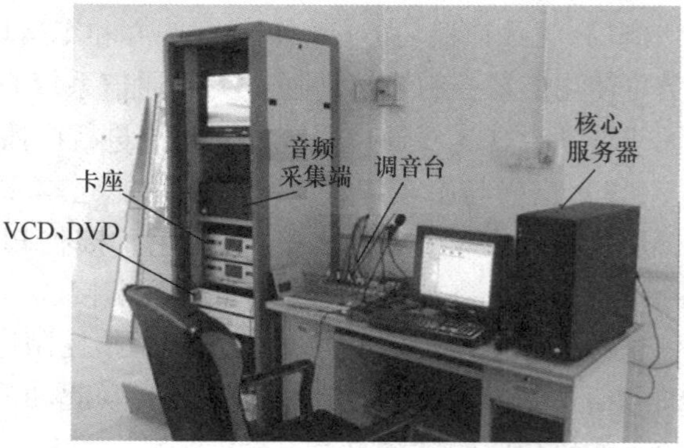

图 12-35　控制中心广播系统实物图

3. 车站广播系统

车站广播系统包括车站广播控制终端及车站广播控制台、站台监察亭控制终端及站台监察亭广播控制台、广播机柜设备（含车站广播控制单元、功率放大器、电源时序控制器）、噪声传感器、扬声器及线缆等。

车站广播系统由控制中心的总调、列调、防灾调（列调兼）和各车站的正副值班员使用，为旅客播放列车到发信息、导向信息及紧急状态信息等服务音讯，为工作人员播放作业命令及管理音讯。车站广播区分为上行站台、下行站台、售票区、站厅、出入口和办公区等。车站行车值班员和环控值班员可通过广播控制台对本站区进行选区广播或全站广播。车站广播实物图如图 12-36 所示。

4. 广播维护管理终端

广播维护管理终端（车辆段广播设备）放置于车辆段通号车间，由 PC、彩色液晶显示器、打印机组成，内部安装广播维护管理软件，按项目功能要求编制并提供。

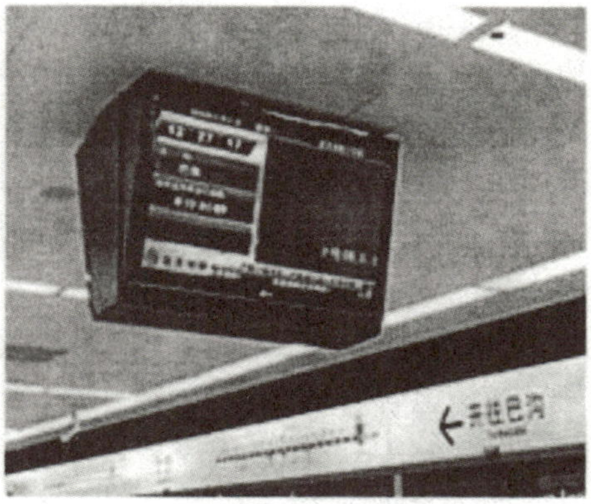

图 12-36　车站广播实物图

5. 广播系统控制台

广播系统控制台的功能以控制中心防灾广播为主。为了运营防灾的需要，控制中心环控调度员有最高优先级。在优先级上，环调高于行调，行调高于维调，控制中心调度员高于车站值班员，站长广播台高于站台广播员。同一广播的优先级是，预存语音信息高于人工广播，通常预存信息防灾广播的优先级最高。当多等级信息相继触发时，正在播放的广播中断，自动进入按序等待状态。

广播系统主要由中央智能广播台、站长广播台、站台（轨旁）广播台、桌面广播台、车站广播和车辆段广播组成。

1）中央智能广播台设置在控制中心，具有语音、信号等控制功能，供环调、行调、维调使用，紧急情况时，调度人员可对中心和车站任何区域进行广播。

2）站长广播台设于车站控制室，具有语音、信号及各种控制功能，可进行人工广播、线路广播、预存广播以及车站值班员对站台、站厅、办公区进行广播。

3）站台（轨旁）广播台是全天候、有防护门的对讲台，可以防水，适合在恶劣环境下使用。站台广播设于站台中部的墙上，每站台一个，可实现站台定向广播；轨旁广播设于车辆段及地面站轨道沿线，可对检修区域进行定向广播。

4）桌面广播台设于车辆段范围的通号楼、检修楼、运用库，可对车辆段道岔群、检修主厂房、运用库进行定向广播。

6. 广播词

城市轨道交通列车的广播词分为常规广播、特殊广播、紧急广播、人工广播、列车服务广播和推广信息广播六种。每种广播都会罗列出是在何种状况、时机中的广播。其中列车服务广播和推广信息广播能够为乘客提供更好的帮助和遏制乘客乘车时的非正常行为。

（1）常规广播　常规广播是在列车的正常运营过程中所使用的广播，分为离开广播和到达广播。

1）离开广播。广播用语是：列车前方到站是××站，下车的乘客请提前做好准备。如为换乘站则为：列车前方到站是××站，××站是换乘站，下车后请乘客按标识牌的提示换乘到×号线城市轨道交通，去往沿途各站，谢谢！

2）到达广播。广播用语是：××站到了。

（2）特殊广播　特殊广播是在列车运营过程中出现特殊问题时进行的广播。特殊广播有一般运营延误、列车故障慢行、设备导致运营延误、退出服务到站清客、区段运行和紧急停车等情况的广播。

1）一般运营延误。广播用语是：乘客请注意，本次列车的运营将稍微延迟，敬请原谅。

2）列车故障慢行。广播用语是：各位乘客，因××原因，本次列车将以慢速行驶，敬请原谅。

3）设备导致运营延误。广播用语是：由于设备故障，本次列车的运营将受到延误，敬请原谅。

4）退出服务到站清客。广播用语是：各位乘客，本次列车将停止运营服务，请您携带好随身物品，在站台等候下次列车。

5）区段运行。广播用语是：各位乘客，本次列车的终点站是××站，给您的出行带来不便，敬请谅解。

6）紧急停车。广播用语是：各位乘客，列车现在是紧急停车，请您握紧扶手，防止滑倒、碰伤，谢谢您的配合。

（3）紧急广播　紧急广播为在运营中出现紧急情况时，列车使用的广播信息。紧急广播有区间清客、疏散乘客（区间）、紧急撤离（列车在站台）等情况的广播。

1）区间清客。广播用语是：请注意！列车无法继续运行，请乘客前行到头方向，按照工作人员的引导去往下一站；请您注意安全，不要拥挤，避免发生损伤。

2）疏散乘客（区间）。广播用语是：请注意！因发生紧急情况，请乘客由就近的驾驶室按指示标志放下紧急踏板离开列车；请您注意安全，不要拥挤，避免发生损伤。

3）紧急撤离（列车在站台）。广播用语是：请注意！因发生紧急情况，请乘客立即离开车厢；请您注意安全，不要拥挤，避免发生损伤。

五、闭路电视监控系统

闭路电视监控（CCTV）系统是安全技术防范体系中的一个重要组成部分，是一种先进的、防范能力极强的综合系统，它可以通过遥控摄像机及其辅助设备（镜头、云台等）直接观看被监视场所的一切情况。同时，闭路电视监控系统还可以与防盗报警系统等其他安全技术防范体系联动运行，使其防范能力更加强大。它是通信指挥系统的重要组成部分，具有其独特的指挥和管理效能，已成为城市轨道交通实现自动化调度和管理的必备设施。

1. CCTV 系统的组成

CCTV 系统一般由前端、传输部分和终端组成。

（1）前端　前端主要用于获取被监控区域的图像，一般由摄像机、镜头、云台、解码器和防尘罩等组成。

（2）传输部分　传输部分的作用是将摄像机输出的视频（有时包括音频）信号馈送到中心机房或其他监视点。传输部分一般由馈线、视频电缆补偿器、视频放大器等组成。

（3）终端　终端用于显示和记录、视频处理、输出控制信号、接受前端传来的信号，一般包括监视器、各种控制设备和记录设备等。

2. 闭路电视的主要设备

（1）摄像机　在系统中，摄像机处于系统的最前沿，它将被设物体的光图像转变成电信号-视频信号，为系统提供信号源，因此它是系统中最重要的设备之一。

（2）摄像机镜头　摄像机光学镜头的作用是把被观察目标的光像聚焦于 CCD 传感器件上，在传感器件上产生的图像将是物体的倒像，尽管用一个简单的凸透镜就可以实现上述目的，但这时的图像质量不高，不能在中心和边缘都获得清晰的图像，为此往往附加若干透镜元件，组成一道复合透镜，方能得到满意的图像。

（3）云台　它与摄像机配合使用能达到上下左右转动的目的。它能扩大一台摄像机的监视范围，同时能在一定范围内跟踪目标进行摄像，提高了摄像机的实用价值。由于使用环境不同，云台的种类很多。

（4）防尘罩（防护罩）、支架和解码器　防尘罩的作用是用来保护摄像机和镜头不受诸如有害气体、大灰尘及人为有意破坏等环境条件的影响。支架用于摄像机安装时作为支撑，并将摄像机连接于安装部位的辅助器件上。解码器则用来完成对摄像机镜头、全方面云台的总线控制。

（5）监视器　监视器是电视监控系统的终端显示设备。整个系统的状态最终都要体现在监视的屏幕上。监视器的优劣直接影响着整个系统的最终效果。

（6）信号传输　当监控现场与控制中心距离较近时采用视频图像、控制信号直接传输的方式，当距离较远时，采用射频、微波或者光纤传输的方式。

信号传输的常用设备有：同轴电缆、双绞线、光纤，可传输距离由近到远依次递增。

轨道交通电视监控系统为二级结构，分为车站电视监控和控制中心电视监控。车站摄像机输出的图像信号分成两路：一路送车站控制器，车站值班员可选择本站不同位置摄像机的图像；另一路送车站前端处理机进行图像编码、压缩，然后经传输系统送至控制中心，在控制中心解码后送至图像监视器。控制中心行车调度员可选择任一车站的任何一个摄像机的图像信号，也可将车站的几路图像信号送至控制中心。彩色图像信号的传送一般采用 MPEG-2 图像编码技术。控制中心闭路电视监控示意图如图 12-37 所示。

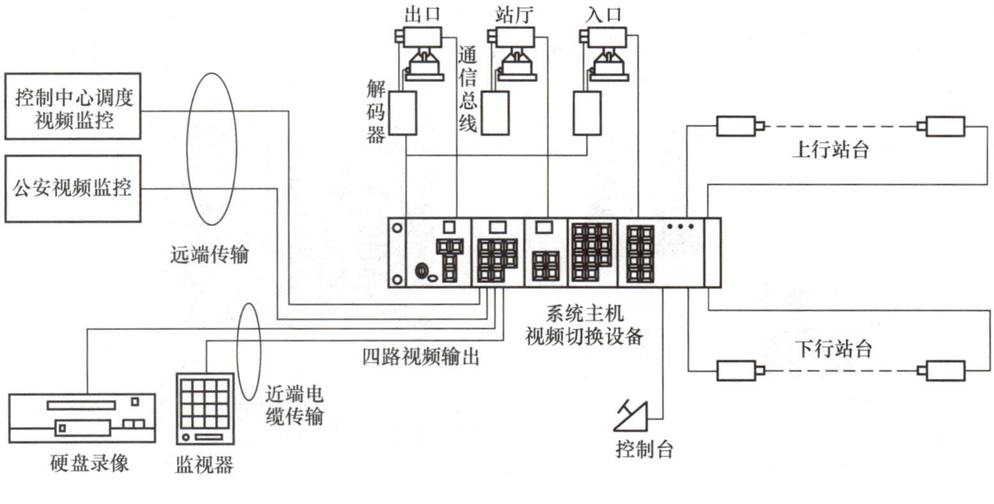

图 12-37　控制中心闭路电视监控示意图

3. 技术要求

闭路电视监控系统的技术要求主要涉及以下方面的内容：摄像机的清晰度、系统的传输带宽、视频信号的信噪比、电视信号的制式、摄像机达到较高画质和操作的功能以及系统各器件的环境适应度。

六、时钟系统

1. 时钟系统的构成

时钟系统为控制中心调度员、车站值班员、列车司机、各部门工作人员及乘客提供统一的标准时间信息，为城市轨道交通其他系统的中心设备提供统一的时间信号。时钟系统的设置对保证地铁运行计时准确、提高运营服务质量起到了重要的作用。系统采用GPS标准时间信息。

GPS是全球卫星定位系统，全称为Global Position System。GPS的空间部分由24颗工作卫星组成，它位于距地表20 200km的上空，均匀分布在6个轨道面上（每个轨道面4颗），轨道倾角为55°。此外，还有4颗有源备份卫星在轨运行。卫星的分布使得在全球任何地方、任何时间都可观测到4颗以上的卫星，并能保持良好定位解算精度的几何图像。这就提供了在时间上连续的全球导航能力。GPS接收器捕获到按一定卫星截止角所选择的待测卫星，并跟踪这些卫星的运行。当接收机捕获到跟踪的卫星信号后，就可测量出接收天线至卫星的伪距离和距离的变化率，解调出卫星轨道参数等数据。根据这些数据，接收机中的微处理计算机就可按定位解算方法进行定位计算，计算出用户所在地理位置的经纬度、高度、速度、时间等信息。全球卫星定位系统（GPS）如图12-38所示。

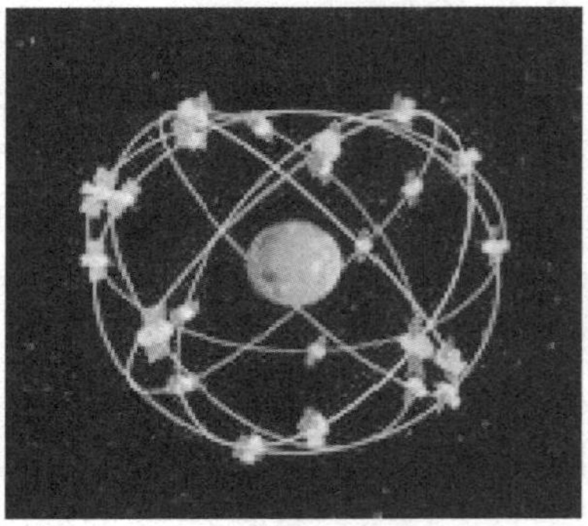

图12-38 全球卫星定位系统（GPS）

时钟系统采用控制中心与车站/车辆段/停车场两级组网方式，由中心一级母钟、车站/车辆段/停车场二级母钟、子钟（时间显示单元）及传输通道、接口设备、电源和时钟系统网管设备组成，如图12-39所示。

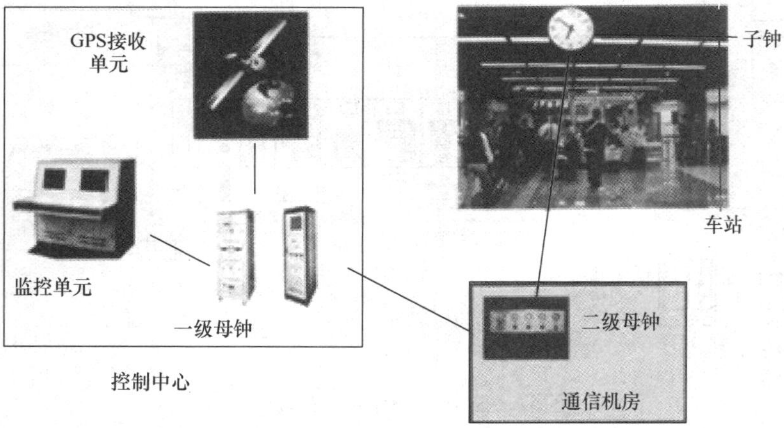

图12-39 时钟系统的构成

一级母钟设于控制中心综合设备室，其中高稳晶体振荡工作钟采用主备用方式，主备工作钟能自动和手动切换且可人工调整时间。

二级母钟设于各车站/车辆段/停车场通信设备室内，二级母钟采用一主一备工作方式，接收一级母钟的校时信号，并向子钟发送标准时间信号校准子钟。

子钟设于控制中心调度大厅和各车站的站厅（部分车站）、车站控制室、公安安全室、AFC 票务室、站台监察亭、问询处、交接班室、站长室、站区长室及其他与行车有关的处所，并在车辆段/停车场信号楼运转室、值班员室、停车列检库、联合检修库等有关地点设置子钟。

时钟系统网管设备设于控制中心通信网管中心，用于管理时钟系统，实时监测一级母钟、二级母钟的工作状态，当某个时钟设备产生故障时，一级母钟、二级母钟可实时将告警信号发送到控制中心时钟系统网管设备。在车辆段通号车间设置维护管理终端，通过传输通道与控制中心的网管设备相连，在车辆段实现对全线时钟的监控。

传输通道服务于一级母钟与二级母钟之间，负责时钟信号和故障告警信号的发送和接收。传输系统控制中心、各车站、车辆段、停车场分别为时钟系统提供点对点 RS422 数据通道，用于传送自控制中心至各车站、车辆段、停车场的校时信号，同时传送各车站、车辆段、停车场至控制中心的网络管理信号，由时钟系统一级母钟负责实现由各车站、车辆段、停车场至控制中心信息的汇聚功能。另在控制中心与车辆段通信信号车间之间提供 $10/100\text{Mbit} \cdot \text{s}^{-1}$ 以太网通道，用于维护管理终端接入时钟系统网管设备。时钟系统的构成框图如图 12-40 所示。

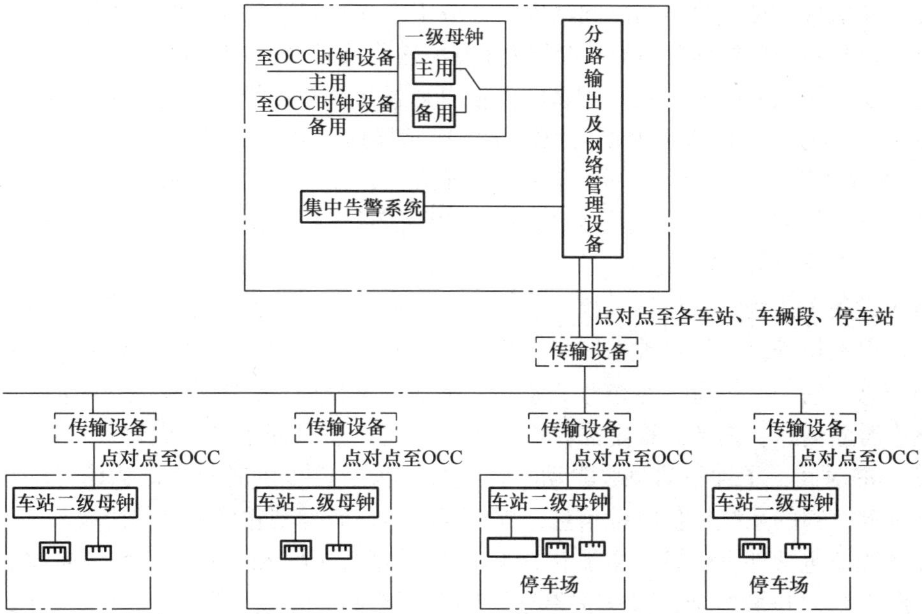

图 12-40　时钟系统的构成框图

数字同步网节点时钟设备整机配置为主从热备的工作方式，该设备有完善的系统告警功能、网络管理功能和系统配置功能。设备自身有声光告警，通过标准 RS232 串口和以太网口对系统实现配置管理和告警管理。

为了满足通信网建设同步时钟的需要，开发了基于数字同步网建设需要的Ⅰ级基准时钟源和Ⅱ级节点时钟合二为一的独立型节点时钟设备。该设备可以作为Ⅰ级基准时钟，接收 GPS 的同步信号，产生同步网建设中必需的 2048kHz 或 2048kbit/s 信号；也可以作为Ⅱ级节点时钟，以Ⅰ级时钟或 BITS 为时钟源，产生 40 路的 2048kHz 或 2048 kbit/s 的时钟信号。

GPS时钟控制屏如图12-41所示。

在接收源自地面定时基准信号同步时，在各种运行情况下，具有数字同步网Ⅱ级节点时钟所要求的最低输出定时特性。在接收GPS定时信号同步时，具有数字同步网Ⅰ级节点时钟所要求的跟踪输出定时特性。

时钟系统具有简化了的同步时钟设备冗余配置，具有输出和监控管理的基本功能，两块电源板互为双工，平时分担负荷，也可独立供电，系统控制板提供远程管理接口和本地维护接口，并提供声光告警信号，时钟板是MSC-Ⅰ的核心模块，主要实现参考源的接入，以及时钟的跟踪、保持功能；两块时钟板互为备份。

图12-41 GPS时钟控制屏

2. 时钟系统的设备及运行

时钟系统的设备主要由中央级设备和车站级设备组成。

中央级设备主要是一级母钟系统，包括一级母钟和GPS接收单元。一级母钟自动接收GPS标准时间信号，校准自身的时间精度，并分配精确时间给二级母钟。中央级设备还包括GPS接收模块、一级母钟显示屏和GPS信号模拟输出模块等。GPS接收模块将接收到的信号转换为系统可辨认的时间信息，再将时间信息通过系统总线传送给其他模块。当模块无法正常接收GPS信号时，可通过内置高稳定晶体振荡器提供时间信号，4~8个并行通道同时间接收4~8个GPS卫星信号。一级母钟显示屏按时、分、秒格式显示，全时标日期显示屏按年、月、日、星期、时、分、秒格式显示。GPS信号模拟输出模块，模拟GPS信号输出，设计多个GPS信号输出端，直接输出GPS时间信号给有特殊要求的系统。

车站级设备主要是二级母钟系统，包括二级母钟、一级母钟信号同步模块、子钟驱动模块和信号输出模块等。二级母钟在同步一级母钟时间后，驱动子钟运作，二级母钟能够自主产生时间信息，它与一级母钟是校对关系，而不是绝对服从；一级母钟信号同步模块接收一级母钟标准时间信息，内建高稳定晶体振荡器，自主产生时间信息，定时与一级母钟校对，同步GPS标准时间；子钟驱动模块驱动子钟运作，为子钟提供时分驱动；信号输出模块为其他需要标准时间的系统提供时钟信息，提供匹配的接口类型和传输通信协议。

时钟系统还包括外围设备，主要包括GPS信号接收天线和子钟。GPS信号接收天线一般采用全向天线，并采用全天候保护措施，以保证能同时接收4颗卫星信号。在站台、站厅，一般使用直径为800mm或600mm的子钟，双面显示且带背光照明，供乘客、工作人员使用，在办公区，采用300mm单面无背光照明子钟，供站内工作人员使用。

3. 时钟系统的控制模式

（1）中央控制运行模式　这种模式是时钟系统正常状况的控制模式，此时一级母钟系统正常接收GPS信号，传送标准时间给二级母钟及其他需要时间信号的设备，当一级母钟不能正常接收GPS信号时，可通过自身高稳晶体振荡器运作提供时间信号给二级母钟等终端用户，以满足地铁运营的要求。此时各设备所接收的信号仍然来自于一级母钟，只是这个时间信号并不是来自GPS，而是来自于一级母钟的晶体振荡器。

（2）车站降级控制模式　当一级母钟不正常接收GPS信号且一级母钟故障不能向二级

母钟传送时间信号时使用车站降级控制模式。此时二级母钟自身高稳晶体振荡器运作提供子钟时间信号，但不给其他系统提供时间信号，当二级母钟故障时，子钟自行运作，继续向乘客提供时间显示。

七、无线通信系统

无线通信系统为行车调度员与司机、车站值班员与司机、司机与司机以及公安、环控、维修等用户提供移动通信手段。无线通信将主要采用数字集群式调度系统、信道集中控制方式。集群式调度系统由移动交换控制器、基站、中继器、漏泄同轴电缆、车载台、便携台和有线传输通道组成，可采用单基站大区制或多基站小区制。无线调度系统分为行车调度、环控调度、公安调度和维修调度等通话组。组间不能交叉呼叫，各组享有不同的优先权，不同的无线用户也拥有不同的优先权。

城市轨道交通无线通信系统除了应满足运营本身所需的列车无线调度通信和车辆段无线通信外，根据地铁运营管理的实际情况，还必须满足管理所需的必要的调度通信，如日常维修的维修调度无线通信，紧急情况下防灾调度无线通信以及必要的站务无线通信等。其中运营线路无线通信系统用于运营线路控制中心调度员对相应的无线用户实施调度专用无线通信；车辆段/停车场无线通信系统用于车辆段/停车场值班员实施调度作业专用无线通信。

1. 无线通信的通信方式

无线通信的通信方式分为单工、半双工和全双工。

（1）单工　单工只支持数据在一个方向上：传输就和传呼机一样，如甲可以向乙发送数据，但是乙不能向甲发送数据。单工时，每个移动台只占用 1 个无线频道。

（2）半双工　半双工就是指一个时间段内只有一个动作发生，同一根传输线既作为接收又作为发送，虽然数据可以在两个方向上传送，但通信双方不能同时收发数据。采用半双工方式时，通信系统每一端的发送器和接收器，通过收/发开关转接到通信线上，进行方向的切换，因此，会产生时间延迟。半双工时，每个移动台只占用 1 个无线频道。

（3）全双工　全双工可以同时进行双向传输，此时收发信机同时打开，双发可以同时讲话。全双工时，每个移动台同时占用两个无线频道。

采用单工和半双工可以节省无线信道资源，并降低无线终端设备耗电。

2. 专用频道和集群方式

（1）专用频道方式　专用频道方式是根据用途配置频道，多少用途就需要配置多少频道，每种频道只做一种用途，空闲时也不做它用。

（2）集群方式　集群方式是所有用途共用一个频道，根据需要临时分配，设置一个控制频道和若干通话频道，通话频道数目少于用途数。平时移动台接收中心控制和向中心返回信息，通话时由中心分配通话频道，结束自动返回。

集群方式按照动态信道指配的方式实现多用户共享多信道，与专用频道方式相比有以下优点：

1）共用频率，原分配各部门的频率集中，供各家使用。

2）共用设施，将各家分建的控制中心和基站集中合建。

3）共享覆盖区，各家邻近覆盖区网络互联，获得更大覆盖区。

4）共享通信业务，利用网络有组织地发送各种专业信息。

5）分担费用，共建网络，大大降低机房等设备，减少运营人员，分摊费用。

6）改善服务，多信道共用，调剂余缺；集中建网，加强管理与维修。

3. 无线通信的多址方式

无线通信的多址方式，有频分多址（FDMA）、时分多址（TDMA）和码分多址（CDMA）三种。

（1）频分多址　频分多址是把信道频带分配为若干更窄的互不相交的频带（称为子频带），把每个子频带分给一个用户专用（称为地址）。频分复用（ FDM）是指载波带宽被划分为多种不同频带的子信道，每个子信道可以并行传送一路信号的一种技术。频分复用（FDM）用于模拟传输过程。信道传输速率为30kbit/s。所有信道都可以作为单信号被扩大、控制，并转换为频带传送至目的地，该技术的主要优点在于经济实用。接收终端的接收者隔离复用信号，取决于接收频带传送还是拒绝过滤操作，并进行适合于特定波段或波段组调制方式的解调检波过程。

一直以来，TDMA 和 CDMA 都是结合 FDMA 共同作用，也就是说，特定频带可以独立用于其他频带的 TDMA 或 CDMA 信号。频分复用技术下，多个用户可以共享一个物理通信信道，该过程即为频分多址复用（ FDMA）。FDMA 模拟传输是效率最低的网络，这主要体现在模拟信道每次只能供一个用户使用，使得带宽得不到充分利用。此外，FDMA 信道大于通常需要的特定数字压缩信道，且对于通信沉默过程 FDMA 信道也是浪费的。模拟信号对噪声较为敏感，并且额外噪声不能被过滤出去。

（2）时分多址　时分多址是把时间分割成互不重叠的时段（帧），再将帧分割成互不重叠的时隙，与用户具有一一对应关系，依据时隙区分来自不同地址的用户信号，从而完成多址连接。时分多址是把时间分割成周期性的帧，每一个帧再分割成若干个时隙向基站发送信号，在满足定时和同步的条件下，基站可以分别在各时隙中接收到各移动终端的信号而不互相干扰。同时，基站发向多个移动终端的信号都按顺序安排在预定的时隙中传输，各移动终端只要在指定的时隙内接收，就能在合路的信号中把发给它的信号区分并接收下来。TDMA 比 FDMA 具有通信信号质量高、保密较好、系统容量较大等优点，但它必须有精确的定时和同步以保证移动终端和基站间正常通信，技术比较复杂。

（3）码分多址　码分多址是指不同用户传输信息所用的信号不是靠频率不同或时隙不同来区分，而是用各自不同的编码序列来区分，或者说，靠信号的不同波形来区分。如果从频域或时域来观察，多个 CDMA 信号是互相重叠的。接收机相关器可以在多个 CDMA 信号中选出其中使用预定码型的信号。其他使用不同码型的信号因为和接收机本地产生的码型不同而不能被解调。CDMA 抗干扰能力强、采用宽带传输、抗衰落能力强，由于采用宽带传输，在信道中传输的有用信号的功率比干扰信号的功率低得多，频率利用率高，不需频率规划。

4. 无线集群调度系统可满足的通信需求

根据城市轨道交通运营组织和管理的需求，无线通信系统能够满足以下用户群的通信需要：

1）控制中心行车调度员与在线司机之间的通话。

2）列车司机之间的通话（通过行车调度员调度操作控制台转接）。

3）综合控制室值班员与站内移动工作人员之间的通话。

4）各维修小组移动维修作业人员之间的通话（包括车辆维修小组、机电维修小组、工建维修小组、供电维修小组、生产管理组等）。

5）防灾作业人员之间的通话。

6）车辆段/停车场行调值班员与车辆段/停车场内列车司机之间的通话。

7）车辆段/停车场值班员与车辆段/停车场内持便携台作业人员之间的通话。

8）车辆段/停车场防灾值班员与相关移动人员之间的通话。

9）车辆段/停车场内持便携台作业人员之间的通话。

10）公务电话用户与移动用户之间的通话（经授权）。

11）不同组员之间通过调度操作控制台转接通话。

除了传统的话音通信需求，利用无线系统提供的无线数据传输通道，还可以在地面系统与车载系统之间提供数据传输通道。

5. 无线集群调度系统的结构

无线集群调度系统完全提供全套的系统功能。系统包括下列功能模块：核心子系统、网关路由器、无线基站、调度设备、网管终端等。在此系统内再增配一些选项并自成系统，如核心冗余备份子系统、电话子系统、短数据子系统和分组数据子系统。总的来说，除了分组数据子系统需要短数据子系统的支援和每一个应用编程界面需要经过边界路由器来实现二次开发应用外，每一个选项子系统为一个独立工作个体。图 12-42 为一个全套配置的无线集群调度系统。

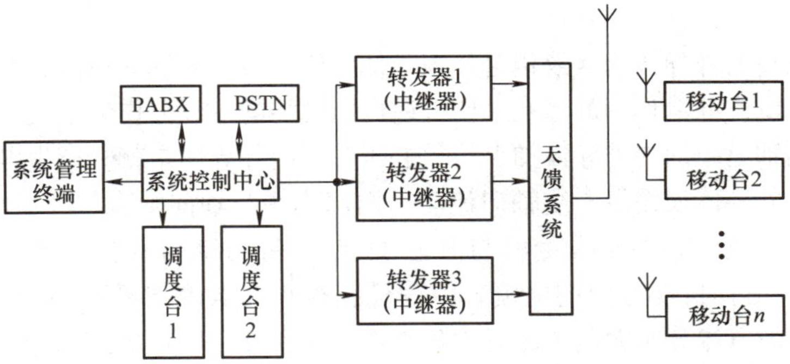

图 12-42　无线集群调度系统

无线集群调度系统主要为下列三种用户提供服务：

（1）无线用户　此等用户可在系统无线覆盖范围内随意漫游，可经过移动台进入并使用系统功能。

（2）调度台用户　此等用户可使用系统之进阶功能，从而有效地管理，并与不同的无线用户群进行沟通。调度台用户可使用调度台进入并使用系统功能。

（3）系统管理员　系统管理员负责日常对系统的管理和维护；系统提供一系列的管理应用以帮助系统管理员完成此职责；系统管理员使用无线网管进入并使用网管应用。

城市轨道交通会配置多个基站，每一个基站为个别地点提供无线覆盖，每一个车站自成一个小区，无线移动台用户可从一个小区移动到相邻小区。无线用户使用移动台，并通过空中接口协议与各基站连接。此协议提供一个机制，供各无线移动台在无需用户的干预下自动选择一个最合适的基站进行注册。图 12-43 所示为多个基站同时提供系统覆盖示意图。

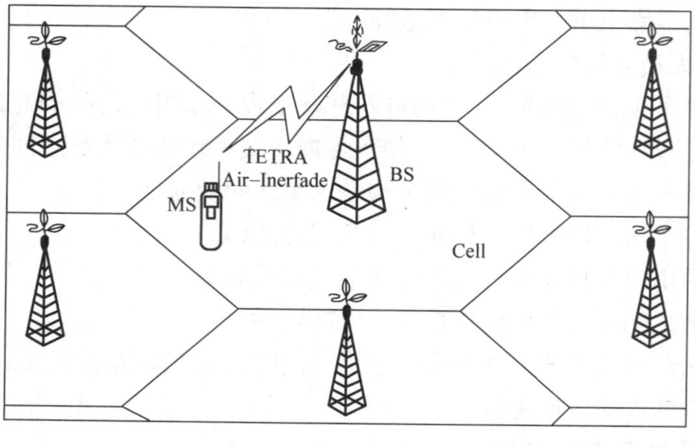

图 12-43　多个基站同时提供系统覆盖示意图

电波在隧道中传输很困难，它能被隧道墙壁很快吸收，从而使电波的传输衰耗大大增加，限制了通信距离。据有关试验表明，隧道中传播电波的频率越高，衰耗越小，例如在长3000m、宽 80m、高 4m 的隧道中，在 153MHz 和 300MHz 的频率上，传播的衰减速度分别为40dB/300m 和 20dB/300m。为了解决电磁波在隧道中传输的问题，通常采用沿隧道敷设波导线的方法，使电磁波沿着波导线传播，从而减少传播衰耗。最常用的波导线是漏泄同轴电缆。

漏泄同轴电缆的外导体为皱纹铝管，内导体是铝管或软铜轴线单线，并在外导体沿纵向周期性设置具有电波漏泄作用的槽孔，使电缆内电磁能的一部分作为电波均匀地向外辐射。

当在漏泄同轴电缆的内外导体加上信号电压时，内外导体中就会产生电流。在未开槽孔的地方，电流在外导体表面沿电缆轴向流动，内部磁场与轴向垂直，如图 12-44a 所示。开槽孔地方，电流分解为槽孔长度和与其垂直的方向两部分，磁场也为两部分，如图 12-44a、b所示。槽孔长度方向的电流，因为槽孔很窄，电流几乎不漏泄，如图 12-44c 所示。与槽孔垂直的电流分布大乱，磁场大量泄漏，如图 12-44d 所示。电流为交流时，泄漏到外面的磁场产生电场，成为辐射电磁波波源。

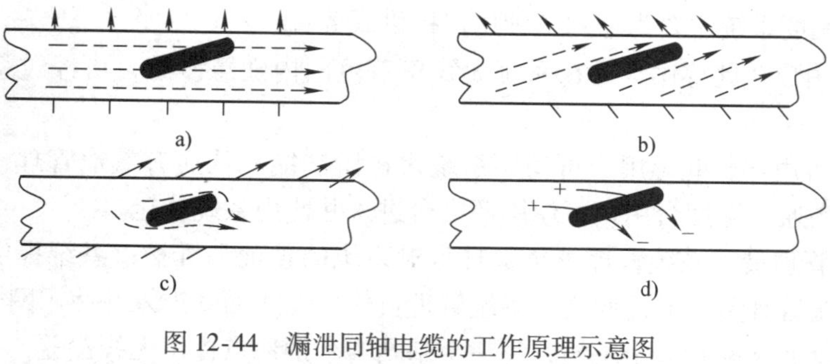

图 12-44　漏泄同轴电缆的工作原理示意图

6. 无线集群调度系统的功能

（1）基本通话功能　基本通话功能包括：调度与移动台之间的短信传送功能；调度与

移动台之间的紧急呼叫功能；列车在车厂与正线之间组别自动和手动转换、动态构组功能；组呼及全呼功能；调度台与有线电话的转接功能。

（2）基本入网功能　此功能包括：入网时间短，按压 PTT（通话按键）0.5s 接入语音信道，呼叫申请自动重发，遇忙排队自动回叫，紧急呼叫，限时通话。

（3）可选功能

1）新近用户优先。为刚刚脱离语音信道的用户提供信道，以重返系统完成通话，保持通话的完整。

2）动态重组。组呼设置需对用户台编程，用户台配发后，很难再对其重新进行编程，对用户重新编组就需要动态重组。

3）位置登记及漫游。多区网联网工作，用户在大网内进行位置登记和漫游。

4）连续信道指配更新。通话组未使用分配的语音信道，控制信道就发送信道分配信息；个别成员未能及时进入本组通话的，在控制信道收到连续分配信令后进入本组通话。

（4）误导移动台保护　用户识别码不正确自动退回信令信道，保证信道用户通话的私密性。

（5）遥毙　消除由于丢失或被窃移动台引起的潜在危险，中央控制器定时或不定时发送控制信令“遥毙”移动台。禁用，限制移动台使用功能；毙掉，移动台程序清除。

（6）系统容错　中央控制器热备份，备用控制信道，故障弱化；连接终端，系统降级运行。

7. 系统维护管理功能

（1）主要功能

1）修改运行参数。增加或删除用户、用户分组、用户限时参数。

2）统计功能。统计信道、中继线、系统不同群组话务量。

3）监视信道忙闲状态，基站无人值守。

4）系统自我诊断。系统周期性地检验运行状况，进行故障报警。

（2）可任选功能

1）通话记录和计费。

2）发射机故障关闭。

3）接收机干扰关闭。

4）多区联网功能。

8. 无线集群通信的集群和控制方式

（1）集群通信的集群方式　集群通信系统的集群方式根据信道不同，其分配方式可分为消息集群、传输集群和准传输集群。

1）消息集群。消息集群又叫信息集群。通话期间分配固定无限信道，信道保留时间为 6～10s。保留时间内，原用户按下 PTT 开关，保持原来信道；超过保留时间，可分配给其他信道进行通话。

2）传输集群。传输集群又叫发射集群。按下 PTT 开关，占用一个空闲信道；通话完毕，松开 PTT，释放信道，重新分配。PTT 一旦松开，信道丢失，重新通话时需重新分配信道。

3）准传输集群。准传输集群又叫准发射集群。它兼顾消息集群和传输集群，缩短信道保留时间为0.5～6s；高峰话务时信道保留消除延时，从而保证通话完整。

（2）集群通信的信道控制方式 集群通信的信道控制方式有集中式和分散式两种。

1）集中式。集中式信道控制方式，是用专用信道作为控制信道，中央控制器集中控制和管理系统内信道的方式，它接续快、功能设置多、连续分配信息、遇忙排队、自动呼叫。专用控制信道产生碰撞，定时询问；对每个移动台分配专用时隙；竞争体制；几个信道轮换做专用信道，定期轮换。

2）分散式。分散式信道控制方式，是由基站台转发器内单独的智能控制器负责信道控制和信号转发，各转发器信息交换通过高速数据总线进行；移动台在任何空闲信道接入，时间短、可靠性高、效率高。

9. 无线集群调度系统的信号运行方式

1）调度呼叫下属用户，调度台人机界面选中移动台名称，系统通过CAD服务器转变为无线标示号，中央控制设备经处理传输到用户注册基站发送，移动台接收控制信号进行比较，证实呼叫。集群调度系统网络结构如图12-45所示。

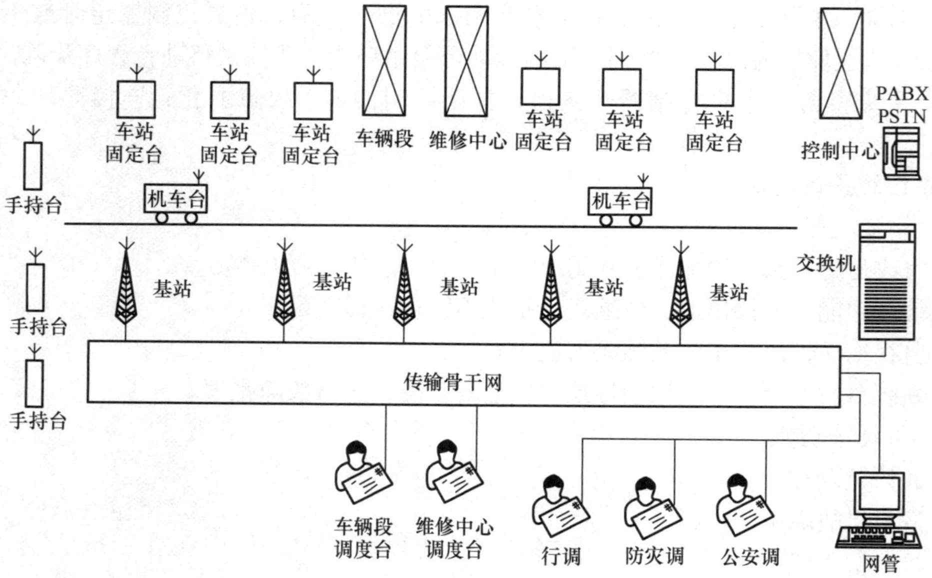

图12-45 集群调度系统网络结构

2）移动台与调度通话，移动台发送呼叫调度请求，调度回呼。

3）手持电台之间组呼，本组组呼：组选择按钮在本组，按PTT通话；呼叫他组用户：组选择按钮到他组，按PTT；保持在本组号旋钮，监视对方扫描功能呼叫。

4）移动台单呼另一移动台，拨出对方ID号或预编对方名称呼出。

5）车载电台呼叫车站，组选按钮到呼叫车站组，按PTT呼叫；车站电台私密呼叫车站台；所有车站设置到同组，不需呼叫车载电台调到自身组，呼叫时到此组。

6）车站呼叫车载电台，所有车站设置到同组，不需呼叫车载电台调到自身组，呼叫时到此组；车载电台设置优先监视功能，所有车载电台统一设扫描功能，车站呼叫选择此按钮，按PTT呼叫。

【应用与实践】

一、CCTV 控制台操作

1. 操作界面

CCTV 控制台操作界面如图 12-46 所示。

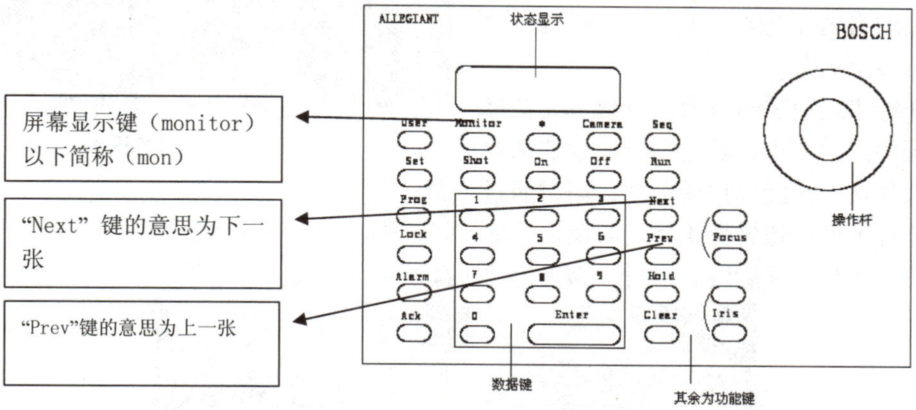

图 12-46　操作界面

2. 操作功能说明

1）CCTV 屏幕共有五个显示区域，代码为 1、2、3、4、5，如图 12-47 所示。

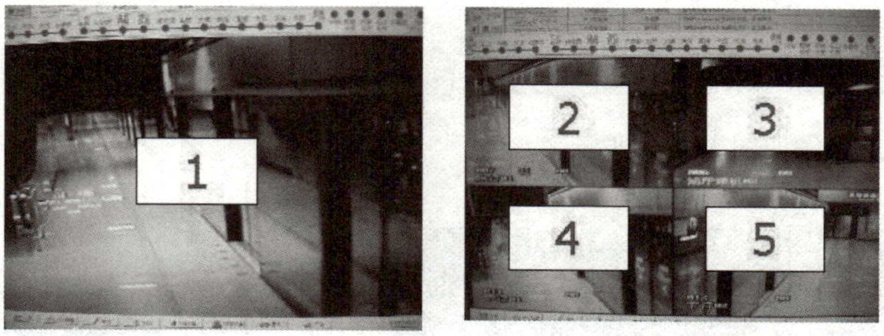

图 12-47　CCTV 屏幕五个显示区域

“1”代表全屏；“2”是 1/4 屏幕的左上角；“3”是 1/4 屏幕的右上角；“4”是 1/4 屏幕的左下角；“5”是 1/4 屏幕的右下角。

2）“Mon”键为选择以上五个区域的功能键。当选择 Mon + 1 + enter 时，代表将某一摄像机所拍摄的图像显示在全屏上。同理，当选择 Mon + 2 + enter 时，代表将某一摄像机所拍摄的图像显示在左上角的 1/4 屏幕上。

3）在通过“Mon”键选择影像显示的位置后，便可切换不同的摄像头。此时所有摄像头所拍摄的影像，都将显示在通过“Mon”键所选中的区域内。

操作方式：数字键 + enter；如图 12-47 所示是将 7#摄像机所拍摄的影像显示在 2 号区域内，即左上角的 1/4 屏幕。

4）选择某一显示区域后，显示区域内的图像可通过“数字键 + enter”的方式在任意摄像机之间切换，每个站的摄像机数量不等，因而可供选择的数字数量也不相同，每个数字所表示的摄像头具体拍摄什么内容，也千差万别。

3. 球机操作说明

各站均有若干球机，可以灵活地操作，监控车站多个角落。

图 12-48　球机操作

操作球机之前需通过前述方法，先把球机所拍摄的图像调出，随后即可通过摇动操作杆，操作球机来转换拍摄角度，同时通过旋转操作杆上的旋钮转变焦距，实现近远的拍摄，如图 12-48 所示。

抓住操作杆头部旋转，可对景物进行远距离监控，如图 12-49 所示。

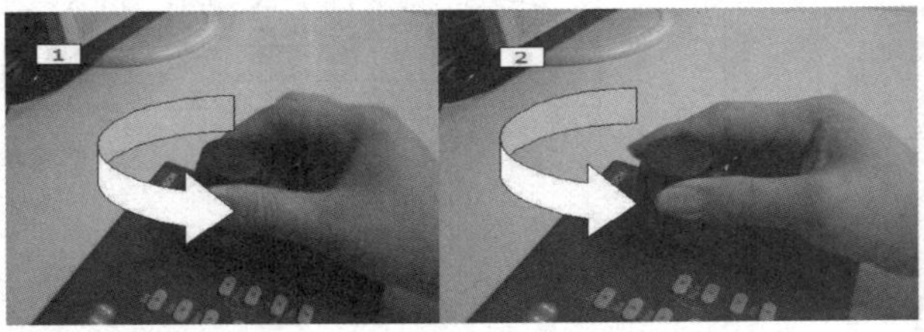

图 12-49　抓住操作杆头部旋转

二、车站广播台操作

车站广播台操作如图 12-50 所示。

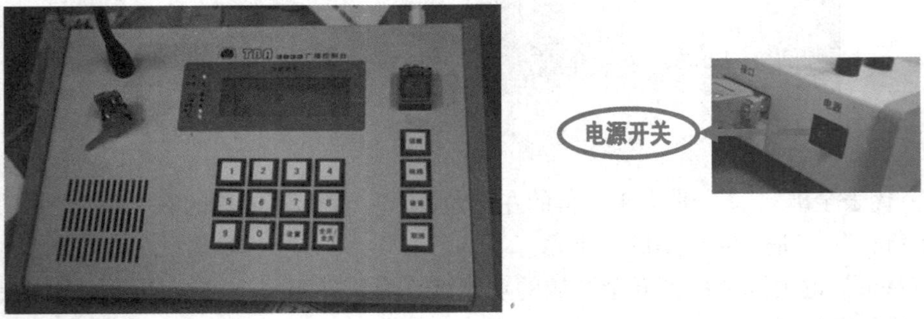

图 12-50　车站广播台

1. 区域代码含义

在车站广播台上键盘数字“1”代表上行站台区域、“2”代表下行站台区域，“3”代表站厅区域，“4”代表换乘区区域，“5”代表办公区区域。

2. 车站广播台操作

1）人工广播：选择区域→按压“话筒”→进行人工广播；直接按压“取消”键取消人工广播。

2）线路广播：选择区域→按压“线路”进行广播；直接按压“取消”键取消广播。

3）语音广播：选择区域→按压“语音”→选择1～10条语音代码（广播台只能预设10条语音广播）→按压“设置”键确认播放；直接按压“取消”键取消广播。

4）全开/全关键：作用是全区广播。

5）有钥匙插住的叫“键盘锁定”，锁定后不能对广播台上的按键进行操作（对应急键无效）。

三、地铁车站CCTV（闭路电视）系统应用

闭路电视系统是地铁运营管理现代化的配套设备，供控制指挥中心调度管理人员、车站值班员、站台工作人员及司机实时监控车站客流、列车出入站及旅客上下车等情况，以提高运行组织管理效率，保证列车安全、正点地运送乘客。

系统可为车站值班员提供对车站的站厅、站台等主要区域的监视；为列车司机提供对相应站台旅客上、下车等情况的监视；为中心调度员提供对各车站的监视。三方监视员是相互独立的，其中车站值班员、中心调度员具有人工和自动选择的功能，中心还具有录像功能。

1. 车站级系统组成

车站级设备提供给车站站务人员使用，通过使用车站级设备，站务人员可以监视到本车站的客流和列车运行情况，确保本车站的运营安全。

车站级设备包括MMI和外部设备。其中，外部设备包括摄像部分和监视部分，具体包括分布于整个车站的摄像机，提供给使用者的监视器和控制键盘。MMI指主控系统控制部分设备，它用来显示从通信上传过来的视频信号，并在控制键盘的控制下将相应的图像传送并显示到不同的监视器上，实现监视功能。

2. 车站级系统功能

车站级的视频监控设备应能够满足车站值班人员和列车司机的使用要求。车站级的设备应能实现以下功能：

（1）图像显示功能

1）车站值班人员应可以对本车站的所有图像进行选择显示。

2）可以采用自动循环方式显示已设置的固定分组的图像。

3）可以人工单选任一本车站的图像显示在任一监视器上。

（2）图像汉字叠加功能　车站级设备应可以在各幅图像上叠加显示一些必要的信息，包括车站名称，摄像机位置及编号，日期和时间等信息，用户可以随意更改以上信息。

（3）对三可变摄像机的遥控功能　按照使用的需求，在站厅设置了可变光圈、焦距和角度的摄像机，通过控制台的操作，车站值班人员应可遥控设置这些摄像机的光圈、焦距和角度，以达到使用要求。

（4）司机的监视功能　为了保证乘客上下车的安全，必须为司机提供当前站台的监视图像，以便司机查看车门及屏蔽门的开关情况，防止夹伤乘客。

四、PA 系统应用

广播内容可包括列车进出站信息，安全提示信息以及发生灾害险情的报警信息。同时，可以向运行中的列车上的乘客进行广播，包括报站信息和换乘信息以及紧急情况下的广播信息。另外，在运营和非运营期间，广播系统应能向车站范围内的地铁维护人员和站务人员进行广播。通过广播有效地传播本站的信息从而提高地铁运营的可靠性。

1. 基本广播功能

1）实况广播。车站值班员可向本站的各广播区进行广播，具有编组广播、单选广播等操作模式。

2）监听广播。信息通过操作中心和车站播音控制台，可选择监听各广播区的播音内容，监听音量可调。

3）选择辅助信号。

2. 扩展广播功能

（1）一次性广播预先录制的信息　完整地播放录音信息，此信息在通信中已存储。

（2）周期广播预先录制的信息　设置好时间循环播放录音信息。

（3）终止周期广播　终止设置好的时间播放录音信息周期。

（4）广播时间表功能　制定时间播放录音信息。

（5）列车到站自动广播　列车进入该站时自动播放进站的广播信息。

（6）自动在车站广播　“乘客疏散”在特殊情况下自动播放乘客疏散导引的录音信息。

【实践操作】

1. 操作练习

1）根据本章所学的知识，掌握城市轨道交通通信系统设备。

2）在课余时间，结合所在城市轨道交通车站参观学习，了解城市轨道交通通信系统设备的组成。

2. 书面练习

1）简述通信主干传输网的功能。

2）简述电话系统的功能。

3）简述广播系统的功能。

4）简述闭路电视监控系统的功能。

5）简述时钟系统的功能。

6）简述无线调度系统的功能。

【评价跟进】

1. 教师的评价

由教师在完成本章的教学任务后填写，在相应表格中画“√”。

评价项目		教师的评价			
序号	题目	好	较好	一般	较差
1	对本章教学过程的控制				
2	在本章教学过程中，学员的参与情况				
3	学员对本章知识学习后的效果反馈				
教师对本章教学的总结评价意见及跟进措施					

2. 学员的评价

由学员在完成本章的教学任务后填写，在相应表格中画“√”。

评价项目		学员的评价			
序号	题目	好	较好	一般	较差
1	在本章教学执行过程中教师的表现				
2	本章教学内容与社会实际需求的联系情况				
3	自己在本章学习过程中的表现				
学员对本章教学的总结评价意见及跟进措施					

3. 知识跟进

1）从互联网上了解城市轨道交通通信系统的现状如何。

2）从互联网上了解城市轨道交通通信系统的组成。

附录　城市轨道交通车站机电设备常用英文缩略语对照表

英文简称	英文全称	中文全称
ACS	Access Control System	门禁控制系统
ADM		分插复用器
ADS	Autonomous Decentralized System	自律分布系统
AFC	Automatic Fare Collection	自动售检票系统
AGM		交互图形模式
ASD	Automatic Sliding Door	滑动门
ATS	Automatic Train Supervision	列车自动监控
ATM		异步转移模式
BAS	Building Automation System	环境与设备监控系统
BOM	Booking Office Machine	人工售票机
BUZ		蜂鸣器
CANOPEN		工业控制现场总线
CC	Central Computer	中央计算机
CDMA		码分多址
CCTV	Closed Circuit Television	闭路电视监控系统
Client/Serve		用户/服务器结构方式
CRT		阴极射线管显示器
CVM	Card Vending Machine	自动加值机
DCU		滑动门电气控制装置
DSD		司机手推门
DSS		调度监督
DVB		数字信号
DVB/ASI		直播/录播视频信号
DXC		数字交叉连接设备
EED	Emergency Egress Door	应急门
EFO	Excess Fare office machine	人工补票机
EMCS		能源管理和控制系统
ERM		滑动门手动解锁装置
E/S	Encoder/Sorter	编码/分拣机
FACP	Fire Alarm Control Panel	火灾报警控制盘
FAS	Fire Alarm system	火灾自动报警系统
FES		气体灭火系统
FDMA		频分多址
FIX		固定门
Gate		闸机（进/出口检票机）

（续）

英文简称	英文全称	中文全称
GCC		图形监视计算机
GPS	Globe Position System	全球卫星定位系统
IBP	Integrated Backup Panel	综合后备控制盘
ISCS	Integrated Supervision and Control System	综合监控系统
LCB		单道门局部控制
LCD		液晶显示器
LED	Light Emitting Diode	发光二极管
LMS		图形工作站
LPSU		供电单元
MSD		端门
OCC	Operating Control Center	运营控制中心
ODBC		数据库接口
OTN		开放式传输网
PCS		屏蔽门控制开关
PEDC		门机单元控制器
PID		乘客导向系统
PIS	Passenger Information System	乘客资讯系统
PLC	Programmable Logic Controller	可编程序控制器
PSA		操作指示盘
PSAP		屏蔽门状态报警盘
PSC		主控机
PSD	Platform Screen Doors	站台屏蔽门
PSL		就地控制单元
REL		灭火控制单元
SC	Station Computer	车站计算机
SCADA	Supervisory Control And Data Acquisition	电力监控系统
SDE		惰性气体灭火系统
SDH		光同步数字传送网
SIG		系统级控制/信号系统
STP		屏蔽双绞线
TDMA		时分多址
TFDS	Turnel Fire Ditect System	隧道火灾探测系统
TVM	Ticket Vending Machine	自动售票机
UTP		非屏蔽双绞线
YH-MP		语音合成模块

参考文献

[1] 何宗华，汪松滋，何其光. 城市轨道交通车站机电设备运行与维修 [M]. 北京：中国建筑工业出版社，2005.

[2] 顾保南，叶霞飞. 城市轨道交通工程 [M]. 武汉：华中科技大学出版社，2007.

[3] 范文毅，殷锡金. 城市轨道交通车站设备 [M]. 北京：中国铁道出版社，2000.

[4] 张之启. 南京地铁二号线莫愁湖站通风空调系统设计 [J]. 铁道勘测与设计，2007 (3).

[5] 陈兴华，等. 地铁设备监理 [M]. 北京：中国铁道出版社，2007.

[6] 铁道第二勘察设计院. 地铁工程设计指南 [M]. 北京：中国铁道出版社，2002.

[7] 北京城建设计研究总院有限责任公司，中国地铁工程咨询有限责任公司. 地铁设计规范 [S]. 北京：中国标准出版社，2003.

[8] 孙章，蒲琪. 城市轨道交通概论 [M]. 北京：人民交通出版社，2010.

[9] 张国宝. 城市轨道交通运营组织 [M]. 上海：上海科学技术出版社，2006.

[10] 李建国. 城市轨道交通系统概论 [M]. 北京：机械工业出版社，2009.